Julia Kristeva

Pouvoirs et limites de la psychanalyse I

Sens et non-sens
de la révolte

(Discours direct)

Fayard

Je remercie les étudiants et les auditeurs de mon cours à l'UFR "Sciences des Textes et Documents", université Paris 7-Denis Diderot, qui ont rendu possible ce travail et sa restitution. Mes remerciements vont tout particulièrement à Frédéric Bensaïd qui a bien voulu garder la trace sonore de ce "discours direct" et en reproduire fidèlement le texte. Raymonde Coudert s'est chargée de l'édition finale : qu'elle reçoive aussi l'expression de ma gratitude.

I

Quelle révolte aujourd'hui ?

Le cours de cette année, *Sens et non-sens de la révolte*, vous évoque, j'espère, l'actualité politique et l'impasse de la révolte qui la caractérise. Je vous promets de ne pas éluder cet aspect du problème. Mais, certains d'entre vous me connaissent, je vais aborder les choses d'un peu plus loin : depuis les racines de leur mémoire, qui n'est autre que la langue et l'inconscient. Il y aura donc deux volets aux méditations que je vous livrerai : le premier ouvre sur la psychanalyse, son histoire et son actualité ; le second prendra en compte différents textes littéraires.

Je vous expliquerai aujourd'hui ce que j'entends par « révolte » et pourquoi cette problématique du « sens et du non-sens de la révolte » s'inscrit dans une optique psychanalytique. Je vous exposerai aussi comment on peut aborder, sous cet angle de vue, un certain nombre de textes majeurs de notre temps, et que, cette année, je choisirai dans les œuvres de trois auteurs bien connus, chacun lié, quoique différemment, à la révolte au XXe siècle : à savoir Aragon, Sartre et Barthes. Je ne les aborderai véritablement qu'au second semestre, car je veux auparavant vous entretenir de questions psychanalytiques, ce qui nous permettra une approche plus approfondie de ces trois auteurs. Je vais d'abord exprimer en termes généraux comment résonne pour moi la « révolte » et vous préciser pourquoi j'ai choisi cette problématique. Pour commencer très naturellement – par provocation, diront certains –, j'ai cru utile de me pencher sur l'étymologie du mot « révolte », mot largement utilisé, sinon banal, mais qui réserve plus d'une surprise, vous allez le constater.

Linguiste de formation, comme vous savez, j'ai cherché aussi ce qu'en avaient dit précisément les linguistes. Je signale aux passionnés de la question l'ouvrage d'Alain Rey, *Révolution, histoire d'un mot*[1]. Deux mouvements sémantiques marquent l'évolution du mot « révolte » : le premier implique la notion de mouvement, le second celles d'espace et de temps.

Le mot « révolte » : le mouvement

Voyons d'abord la première orientation sémantique, liée au mouvement. Le verbe latin *volvere*, qui est à l'origine de « révolte », était initialement fort éloigné de la politique. Il a produit des dérivés avec des significations – des sèmes – tels que « courbe », « entourage », « tour », « retour ». En ancien français, on trouve les

---

1. Alain Rey, *Révolution, histoire d'un mot,* Gallimard, Paris, 1989, en particulier pp. 21 à 32, que j'utilise dans ce qui suit.

sens d'« envelopper », « courbure », « voûte », et même
« omelette », « rouler », « s'enrouler », pour aller jusqu'à « galvauder », « ravauder » et « vaudeville » (*vau-
devire* – « refrain ») : je vois que vous êtes surpris, et
c'est tant mieux, la surprise peut n'être pas étrangère à la
révolte. Sous l'influence de l'italien, aux xvᵉ et
xvɪᵉ siècles, *volutus, voluta* – en français « volute »,
comme terme d'architecture – de même que *volta* et *vol-
tare* suggèrent l'idée d'un mouvement circulaire et, par
extension, d'un retour temporel. *Volta* signifie aussi
« fois », d'où « retournement ».

Échappe à cette lignée un dérivé direct du latin, l'ad-
jectif *volubilis* – « qui tourne avec facilité » ; *volubilitas
linguae,* en français « volubile » ; de même, avec un sens
spatial d'« enveloppe », « couverture », *volumen,*
feuilles enroulées autour d'un bâton, qui a donné
« livre » (« volume » signifie « livre » dès le
xɪɪɪᵉ siècle) ; ce deuxième emploi acquerra un sens plus
abstrait de « masse », « grosseur ». Que le livre ait une
parenté avec la révolte, voilà qui n'est pas toujours évident, vous en conviendrez, mais nous allons essayer de
remédier à pareille oblitération, vous pouvez compter sur
moi.

Alain Rey insiste sur l'unité profonde de ces diverses
évolutions étymologiques qui partent d'une idée matrice
et motrice : « tordre, rouler, enrouler » (remontant au
sanscrit *varutram,* au grec *élutron, eiluma*) et « couverture », objet artificiel servant d'enveloppe, où l'idée de
tordre ou d'envelopper, concept topologique et technique, domine – elle se retrouve jusque dans le nom de la
marque automobile suédoise *Volvo,* « Je roule ». Les très
anciennes formes *wel et *welu évoquent un acte volon-

taire, artisanal, aboutissant à la dénomination d'objets techniques de protection et d'enveloppe. Nous sommes aujourd'hui peu conscients des liens pourtant intrinsèques entre « révolution » et « hélice », « se révolter » et « se vautrer ». Je vous invite dès ce premier cours à déchiffrer par le biais de l'étymologie, mais, dès maintenant comme plus tard, à ne pas vous fier à l'apparence (on dit aujourd'hui l'« image ») du mot et du sens : à traverser plus loin, ailleurs – à interpréter. L'interprétation, telle que je l'entends, est une révolte : j'y reviendrai.

« Évolution », dès son apparition attestée en 1536, hérite des sèmes que je viens de mentionner et concerne seulement... les mouvements de troupes se « déployant » et se « reployant ».

Plus intéressant pour l'acception moderne du mot, je vous prie de noter ceci : « révolter » et « révolte », issus de mots italiens ayant préservé le sens latin de « retourner » et « échanger », impliquent d'emblée un détournement qui sera très tôt assimilé à *un rejet de l'autorité*. En français du XVIᵉ siècle, « révolter » est un pur italianisme et signifie « tourner », « détourner » (révolter le visage ailleurs) ou « enrouler » (ainsi les cheveux se révoltent-ils). Dès 1501 est attesté le sens de « retournement d'allégeance », passage à l'ennemi ou abjuration religieuse, proche de l'italianisme « volte-face ». Ainsi chez Calvin : « Si une ville ou un pays s'étaient révoltés de son prince... », ou dans Théodore de Bèze : « Ceux qui se révoltent de Jésus-Christ... », l'idée d'abjuration se liant à celle de cycle et de retour pour n'indiquer parfois qu'un simple changement de parti. Au sens psychologique, le mot comprend une idée de *violence* et d'*excès* par rapport à une norme, et correspond à « émouvoir », d'où « émeute » pour révolte.

Au XVIe siècle, le mot ne comporte pas la notion de force, mais indique strictement l'*opposition* : quitter (un parti), abjurer (une croyance), se détourner (d'une dépendance). Jusqu'au XVIIIe siècle, le mot « révolte » ne s'emploie pas pour une guerre qui retient la série « rebelle », « rébellion », mais il est utilisé dans le domaine politique et psychologique : « Il fut toujours permis d'allumer la révolte entre ses ennemis », dit Laodice à Arsinoé dans *Nicomède* de Corneille[1]. On parle aussi de « révolte des sens[2] ».

Le sens historique et politique du mot l'emporte à la fin du XVIIe siècle et au début du XVIIIe : Voltaire dans *Le Siècle de Louis XIV*, emploie « révolte » comme « guerre civile », « troubles », « cabale », « fronde », « guerre » et « révolution » à propos du temps de Mazarin[3].

Le rapport entre « révolte » et « révolution » n'est pas encore clairement établi, ce dernier terme gardant jusqu'en 1700 ses origines célestes.

Le mot « révolte » : le temps et l'espace

Examinons à présent la ligne sémantique du temps et de l'espace qu'implique l'étymologie de « révolte ». Le verbe latin *revolvere* engendre des sens intellectuels :

---

1. Acte V, scène 6.
2. *Polyeucte*, acte I, scène 4.
3. Voltaire, *Le Siècle de Louis XIV*, chapitre IV.

« consulter » ou « relire » (Horace) et « raconter » (Virgile). « Révolution », plus tardif, passe en français dans le vocabulaire savant, *astronomique* et *chronologique*. Au Moyen Âge, « révolution » marque la fin d'un temps « révolu » ; elle est « accomplissement », « événement », « durée complète » (des sept jours de la semaine). Au XIVe siècle s'y ajoute la notion d'espace : miroirs, inclusions emboîtées, projections d'images[1]. La « révolution des affaires humaines » est d'abord un « point d'arrêt » dans une courbe préexistante. Progressivement, le terme en vient à signifier « changement », « mutation ». À partir de 1550 et pendant un siècle, il s'applique à un autre champ sémantique, celui de la politique : ainsi la « révolution du temps » donne-t-elle la « révolution d'État[2] ». Dans la seconde moitié du XVIIe siècle, dans le contexte de la Fronde et dans la période qui suit, de Gondi à Retz et Bossuet, le mot voit se confirmer son sens politique de « conflit[3] » ou de bouleversement social[4]. Au XVIIIe siècle, « révolution » se

1. Alain Rey, *op. cit.,* p. 34.
2. 1636, dans le *Dictionnaire français-latin* du père Monet, voir Alain Rey, *op. cit.,* p. 36.
3. Bossuet, « Fatales révolutions des monarchies », les *Oraisons funèbres,* 71.
4. Montesquieu : « Des révolutions qui précipitent le riche dans la misère et enlèvent le pauvre avec des ailes rapides au comble des richesses », les *Lettres persanes,* 98, cité par Alain Rey, *op. cit.,* p. 53. Et, *ibid.,* La Rochefoucauld : « Une révolution générale qui change les goûts des esprits, aussi bien que les fortunes du monde », *Maximes,* 259.

précise et se répand[1], la mise en rapport étant fréquente entre mutation planétaire et mutation politique[2].

Voilà pour l'évolution de ce terme qui, je l'espère, vous aura donné une bonne idée de la richesse de sa polyvalence que j'ai voulu, grâce à l'étymologie, arracher au sens trop étroitement politique qu'il a pris de nos jours. Je souhaiterais que vous reteniez de ces divers emplois étymologiques ce que j'appellerai, d'une part, la *plasticité* du terme tout au long de son histoire et sa dépendance du *contexte historique*. J'ai indiqué au passage ses liens avec l'astronomie, mais aussi le protestantisme, la Fronde, la Révolution pour vous montrer combien cette plasticité est ancrée dans l'histoire scientifique et politique, et c'est cette préoccupation qui va guider la suite de ma réflexion aujourd'hui.

Dans la série de sèmes assez hétéroclites que je vous ai proposés en essayant de les organiser, il serait bon d'en retenir un certain nombre en rapport avec l'intitulé du cours de cette année qui insiste sur la portée autant que sur les impasses de la révolte (« sens et non-sens ») : non-sens que suggèrent des mots comme « galvaudage » et « vaudeville » ; mais incertitudes et hasards du sens, implicites dans « retournement », « abjuration », « changement », « détour » qui répètent et transforment, ainsi que les sèmes de « courbe », « brouille », « livre », et ceux de « cycle », de « temporisation », de « boulever-

---

1. Alain Rey, *op. cit.,* p. 54.
2. « Il se peut que notre monde ait subi autant de changements que les États ont éprouvé de révolutions », Voltaire, *L'Essai sur les mœurs,* cité par Alain Rey, *op. cit.,* p. 56.

sement », enfin ceux de « recouvrement », « déroule-
ment », quand ce n'est pas l'insipide « ressassement ».
Vous noterez aussi les destins classiques, quoique très
différents, de cette notion qui a été utilisée par des clans,
des métiers, des groupes sociaux fort divers : artisans,
astronomes, météorologues, ainsi qu'en psychologie et
en politique.
Bref, la révolte tourne et vire, voire se détourne selon
l'histoire. À nous de l'accomplir. Mais pourquoi aujour-
d'hui ? Pourquoi, sous la plasticité dont j'ai tenté de vous
donner une brève description à travers l'histoire du mot,
s'en saisir aujourd'hui ? Qu'est-ce que je veux vous faire
entendre dans le contexte actuel, s'il est vrai qu'il faut
tenir compte du contexte historique pour renouveler le
sens de ce mot ?
Permettez-moi enfin de faire une mise au point sur
laquelle je ne reviendrai pas dans les prochaines séances,
mais que je voudrais placer à l'horizon implicite de notre
travail – une mise au point politique qui recoupe une
réflexion que j'ai été amenée à exprimer et à poursuivre,
en différentes occasions, sur le moment que nous traver-
sons et qui, entre autres, justifie à mes yeux la nécessité
de reprendre la notion de révolte.

Un ordre normalisateur et pervertible

Les démocraties postindustrielles et postcommu-
nistes où nous vivons, avec – et au-delà – les affaires et
les scandales qu'elles traversent, partagent des caractéristiques que l'humanité n'a jamais affrontées. J'en
relèverai deux, qui vont avec la « société de l'image »

ou du « spectacle » et qui justifient à mes yeux la tentative de repenser la notion de révolte dans la mesure même où ces caractéristiques semblent en exclure la possibilité : le statut du *pouvoir* et celui de la *personne humaine.*

1. Vacance du pouvoir

Qu'en est-il du statut du pouvoir dans les démocraties actuelles telles que la France ? Spectateurs et lecteurs des médias, nous savons tous de quoi il s'agit : vacance de pouvoir, absence de projet, *désordre,* toutes choses dont on parle et dont les partis politiques se ressentent ; les citoyens que nous sommes aussi. Pourtant, au-delà et en dépit de cette anarchie (qui gouverne ? qui va où ?), des signes du *nouvel ordre mondial* existent bel et bien et, à y regarder de plus près, il apparaît comme un ordre à la fois *normalisateur* et *falsifiable,* normalisateur *mais* falsifiable. C'est précisément ce qui justifie mon interrogation sur la possibilité ou non de la révolte.

Prenons le statut du juridique, de la loi : on ne parle plus de *culpabilité,* mais de *dangerosité* ; on ne parle pas de *faute* (dans un accident de voiture, par exemple) mais de *réparation,* donc de *responsabilité,* de *solidarité* ; l'idée de responsabilité-sans-faute devient acceptable ; le droit de punir s'estompe devant la répression administrative ; la théâtralité du procès disparaît au profit de la prolifération des techniques de *renvois.* Le crime est introuvable en même temps que l'interdit ; en contrepartie, le spectateur est d'autant plus excité quand il croit dénicher un coupable, le « bouc émissaire » : voyez les scandales où se mêlent magistrats, hommes politiques, journalistes, hommes d'affaires, etc. Le crime devient alors théâtralement médiatique. Je ne conteste pas les bénéfices d'une telle situation pour la démocratie : peut-être en sommes-nous, en effet, arrivés à une société dite libérale dans laquelle personne ne surveille, personne ne punit, sauf dans ces cas exceptionnels de jurisprudence théâtralement médiatisés qui viennent comme une catharsis de l'inexistante culpabilité du citoyen. En fait, si nous ne sommes pas punis, nous sommes *normalisés* : à la place de l'interdit ou du pouvoir introuvables se multiplient des punitions disciplinaires et administratives qui répriment, que dis-je, qui normalisent tout le monde.

Je ne développerai pas davantage cette problématique de la loi, mais vous pourrez prolonger cette réflexion grâce à un très bon livre de Mireille Delmas-Marty[1], juriste, professeur de droit à l'université de Paris-I, qui détaille précisément le statut de la loi dans le monde contemporain, entre banalité et théâtralité, aboutissant à une sorte d'invisibilité du pouvoir et de l'instance punitive, processus homogène avec d'autres aspects de cette société d'image où domine la vacance du pouvoir politique.

Or, cette régulation – pouvoir invisible, législation non punitive, techniques de renvois, d'une part ; théâtralisation médiatique, crainte de se trouver dans l'œil du cyclone, d'être à son tour théâtralisé, d'autre part – suppose et engendre ces *manquements* et ces *transgres-*

---

1. Mireille Delmas-Marty, *Pour un droit commun*, Le Seuil, Paris, 1994.

sions qui accompagnent les affaires, les spéculations, les dérives mafieuses. Les causes en sont multiples ; mais, sur le plan juridique, il n'est pas impossible de décrire ce qui les permet en termes de *normalisation* d'un côté et, disons, de « *perversation* » de l'autre. Pas de « loi », mais des « mesures ». Quel progrès ! La démocratie est soulagée ! Or, les mesures sont susceptibles de pourvois et de renvois, d'interprétations et de... falsifications ! Ce qui veut dire, en fin de compte, que le nouvel ordre mondial normalise et détourne, qu'il est à la fois normalisateur et pervertible. Les exemples abondent en tous pays. Dans la logique de ce que je viens de rappeler succinctement, notez l'importance que prend la spéculation boursière sur la production industrielle ; les écritures d'argent conduisent à l'accumulation des capitaux, à droite comme à gauche, et à la falsification de la vraie richesse qui se mesurait encore récemment en termes de production et de capacités industrielles. Cet exemple permet peut-être de mieux comprendre mon idée du nouvel ordre mondial comme *ordre normalisateur et falsifiable*. Il ne s'agit ni d'un « totalitarisme » ni d'un « fascisme », comme on le dit notamment de l'Italie – nous avons tendance à ressusciter ces termes pour continuer à penser selon des schémas anciens ; mais l'ordre normalisateur et falsifiable actuel est autrement redoutable : une répression détournée et détournable. Face à ces impasses, ne devons-nous pas essayer de penser en quoi un nouveau réglage du pouvoir et de la transgression est venu remplacer les totalitarismes d'antan, et renoncer à nous soûler des vieux termes de « fascisme » et de « totalitarisme » ?

2. La « personne patrimoniale »

Puisque la littérature nous révèle la *singularité* de l'expérience, essayons de nous demander ce que devient l'individu, le sujet singulier, dans ce nouvel ordre économique, normalisateur et pervertible. Prenons l'aspect très particulier que revêt le statut de la personne face aux techniques biologiques. La personne humaine tend à disparaître comme personne du *droit*, puisqu'elle est négociée en tant que possédant des organes monnayables. Nous quittons l'ère du « sujet » pour entrer dans celle de la « personne patrimoniale » : « je » ne suis pas un sujet, comme continue de l'affirmer la psychanalyse, tentant un véritable sauvetage, voire une salvation de la subjectivité ; « je » ne suis pas non plus un sujet transcendantal, comme le voulait encore la philosophie classique ; mais « je » suis, tout simplement, le propriétaire de mon patrimoine génétique ou organo-physiologique ; « je » possède mes organes dans le meilleur des cas, car il est des pays où ils vous sont volés pour être revendus. Toute la question est de savoir si mon patrimoine doit être rémunéré ou gratuit, si « je » peux m'enrichir ou si, altruiste, « je » le cède au nom de l'humanité, à moins que, victime, « je » n'en sois dépossédé. Il n'est pas jusqu'à certaines dispositions de la CEE qui ne privilégient la dynamique du marché du corps, en considérant que la personne patrimoniale peut « favoriser le développement économique européen grâce aux progrès des biotechnologies ». De telles spéculations suscitent heureusement des résistances et sont récusées par de nombreux juristes. En effet, il est grand temps de s'inquiéter du primat de

l'économie de marché sur le corps, peut-être même de
dramatiser, de crier au loup quand tout n'est pas encore
fermement établi, quand il n'est pas définitivement trop
tard. Encore une fois, je ne discute pas les avantages
démocratiques que peut ouvrir ce nouvel ordre mondial ; je pense qu'ils sont considérables. Néanmoins, je
soutiens qu'un aspect essentiel de la culture-révolte et
de l'art européens est menacé, que la notion même de la
culture comme révolte et de l'*art comme révolte* est
menacée, submergés que nous sommes par la culture-
divertissement, la culture-performance, la culture-
show.

La culture-révolte

   Or, précisément, la tradition européenne, pour ne parler que de celle-ci, car le phénomène y est plus manifeste, connaît une expérience de la culture qui tout à la
fois est *inhérente* au fait social *et* agit comme sa
conscience *critique*. Nos peuples sont des peuples de
culture au sens où la culture est leur conscience *critique* ; qu'il suffise de penser au doute cartésien, à la
libre-pensée des Lumières, à la négativité hégélienne, à
la pensée de Marx, à l'inconscient de Freud, sans parler
du *J'accuse* de Zola, des révoltes formelles – du Bauhaus et du surréalisme, d'Artaud et de Stockhausen, de
Picasso, de Pollock et de Francis Bacon. Les grands
moments de l'art et de la culture au xxᵉ siècle sont des
moments de révolte formelle et métaphysique. Le stalinisme marqua sans doute l'étranglement de la culture-

révolte, son dévoiement dans la terreur et la bureaucratie. Peut-on en reprendre l'esprit même pour en dégager des formes nouvelles par-delà l'échec des idéologies et la culture-marchandise ? Nous sommes aujourd'hui entre deux impasses : échec des idéologies révoltées d'une part, déferlement de la culture-marchandise de l'autre. C'est la possibilité même de la culture qui dépend de notre réponse.

En filigrane à cette interrogation s'en dessine une autre qui peut légitimement se poser : quelle est la nécessité de cette culture-révolte ? Pourquoi s'acharner à ressusciter des formes de cultures dont j'ai pointé les antécédents entre doute cartésien et négativité hégélienne, entre inconscient freudien et « avant-gardes » ? N'est-ce pas tout simplement perdu à jamais ? Pourquoi vouloir à toute force trouver des répliques modernes à ces expériences passées ? Pourquoi ne pas nous contenter après la mort des idéologies de la culture-divertissement, de la culture-show et des commentaires complaisants ?

Eh bien, non ! Et j'essaierai de vous le montrer en vous parlant de Freud, en relisant Freud avec vous tout au long de cette année ; car, pour le dire vite, à l'écoute de l'expérience humaine, la psychanalyse, finalement, nous communique ceci : le bonheur n'existe qu'au prix d'une révolte. Aucun de nous ne jouit sans affronter un obstacle, un interdit, une autorité, une loi qui nous permette de nous mesurer, autonomes et libres. La révolte qui se révèle accompagner l'expérience intime du bonheur est partie intégrante du principe de plaisir. Par ailleurs, sur le plan social, l'ordre normalisateur est loin d'être parfait et laisse choir des *exclus* : les jeunes sans emploi, les banlieues, les SDF, les chômeurs, les étrangers, entre tant d'autres. Or, quand ces exclus n'ont pas de culture-révolte, quand ils doivent se contenter d'idéologies rétrogrades, de shows et de divertissements qui sont bien loin de satisfaire la demande de plaisir, ils deviennent des casseurs.

La question que je veux traiter – sans doute dans une optique microscopique, quoique non dénuée de résonances sociales, mais qui restera préoccupée par la vie intime, la vie psychique, l'art et la littérature – est celle de la nécessité d'une culture-révolte dans une société qui vit, se développe et ne stagne pas. En effet, si cette culture-là n'existait pas dans notre vie, cela reviendrait à laisser se transformer cette vie en une vie de mort, c'est-à-dire de violence physique et morale, de barbarie.

Vous le voyez, il y va de la survie – permettons-nous cette emphase – de nos civilisations et de leurs composantes les plus libres et les plus éclairées. Il y a urgence à *développer* la culture-révolte à partir de notre héritage esthétique et à en trouver de nouvelles variantes. Heidegger pensait que seule une religion pouvait encore nous sauver ; face aux impasses religieuses et politiques de notre temps, nous pouvons nous demander aujourd'hui si seule une *expérience de révolte* ne serait pas à même de nous sauver de la robotisation de l'humanité qui nous menace.

Cette révolte est en cours, mais elle n'a pas encore trouvé ses mots, pas plus qu'elle n'a trouvé l'harmonisation susceptible de lui conférer la dignité d'une Beauté – et elle ne les trouvera peut-être pas.

Nous en sommes là, et je ne vois pas d'autre rôle à la critique et à la théorie littéraires que d'éclairer la valeur des expériences-révoltes, formelles et philosophiques, qui ont peut-être une chance de garder en vie notre vie intérieure : cet espace psychique qu'on appelle une *âme* et qui est sans doute la face cachée, la source invisible et indispensable du Beau.

Voilà à partir de quoi j'essaierai d'intégrer, dans les domaines de l'art et de la littérature compris comme expériences, la notion de culture-révolte et d'introduire un autre enjeu de ce cours. Un enjeu qui consiste à dépasser la notion de *texte,* à l'élaboration de laquelle j'ai contribué avec tant d'autres et qui est devenue une forme de dogme dans les meilleures universités de France, sans parler des États-Unis et d'autres plus exotiques encore. Je m'efforcerai d'introduire, à la place, la notion d'*expérience* qui comprend le principe de plaisir ainsi que celui de re-naissance d'un sens pour l'autre, et qui ne saurait s'entendre autrement qu'à l'horizon de l'expérience-révolte.

Donner un cours, pour moi, et venir l'écouter, pour vous, pourrait laisser entendre, ou faire croire que *la culture est toujours possible*, que la culture va de soi, et qu'il n'y a qu'*une culture*. Permettez-moi d'exprimer mon inquiétude. Notre monde moderne a atteint un point de son développement où un *certain* type de culture et d'art, sinon toute culture et tout art, sont menacés, voire impossibles. Non pas, je vous l'ai dit, l'art ou la culture-show, ni l'art ou la culture-information consensuels favorisés par les médias, mais, précisément, l'art et la culture-révolte. Et lorsque ceux-ci se produisent, il arrive qu'ils revêtent des formes tellement insolites et brutales que leur sens semble perdu pour le public. Dès lors, il nous incombe d'être des donateurs de sens, des interprètes.

Si vous consentez à me suivre, vous comprendrez que j'inclus le travail critique dans l'expérience esthétique contemporaine : nous sommes plus que jamais devant la nécessaire et inévitable osmose entre réalisation et interprétation, ce qui implique aussi une redéfinition de la distinction entre critique d'une part, écrivain ou artiste de l'autre.

Il n'est pas du tout sûr qu'une culture et un art-révolte puissent voir le jour lorsque l'interdit et le pouvoir ont pris les formes de la normalisation falsifiable que je vous ai décrites, ou lorsque la personne est devenue un ensemble patrimonial d'accessoires à valeur marchande. Si telle est la situation, vous serez en droit de vous demander : qui peut se révolter, et contre quoi ? Un patrimoine d'organes contre un ordre normalisateur ? Et comment ? Au moyen d'images zappées ? Si nous voulons parler d'art et de culture dans ce contexte, une mise au point s'impose : de quelle culture s'agit-il ?

Je n'ai pas la réponse, mais je vous propose une réflexion. Je prétends que l'expérience passée, sa mémoire, et notamment la mémoire de la Deuxième Guerre mondiale, de l'Holocauste et de la chute du communisme, devraient nous rendre attentifs à notre tradition culturelle qui a mis en avant une pensée et une expérience artistique du *sujet* humain. Cette subjectivité est coextensive au *temps* : temps de la personne, temps de l'histoire, temps de l'être – plus nettement et plus explicitement que cela ne s'est fait ailleurs. *Nous sommes des sujets, et il y a du temps.* De Bergson à Heidegger, de Proust à Artaud, Aragon, Sartre, Barthes, différentes *figures de la subjectivité* ont été pensées et mises en mots, ou en forme, dans notre culture contemporaine. De même, diverses *modalités du temps* qui nous conduisent à ne pas rêver à une fin de l'histoire (comme certains ont pu le faire des États-Unis ou du Japon), mais à essayer de mettre en évidence de nouvelles figures de la temporalité.

Je dis : méditons et favorisons ces expériences d'écrivains attentives aux drames de la *subjectivité* et aux différentes approches du *temps*. Elles nous permettront de penser le moment historique, ainsi que cette temporalité multiple, éclatée que vivent les hommes et les femmes aujourd'hui, qui les ballotte de l'intégrisme ou du nationalisme aux biotechniques. Ne craignons pas de raffiner ces explorations de l'*espace subjectif*, de ces méandres, de ces impasses ; ne craignons pas d'élever le débat sur l'*expérience du temps*.

Les contemporains sont avides d'introspection et de prière : l'art et la culture répondent à ce besoin. Et tout particulièrement les formes artistiques insolites, « laides », que proposent les artistes. Souvent, ils sont conscients de leur place de *révoltés* dans le nouvel ordre normalisateur et pervertible. Mais il arrive aussi qu'ils se complaisent dans un minimalisme rudimentaire ou, au contraire, raffiné. Le rôle du critique d'art est alors essentiel pour éclairer l'expérience subjective et historique de l'écrivain ou du peintre. Plutôt que de nous endormir dans le nouvel ordre normalisateur, essayons de *ranimer la flamme,* qui a tendance à s'éteindre, de la *culture-révolte.*

La fondation perdue

La question que je voudrais poser d'entrée de jeu pourrait être formulée ainsi : le Beau est-il encore et toujours possible ? La Beauté existe-t-elle encore ? Si la réponse est *oui*, comme je le crois – car quel *autre* antidote à l'écroulement des idéologies mirobolantes, quel autre antidote à la mort que la Beauté ? – alors, quelle beauté observe-t-on dans les œuvres d'art contemporaines ? J'ai eu l'occasion de participer au jury de la Biennale de Venise en 1993 ; je puiserai là quelques exemples pour guider cette brève interrogation.

J'ai eu l'impression – j'ai toujours l'impression – que les spécimens d'art moderne présentés ne participaient pas de l'histoire du Beau que nous proposent les musées, et j'y inclus les musées d'art moderne jusqu'à ces vingt ou trente dernières années. Les pièces exposées à cette Biennale ne se situaient pas dans la même histoire du Beau. Nous pouvions y repérer, certes, la perfection et la maîtrise technique de l'Américaine Louise Bourgeois, qui transforme le trauma en fétiche, ou les crânes du sculpteur français Reynaud qui allège de manière bien gracieuse ou cartésienne l'obsession de la mort ; mais il s'y trouvait aussi quelque chose qui m'a paru comme l'emblème de cette Biennale et peut-être même de l'art contemporain : deux objets, en effet, m'ont tout particulièrement frappée, car il me semble que, à l'insu des artistes qui les ont produits, ils portent un sens symbolique. Il s'agit de deux installations ou, si l'on veut, de deux sculptures, l'une de l'Allemand Hans Hacke, l'autre de l'Américain Robert Wilson, qui figurent de manière différente l'*effondrement de la fondation*. L'installation insolite de Hans Hacke nous fait avancer sur un sol qui se dérobe, se détruit ; la fondation bascule. Le sol de Bob Wilson, lui, ne s'érode pas mais s'enfonce, s'engloutit. Un champ de ruines d'un côté, un sol qui s'enlise, qui s'affaisse de l'autre. Le public est fasciné, bouleversé par ces volumes, comme si une interrogation très troublante nous prenait au corps dans ces deux espaces. Perte d'une certitude, perte de la mémoire. Perte politique, morale, esthétique ?

Pour moi, ces expressions artistiques résonnent très loin dans la mémoire de notre culture, avec la Bible. Et notamment avec le psaume XCVIII où il est dit que les bâtisseurs ont rejeté une pierre et que cette pierre est devenue tête d'angle, pierre angulaire. C'est par Yahvé que cela s'est fait, et c'est merveille à nos yeux. Suit un chant de gloire et de joie, *Exultate, Jubilate*. Vous connaissez cette hymne non seulement dans le rituel catholique ou dans d'autres qui célèbrent la fondation, mais encore chez Mozart.

Eh bien, nous n'en sommes plus là. Nous ne pouvons plus exulter et jubiler sur nos fondations. Les artistes n'ont plus de socle. L'art n'est plus sûr d'être cette pierre angulaire. Le sol s'effondre, la fondation n'est plus. Un grand artiste tout près de nous, un écrivain, Marcel Proust, a pu célébrer la pierre angulaire dans l'image des pavés de Saint-Marc à Venise, en extraire une métaphore de l'art à refaire sur la base des vestiges de ces traditions. Cette pierre angulaire reviendra peut-être un jour, mais, aujourd'hui, elle se dérobe. Et nous sommes dans l'angoisse, dans le chavirement. Nous ne savons pas où aller. Pouvons-nous encore aller ? Nous sommes affrontés à la destruction de notre fondation. Quelque chose de notre socle tombe en ruine.

Je voudrais cependant insister sur l'exquise ambiguïté de ce moment, angoissant, certes, je viens de le dire, mais qui laisse aussi émerger une question. Cette angoisse n'est pas seulement négative, car, du simple fait qu'une installation se propose à cette place où se détruit la fondation, surgit en même temps que l'angoisse une interrogation. C'est le sens des constructions de Hacke et de Wilson : une question, une sub-version, une ré-volte au sens étymologique du terme (retour vers l'invisible, refus et déplacement). Et cette question est un signe de vie, certes très modique, très modeste, minimal, mais c'est déjà un détour, un dévoilement, un déplacement de l'effondrement ; et qui nous bouleverse. Oh ! bien sûr, on est loin de la jubilation, de l'exultation, la réponse en cours est infime, mais c'est tout de même un signe de vie, une promesse timide, angoissée et néanmoins existante.

Beaucoup de jeunes artistes ne créent pas de simples objets d'art, mais des *installations.* Sont-elles autant de signes d'une incapacité de produire un objet net et intense ? D'une inaptitude à concentrer l'énergie métaphysique et esthétique dans un cadre, sur un morceau de bois, de bronze, de marbre ? Peut-être. Je crois cependant qu'il y a autre chose. Dans une installation, c'est le *corps* tout entier qui est appelé à participer à travers ses sensations, à travers la *vision*, bien entendu, mais aussi l'*audition*, le *toucher*, parfois l'*odorat*. Comme si les artistes, à la place d'un « objet », cherchaient à nous situer dans un espace à la limite du sacré, et qu'ils nous demandaient non pas de contempler des *images*, mais de communier avec des *êtres*. Une communion avec l'être, balbutiante sans doute, parfois brutale, mais l'appel est là. Et j'ai eu l'impression, devant ces installations de

jeunes artistes empêtrés dans des balluchons, des tuyau-
teries, des fragments et autres objets mécaniques, que,
par-delà le malaise d'une fondation perdue, ils commu-
niquaient ceci : le but ultime de l'art est peut-être ce
qu'on a pu célébrer jadis sous le terme d'*incarnation*.
J'entends par là la volonté de nous faire éprouver, à travers des abstractions, des formes, des couleurs, des
volumes, des sensations, une *expérience réelle*.
Les installations de l'art contemporain aspirent à l'incarnation, mais aussi à la *narration*. Car il y a une histoire derrière ces installations : *l'histoire* de l'Allemagne,
l'histoire de l'homme préhistorique, *l'histoire* de la Russie, sûrement aussi *de modestes histoires* personnelles.
Une installation nous invite à raconter notre petit roman,
à participer, à travers lui et nos sensations, à une communion avec l'être. D'une manière trouble, elle réalise aussi
une complicité avec nos *régressions* ; car, lorsque vous
êtes devant ces débris, ces flashes de sensations, ces
objets disséminés, *vous ne savez plus qui vous êtes*. Vous
êtes au bord d'un vertige, d'un trou noir, d'un morcelle-
ment de la vie psychique que certains appelleront psychose ou autisme. N'est-ce pas le redoutable privilège de
l'art contemporain que de nous accompagner dans ces
nouvelles maladies de l'âme ?
    Je suis pourtant de ceux qui pensent que nous vivons
une basse époque. Dans mon roman *Le Vieil Homme et
les loups*[1], j'ai voulu comparer la situation actuelle avec
la fin de l'Empire romain. À cette différence près qu'a-

---

    1. Julia Kristeva, *Le Vieil Homme et les loups*, Fayard, Paris,
1991.

lors une nouvelle religion s'annonçait dont on ne voyait certes pas encore les arts et les fastes, mais qui bouleversait déjà. Aujourd'hui, je ne suis pas sûre qu'une nouvelle religion arrive, ni qu'elle soit souhaitable. Par ailleurs, je pense que nous avons tous besoin d'une *expérience*, j'entends par là d'un inconnu, d'une surprise, douleur ou ravissement, puis de la compréhension de ce choc. Est-ce encore possible ? Peut-être que non. Peut-être le charlatanisme est-il devenu monnaie courante aujourd'hui où tout est spectacle aussi bien que marchandise, et où ceux qu'on appelait des « marginaux » sont devenus définitivement des « exclus ». Dans ce contexte, évidemment, il faut se montrer très exigeant, c'est-à-dire déçu.

Personnellement, je préfère, une fois traversée la déception, accueillir ces expériences : je garde ma curiosité éveillée, en attente.

Encore Freud : rébellion et sacrifice

Parallèlement aux références étymologiques et sémiologiques que je vous ai données pour le terme de révolte – en vous rappelant sa plasticité, ses motivations sociales, politiques, éthiques –, je vous propose de réfléchir sur deux occurrences, parmi d'autres, de la « révolte » chez Freud. Et cela pour vous montrer l'ancrage rigoureux et profond que prend ce mot, tant dans l'histoire de la psychanalyse que dans son actualité.

Il s'agit d'une part de la *révolte œdipienne*, d'autre part du *retour de l'archaïque*, au sens du refoulé, mais aussi du hors-temps *(zeitlos[1])* de la pulsion. Je reviendrai longuement sur le complexe d'Œdipe dans un cours ultérieur, mais, pour enraciner d'ores et déjà la notion de révolte dans la pensée freudienne, je voudrais vous rappeler que l'Œdipe est constitutif du psychisme humain selon Freud. Il comprend deux mouvements dans le développement de la pensée freudienne : d'une part et d'un point de vue structural, le complexe d'Œdipe avec l'interdit de l'inceste organisent la psyché de l'être parlant ; d'autre part et selon une spéculation moins historique qu'historiale, Freud assigne à l'« origine » de la civilisation rien de moins que le meurtre du père – ce qui veut dire que la transmission et la permanence de l'Œdipe au fil des générations peuvent se comprendre à la lumière d'une hypothèse phylogénétique.

Pourquoi l'Œdipe est-il permanent chez tous les humains ? Pourquoi le sujet doit-il vivre son Œdipe en tant que petit enfant, pour le voir ensuite se répéter sous diverses métamorphoses tout au long de sa vie ?

C'est dans *Totem et Tabou[2]* que Freud répond à ces questions en nous racontant une fable, qui n'est pas aussi

---

1. Le hors-temps de l'inconscient sera commenté dans le cours de 1995-1996.
2. Sigmund Freud, *Totem et Tabou. Quelques concordances entre la vie psychique des sauvages et celle des névrosés.* Je vous recommande l'édition récente chez Gallimard, Paris, 1993, traduite par Marianne Weber, avec une très bonne préface de François Gantheret. Le texte allemand date de 1912-1913.

subjective qu'on veut bien le dire ou le laisser croire, et qui n'est pas forcément à verser au dossier du « roman » privé, quand ce n'est pas à celui de la « folie » de Freud.

Pour résumer, « à l'origine », les hommes primitifs vivaient en hordes dominées par un mâle redoutable qui exigeait la totale soumission de ses fils et qui leur interdisait l'accès aux femmes, dont il se réservait la jouissance. Un jour, les fils fomentent une conjuration et se *révoltent* (nous y voilà !) contre le père : ils le tuent, et le mangent. À la suite de ce repas totémique, ils s'identifient à lui et, après cette « première cérémonie » de l'humanité qui a vu la concomitance *de la révolte et de la fête* (notez la concomitance !), ils remplacent le père *mort* par *l'image* du père : par le totem-symbole du pouvoir, la figure de l'ancêtre. Dès lors, la culpabilité et le repentir cimentent le lien, le pacte social, entre les fils, entre les frères ; ils se sentent coupables et se serrent les coudes à partir de cette culpabilité, ils se tiennent ensemble, et « *le mort devint plus fort que ne l'avait été le vivant*[1] ». Le mort est tellement culpabilisant qu'il devient tout-puissant et oblige les frères à se tenir tranquilles, matés par le sentiment de la faute. Le courant tendre – qui existait simultanément avec le courant de haine –, transformé en repentir, *scelle le lien social qui apparaît d'emblée comme un lien religieux*.

J'y reviendrai, mais il faut savoir que, pour Freud, l'ordre social est fondamentalement religieux. Ce qui nous amène à une première question : si l'homme révolté est un homme religieux, que se passe-t-il quand l'homme

1. *Ibid*, p. 292.

n'est plus religieux ? Est-il encore révolté ? et sous quelle forme ? Il est sans doute inutile de vous répéter ce que vous n'êtes pas sans savoir : que la religion peut rendre l'homme docile – et tout le monde sait qu'elle ne se prive pas de le faire ; lisez les indignations de Nietzsche contre le christianisme, cela vaut mieux que des « laïcités » faciles. Mais allons plus loin : le lien social et/ou religieux est aussi (quoique pas seulement, n'oublions pas Nietzsche) celui où *la révolte trouve ses conditions de possibilité* : d'où, d'ailleurs, et c'est là que je voudrais vous conduire, ses percées et ses pièges. Question d'actualité s'il en est, n'est-ce pas, si l'art et la littérature sont, comme vous allez le comprendre, une continuation du sacré par d'autres moyens qui n'ignorent pas, au contraire, la désacralisation !

Mais revenons à notre « fable freudienne » : le lien social est donc fondé comme un lien religieux, les frères renoncent à posséder toutes les femmes, des règles d'échange exogamiques s'élaborent. Les frères, devenus êtres sociaux, résorbent le féminin, y renoncent. Quel féminin ? Le féminin des femmes – objets de la convoitise –, mais aussi leur propre féminin au sens de désir passif pour le père, d'amour et de fascination pour le père. Et Freud d'affirmer que c'est cette homosexualité refoulée qui sera la base du contrat social : culpabilité et homosexualité refoulée ; « on » vient coaguler ce qui se tient tranquille « au nom du père ». L'*Homo religiosis* est né, pétri de « sentiments de culpabilité » et d'« obéissance ». C'est dans ce contexte que Freud parle d'« émeute » : « *La troupe des frères qui s'ameutèrent était en proie [...] aux mêmes sentiments contradictoires que ceux dont nous pouvons prouver l'existence, en tant que contenu de l'ambivalence du complexe paternel, chez chacun de nos enfants et de nos névrosés.*[1] » Et Freud insiste sur la nécessité de *mimer cette révolte* : non pas de la reproduire telle quelle, mais de la représenter sous la forme d'une commémoration festive ou sacrificielle, qui comporte la joie du crime initial sous-jacente au sentiment religieux, à la culpabilité, au repentir ou à la propitiation. Après avoir souligné qu'il est nécessaire de « rappeler le triomphe remporté sur le père », Freud écrit encore : « *La satisfaction qu'il procure fait instaurer la fête commémorative du repas totémique dans laquelle les* restrictions *imposées par l'obéissance après coup sont levées, elle prescrit de* répéter dans le sacrifice *de l'animal-totem le crime que fut le meurtre du père, et cela aussi souvent que le* gain *retiré de cet acte, l'appropriation des qualités du père, menace de s'évanouir par suite des changements qu'entraîne la vie. Nous ne serons pas surpris de constater que l'*élément de la rébellion filiale réapparaît aussi, *souvent sous des travestissements et des retournements des plus curieux, dans des religions qui se sont formées plus tardivement*[2]. »

Je vous laisse apprécier la richesse du texte de Freud et je relève le « gain » que représente cette rébellion qu'est l'appropriation des qualités du père : un « gain » sous-jacent à la « culpabilité ». Comme l'expérience religieuse, le texte de Freud met l'accent sur la culpabilité consécutive à la rébellion. Mais il est le premier à souligner ce « gain de la rébellion » et à nous inviter à penser

---

1. *Ibid*, p. 291. Nous soulignons.
2. *Ibid*, p. 295. Nous soulignons.

aux situations où il « menace de s'évanouir » – puisque c'est alors, et alors seulement, que l'obéissance coupable cède devant la nécessité de *renouveler la rébellion*, notamment sous la forme du sacrifice rituel. Lorsqu'on n'a plus de plaisir dans les liens, on recommence la révolte : la religion nous le permet sous forme de sacrifice rituel, une révolte codée.

On peut se demander aussi sous quelles autres formes renouveler la rébellion. Disons, en anticipant, que lorsque le lien social-sacré fondé sur la culpabilité s'affaiblit, l'exigence logique – psychique – réapparaît de recommencer la rébellion (il s'agit de la fonction du sacré comme commémoration symbolique du crime). Mais, dans certaines situations d'affaiblissement du lien et/ou de la culpabilité, il est impossible ou du moins très difficile de retrouver jusqu'à ce « gain » festif procuré par la réitération imaginaire ou symbolique de l'acte révolté qu'est la célébration sacrale.

Pourquoi fait-on le sacrifice ? Pourquoi entre-t-on dans le pacte religieux et embrasse-t-on le fondamentalisme, quel qu'il soit ? Parce que, nous dit Freud, il arrive que les gains que nous tirons du contrat social menacent de s'évanouir « *par suite des changements qu'entraîne la vie* » : chômage, exclusion, manque d'argent, faillite de notre travail, insatisfactions de tous ordres... Dès lors, mon agglomération au lien social se désagrège, la plus-value que « je » retirais de mon insertion dans le *socius* s'effondre. En quoi consistait cette plus-value ? Eh bien, elle n'était autre que cette « appropriation des qualités du père » ; autrement dit : « je » me sentais flatté(e) d'être promu(e) au rang de quelqu'un qui peut, sinon être le père, du moins s'approprier ses qualités, s'identifier à son pouvoir ; « j' » étais associé(e) à ce pouvoir ; « je » n'étais pas exclu(e) ; « je » faisais partie de ceux qui lui obéissent et qui en sont satisfaits. Mais il arrive que cette identification au pouvoir n'opère plus, que « je » me sente exclu(e), que « je » ne repère plus le pouvoir devenu, tel qu'on vient de le constater, normalisateur et falsifiable. Que se passe-t-il alors ?

« *Nous ne serons pas surpris de constater que l'élément de la rébellion filiale réapparaisse ici* », remarque finement Freud ; et c'est alors que se déclenche la révolte, « *souvent avec des travestissements et des retournements des plus curieux, dans des religions qui se sont formées plus tardivement* ». Ce que Freud appelle ici une « réapparition des rébellions », ce sont des expériences cathartiques – des rituels qui posent un ou plusieurs sens (religieux) et les dé-pensent dans une profusion réglée de signes (chants, danses, invocations, prières, etc.). Il voit donc se développer de nouvelles tentatives de rébellion, différentes de la révolte primaire que fut le meurtre du père, sous la forme de *culte religieux*, précisément, avec son cortège que nous considérons aujourd'hui comme « esthétique », « artistique ». Une situation sacrificielle se *re*-produit, par laquelle un pouvoir imaginaire, pas immédiatement politique, mais où cette vocation est latente, se met en place, devient agissant. Et chacun des officiants espère satisfaire dans son imaginaire le besoin de se confronter à une autorité qu'il devient possible non seulement de contester indéfiniment – le rite est répétitif –, mais aussi de renouveler, de rafraîchir en quelque sorte, en l'accompagnant de ces dépenses radieuses qui vont avec les fêtes religieuses :

danses, transes et autres festivités inséparables de la
scène du sacrifice.

La problématique que Freud esquisse ici à grands
traits – condensé d'une problématique de l'autorité, de la
transgression comme meurtre, de la *mimesis* ou représentation, et de l'art comme dépense – est la suivante : il
existe un besoin de sacrifice au sens d'une remémoration
et d'une représentation du meurtre initial. En tant
qu'animal parlant (ce qui veut dire capable de représentation psychique dont la pensée et le langage sont les
aboutissements), l'être humain a besoin de se représenter
les qualités du père (ce que Lacan appellera la « fonction
paternelle »), si et seulement s'*il mime la transgression*
de son autorité, ou la révolte contre cette identité. Cette
reprise de la rébellion primaire peut revêtir différentes
formes : soit la *représentation* du meurtre tout court – ce
sont les variantes de sacrifices que toutes les religions
accomplissent ; soit le *passage à l'acte* – les religieux
de telle communauté sacrifient d'autres religieux de
telle autre communauté ; soit encore sous une forme
sublimée – la dépense de festivités comportant danses,
incantations, rites comme creuset de ce qui deviendra
l'art.

La question que je souhaite poser dans ce cours, et
dont la gravité ne vous échappe pas, est la suivante : cette
logique, mise en évidence par Freud et qui caractérise
l'homme religieux, social et artistique, n'est-elle pas
arrivée à saturation ? Nous en sommes peut-être là : ni
coupables ni responsables ; mais conséquemment incapables de révolte.

Je reviendrai, à propos de l'Œdipe, sur cette coprésence de l'interdit et de l'identification avec le pouvoir

interdicteur, de la culpabilité et de la révolte. Je vous laisse aujourd'hui avec cette inquiétude...

La deuxième occurrence du thème de la révolte chez Freud se trouve dans une lettre au philosophe et psychanalyste Binswanger, du 8 octobre 1936. Récusant les envolées philosophiques et les spéculations métaphysiques du philosophe, qu'il trouve très éloignées et de la clinique et de la pensée scientifique qu'il juge être la sienne, Freud écrit ceci : « *Je me suis toujours tenu au rez-de-chaussée ou dans le sous-sol du bâtiment [...]. À cet égard, vous êtes conservateur et moi révolutionnaire. Si j'avais encore devant moi une existence de travail, j'oserais offrir aussi à mes hôtes bien nés une demeure dans ma petite maison basse*[1]. » Traduction : vous êtes très haut par rapport à moi ; je voudrais offrir aux gens bien nés comme vous, et qui daignent m'accorder néanmoins quelque attention, une demeure dans cette petite maison basse dans laquelle j'essaie de développer un esprit révolutionnaire. La jonction est facile à établir entre cette image de la « maison basse », « révolutionnaire », et, chez Freud, la série des métaphores archéologiques par lesquelles l'inconscient est présenté comme invisible, enfoui, bas. Le rapprochement que je vous sug-

---

1. Sigmund Freud et Ludwig Binswanger, *Correspondance, 1908-1938,* Calmann-Lévy, Paris, 1995. Cité par Ernest Jones, *La Vie et l'œuvre de Sigmund Freud,* t. III, Presses universitaires de France, Paris, 1969, p. 234. À la fin de sa propre vie, Ludwig Binswanger s'est rapproché des phénoménologues, et notamment de Heidegger dont il est néanmoins très différent, et a maintenu son ambition de conjoindre psychanalyse et phénoménologie.

gère vous indique que le mot « révolutionnaire »
employé par Freud n'a rien à voir avec la révolte morale,
et encore moins politique ; il signifie tout simplement la
possibilité que se donne la psychanalyse d'accéder à
l'archaïque : de re-tourner le sens conscient. Seulement,
et c'est là que l'apparente modestie de Freud se révèle
d'une ambition exorbitante, celui qui accède à l'archaïque et à son impossible temporation qu'est le hors-
temps (*zeitlos* : l'inconscient ignore le temps... depuis
L'Interprétation des rêves) serait non seulement quelqu'un de bienveillant et d'indulgent, mais de... « révolutionnaire ». Entendez-le dans tous les sens plastiques du
mot que j'ai accumulés devant vous en ouvrant ce cours.
Ou, pour résumer, je dirai que Freud est un révolutionnaire... à la recherche du temps perdu.

Telle est la deuxième orientation que j'essaierai d'ausculter par la suite avec vous : la révolte comme accession
à l'archaïque, à ce que j'appellerai une « impossible temporation », et qui fera, comme je vous l'ai dit, l'objet
d'un cours ultérieur sur le temps selon Freud. Je reprends
de Heidegger le terme de « temporation » qu'il utilise
pour manifester que, jusque dans l'extase, il y a toujours
déjà du temps, du temps supposé, même dans cet état
extatique où le temps semble suspendu. En revanche,
Freud a peut-être été le seul à penser ce qu'il appelle le
« non-temps », le « hors-temps » – en allemand *zeitlos* –,
temps défait, temps-et-sortie.

Le retour, ou l'accès à l'archaïque comme accès à une
temporalité hors-temps : telle est l'expérience dont je
vous propose l'analyse et que les grands textes littéraires,
notamment *À la recherche du temps perdu*, nous permettent d'approcher. L'accès à l'archaïque, au hors-

temps, au « pur temps incorporé », selon la formule de Proust, nous prépare aussi à la bienveillance. Le bon analyste n'est-il pas celui qui nous accueille avec bienveillance, avec indulgence, sans comptes à régler, calme dans sa maison basse, nous dit Freud, et en ce sens précisément révolutionnaire, nous donnant accès *pour nous-mêmes* à notre « maison basse » ?

Voilà une image qui me fait revenir à la « fondation perdue » et aux installations d'habitats détruits dont je vous ai parlé en vous promenant dans la Biennale de Venise. L'installation de Bob Wilson s'appelait *Memory Lost*. J'y ai retrouvé cet accès à l'archaïque que Proust symbolise magistralement avec *La Recherche*. Vous entriez dans un grand hall, vous enleviez vos chaussures et vous marchiez sur une mousse où vous vous enfonciez un peu, où vous aviez l'impression de perdre pied. Un projecteur éclairait un buste d'homme à la tête rasée. Un texte vous était remis. C'était une expérience sensorielle de la lumière, du toucher, ainsi que du son. Vous viviez une histoire qui racontait que chez quelque peuplade étrange, on avait coutume de raser la tête de ceux dont on voulait faire des esclaves avant de les exposer au soleil. Ainsi, leurs cheveux poussaient à l'intérieur et non plus à l'extérieur du crâne, et ils perdaient la mémoire. En nous racontant cette fable avec l'aide de signaux divers et intenses, Bob Wilson nous invitait à éprouver cette menace de perte de mémoire que l'ordre normalisateur fait peser sur nous.

Pour moi, et d'une autre manière, *la révolte analytique*, au sens de révolte œdipienne et de retour à l'archaïque, est un antidote à la menace de *Memory Lost* que perçoivent confusément certains artistes contemporains.

Je vous proposerai d'envisager trois figures de la révolte
à partir de l'expérience freudienne :
- la révolte comme transgression de l'interdit ;
- la révolte comme répétition, perlaboration, élaboration ;
- la révolte comme déplacement, combinatoires, jeu.
Indépendantes logiquement, dans les comportements
sociaux par exemple, ces figures sont néanmoins inter-
dépendantes dans l'expérience psychique où elles se rencontrent imbriquées, comme nous le verrons dans les
prochains cours, aussi bien dans l'appareil psychique
que dans les œuvres artistiques ou littéraires. Mais, avant
de nous séparer, je tiens à vous présenter les trois écrivains que je vous ai annoncés.

*Pourquoi Aragon, Sartre, Barthes ? ou, plus
analytiquement, qui a peur d'Aragon, Sartre, Barthes ?*

On mesure mal, encore aujourd'hui, le bouleversement que ces trois expériences, parmi d'autres, ont
apporté aux mentalités, aux idées, à la littérature et à la
langue. On peut – et je l'ai fait ailleurs – appeler d'autres
textes pour mettre en évidence ce mouvement radical qui
chemine en profondeur et qui s'apparente à une nouvelle
étape de ce que Nietzsche nommait l'« histoire monumentale » – non pas l'histoire linéaire, cursive, des événements socio-politiques, mais le volume autrement ina-
movible des attitudes psychiques, des croyances, des
religions. J'aurais pu, j'aurais dû vous parler d'Albert
Camus ; son *Homme révolté* s'impose, et son *Étranger*,
avec son « écriture blanche », suscite une inquiétante

étrangeté bien au-delà du testament humaniste. Cependant, d'autres, plus compétents, y reviennent actuellement, ressuscitant la personne du moraliste et la portée métaphysique de son écriture ; et la cause est entendue.

Pourquoi ces trois-là ? Outre le hasard des rencontres et des influences historiques qui ont modulé mon propre parcours, je considère Aragon, Sartre et Barthes comme représentatifs de trois remises en cause essentielles qui ont marqué le siècle.

Dans le sillage du surréalisme et en succombant à l'attraction stalinienne, l'écriture poétique d'Aragon lie la jouissance sexuelle à la jouissance de la langue. Des troubadours à Rimbaud, cette veine irrigue l'esprit français. Georges Bataille en propose la méditation en s'inspirant des mystiques, de Hegel et de Freud. Antonin Artaud brûle des intensités sonores de son corps dont les fibres embrasées récusent les facilités du sexe et de l'identité psychique : un refus qui bascule en psychose. Aragon conduit cette désidentification du sexe et de la langue jusqu'à deux bords insoutenables : le plaisir du pouvoir et l'ivresse du mensonge. Ni vraie ni fausse, la révolte littéraire est *vraisemblable*, affirmait déjà *La Poétique* d'Aristote. Avec Aragon, le vraisemblable poussé aux extrêmes des jeux identitaires – extrêmes des rôles sexuels, extrêmes des options idéologiques, virtuosité extrême des mots – confronte la révolte aux risques de la compromission et du cynisme.

Sartre, de son côté, enracine dans l'expérience littéraire (lisez *La Nausée* en même temps que *L'être et le néant*) ce débat sur l'autre et l'être que la philosophie de Hegel et de Heidegger avait déployé sur le terrain académique et qu'a voulu écarter dans une large mesure la pensée française. Mais, ayant opéré comme une transfusion de l'être dans l'autre, et vice versa, Sartre applique cette vision de l'être-autre à la politique et à toute parole humaine pour autant qu'elle est en situation politique. On peut regretter la politisation de l'être-autre qui en résulte, conduisant à certains engagements qui oublient curieusement d'interroger leur propre « mauvaise conscience ». Mais on ne peut oublier l'élévation simultanée du politique au rang d'être-autre, et cette implication « mystique », en effet, au sens fort du terme, que Sartre accomplit dans la situation littéraire (relisez son théâtre, *La Nausée, Les Mots*), puis dans la politique. Dans un livre incisif, Francis Jeanson[1] a raison de s'interroger sur la croyance de l'athée Sartre : l'athéisme de Sartre n'est pas un rationalisme, mais un engagement complet dans l'être-autre de l'existence humaine. Nous n'avons pas fini de l'interroger si nous voulons chercher le sens possible ou impossible d'un athéisme moderne.

Barthes, enfin, qui, dès les années 1960, et alors que les idéologies étaient loin d'être mortes, fit scandale en déclarant en substance que tout idéologique est sémiologique et en pulvérisant la surface policée d'une idée, d'une croyance, d'un mythe, d'une mode, d'un texte en une polyphonie de logiques, en réseaux sémantiques, en intertextes. Les nouveaux prêtres qui gèrent aujourd'hui les médias de France n'en finiront pas d'en vouloir à ce musicien du sens pour avoir débusqué – et nous avoir appris à débusquer – d'inépuisables non-dits sous l'ap-

---

1. Francis Jeanson, *Sartre. Les Écrivains devant Dieu*, Desclée de Brouwer, Paris, 1966.

parence des « messages », des phénomènes et des images. Pour des raisons différentes, et à chaque fois justifiables, ces trois expériences provoquent la fascination et, aujourd'hui surtout, le rejet. Je reviendrai, si possible en détail, sur les raisons psychologiques et politiques d'une telle attitude. Pourtant, il me semble important de souligner d'ores et déjà *quelque chose de commun* qui suscite et caractérise les résistances, par ailleurs spécifiques, envers les œuvres de ces auteurs. La nouveauté inaudible encore de leurs textes, qui a bien un avenir devant elle, réside dans *la révolte contre l'identité* : identité du sexe et du sens, de l'idée et de la politique, de l'être et de l'autre.

Nos exigences identitaires ne proviennent pas seulement d'une idéologie rationaliste ou cartésienne que ces trois écrivains, à leur manière spécifique, viendraient déranger. Elles s'enracinent dans un protectionnisme identitaire de l'être parlant qui est une nécessité biologique et psychique, et que la religion monothéiste parachève et sanctifie. Desserrer ces enclos du « propre » et de l'« identique », du « vrai » et du « faux », du « bien » et du « mal », devient une nécessité de survie, car les organisations symboliques, comme les organismes, perdurent à condition de se rénover et de jouir. Les détruire dans un mouvement de révolte entraîne cependant le risque de nouveaux protectionnismes, autrement faux et meurtriers. Dans tous les cas, la révolte contre l'*Un* qui se profile au cœur des expériences d'Aragon, Sartre et Barthes ouvre une question qui est celle d'une autre structuration de la subjectivité. Une autre humanité, disons-le péremptoirement, se fait entendre non seulement dans leurs pensées, mais aussi – et cette rencontre est essentielle, car elle signe la profondeur du phénomène – dans leurs langages : une humanité qui prend le risque de se mesurer à la religion et à la métaphysique qui la nourrit, en se mesurant au sens du langage. Ce pari est de taille, et bordé de compromis, d'erreurs, d'échecs. Quelque chose de nouveau a eu lieu en Europe, dont Freud a théorisé l'irruption par la découverte de l'inconscient, et qui se manifeste dans les mouvements radicaux marquant le commun destin pensée-langage au sein de ce qu'on appelle encore « littérature », voire « philosophie ». L'unité de l'être parlant scellée par la conscience est travaillée par un faisceau de biologie et de sens, de telle sorte que des séries de représentations hétérogènes constituent notre appareil psychique. « Nous », « moi », « je » sont formés de multiples facettes, et cette polyphonie qui nous déprime ou nous fait jouir, qui nous annule ou nous glorifie, résonne dans la polysémie de nos échanges verbaux, extrait la pensée des carcans rationnels et accorde un sujet excentré aux battements de l'être. Écrire et/ou penser peut devenir, dans cette perspective, une mise en cause permanente *du psychisme comme du monde.*

Il ne s'agit plus de se conformer à l'« universel » (tous aspirant aux mêmes valeurs, dans le meilleur des cas ; aux droits de l'homme, par exemple), ni d'affirmer sa « différence » (ethnique, religieuse, sexuelle) intouchable et sacrée ; encore moins de combattre une de ces tendances avec l'autre, ou simplement et savamment de les combiner. Il s'agit de pousser à bout l'exigence d'universel *et* l'exigence de singularité dans chaque individu, en faisant de ce mouvement simultané le ressort de la pensée en même temps que du langage. « Il y a du sens » : ceci sera mon « universel ». Et « je » prends les mots de la tribu pour y inscrire le déploiement de ma singularité. « Je est un autre » : ceci sera ma « différence », et « je » formulerai ma spécificité en infligeant des distorsions aux clichés cependant nécessaires des codes de communication, ainsi que des déconstructions permanentes aux idées-concepts-idéologies-philosophies dont « je » suis l'héritier. « Philosophie » et « littérature » résorbant leurs frontières au profit d'*un procès* du sens et de l'être parlant, des significations émises et des valeurs reçues.

D'autres époques ont connu cette expérience. Sa radicalité est pourtant unique dans notre siècle – un siècle d'éducation et d'information. Mais, en raison de l'intensité des mouvements d'avant-garde, de leur impact sur les débats politiques ainsi que sur les désirs de la jeunesse, elle y accède à la valeur d'un mouvement de masse.

Les adeptes des anciennes formes de mentalité veillent : ils ne comprennent pas, ou trop bien, et s'opposent quand ils ne censurent pas. Les retours répressifs aux besoins identitaires refont surface : nationalisme, traditionalisme, conservatisme, fondamentalisme, etc. Les pensées se contentent d'archiver : on recense et on s'agenouille devant les reliques du passé dans une culture muséiforme, ou dans une culture de distraction s'il s'agit de ses variantes populaires. Nous en avons au moins pour quelques dizaines d'années. Mais la révolte a eu lieu, elle n'est pas effacée, elle se donne à lire, elle se donnera à lire de mieux en mieux à une humanité déracinée que gèrent maintenant le relativisme des images ainsi que l'indifférence monétaire et humanitaire, mais qui n'a peut-être pas entièrement perdu ses aptitudes à l'enthousiasme, au doute et au plaisir d'interroger. Et cela jusqu'au cœur de cette défense ultime de la vie humaine que sont le sens du langage et l'architecture de l'« idée » dans l'« esprit humain ».

Tel est du moins le présupposé de ce cours ou, si vous voulez, telle est ma croyance.

II

Le sacré et la révolte : quelques logiques

J'ai insisté la semaine dernière sur un aspect de l'organisation de l'espace sacré tel que Freud le spécifie dans *Totem et Tabou*[1] (1912-1913). Je vous ai rappelé comment le meurtre du père était en quelque sorte répété par les fils au cours du rituel religieux sous la forme du sacrifice, lequel constitue le pacte symbolique entre les frères célébrant par là l'autorité restaurée à laquelle, dès lors, ils participent.

Si vous lisez ou relisez le texte de Freud, vous verrez qu'il articule la question du sacré au double tabou qui frappe la communauté préhistorique : d'une part, le meurtre du père ; d'autre part, les relations avec la mère, autrement dit l'interdit de l'inceste. Les deux pointes du triangle œdipien, les deux éléments constitutifs de l'Œdipe sont ainsi pris en compte par Freud lorsqu'il se propose de décrire l'avènement et l'organisation de l'espace sacré.

---

1. Sigmund Freud, *Totem et Tabou, op. cit.*

La souillure

Arrêtons-nous quelques instants sur la séparation d'avec l'espace maternel, qui nous renvoie à l'interdit de l'inceste. Vu sous cet angle, le sacré apparaît comme un désir de purification[1]. Mais la pureté peut être dangereuse, comme, après d'autres, l'a dit avec raison Bernard-Henri Lévy[2]. Bien sûr, c'est une question que les médias n'ont pas le temps de développer, car ils vont trop vite ; pourtant, elle est véritablement capitale. Que purifie-t-on par le rite ? Et de quoi se purifie-t-on, étant entendu que toutes les religions sont des rites de purification ? Il n'est que de penser aux différents systèmes d'ablutions, au lavement des pieds, à la confession, etc. L'art et la littérature en sont aussi : vous vous souvenez qu'Aristote les considère comme des catharsis – en français « purifications ».

Comme je l'ai développé dans *Pouvoirs de l'horreur* à la suite d'une pléiade d'anthropologues qui ont balisé la question en détail et qui se sont penchés sur différents rites de purification dans l'histoire des sociétés, la purification qui consiste à se débarrasser d'une souillure nous confronte à une énigme. Qu'est-ce que la souillure ? Qu'est-ce qui est sale ? Dans certaines sociétés, la souillure est identifiée avec une substance qu'il est interdit de manger. Des règles sont édictées sous forme de

---

1. *Cf.* Julia Kristeva, *Pouvoirs de l'horreur*, Le Seuil, Paris, 1980.
2. Bernard-Henri Lévy, *La Pureté dangereuse*, Grasset, Paris, 1994.

tabous alimentaires comme il en existe dans le judaïsme, l'hindouisme, etc. Si l'on examine les interdits alimentaires ou les désirs de purification dans les religions, il apparaît d'abord que la purification est recommandée ou imposée quand la *frontière* entre deux éléments ou entre deux identités n'a pas tenu et que ces éléments ou ces identités se sont mêlés. Ainsi ne doivent pas se mélanger le haut et le bas, la mer et la terre ; par conséquent, certains animaux qui habitent la mer *et* la terre, ou qui possèdent des attributs ordinairement associés à la terre *et* à la mer, seront jugés « impurs ». Confronté à de tels tabous alimentaires, le moderne conclut que *l'impur est ce qui ne respecte pas la limite*, ce qui mélange les structures et les identités. Or, il est nécessaire de maintenir l'identité dans son autonomie, dans sa pureté structurale, pour assurer la survie non seulement du vivant, mais aussi du *socius*. Et cela au regard d'une exigence archaïque, bien entendu : « archaïque » du point de vue de l'histoire des sociétés qui ne survivent qu'en se démarquant des autres (en établissant avec elles des liens rigoureux et, disons, surveillés). Pourtant, cet « archaïsme » nous rattrape plus souvent que ne le pensent les esprits trop pressés d'aller vers le « métissage » ; j'aurai l'occasion d'y revenir.

La deuxième règle, qui n'exclut pas la première mais qui bien souvent s'y dissimule, veut que l'impur soit, en dernière instance, *le maternel*. Pourquoi le maternel ? Là encore, deux explications s'imposent. Premièrement, la relation de l'être parlant avec l'espace maternel est précisément une relation « archaïque » où les frontières sont inexistantes ou instables, une relation d'osmose dans laquelle la séparation, si elle est en cours, n'est jamais tout à fait nette. Nous sommes ici dans la problématique du narcissisme et de l'instabilité des frontières entre l'enfant et la mère, dans la modalité que l'on définit comme préœdipienne du psychisme. Deuxièmement, si l'on aborde la question sur un plan religieux, on s'aperçoit que le pacte social et symbolique tel que j'en ai déroulé le film devant vous la dernière fois, avec les frères qui se révoltent contre l'autorité du père pour établir un *socius* – ce pacte social, dis-je, est un lien transversal qui se constitue par l'évacuation du maternel : il faut, pour établir le pacte symbolique, se débarrasser du contenant domestique, corporel, maternel. Et même s'il existe des religions maternelles, elles sont toujours déjà sur la voie d'un clivage entre l'être symbolique et son soubassement psychologique et maternel. La constitution du sacré requiert donc une séparation d'avec le physiologique et sa bordure : le maternel et le charnel qui, dans le monothéisme intégriste, seront connotés négativement, pour déchoir jusqu'au païen, jusqu'au diabolique. Les mystiques et les artistes auront droit à de subtiles transgressions et à d'habiles mélanges développés dans une histoire magnifique et parallèle.

Je n'entrerai pas dans ce débat, qui n'est pas celui qui nous occupe ici, mais j'ai voulu vous montrer que la purification, l'élimination de la souillure, la défense contre le maternel sont au cœur de la constitution du sacré et lisibles en filigrane dans *Totem et Tabou*. La question du féminin et du maternel ne préoccupe que secondairement Freud, qui met au contraire l'accent sur le premier aspect que j'ai développé dans le cours précédent, à savoir l'exclusion qui pèse sur les fils, le meurtre du père perpétré pour abolir sa tyrannie et constituer ainsi le pacte symbolique entre frères.

Une archéologie de la pureté

Les aspects aujourd'hui les plus virulents de certaines religions, sous la forme de l'intégrisme et autres obscurantismes, sont présentés comme autant de désirs de purification ; et c'est vrai dans l'optique que je viens de décrire. Mais cette analyse est-elle suffisante ? Non, n'est-ce pas ? Voyons pourquoi.

Cette tendance à la purification conduit insidieusement à la délimitation d'un lieu de pureté désigné par un officiant, un religieux, lieu que je propose de vous représenter grâce au schéma ci-dessous :

Le sujet pur et absolu – appelons-le « le purificateur » – se défend du maternel dont il se sépare par des rites anti-souillure, en même temps qu'il se défend du meurtre du père par un sentiment de culpabilité, de contrition, de repentir. Vous comprenez donc que ce qui *apparaît* comme une pureté aux yeux de la religion et des purificateurs n'est qu'une surface obsessionnelle[1] qui dissimule une véritable *architecture* de la pureté. Et il y a fort à parier qu'il soit impossible d'ébranler le moins du monde le bien-fondé de cette « pureté » si l'on ne traverse pas tous les dédales de l'architecture sous-jacente que je vous présente schématiquement sous la forme

---

1. *Cf.* Julia Kristeva, « L'obsessionnel et sa mère », in *Les Nouvelles Maladies de l'âme*, Fayard, Paris, 1993, p. 75.

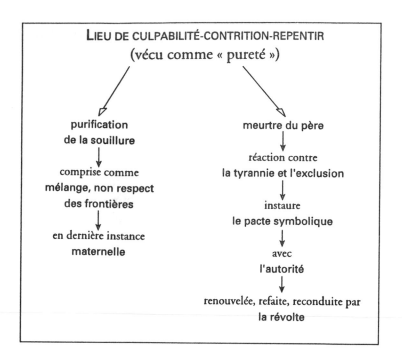

de cette pyramide. Si vous me permettez une brève extrapolation dans le domaine de l'actualité, je dirai qu'il me paraît difficile de combattre les différentes formes d'intégrisme et de violence qui semblent être le triste apanage de cette fin de siècle, si l'on considère exclusivement la surface de cette prétendue pureté et si l'on ne tient pas compte de ce qui la produit – à savoir le dégoût de la souillure et, avec lui, la contrition, le repentir, la culpabilité, lesquels se donnent eux aussi comme des qualités de la religion, mais qui constituent, profondément, la vie psychique de l'être capable de symbolicité : de l'être parlant.

Interrogeons donc les pensées et les désirs inconscients qui accompagnent le meurtre du père, l'exclusion abolie et la constitution du pacte symbolique. Là, je reviens au cœur du sujet de mon cours, c'est-à-dire à la révolte. Abolir le sentiment d'exclusion, s'inclure à tout prix, tels sont les slogans et les revendications affichées non seulement des religions, mais aussi des totalitarismes et des fondamentalismes. Pour cela, le « purificateur » veut se confronter à une autorité – valeur ou loi –, se révolter contre elle, tout en s'y incluant. Le « purificateur » est un sujet complexe ; il reconnaît l'autorité, la valeur, la loi ; mais il prétend qu'il faut élargir leur pouvoir en se révoltant contre un pouvoir restreint, pour y inclure un nombre plus important de « purifiés », dits alors des « frères ». Ce mouvement d'accession au pouvoir peut s'accompagner de la contrition (« J'ai, hélas ! tué le père en me révoltant contre lui ») ; dans l'hypothèse idéale, il induit certains renoncements aux abus de pouvoir (« je » partage le pouvoir avec les autres ; « je » renonce donc à certains privilèges au profit des frères) ; mais, le plus souvent, le pôle du désir que représentent l'autorité-et-la-loi impose au purificateur l'engrenage paranoïde de la persécution et de la revanche. La révolte contre l'exclusion se résout dans la reconduction de l'exclusion aux échelons inférieurs de l'édifice social (« je » m'inclus *en haut* ; « j' » exclus *en bas*).

Dans la fable freudienne, c'est le père qui incarne la position d'autorité, de valeur et de loi contre laquelle les fils se révoltent. Leur révolte consiste en ceci qu'ils s'identifient au père et prennent sa place, cette intégration constituant le pacte collectif, l'inclusion fondant le lien qui sera le *socius* grâce auquel les frères n'auront plus le sentiment d'être exclus, mais, au contraire, la certitude imaginaire d'être identifiés avec le pouvoir qui, avant la révolte, pesait sur eux de tout son poids. Le bénéfice que Freud constate dans ce processus est un bénéfice d'identification et d'inclusion à la loi, à l'autorité, au pouvoir. Le sentiment d'exclusion qui, de nos jours, est provoqué par la crise économique ou par telle situation d'étrangeté, ethnique ou autre, peut être, d'une certaine manière, guéri, en tout cas soulagé, dans un espace religieux où l'individu croit pouvoir bénéficier d'une identification par inclusion au sein d'une communauté symbolique. Il passe d'une place d'exclu national, social, politique, à une place d'inclus symbolique ; il accède à une position de pouvoir qu'il avait jugée jusque-là hors de son atteinte. Le sentiment d'exclusion est de la sorte résorbé, effacé par la mise en scène symbolique et fantasmatique d'une inclusion et d'une identification avec un pouvoir « au-delà ».

Ainsi donc, à trop insister seulement sur la purification et sur la « pureté dangereuse » qu'affichent les liens religieux, nous risquons d'oublier deux choses : le sentiment de purification est un bénéfice « après-coup », consécutif au repentir ; le mouvement libidinal initial est une violence : désirer le père (l'autorité) et le « prendre » – dans l'éros et jusqu'à la mort. La violence, réprimée dans l'esprit du croyant, demeure sous-entendue, inconsciente, c'est sa libido encryptée. En effet, si cette jouissance était absente, si ce plaisir de la violence était barré, le bénéfice de l'inclusion serait moindre, affirme Freud. Et, comme je vous l'ai rappelé la dernière fois, si, pour des raisons historiques, les religions finissent par donner l'impression à leurs adeptes de ne pouvoir satisfaire leur besoin d'identité, d'inclusion, de pureté – autrement dit de manquer d'enthousiasme et de passion, de s'atténuer, de décliner –, eh bien, ceux-ci renouvellent l'acte de violence, le sacrifice, soit sous une forme strictement rituelle, soit par le passage à l'acte. On commence par réactiver les rites, on remet en vigueur la signification symbolique des dogmes, on renforce leur expansion, on fait dominer leur influence ; et on finit par prendre des mesures plus actuelles, plus actives, de la persécution à l'élimination physique de ceux qui se tiennent à l'écart de la même religion, voire *des* religions.

J'espère vous avoir montré que les idéologies qui prétendent combattre les religions en leur assignant une place de pureté absolue et dangereuse se gardent bien de mettre en évidence la part de jouissance que recèle la révolte sous-jacente à cette pureté. Si vous êtes convaincus par ce constat qui démasque sous la pureté une révolte, si vous convenez que « je » ne peux m'inclure ni m'identifier sans abolir l'autorité qui m'opprimait auparavant et que, dans cet acte d'abolition-identification, gît toute la violence de la dévoration et du meurtre, alors se pose une question d'une brûlante actualité pour nous autres Occidentaux, et qui est la suivante : quels sont les modes modernes sur lesquels peut se réaliser ce que fut jadis, et encore tout près de nous, la jouissance de « l'homme religieux » ? Sommes-nous capables de cette révolte ? Non pas sous la forme agie, concrète, du passage à l'acte, non pas sous la forme de la violence infligée ou subie, mais sous une forme symbolique nouvelle ? Et si nous n'en sommes plus capables, pourquoi ?

La question est d'importance, et permettez-moi d'y insister, car il s'agit de rien moins que du dépassement de l'*Homo religiosis* : est-il possible ou impossible ? La question de l'art et de la littérature n'y est pas étrangère. Une des raisons de notre incapacité de mettre en œuvre symboliquement la révolte réside peut-être dans le fait que l'autorité, la valeur et la loi sont devenues des formes vides, inconsistantes. Ici, je vous rappelle ce que j'avais mentionné dans mon dernier cours lorsque je vous décrivais nos démocraties avancées régies par un ordre normalisateur et pervertible, comme un ensemble de structures où le pouvoir est tout à la fois spectaculaire et vacant, où le juridique oscille entre permissivité et fragilité, où les « affaires » et les mises en accusation sont des mises en scène médiatiquement organisées, et où il est possible, sinon facile de contourner la loi.

Quant au souhait de s'inclure dans les valeurs liées à la dignité humaine, il se heurte à maintes difficultés découlant des problèmes que posent les notions de « droits » et même d'« homme » aujourd'hui. On a assez dit que les droits de l'homme représentent le dernier rempart contre la perte des valeurs pour un sujet en accord avec les principes fondateurs de la République ; pour un sujet qui n'est pas le sujet transcendantal et qui ne se confond pas non plus avec le code – autrement dit avec les défenses – d'aucune des religions constituant la mémoire des populations de plus en plus hétéroclites qui se mélangent aujourd'hui en Europe et ailleurs. Or, sous nos yeux, ces valeurs, garanties jusqu'ici par les droits de l'homme, se diluent sous la pression de la technique et du marché, menacées par ce que les juristes appellent la « personne patrimoniale », c'est-à-dire l'être humain comme assemblage d'organes plus ou moins négociables, susceptibles d'être greffés, monnayés, légués, etc. Par ailleurs, l'abandon plus ou moins avoué par les démocraties des grands conflits politiques, ethniques et religieux au profit de puissances militaires et barbares – comme on le voit en ex-Yougoslavie –, jette un grave discrédit sur ces valeurs qu'on appelle du reste désormais, et de plus en plus naturellement, de « prétendues valeurs ».

Enfin, la révolte productrice de pureté dans notre monde moderne est mise à mal par un ajustement facile – disons pervers – de la loi et de la transgression ; elle s'altère au gré d'une constante autorisation, quand ce n'est pas d'une incitation, faite par la loi elle-même, à transgresser la loi et à s'y « inclure ».

Ainsi donc, deux raisons au moins rendent problématique la révolte dans ce contexte. La première tient à l'inconsistance de l'interdit ; la seconde tient au fait que la possibilité de révolte comporte une jouissance que nous n'assumons pas, puisque la personne humaine elle-même qui en est le lieu s'éparpille en organes et en images ; et ces nouvelles maladies d'une âme déliquescente et dépourvue de centre se cantonnent dans la passivité et la plainte.

Prêtres et garçons turbulents

J'ai abordé quelques figures de la révolte et de ses variantes ou échecs dans l'histoire religieuse des sociétés indo-européennes lorsque j'ai interrogé les textes de Mallarmé et Lautréamont. Le titre de l'ouvrage où j'ai développé ces questions, *La Révolution du langage poétique*[1], vous dit assez que nous étions là déjà au cœur du sujet de la révolte. Le vide de pouvoir, le vide des valeurs n'était pas encore en cause dans les années 1970 ; l'altération est sans doute apparue de façon plus évidente, plus drastique, plus menaçante après l'effondrement récent du communisme. Mais, sur un plan politique, le mouvement que j'interroge est sans doute en cours depuis la fin de la Révolution française et le développement consécutif de la démocratie. Je laisse cette question ouverte pour revenir sur la logique profonde des passes et des impasses de la révolte interne à notre mémoire culturelle.

Dans *La Révolution du langage poétique*, je reprenais deux figures qui avaient retenu l'attention de Georges Dumézil[2]. D'une part, celle du prêtre, qui assume ce que Bernard-Henri Lévy désigne comme la pureté et, ajouterai-je, la culpabilité et le repentir en tant qu'aspects du pacte religieux et culturel (il s'agit de la culture religieuse, mais peut-être aussi bien de la culture en général) ; d'autre part, celle que Dumézil appelle le « garçon turbulent », c'est-à-dire celui qui représente la part de jouissance, de cassure, de déplacement, de révolte sous-jacente à la pureté, au repentir et à la reconduction du pacte. La double logique qui structure l'identité vivante, renouvelable, et que l'Œdipe nous permet d'entrevoir –

1. Julia Kristeva, *La Révolution du langage poétique*, Le Seuil, Paris, 1974, pp. 548 *sq.*
2. Georges Dumézil, *Mitra et Varuna. Essai sur deux représentations indo-européennes de la souveraineté*, Gallimard, Paris, 1948.

c'est-à-dire d'un côté la loi, de l'autre la révolte et la violence – semblait répartie, dans le panthéon indo-européen, entre deux figures distinctes. La dialectique inhérente au processus de la révolte, inhérente à la
constitution de tout espace sacré ou social, se distribue-
rait comme si étaient déléguées à un certain nombre
d'individus la fonction « pureté » et à d'autres la fonction « révolte » ; mais ne perdez pas de vue que ces deux
catégories convergent et en aucun cas ne sont possibles
l'une sans l'autre.

Dans le système de souveraineté mithraïque du panthéon indo-européen décrit par Dumézil, le prêtre, dit *flā-
men* ou *brahmane*, sert la partie idéalisante du pacte religieux parvenue à une forme de stabilité qui permet aux
liens de se constituer : nous avons accompli notre inclusion et un équilibre provisoire, assumé par le prêtre, s'est
installé ; le prêtre jouit de cette stabilité ou *paix*, semble
dire le mithraïsme.

Tout autre est le jouisseur révolté, le *Gandharva*[1] ou
homme-cheval, le centaure indien épris de musique, de
danse et de poésie – autant d'arts interdits au législateur
comme au prêtre. Il annonce une économie souterraine :
le frayage de la révolte et la jouissance sous-jacente. La
double nature humaine et animale ainsi révélée semble
indiquer, comme par métaphore, la fougue, la violence,
une force difficile à penser pour l'anthropologie, un
« passage à la limite » : la métaphore du cheval désigne

---

1. Il tire son nom de *Guhedh*, « avoir un désir passionné pour »,
d'où « jouissance », *ibid.,* p. 208.

l'élan de la pulsion et une mise en mouvement psychique et extrapsychique qu'on a du mal à symboliser.

Si vous avez lu ma *Révolution du langage poétique*, vous savez que j'ai proposé d'imaginer que cette fonction des hommes-chevaux était bel et bien prise en compte dans nos cultures modernes – si l'on accepte de penser que l'espace sacré et l'espace symbolique coïncident – par l'art et l'esthétique. D'un côté, il y a le discours de la norme et de la pureté telles qu'elles subsument une entente sociale et dont le prêtre célèbre la paix symbolique ; de l'autre, il y a le chant, la danse, la peinture, la mise en jeu des mots, la jubilation des syllabes, l'introduction de fantasmes dans le récit, qui donneront lieu d'abord à l'incantation sacrée pour être progressivement détachés de la scène religieuse dans une littérature laïque. Cette expérience, pensée à partir de Kant comme « esthétique », reprend en réalité la part de violence et de non-soumission qui est partie prenante de l'espace social. Dumézil le démontre avec force : les « garçons turbulents » sont destructeurs, mais ils sont aussi ceux qui impulsent la fécondité et la joie dans les fêtes. C'est dans les fêtes que se déchaîne la possibilité sacrée : je dis bien *possibilité* et non pas pureté, c'est-à-dire ce qui la précède et l'excède, jouissance de la contestation, voire de la destruction, puisque la fête est l'occasion de casser l'existant pour reconstituer ensuite de nouveaux équilibres, ou, plus banalement, retourner aux anciennes habitudes.

La culture-révolte devrait sans doute tenir compte de la possibilité ou de l'impossibilité de cette mise en place et de cette élaboration de valeurs, de pactes et d'espaces de pureté. Mais avons-nous aujourd'hui des valeurs stables, des « puretés » à proposer ? Les systèmes censés protéger les dernières valeurs paradisiaques d'une société d'avenir où tous les hommes seraient frères n'ont-ils pas montré combien il est difficile de maintenir des idéaux sans exercer la violence la plus arbitraire ? En outre, ne faut-il pas tenir compte de ceci : les espaces de pureté sont secrètement soutenus par une possibilité de dépense où l'homme frôle ses limites avec l'animal et où la pulsion bouscule les codes pour essayer de les modifier ? En cas de réussite, cela donne la célébration par la danse, qui n'est pas la marche, pas plus que la poésie n'est le langage. Et la religion assouvit le désir de transgression.

Le vieux modèle dialectique de la loi et de sa transgression reste, en effet, valable pour organiser l'espace religieux et l'art qui en est issu. Si, par exemple, nous nous demandons pourquoi certaines personnes retournent à la religion ou s'y réfugient, nous pouvons supposer que ce n'est pas seulement pour rejoindre ou atteindre une valeur pure : c'est que la religion donne à tous et à chacun ce qu'il faut bien appeler des fantasmes « au bain-marie », adoucis, non violents, quoique chargés d'une certaine agressivité exprimée, qui flatte leur obscur désir de révolte jouissive et, avec lui, leur part d'hommes-chevaux. Quant aux lieux *laïcs* où cette articulation loi/transgression est possible, ce sont évidemment ceux qui sont investis par les arts.

Transgression, anamnèse, jeu

Résumons-nous. La question que pose le texte de Freud dont je vous ai signalé la lecture est la suivante : quelles peuvent être les figures d'articulation entre la loi et l'interdit, si l'on accepte d'y voir, comme je vous y engage, la constitution de l'espace sacré, les uns se mettant du côté de la loi (nos « prêtres » modernes), les autres se révoltant contre elle (nos « garçons-chevaux ») ? Bien sûr, si l'on pense que la loi est invalidée, que l'interdit ne tient pas, que les valeurs sont évidées ou inconsistantes, une certaine articulation dialectique de la loi et de la transgression est impossible. Beaucoup se dévouent pour redonner une pureté aux valeurs : on ne manque pas de « prêtres », notamment dans les médias, mais où sont les « garçons-chevaux » ? Des figures de cette transgression ont été mises en évidence, de Hegel à Bataille ; le XXᵉ siècle est traversé par la figure de l'intellectuel intrinsèquement contestataire : vous connaissez la littérature érotique comme subversion. Vous savez que *Le Bleu du ciel* de Georges Bataille[1] ainsi que d'autres romans du même auteur illustrent cette problématique, que nous n'aborderons pas ici. Quoiqu'elle reste fascinante et riche de sens, elle n'est pas, à mes yeux, rejouable dans le contexte de cette fin de siècle. D'une façon plus coléreuse, et payant lourdement sa dette à la psychose, il y a aussi le rejet de la loi et même l'être martelé par l'écriture d'Antonin Artaud. Vous connaissez également la mise en place de la perversion plus ou moins complaisante comme révolte contre l'ordre nouveau et puritain. De telles formes apparaissent comme celles dévolues à un espace ancien où l'on croyait en la solidité de l'interdit. En revanche, si l'interdit est caduc,

---

1. Georges Bataille, *Œuvres complètes,* t. III, Gallimard, Paris, 1971.

si les valeurs sont en perte de vitesse, si le pouvoir est insaisissable, si le spectacle déferle sans retenue, si la pornographie est acceptée et diffusée partout, qui pourrait se révolter ? Et contre qui, contre quoi ? En d'autres termes, dans ce cas, c'est la dialectique loi/transgression qui est mise en difficulté et qui risque de se cristalliser dans quelques espaces de répression : tel le monde islamique et ses *fatwas*. Un interdit doublé d'un appel au meurtre a été énoncé contre l'écrivain Salman Rushdie qui s'est permis de « blasphémer », illustrant par là une culture-révolte en acte que nous, Occidentaux, accueillons volontiers, de même que nous sommes heureux d'accueillir Taslima Nasreen à l'université dans quelques jours, mais dont nous n'avons pas de version interne à la démocratie laïque. François Mitterrand n'est pas un ayatollah, et nul ici n'a envie de se révolter contre l'ordre républicain. La logique interdit/transgression ne saurait revêtir les mêmes formes dans la religion islamique et dans nos démocraties où il est encore très agréable de vivre, où la permissivité sexuelle – qui était réduite avant 68, il faut le reconnaître – est aujourd'hui considérable malgré le retour de tendances conformistes et où, par conséquent, l'érotisme lui-même n'est plus un prétexte de révolte.

Que faire donc pour se révolter dans une pareille situation, quand la marge de manœuvre est si réduite ? C'est bien difficile, n'est-ce pas ? Je ne vous le fais pas dire. Vous en êtes la preuve...

Eh bien, je vous propose ici un bref retour à Freud. Je crois pouvoir déceler au moins trois figures de révolte chez lui. D'abord, celle dont je vous ai montré la configuration, disons, ancestrale et telle qu'elle constitue le

lien social en même temps que le sacré ; sans doute
paraît-elle très circonscrite et quelque peu archaïque
pour les démocraties d'aujourd'hui.

Il y en a une autre, inventée par Freud, précisément, et
qui est l'espace analytique comme temps de révolte.
J'emploie ici le terme de « révolte » non pas au sens de
transgression, mais au sens où l'analysant ressaisit sa
mémoire et effectue son travail d'anamnèse auprès de
l'analyste, auquel il se réfère comme à une « norme », ne
serait-ce que parce que l'analyste est le « sujet supposé
savoir », incarnant l'interdit et les limites. Il n'est nullement « normatif », ni « conformiste », ni antipsychia-
trique que d'affirmer, comme je le fais, que la configuration salutaire analysant/analyste inscrit la loi au cœur
de l'aventure analytique. Dans l'optique freudienne où
un dépassement de la dialectique hégélienne est déjà à
l'œuvre, il apparaît que l'essentiel de l'anamnèse n'est
pas, je le répète, dans la confrontation entre interdit et
transgression, mais plutôt, comme je vous l'ai signalé
lors du précédent cours, dans des mouvements de *répétition*, de *perlaboration*, d'*élaboration* internes à l'association libre dans le transfert. C'est le parcours de la
mémoire qui reprend alors la vision nietzschéenne d'un
« éternel retour » et qui permet un renouvellement du
sujet tout entier. Répétition, perlaboration, élaboration
sont des logiques qui, en apparence seulement, sont
moins conflictuelles que la transgression, prennent des
formes plus *soft* du *déplacement de l'interdit comme
retour du passé et renouvellement possible de l'espace
psychique.*

Envisageons la situation analytique. Un patient se
rend chez un analyste pour se remémorer son passé, ses

traumatismes, son sentiment d'exclusion. Un événement traumatique l'a conduit à s'exclure de sa famille, de son cercle d'amis, du pacte symbolique : « je » ne parviens pas à m'exprimer, « je » suis inhibé, « je » suis déprimé, « je » suis marginalisé parce que « j »'ai telle ou telle sexualité. Si le traumatisme peut être compris comme une forme psychique de l'exclusion, cette dernière sera défaite par l'analyse. Vous voyez que je fais allusion ici à l'espace sacré que je vous décrivais plus haut, à ceci près que la logique du pacte analytique (du « transfert ») n'est pas celle d'une transgression ou d'une inclusion dans un ensemble déjà là, ou d'une prise de pouvoir, mais celle d'un *déplacement* du traumatisme, déplacement progressif, incessant, peut-être même interminable, comme dit Freud parlant d'une « analyse sans fin ». Un déplacement qui va conduire l'analysant à quoi ? À la possibilité d'élaboration, de perlaboration, et donc à la construction d'une véritable culture dont le déplacement constitue la source et l'essence. « J »'entreprends des récits, « je » raconte des situations familiales ou sociales de manière chaque fois plus insolite, plus vraie. « Je » suis un narrateur en herbe. Vous reconnaissez là la figure du « temps incorporé » proustien, de « la recherche du temps perdu ». Dans le meilleur des cas, l'analyse est une invitation à devenir le narrateur, le « romancier » de sa propre histoire.

Sans doute voyez-vous où je veux en venir : la mémoire mise en mots et l'implication de la pulsion dans ces mots – qui donnent un style – seraient une des variantes possibles de la culture-révolte : non pas au sens de l'interdit-transgression, je le répète, mais au sens de l'anamnèse comme répétition, perlaboration, élaboration, ou, si l'on remplace la problématique freudienne par celle de Proust, plus accessible aux littéraires, au sens de « la recherche du temps perdu » à travers une énonciation narrative. Ce qui me conduit à penser que dans notre civilisation – compte tenu des impasses des formes religieuses de révolte, ainsi que des formes politiques conflictuelles ou dialectiques de révolte (interdit-transgression) –, la psychanalyse, d'une part, et une certaine littérature, d'autre part, constituent peut-être des occurrences possibles de la culture-révolte. À condition d'entendre ce dernier mot dans son acception étymologique de retour, déplacement, plasticité du propre, mouvement vers l'infini et vers l'indéfini, comme nous l'avons vu dans le premier cours.

Une troisième et dernière configuration nous apparaîtra enfin lorsque nous parlerons des styles ou de la pensée d'Aragon, Sartre et Barthes – celle de la *combinatoire* ou du *jeu* comme occurrences possibles de la révolte. Il ne sera pas question, là encore, de la confrontation entre interdit et transgression, de ces formes dialectiques datées, encore que toujours possibles dans certains contextes ; mais de *topologies*, de configurations spatiales plus souples et probablement plus appropriées à cette situation dont je ne cesse de souligner la difficulté : comment la personne patrimoniale que nous risquons de devenir s'affronterait-elle à une vacance de pouvoir, armée pour tout discours d'une télécommande pour *zapper* ? Autrement dit, comment se révolter, dans nos sociétés du spectacle, en l'absence de pouvoir politique réel ?

Nous allons essayer, tout au long de ce cours, de préciser les deux logiques de la révolte que je viens de vous décrire. Mais je veux auparavant répondre brièvement à quelqu'un qui me demandait tout à l'heure pourquoi je ne faisais pas référence, quand j'évoquais la nécessité de la jouissance et de la violence dans la révolte, à Mauss et au *potlatch*.

Il y a encore bien d'autres choses auxquelles je ne fais pas référence, mais vous avez raison : on pourrait parler aussi de Mauss, que je commente assez longuement dans *La Révolution du langage poétique*. Il serait également possible de citer, à propos du « pur » et de l'« impur », les travaux de Mary Douglas sur la traversée du maternel dans les figures ambiguës de la souillure. D'autres modèles anthropologiques pourraient encore être convoqués en écho à ce que je vous propose ; mais nous nous en tiendrons là pour ce qui concerne les implications de la réflexion sur la révolte quant à l'espace sacré et à son actualisation aujourd'hui. Retenez qu'elles prennent au moins deux formes : les intégrismes et le nihilisme. Les uns s'engouffrent dans les intégrismes, tandis que les autres se désolent : « Il n'y a rien à faire. » Comme je vous l'ai dit brutalement et ironiquement tout à l'heure : comment se révolter quand on est un ensemble d'organes, et contre qui ?

Avant d'aborder Aragon, Sartre et Barthes, je m'efforcerai de vous initier, dans les cours suivants, à certains aspects de la pensée freudienne qui me paraissent importants à méditer pour mieux comprendre la place de l'interdit et de la jouissance, ainsi que les rapports qui existent entre eux : autrement dit, les différentes positions vis-à-vis des liens qui ne sont pas nécessairement, nous le verrons, des figures de la transgression. Nous allons tenter d'analyser la logique profonde de ce qui constitue cette « essence supérieure de l'homme », comme Freud l'écrivait, et qui n'est autre que l'intime du lien symbolique avec lequel, contre lequel et dans lequel les hommes et les femmes se révoltent : je veux parler du langage.

Permanence du divin et/ou immanence du langage

Examinons donc les modèles freudiens du langage, non sans nous souvenir que les notions de pouvoir et d'interdit renvoient à la figure paternelle, au meurtre du père et à l'institution de l'interdit symbolique. Pour chaque être humain, l'instance de la fonction paternelle, de la fonction d'autorité est donnée de manière immanente dans notre aptitude au langage. En d'autres termes, le langage est un dieu immanent. À moins que vous ne préfériez penser que Dieu est une extrapolation métaphorique de l'immanence. L'idée laïque – dont on cherche toujours les fondements, lesquels ne devraient être ni trop réducteurs ni trop mortifères – pourrait consister en ceci : nous parvenons à penser mieux ce que signifie une proposition du type « Dieu est en nous ». Si Dieu est en nous, c'est parce que nous sommes des êtres parlants. Et il est bon d'ausculter la grammaire et toutes les apparences décoratives du langage, ainsi que la place du langage dans la constitution de l'être humain, dans son autonomie, dans son rapport aux autres et à son propre corps, en tenant compte de toutes sortes de paramètres que, justement, la pensée freudienne mobilise et qui font qu'elle n'est pas, comme j'ai déjà eu l'occasion de vous le dire, une pensée linguistique, bien qu'elle traite du langage.

Si donc je veux vous exposer les modèles freudiens du langage, c'est pour essayer de situer ce qui me semble être la position centrale du langage chez Freud, une place que Lacan a eu le mérite ensuite de souligner. Du reste, peut-être ce mérite a-t-il été trop brutalement compris, ou mal compris, puisque la lecture de Freud par Lacan s'est acheminée vers ce qu'il a appelé lui-même une « linguisterie », une approche structuraliste du langage qui a réduit le fonctionnement signifiant des êtres humains à un schéma linguistique très rudimentaire. Ce n'est en rien le cas de Freud, je le précise. D'ailleurs, je vais tout de suite vous le montrer et, si vous lisez les textes de Freud dans leur chronologie, vous constaterez peut-être avec moi qu'il y a au moins *trois modèles du langage chez Freud*. J'insiste sur ces trois modèles qui, dans un premier temps, vous paraîtront peut-être éloignés de la problématique de la révolte, mais qui permettent, je crois, de cerner l'imbrication du *langage* dans une dynamique plus complexe qui comprend et la *pulsion*, et le *sacrifice*, et d'aborder autrement le lien social et la place de la littérature dans ce lien.

III

Mardi 29 novembre 1994

Les métamorphoses du « langage » dans la découverte freudienne
(Les modèles freudiens du langage)

1
L'AIRE DU LANGAGE : SÉRIES HÉTÉROGÈNES SANS SUJET

Vous trouverez le premier de ces modèles freudiens du langage dans *Contribution à la conception des aphasies*, de 1881[1], et dans « Esquisse d'une psychologie scientifique[2] », de 1895. Le deuxième modèle est, quant à lui, plus directement psychanalytique et exposé essentiellement dans *L'Interprétation des rêves*[3], de 1900.

---

1. S. Freud, *Contribution à la conception des aphasies* (1881), trad. fr. C. Van Reeth, Presses universitaires de France, Paris, 1983.
2. L'« Esquisse » (1895) est traduite avec les « Lettres à Wilhelm Fliess » (1887-1902) dans *Naissance de la psychanalyse*, trad. fr. A. Berman, Presses universitaires de France, Paris, 1956.
3. Sigmund Freud, *L'Interprétation des rêves* (1900), Presses universitaires de France, trad. fr. I. Meyerson, D. Berger, Paris, 1926 et 1967.

Asymptote

Le premier modèle procède d'un constat qui nous permet de revenir aux notions d'interdit et de transgression et de retrouver ce dualisme avec lequel Freud ne cessera de jouer sous des termes divers. Le constat de Freud est celui d'une inadéquation, d'un déséquilibre entre le sexuel et le verbal. Ce que l'être parlant *dit* ne subsume pas la sexualité. La sexualité ne peut pas se dire, ou en tout cas elle ne peut pas se dire toute. Lacan reprendra cette idée lorsqu'il affirmera que « la jouissance n'est pas toute » et que « la vérité ne peut se dire toute ». Le désir sexuel n'est que très peu ou pas du tout appréhendé par le langage et par l'intelligence : « je » développe mon intelligence, « je » développe mon langage, mais une part de ma subjectivité fonctionne sous un régime sexuel qui n'est recouvert ni par le langage, ni par l'intelligence. Le désir sexuel est en somme asymptotique au langage et à l'intelligence. Cette asymptote peut être due à la névrose : le décalage entre le langage des névrosés et leur sexualité est en effet criant, si l'on peut dire. Mais on peut avancer encore une autre hypothèse : celle, plus essentielle, qu'il s'agirait là d'une donnée constitutive remontant à l'immaturité de l'*infans*[1].

En effet, les êtres humains, qui sont des êtres parlants, naissent cependant sans pouvoir parler et, à ce titre, sont

---

1. *Cf.* Sigmund Freud, « Analyse d'une phobie chez un petit garçon de 5 ans. (Le Petit Hans) » (1909), in *Cinq psychanalyses*, trad. fr. Marie Bonaparte et Rudolph M. Loewenstein, Presses universitaires de France, Paris, 1954, rééd. 1970, pp. 93-197.

plus immatures que les animaux qui, eux, parviennent très rapidement à assumer la vie de leur espèce, son code de communication compris. Les humains ont besoin d'une longue période d'apprentissage pour acquérir le langage, et cette immaturité de l'*infans* se traduit ultérieurement par un décalage entre l'aspect biologique de l'homme, dont la maturation suit ses propres voies, et l'aspect symbolique que constituent l'acquisition et le développement du langage. La particularité de notre espèce, immature à la naissance, son incapacité linguistique inaugurale creusent l'asymptote entre le sexuel et le verbal et interdisent que le décalage entre eux soit un jour comblé.

Dans les deux hypothèses (névrose ou immaturité constitutive), cette asymptote, selon Freud, induit sinon une absence de traduction, du moins une traduction défaillante entre la *représentation inconsciente* et les *mots*. Nous pouvons avoir de nos activités, en particulier des traumatismes sexuels que nous subissons ou d'autres expériences sexuelles, des représentations inconscientes, des inscriptions dans des couches profondes de notre psychisme ou même de notre biologie, mais les mots, eux, en portent un témoignage fort décalé, voire nul. Si donc la traduction fait défaut, ou si elle est défaillante au point de produire, par exemple, des symptômes, il nous faut un intermédiaire, en l'occurrence la psychanalyse, pour essayer de faire transiter, dans l'écart de cette asymptote, les représentations inconscientes jusqu'aux mots.

Freud est préoccupé par le constat de ce hiatus dès ses premiers travaux et cherche bien entendu une solution pour le combler. Nous sommes, je vous le rappelle, entre

1881 et 1895, chez un Freud neurologue, avant la psychanalyse qui conceptualisera par la suite ce décalage comme un « refoulement », une « coupure », un « clivage », un « dédoublement », etc., selon les variétés des structures. Eh bien, les travaux de Freud sur l'aphasie reprennent pour l'essentiel, mais en les déplaçant, les théories de Meynert et de Wernicke sur ce sujet. Que disent ces théories et en quoi consiste le déplacement opéré par Freud ? Ses prédécesseurs supposent que les données sensorielles périphériques – ce que « j' » entends, ce que « je » vois – déclenchent une excitation des centres périphériques qui est. acheminée ensuite vers le cerveau, produisant dans celui-ci une projection *univoque* : d'où l'idée de *centres nerveux* qui donnent une commande à laquelle « je » réponds – la forme bien connue de l'arc réflexe résume l'articulation de ce trajet.

Freud, quant à lui, remplace l'idée de *projection univoque* par une *série* de *niveaux* de représentations, pour obtenir ce qu'il appelle le « schéma psychologique de la représentation de mot[1] ». Celui-ci conjugue un « ensemble fermé », dit *représentation de mot* (centré sur l'*image sonore* et englobant aussi une *image de lecture*, une *image d'écriture* et une *image de mouvement*), et un « ensemble ouvert », dit *représentation d'objet* ou *de chose* (centré sur l'*image visuelle* et comprenant les

---

1. Il le reprendra dans l'« Appendix C, Words and Things », *Papers on Metapsychology*, The Standard Edition, vol. XIV (1914-1916), trad. fr. « Les Mots et les Choses », in *Le Coq-Héron* n° 54, 1975.

images tactiles, les *images acoustiques*, etc.). Une seule
représentation ne suffit pas pour que « je » parle ; il en
faut deux – représentation de mot et représentation de
chose –, qui vont jouer ensemble. Et comme si cela ne
suffisait toujours pas, chacune de ces représentations est
une série qui comporte en elle-même plusieurs niveaux.
Si, par exemple, je me représente la chose « train », le
niveau sonore, le niveau visuel, le niveau tactile, etc. de
cette représentation constituent un ensemble complexe,
stratifié, que j'appellerai un ensemble *feuilleté* représentant de l'*objet* ou de la *chose*. Par ailleurs, la représentation de mot, elle aussi, se compose de plusieurs éléments
de représentation. Le mot « train » se compose non seulement de sa représentation acoustique, mais aussi de son
image lectrice, car « je » sais comment s'écrit ce mot ;
l'écriture « train » s'ajoute donc au son « train ». « Je »
dois compter également avec la représentation graphique, parce que « je » sais écrire, et donc la représentation de ma motricité entre en jeu. Vous voyez donc
que, du côté des mots, Freud échelonne des représentations complexes par séries ou niveaux : cette polyphonie
et cette hétérogénéité constituent l'essentiel de sa
conception du langage, du moins à ce moment-là de son
œuvre.

Inutile de préciser qu'une telle description est très différente de celle du signe proposée par Saussure, signifiant et signifié. Même si l'on peut avancer que la représentation de mot rappelle le signifiant et que la
représentation de chose ou d'objet évoque le signifié, il
n'en reste pas moins que chacun des deux éléments chez
Freud comporte de multiples strates et que nous sommes
loin de l'image saussurienne de la feuille de papier avec

son recto et son verso ; nous voyons au contraire se déplier un modèle véritablement feuilleté du système de représentation psychique ou, comme le dit Freud dans son texte sur l'aphasie, d'un « appareil à langage » fait de séries de représentations.

Hétérogénéité

J'aimerais insister sur l'*hétérogénéité* inhérente à ce que j'appelle « le premier modèle freudien du langage » (représentation de chose/représentation de mot). Non seulement la part de frayage énergétique – ce que Freud exprimera plus tard sous le terme de *pulsion* – est, dans ce modèle, considérable, mais les types de figurabilité ou de représentation dont il est question ici sont décalés du langage. En effet, Freud utilise au moins deux registres de représentation : l'un concerne les mots – et ressemble *en partie* au signifiant de la sémiologie saussurienne : ce serait le cas de l'« image sonore », mais elle est dépendante, des autres images sensorielles du mot, et ne peut être assimilée à un signifiant linguistique pur et simple ; l'autre concerne les objets – et évoque davantage quelque chose de pictural et d'investi énergétiquement, pour lequel nous n'avons pas à proprement parler de terme sémiologique.

Retenez en tout cas que, dès ses travaux sur l'aphasie, Freud a posé différents niveaux de représentation et, plus profondément encore, une hétérogénéité de ces niveaux qui se marque ainsi : le langage est, certes, organisateur, mais il faut compter aussi avec les représentations de choses, lesquelles, tout en étant liées aux mots, ne participent pas du même domaine de représentation. En ce sens, l'appareil psychique est constitué d'une série de représentations – au pluriel – dont nous n'avons pas fini d'explorer les différences. Voyons à présent comment Freud précise cette complexité dans l'« Esquisse » – qui, je vous le rappelle, date de 1895 – en mettant l'accent sur l'aspect *énergétique* des représentants psychiques. Cet aspect a ensuite été écarté pendant la période linguistique de la psychanalyse française, notamment par Lacan lui-même. Il fait retour aujourd'hui, avec le cognitivisme et l'attention portée au biologique, mais il est malheureusement récupéré dans une conception moniste des opérations de l'esprit. Dans l'« Esquisse », Freud garde le principe de l'hétérogénéité et reste essentiellement dualiste. Il y a deux systèmes, explique-t-il en substance : le système *phi* extérieur et le système *psy* intérieur, qui peuvent se joindre ou se dissocier à partir du passage de la charge quantitative Q, laquelle se mue en charge qualitative ou psychique. La lumière frappe mon œil : « je » vois ; ma peau est brûlée : « je » touche ; mon tympan vibre : « j »'entends, etc. La quantité énergétique qui déferle dans le système perceptuel se propage le long des nerfs pour parvenir jusqu'au cerveau et, grâce à un système de filtrages, de résistances ou de protections, parvient à inscrire une *trace* – fondement de la mémoire.

Intermédiaire

C'est à ce point que Freud assigne au langage un *rôle intermédiaire* qui n'a pas été assez souligné, ni même noté. On croit avoir tout dit quand on répète après Lacan que « l'inconscient est structuré comme un langage » et on néglige l'apport de Freud qui, en homme de science prudent, a cherché à concilier le « corps » (énergie) et l'« esprit » (représentation) sans évacuer aucun de ces niveaux. Il introduit donc un sous-système qui sert de *jonction* entre le quantitatif (énergétique) et le psychique (représentation) : il s'agit des « associations verbales » ([R. chose/R. mot] + [R. chose/R. mot] + etc.) qui permettent à la pensée d'investir certaines traces mnésiques, de garantir l'attention et de rendre possible la connaissance. À cheval entre la pensée et l'énergie, le langage autorise la pensée à atteindre et à stabiliser l'énergie ; il permet que l'attention se fixe et que la pensée se déploie ; il est, en somme, une boîte d'équilibrage entre le sensoriel et/ou le quantitatif (l'énergétique, le pulsionnel) et l'abstraction. Lorsque je vous exposerai le « deuxième modèle freudien du langage », vous comprendrez mieux le rôle capital du langage comme vecteur de l'anamnèse et vous verrez comment il rend possible le passage du signifié abstrait au traumatisme inconscient et même corporel, ce qui permettra à la psychanalyse d'en faire un laboratoire pour ses investigations sur la renaissance désirée du sujet. Mais, dès l'« Esquisse », le langage constitue donc le *sous-système* situé entre *phi* et *psy* : le langage est *à la fois phi* et *psy*, physique et psychique. Il est physique parce que j'articule, parce que ma parole est sensorielle, visuelle, sonore, etc. Il est ancré dans le monde physique et dans la charge quantitative de l'excitation. Et il est aussi ancré dans l'empreinte psychique. Cette *double nature* lui permet d'être au carrefour du corps et de l'esprit. Voici comment Freud décrit le processus dans sa terminologie propre : les associations *ver-*

bales « mettent les processus *de pensée sur le même plan* que les processus *perceptifs* : ils leur confèrent une réalité et rendent possible le souvenir[1] ».

Ceux qui ont lu Proust avec moi[2] savent que, dans la phrase de l'écrivain, la pensée et la perception finissent par s'amalgamer. Il est vrai que l'exercice du langage quotidien, et tout particulièrement le métalangage – comme celui de ce cours, par exemple –, ne nous rend pas évidente cette affirmation de Freud selon laquelle « le langage met sur le même plan la pensée et la perception », car il existe une pensée abstraite qui, précisément, se dissocie et se décale du perceptif. Mais Freud n'étudie pas les langages abstraits ou mathématiques. Il vise le langage au sens courant du terme, et qui, loin d'être un code robotisé, comme vous l'imaginez peut-être trop facilement, est le langage qu'apprend l'enfant, celui de la communication passionnelle et amoureuse. Ce qui l'intéresse, lui, l'analyste, et ce sur quoi il va fonder la psychanalyse en raison même de cette particularité du langage amoureux qu'il observe en clinique, ce sont « les processus de pensée » et « les processus perceptifs » situés *sur le même plan*. Quelle est cette parole qui touche à la fois à la pensée et à la perception ? Freud va demander à ses patients de lui apporter non pas des raisonnements intellectuels et des divagations abstraites, mais des histoires : parlez comme cela vous vient et asso-

---

1. Sigmund Freud, *Naissance de la psychanalyse, op. cit.*, pp. 375-376. Nous soulignons.
2. *Cf.* Julia Kristeva, *Le Temps sensible, Proust et l'expérience littéraire*, Gallimard, Paris, 1994.

ciez librement ; racontez-moi vos histoires, vos bêtises. C'est dans ces bêtises que je vais trouver mon bien, et le vôtre, en interrogeant l'équivalence entre pensée et perception, et notamment leur nœud originaire qu'est l'hallucination. Revenons au texte de la *Naissance de la psychanalyse* : « *Les processus de pensée confèrent une réalité aux processus perceptifs et rendent possible le souvenir* » ; pas n'importe quel souvenir, bien sûr, mais justement le souvenir perceptif qui a échappé à ma pensée, que « j' » ai refoulé. Le langage, faisant glisser la pensée vers le perceptuel, me permet de retrouver un souvenir perceptuel perdu pour des raisons que « j' » ignore. Situé entre la charge énergétique et la perception (par exemple, la douleur), d'une part, et l'activité logique (« idées », « pensées » : ce sont les termes mêmes de Freud), d'autre part, le langage joue comme *interface* et favorise la *connaissance* et la *conscience* (système P-Cs), tout en s'étayant d'un substrat de représentations hétérogènes (excitations neuronales, perceptions, sensations).

Vous êtes en train de découvrir, je pense, ce que vous ignoriez, à savoir la complexité de la conception freudienne relative au langage, que la période structuraliste a certes mise en valeur, mais aussi fortement schématisée. Nous sommes invités à dépasser la simple structure linguistique « sujet/verbe/objet » ou « signifiant/signifié », car le langage est une pratique beaucoup plus complexe qu'on ne l'imagine à partir d'une sémiologie restreinte, qu'elle soit saussurienne ou piercienne. Les informations neuronales ne sont ni effacées ni résorbées ; elles sont sous-jacentes, structurées, codées pour n'obtenir de *valeur* qu'en vertu de leurs *relations avec les autres éléments.* C'est là que Freud opère, il est vrai, un glissement de la neurologie vers une sorte de structuralisme avant la lettre : le langage comporte un substrat neuronal ou quantitatif, mais il ne devient « langage » que lorsque ces excitations s'articulent avec d'autres éléments pour former avec eux une structure qui fait sens pour l'autre : l'autre-destinataire, l'autre aussi que « je » deviens à moi-même en m'écoutant. Le neuronal est surdéterminé par une organisation qui m'est donnée par le déjà-là du langage, par le *socius*, par ceux qui parlent avant moi et qui me parlent (je ne peux m'empêcher de vous rappeler le fameux exemple de l'enfant qu'on met chez les loups et qui ne parlera jamais).

En conséquence, et dans le cerveau même, une « aire » du langage s'esquisse avec Freud, sous-tendue par l'excitation (système Q), distincte d'elle, doublement articulée (R. chose/R. mot) et qui ne nécessite pas un sujet transcendantal. Elle a deux niveaux : l'un horizontal, avec l'articulation en catégories linguistiques, des représentations de choses et de mots, qui prend sens dans l'écoute du langage ; l'autre vertical, avec l'excitation neuronale où s'arrimera ultérieurement la pulsion. Freud, vous l'avez remarqué, ne parle jamais de « sujet » ; il n'a pas besoin de sujet pour articuler sa dynamique. Cette notion apparaîtra chez lui beaucoup plus tard, comme « sujet de la pulsion », dans la *Métapsychologie*, au sens d'agent, et non pas dans celui que nous lui donnons aujourd'hui. L'étude sur l'aphasie développe une sorte de *combinatoire non centrée* qui articule le registre neuronal, l'organisation « R. chose/R. mot », l'écoute de l'autre, mais aucunement le sujet transcendantal. Il n'y a pas non plus, je le souligne, d'inconscient organisateur.

Mais laissons pour le moment le problème du sujet pour nous en tenir au dualisme freudien, qui est évident dans ce premier modèle et qui s'exprime dans une conception que j'ai appelée « feuilletée » du langage, l'appareil psychique ayant pour fonction d'assurer la traduction entre les trois ordres que sont l'excitation neuronale, la représentation de chose et la représentation de mot, tandis que les ratés de cette traductibilité provoquent les divers symptômes et pathologies.

L'*hétérogénéité* de cette organisation sera mise entre parenthèses par Freud lui-même dans son travail ultérieur, nous le verrons, lorsqu'il élaborera le modèle du rêve comme voie royale de l'inconscient[1]. Lorsque Freud assimile l'inconscient au rêve, il affirme que le rêve et/ou l'inconscient ne sont pas du langage ; il s'agit plutôt d'un réservoir pulsionnel, néanmoins articulé, mais selon une *autre* logique faite de déplacements et de condensations, à la façon des hiéroglyphes et des rébus. Tout se passe comme si Freud simplifiait son premier modèle (neuronal, R. chose/R. mot), issu de l'étude des aphasies, afin de découvrir une logique propre au fonctionnement de l'inconscient. Peut-être pour permettre le déchiffrement des rêves sans s'engluer dans d'infinies complications et pour dissocier une psychanalyse autonome de la neurobiologie. Mais cette « simplification » ne sera pas sans conséquences et nécessitera à son tour l'élaboration d'un troisième modèle, introduit dès 1910, et que Freud main-

---

1. Sigmund Freud, *L'Interprétation des rêves, op. cit.*

tiendra jusqu'à la fin de sa vie, proposant à partir de là une clinique et une théorie de l'individuation, ainsi que du rapport à l'autre, qui inscrira le meurtre du père et la séparation d'avec la mère dans le transfert. Loin d'être évacué, le langage sera alors intégré à la pensée freudienne de l'individuation en tant que condition de la civilisation. Il sera entendu comme une strate à l'intérieur d'un processus que j'ai proposé d'appeler une *signifiance*, ce terme exprimant à la fois le procès, la dynamique et un mouvement du sens qui ne se réduit pas au langage, tout en le comprenant.

Pour conclure sur ce premier modèle freudien du langage, je souligne encore une fois son hétérogénéité. Celle-ci sera reprise par certaines théories psychanalytiques des années 1970, par des analystes confrontés à la nécessité clinique de penser un fonctionnement psychique infralinguistique, soit dans la psychose, soit dans la poésie[1] : ainsi W. R. Bion[2], en 1970, exposa sa théorie des *alpha-fonction-symbolisante et bêta-éléments non symbolisés* ; je distinguai moi-même[3], en 1973, le *sémiotique* et le *symbolique* pour éclairer l'hétérogénéité des représentations verbales et infraverbales ; et Piera Aulagnier[4], en 1975, proposa les *pictogrammes* comme lieux d'articulation du sens dans la psychose. L'actualité ana-

1. Songez, par exemple, à Artaud ou aux *Calligrammes* d'Apollinaire.
2. W. R. Bion, *L'Attention et l'interprétation,* Payot, Paris, 1974.
3. Julia Kristeva, *La Révolution du langage poétique, op. cit.*
4. Piera Aulagnier, *La Violence et l'interprétation,* Presses universitaires de France, Paris, 1975.

lytique a donc été conduite à reprendre et à interpréter ce
premier modèle freudien du langage et à élaborer des
stratégies pour rendre compte de cette vérité : le psychisme ne se réduit pas au langage, même si celui-ci est
son organisateur.

2
LE MODÈLE OPTIMISTE DU LANGAGE JUSTIFIE L'« ASSOCIATION LIBRE »

Un inconscient sous la domination du conscient

Je vous ai donc proposé un voyage à travers les
modèles freudiens du langage en commençant avec deux
études préanalytiques de Freud : *Contribution à la
conception des aphasies*, de 1881, et « Esquisse d'une
psychologie scientifique », de 1895. Or, le véritable
modèle *psychanalytique* du langage apparaît chez Freud
plus tardivement, lorsqu'il aborde la pratique analytique
et met en place le dispositif de la cure, fondé, comme
vous le savez, sur la « règle fondamentale » de
l'« association libre ». Ce modèle s'élabore essentiellement dans *L'Interprétation des rêves*, de 1900. On peut
le définir comme un *modèle optimiste*, proche de la
conception structurale du langage. C'est sur ce deuxième
modèle que Lacan s'appuiera plus tard sans difficulté
pour construire sa propre théorie. J'ai déjà évoqué, la
dernière fois, l'idée que l'invitation freudienne adressée

au patient de fournir un *récit* modifie profondément la conception classique du langage. Et j'insiste : c'est bien le récit, et non pas les signes ou la syntaxe, qui permet que s'opère cette modification. J'y reviendrai en détail, mais, pour le moment, je soulignerai un autre aspect du deuxième modèle freudien tel qu'il apparaît dans *L'Interprétation des rêves*.

Que se passe-t-il entre 1892 (après les travaux sur l'aphasie et la grande période neurologique de Freud) et 1900 (après la cure de patientes hystériques et avec ses travaux sur les rêves) ? La conviction freudienne se précise concernant la capacité du *récit associatif* de traduire les contenus traumatiques inconscients, de les éclairer, voire de les déplacer. L'écoute de ses patients le confirme dans son hypothèse, et c'est ce qu'il va s'efforcer de thématiser.

Le langage est constitué de « termes intermédiaires préconscients », comme Freud le précisera plus tard dans « Le Moi et le Ça[1] », de 1923. Mais, dès *L'Interprétation des rêves*, il affirme que l'inconscient est placé sous la *domination du préconscient*[2] dans la cure, car il l'est de fait par le langage sur lequel la cure se fonde. Autrement dit, le langage constitue une zone intermédiaire, en interface entre inconscient et conscient, et permet de placer le premier sous la domination du second. Le langage n'est pas dans l'inconscient ; l'inconscient n'est pas du lan-

---

1. Sigmund Freud, « Le Moi et le Ça », in *Essais de psychanalyse*, trad. fr. S. Jankélévitch, Payot, Paris, 1927 ; rééd. 1951, pp. 163-218 ; rééd. et revus par A. Hesnard, Payot, Paris, 1970, pp. 177-234.
2. Sigmund Freud, *L'Interprétation des rêves, op. cit.*, p. 491.

gage, cependant, ils n'existent pas indépendamment l'un de l'autre : belle mise en garde contre ceux qui seraient tentés de croire à une prétendue pureté biologique de l'inconscient freudien, n'est-ce pas ? Une ambiguïté demeure cependant, puisque Freud définit à la fois l'inconscient comme un réservoir de pulsions et comme une instance sous la domination du conscient, ce qui ouvre la porte à une interprétation linguistique de l'inconscient. C'est sur cette formulation que Lacan s'appuiera, sans jamais citer Freud, pour affirmer que « l'inconscient est structuré comme un langage[1] ». *« La psychothérapie,* poursuit Freud dans *L'Interprétation des rêves, n'a d'autre démarche que de soumettre l'inconscient au préconscient[2].* » Dans la mesure où, psychanalyste ou psychothérapeute, j'entends l'inconscient, je peux théoriquement l'imaginer comme le domaine des pulsions, indépendant du langage ; mais il est toujours déjà sous la domination du préconscient et du conscient, et je ne peux l'entendre que par l'intermédiaire du langage. C'est ainsi que le patient, en respectant la « règle fondamentale de l'association libre », « révèle » non pas sa surface biologique, ni sa surface ou plutôt ses profondeurs pulsionnelles, mais, dit Freud, « d'instant en instant sa *surface mentale[3]* », à savoir ses traumatismes, ses pul-

---

1. En postulant que « l'inconscient est structuré comme un langage », Lacan durcit et dogmatise la position freudienne, mais il est incontestable qu'il peut légitimement se fonder sur elle.
2. Sigmund Freud, *L'Interprétation des rêves, op. cit.,* p. 491.
3. Sigmund Freud et Karl Abraham : *Correspondance 1907-1926,* Gallimard, Paris, 1969. Lettre du 9 janvier 1908.

sions, tout ce qui fait symptôme psychique – et cela, sous la forme du langage. Domaine du préconscient, le langage possède le pouvoir d'aller plus loin que le langage conscient et lève jusqu'à l'oubli inconscient. Telle est sa force ou sa puissance : conjoindre la « surface mentale » et l'oubli inconscient. Et telle est l'efficacité, dans la cure, de la règle fondamentale de l'association libre où le langage sert précisément de terrain fertile et possède cette capacité de relever la trace mnésique aussi bien que la charge pulsionnelle inconsciente, précisément en raison de l'hétérogénéité « représentation de chose/représentation de mot » qui est la sienne dans le premier modèle et qui, ici, n'est plus hypostasiée. En effet, si la fin de *L'Interprétation des rêves* reprend le modèle de l'« Esquisse » (inconscient/préconscient/conscient), c'est non pas pour accentuer la charge quantitative qui circule entre les neurones, ni d'autres aspects de son premier modèle stratifié, mais pour se départir de ces aspects quantitatifs et biologiques et pointer au contraire le passage *progrédient* (l'avancée) de la « force pulsionnelle » du rêve fournie par l'inconscient en « pensée » préconsciente, donc linguistiquement formée et destinée enfin et ainsi seulement à la conscience.

Afin de réussir cette « domination du conscient » sur l'inconscient, le modèle de l'inconscient sera à son tour influencé par la conscience linguistique. Non seulement le langage est l'intermédiaire entre l'inconscient et le conscient, mais, pour que l'analyste puisse mieux l'entendre, pour que « je » me repère en tant que sujet parlant et conscient, il est nécessaire de lui conférer une structure qui *ressemble* à la conscience linguistique, qui représente une certaine forme linguistique audible, compréhensible.

Ainsi le rêve, supposé être une actualisation exemplaire
de l'inconscient, sa « voie royale », selon *L'Interprétation
des rêves*, est-il modélisé, certes, comme une « autre
scène », mais aussi pourvu d'emblée d'une « grammaire » ou d'une « rhétorique » (déplacement-condensa-
tion-surdétermination renouant avec métonymie et métaphore), *à l'instar* du langage conscient. En d'autres
termes, le langage est préconscient, il a un fondement biologique et une surface mentale, mais il s'articule selon des
règles tributaires des sciences du langage. Quant au rêve,
il a été ainsi débarrassé par Freud de son mystère et de son
ésotérisme hiéroglyphique néanmoins postulé, pour être
assimilé à un langage.
Vous comprenez maintenant pourquoi je qualifie ce
deuxième modèle d'« optimiste ». L'inconscient étant
ainsi articulé comme un langage, « je » peux le déchiffrer,
« je » peux lui découvrir des règles ; de surcroît, puisqu'il
se situe dans une position d'intermédiaire entre différentes instances, il va me donner accès à l'inconnaissable,
c'est-à-dire au traumatisme. L'inconscient – construction
théorique – sera pour ces deux raisons la « Terre promise » de l'analyse.

Qui ignore la contradiction ?

Je situe dans la même deuxième période « optimiste »
de ce modèle du langage un article de Freud datant de
1910, peut-être moins connu mais sur lequel les linguistes
se sont penchés, notamment Émile Benveniste. Il s'agit
d'un court article intitulé « Sur les sens opposés des mots

primitifs[1] ». Freud a établi, vous vous en souvenez, l'inexistence de la contradiction ou l'absence de négation dans le langage du rêve et de l'inconscient. Le rêve ignore la contradiction, il n'y a pas de « non » dans les rêves, le « non » n'existe pas pour l'inconscient. Si, cependant, une contradiction, un « non » apparaissaient dans le rêve, il ne faudrait pas le lire comme tel, mais, au contraire, comme l'affirmation d'un désir. « Je n'ai pas rêvé de ma mère », nous dit notre patient. « C'est bien de votre mère que vous avez rêvé », corrige Freud. Et pas plus qu'il n'y a de négation dans l'inconscient, il n'y a de durée, de temps ; je reviendrai ultérieurement et longuement sur cette notion de suspension du temps dans l'inconscient. Freud se réjouit de retrouver la même logique d'absence de contradiction propre à l'inconscient dans les « mots primitifs » tels qu'ils sont décrits dans la spéculation étymologique de Karl Abel. Depuis lors, il a été démontré que cet étymologiste s'était trompé, bien que ses propositions aient été alors non seulement acceptées, mais appréciées. Dans certaines langues dites primitives – y compris le latin –, expliquait Karl Abel, un même mot peut exprimer deux idées opposées. Par exemple, un même mot peut signifier « profond » ou « haut », c'est-à-dire deux sens contraires (une dimension orientée vers le bas et une autre vers le haut). C'est la preuve, renchérit Freud, que les langues

---

1. In Sigmund Freud, *Essais de psychanalyse appliquée*, trad. fr. E. Marty et M. Bonaparte, Gallimard, 1971, rééd. 1993, pp. 59-67. *Cf.* Émile Benveniste « Remarques sur la fonction du langage dans la découverte freudienne » in *Problèmes de linguistique générale*, Gallimard, Paris, 1966, pp. 75-87.

primitives fonctionnent comme l'inconscient, sans contradiction, qu'elles démontrent en quelque sorte le fonctionnement de l'inconscient. L'état d'esprit du rêve et les
langues primitives auraient donc ceci en commun que la
contradiction n'y est pas opératoire.

Comment interpréter aujourd'hui cette assimilation de
la logique inconsciente à celle du « langage primitif » ?
Doublement, à mon sens. D'une part, Freud tend à effacer
l'irréductible altérité de l'inconscient par rapport au
conscient, qu'il a pourtant postulée, en découvrant en
cette « autre scène » un fonctionnement identique à celui
du langage éminemment conscient. L'inconscient n'a rien
à voir avec le conscient, avait-il affirmé dans *L'Interprétation des rêves*, mais pour prétendre aussitôt, dans *Les
Mots primitifs*, qu'il existe un langage – celui des langues
primitives – qui partage les propriétés de l'inconscient.
Cela peut paraître comme un résultat direct de l'intention
freudienne, déjà citée, de placer l'inconscient « sous la
domination du conscient ». L'inconscient n'est donc pas
un état d'âme obscur, illogique, aberrant ; le conscient est
présent dans ces régions secrètes et mystérieuses, et les
domine.

D'autre part et à l'inverse, le langage, traditionnellement tenu pour conscient, se trouve, par l'effet de la
comparaison freudienne entre langues primitives et
inconscient, investi de logiques paradoxales, de logiques
inconscientes : les mots, fussent-ils primitifs, se
comportent comme un rêve. Cela permettrait d'induire
qu'il peut exister une pratique sociale où les mots se
comportent comme dans le rêve ; et il peut exister d'autres
situations – la poésie, les mythes – où le discours
conscient se comporte comme les rêves. Ce qui étend

considérablement, vous en conviendrez, le champ de l'inconscient. Une interpénétration des deux scènes (Cs et Ics) en résulte qui, sans doute, satisfait l'intuition freudienne d'un dualisme permanent de l'esprit humain (l'inconscient n'est pas le conscient) et qui, pour le moment (1910), ne met pas en cause la confiance de Freud dans le langage en tant qu'il est capable de servir de trait d'union entre Cs et Ics et de lever par conséquent l'amnésie jusqu'au trauma pulsionnel. En d'autres termes, à partir de la conscience, « je » peux accéder à l'autre scène ; plus encore, dans certaines situations, l'homme se comporte dans sa vie consciente comme s'il dévoilait son inconscient ; l'accès à l'inconscient est donc possible.

Tel est, à mon avis, le sens de la fascination qu'exerça la proposition de Karl Abel sur Freud. Grâce à cette « découverte » étymologique, Freud pouvait exprimer ce que j'appelle son « optimisme linguistique », consistant à poser que le langage est le levier des traumatismes inconscients. Je vous rappelle néanmoins, pour clore ce commentaire sur l'article de 1910, que des chercheurs comme Benveniste ont réfuté la thèse de Karl Abel, qui ne tient pas compte de la position du sujet de l'énonciation dans l'acte du discours. En effet, si un même mot signifie « profond » et « haut », c'est que le sujet de l'énonciation s'est déplacé ; il est en haut de l'échelle lorsqu'il dit qu'un puits est profond, et il se trouve en bas de l'échelle quand il exprime sa hauteur. Autrement dit, c'est la position du sujet de l'énonciation qui change la perspective et aménage les différences sémantiques, lesquelles ne sont donc pas nécessairement manifestées dans les mots eux-mêmes. L'interlocuteur, en revanche, ne se trompe jamais, ne confond pas le sens des mots identiques, car le contexte de l'acte discursif – avec les appuis que sont les adverbes, les pronoms personnels, les sous-entendus, les gestes mêmes – leur ôte toute ambiguïté. Il n'y a pas de fonctionnement onirique dans l'acte discursif conscient. Contrairement au rêve, la langue est un système de différences et de discriminations, et non de confusions des contraires. Freud, quant à lui, je le répète, fait une utilisation idéologique des erreurs de Karl Abel pour affirmer : je trouve l'inconscient dans les mots ; grâce aux mots, je peux atteindre l'inconscient et justifier ainsi mon modèle optimiste du langage.

Mathesis *et pulsion*

Vous verrez que le troisième modèle est beaucoup moins optimiste, mais attardons-nous encore un instant sur le deuxième, avec *L'Interprétation des rêves*, et rappelons-nous au passage l'apport de Lacan. L'affirmation lacanienne : « L'inconscient est structuré comme un langage », constitue à mes yeux une lecture attentive de ce deuxième Freud, dont Lacan explicite ce qui me paraît être la visée essentielle. Je ne suis pas de ceux qui affirment que, sous prétexte qu'il parle de signifiant et non de pulsion, Lacan se livre à une interprétation trop personnelle de Freud, et qui se contentent de relever l'outrance de la lecture lacanienne. Je pense au contraire que cette dernière applique au deuxième Freud toute la rigueur puisée à la philosophie et à la linguistique des années 1960. Cette rigueur lacanienne est, à coup sûr, une nouveauté. Il n'en reste pas moins que l'idée selon laquelle langage et inconscient sont sous la domination de la conscience, que

l'inconscient est agencé comme une grammaire ou comme une rhétorique, est une position freudienne et va, en effet, dans le sens de la formule : « L'inconscient est structuré comme un langage. »
Plus encore, la mathématisation de l'inconscient poursuivie par l'école lacanienne et, d'une autre façon, l'emprise cognitiviste sur les figures inconscientes – les stratégies computationnelles appliquées aujourd'hui aux processus conscients et inconscients – me paraissent pouvoir être affiliées à ce deuxième programme freudien, ainsi formulé dans *L'Interprétation des rêves* : « *La* [tâche de la] *psychothérapie est d'apporter aux phénomènes inconscients la libération et l'oubli [...] ; la psychothérapie n'a d'autre démarche que de soumettre l'inconscient au préconscient*[1]. » Cette tentative de capturer l'inconscient dans le conscient est, je crois, très nettement inscrite dans le projet freudien à ce moment-là. Elle n'est possible que parce que le langage, tel que Freud l'entend, est en lui-même le lieu de cette domination de l'inconscient par le conscient. (Je tiens aussi à préciser ici que l'inconscient des cognitivistes n'a rien à voir avec l'autre scène freudienne et qu'il ignore les processus primaires et l'autre logique qui régit les traumatismes sexuels ; le pseudo-inconscient cognitiviste se réfère essentiellement aux automatismes et aux actes machinaux et concerne l'inattention plutôt que l'inconscient.)
Si l'on durcit la ligne lacanienne telle que je l'ai retracée, on finit par se débarrasser de ce qui constituait encore le dualisme freudien au sein de ce deuxième

---

1. Sigmund Freud, *L'Interprétation des rêves, op. cit.*, p. 491.

modèle, dualisme qui consiste à situer le langage entre conscient et inconscient, tout en maintenant la vision dualiste pulsion/conscience. Si donc on durcit cette ligne, on liquide le domaine pulsionnel ainsi que les processus primaires ; c'est la tendance d'un certain courant, dans la psychanalyse française lacanienne et post-lacanienne, qui juge inutile la notion de pulsion. La pulsion est un mythe, nous disent en substance ses adeptes, puisque nous n'y avons accès que par le langage. Inutile donc de parler de pulsion ; contentons-nous de parler du langage.

Or, le point de vue freudien est tout autre : la *pulsion* et les *processus primaires* sont irréductibles aux processus secondaires, bien qu'ils en subissent la domination. Libre à certains courants analytiques modernes, ainsi qu'aux cognitivistes, de ne percevoir ni la pertinence ni l'utilité de la pulsion et des processus primaires : mais ils se situent dès lors à l'extérieur du champ de la psychanalyse et de sa radicalité qui témoigne de la division du sujet parlant. J'aurai l'occasion de revenir sur l'ambiguïté de la clinique lacanienne à cet égard, mais, avant de passer au troisième modèle freudien du langage, je résume ici le deuxième :

– situation intermédiaire du langage entre conscient et inconscient ;

– domination de l'inconscient par le langage et par la conscience, ce qui ouvre la voie à une mathématisation de l'inconscient et peut aller jusqu'aux positions cognitivistes ;

– maintien d'un dualisme qui préserve l'existence d'un réservoir pulsionnel dont certains épigones voudraient se débarrasser.

3

LE « PACTE SYMBOLIQUE » ET LA PHYLOGENÈSE : DE LA SIGNIFIANCE À L'ÊTRE

La plupart de ceux qui ont salué l'avènement du structuralisme s'en tiennent à ce deuxième modèle du langage chez Freud, qui culmine dans les textes de 1910 à 1912. Sa pensée est cependant plus complexe. Car, précisément, Freud donne une suite proprement exorbitante à ses théories initiales, suite où se développe une conception du « sens » qui n'est plus seulement le « langage », qui se complexifie et, parce qu'elle pose les problèmes, dévoile toute la fertilité de la démarche analytique, son irréductibilité à ce que Lacan critiquera justement sous le terme de « linguisterie ». J'espère vous avoir montré comment une « linguisterie » pouvait être en effet déduite du deuxième modèle de *L'Interprétation des rêves*, mais Freud s'est justement démarqué de ce modèle pour élaborer celui que j'appellerai de la *signifiance*.

Assimilation-hominisation

On pourrait dater de 1912-1914 un tournant de la pensée freudienne qui va se radicaliser avec la Première Guerre mondiale et ses résonances sur sa personnalité et la théorie analytique. Freud sera, en effet, gravement secoué par la tragédie de la guerre et par ses conséquences sur sa famille, ses fils, et sur sa méthode même.

Totem et Tabou (1912) recèle déjà les éléments du troisième modèle[1] du langage et insiste sur la différence entre, d'une part, des *actes* qui se répètent sans avoir de représentants psychiques (en particulier le meurtre du père) et, d'autre part, une assimilation-identification avec cette instance du pouvoir que figure le père et qui s'effectue par l'entremise du repas totémique, lequel génère le pacte symbolique entre les frères.

Il n'est pas inutile de détailler ce processus et de vous rappeler que Freud, dans *Totem et Tabou*, met en récit (fictif ?) une étape capitale de l'hominisation par laquelle l'*Homo sapiens* devient animal social en s'identifiant non pas à la *tyrannie* (qui l'écrasait auparavant), mais à la fonction d'*autorité* du père (qui l'élève désormais au rang de sujet d'une culture).

Simultanément, Freud met en évidence deux stratégies psychiques : *actes irreprésentables* (le coït et le meurtre en seront les prototypes) versus *représentations structurantes* par identification au père. En d'autres termes, les frères se révoltent contre le père qui leur prenait les femmes et cumulait tous les pouvoirs, et le tuent au cours d'un acte violent. Cet acte se répète d'abord sans donner lieu à un représentant psychique ; il évoque ce qui, dans notre vie d'individu, constitue le traumatisme : nous avons été affectés par un ou des

---

1. Je vous renvoie à mon commentaire de *Totem et Tabou* dans la première séance de ce cours où je vous ai parlé de la révolte des frères contre le père, révolte qui constitue le pacte symbolique comme pierre angulaire de l'hominisation et donc de la culture qui naît de cette révolte.

actes, séduction sexuelle ou violence, qui nous reviennent (ainsi que nos réactions passives ou violentes) sans que nous puissions nous les représenter pour les penser, les nommer, les maîtriser, les traverser, les oublier. Ces traumatismes sont tels qu'ils suscitent des somatisations, des abréactions non psychiques, des symptômes, des maladies, des troubles du comportement, des passages à l'acte. De même, la mise à mort du père de la horde primitive par les fils a pu se répéter de manière obsédante, pense Freud, sans être encore représentée dans un psychisme humain. Et cela, jusqu'à ce que la dévoration-assimilation devienne, par l'entremise du repas totémique, un acte symbolique d'identification psychique à la fonction du père.

Vous connaissez les critiques qu'on n'a pas manqué d'adresser à Freud à ce sujet : il nous raconte son propre fantasme, et pourquoi pas son propre délire ; nous tenons là le parfait exemple du roman freudien, de la subjectivité freudienne, etc. N'écartons pas ce soupçon. Mais essayons d'apprécier son apport théorique, de prendre au sérieux cette fable totémique : demandons-nous si, dans cette mise en scène, Freud n'essaie pas de penser, outre la problématique « préhistoire », les actes traumatiques que ses patients, et peut-être lui-même, ont subis dans leur enfance. Pourquoi ces actes sont-ils traumatiques ? Pourquoi suscitent-ils d'autres actes violents ou des somatisations ? Parce qu'ils ne trouvent pas de représentation. « J »'ai subi de telles violences, « j »'ai été si violemment exclu(e) que « je » ne peux que devenir un(e) criminel(le) ou commettre un acte analogue à celui que « j »'ai subi alors même que « je » l'ignore : me droguer, par exemple, pour anéantir ma

conscience. En d'autres termes, le trauma ouvre en
chaîne des actes qui laissent intact le suspens de la
représentation. Or, Freud nous explique que les frères meurtriers du
père de la horde primitive ne se sont pas contentés de
répéter à l'infini l'acte traumatique, mais qu'ils ont procédé à l'assimilation-identification, par le repas totémique, avec le pouvoir qui les avait traumatisés : c'est-
à-dire qu'ils ont mangé le père, qu'ils l'ont assimilé au
sens à la fois concret et métaphorique du terme ; ils sont
devenus lui, et il est devenu eux. Et, en devenant le pouvoir, ils ont cessé d'en être exclus. Ils ont contracté, par
ce repas totémique dont on retrouve trace dans toutes les
religions, un pacte symbolique entre frères qui forment
ainsi un ensemble, une culture. Vous saisissez, je l'espère, toute la subtilité de cette affaire : la révolte des
frères ne reste pas un simple acte irreprésentable ; un
saut qualitatif s'opère, par lequel l'acte sacré constitue
désormais un lien symbolique. Les fils, les frères
deviennent pères à leur tour. *Totem et Tabou* est une
mise en récit d'une étape capitale de l'hominisation par
laquelle l'*Homo sapiens* est devenu un animal social en
s'identifiant non pas à la tyrannie du père, mais à sa
fonction d'autorité : tel est l'acte de l'hominisation,
l'acte de la culture.

Les grandes absentes de cette affaire – vous vous en
êtes aperçus, je suppose –, ce sont les femmes. Je
reviendrai tout particulièrement sur le féminin et le
pacte symbolique, mais force est de constater que Freud
reste très discret, dans ce texte, sur le destin de la féminité propre aux frères : comment ont-ils résolu leurs
potentialités d'avoir été aussi les femmes de ce père, à

savoir les victimes soumises ou passives de la pulsion sexuelle paternelle ; potentialités suggérées par l'insistance sur le lien homosexuel qui s'établit entre les frères réconciliés autour du père mort ? Freud nous renseigne encore moins sur le sort des femmes qui, après le meurtre du père et le pacte, deviennent objets des désirs et de l'échange entre les frères. En se taisant sur le féminin, Freud reste fidèle au pacte social – à la règle de la société qui fait que les femmes sont écartées de la religion des frères – et il reste peut-être aussi fidèle à ses propres tendances. Reconnaissons néanmoins quelque chose que le fondateur de la psychanalyse a l'honnêteté d'exprimer, à savoir le substrat homosexuel de l'entente sacrée : le dédoublement de ce destin social en destin homosexuel, qu'il n'interrogera cependant pas plus avant. Les frères se retrouvent entre eux en refoulant leur féminité et en écartant de l'espace sacré et social l'échange sexuel dont les femmes seront l'objet et qui constituera la sphère du privé, de l'érotique, du refoulé.

Permettez-moi de revenir sur les deux stratégies psychiques mises en évidence par Freud dans *Totem et Tabou* : d'une part, les actes irreprésentables dont les prototypes sont le meurtre du père et le coït – car c'est bien le coït que les frères, désireux de conquérir le droit au plaisir avec les femmes, reprochent au père qui s'est emparé de toutes les femmes ; et, d'autre part, les représentations structurantes par identification au père. C'est ici qu'émerge la notion de signifiance, laquelle n'a rien de linguistique, puisque Freud s'interroge non pas sur la structure du langage, mais sur la dynamique psychique dans laquelle c'est la dichotomie entre *acte* et *représentation*, entre *irreprésentable* et *contrat* symbolique *autour de l'autorité*, qui l'intéresse. De tels paramètres n'ont en effet, vous le voyez, rien de linguistique à proprement parler.

Narcissisme, mélancolie, pulsion de mort

Dans la période suivante, après *Totem et Tabou*, Freud ne cesse d'affiner sa théorie sur les variantes des représentations ou des formations psychiques, en se gardant toujours de mettre le langage au premier plan. En 1914, avec « Pour introduire le narcissisme[1] », il définit le *narcissisme* comme une « nouvelle action psychique » : nouvelle, car distincte de l'auto-érotisme, mais antérieure aux triangulations objectales dans l'Œdipe. Auto-érotisme, narcissisme, phase œdipienne s'échelonnent ainsi dans la vie du sujet, et le narcissisme y apparaît comme une première organisation identitaire, une première autonomisation qui n'est encore ni très stricte ni très nette, puisqu'il faut attendre la triangulation de l'Œdipe pour que l'autonomie psychique s'effectue[2]. Le narcissisme, souligne Freud dès son texte de 1914, est caractérisé par l'instabilité ; notez

---

1. Sigmund Freud, « Pour introduire le narcissisme » (1914), trad. fr. J. Laplanche, in *La Vie sexuelle*, Presses universitaires de France, Paris, 1969, pp. 81-105.
2. André Green développe la définition du narcissisme en s'interrogeant sur sa valeur de « structure » ou d'« état » intermédiaire, instable de l'identité, dans *Narcissisme de vie, narcissisme de mort*, Minuit, Paris, 1983.

au passage que l'emploi naïf du terme « narcissisme » dans le langage courant est erroné, puisqu'il désigne une personne imbue et sûre d'elle-même, triomphale, alors que, précisément, le Narcisse freudien ne sait pas du tout qui il est et n'investit son image que parce qu'il n'est pas sûr de son identité. En réalité, c'est dans un « état limite », il faut bien le dire, entre sécurité et insécurité identitaires que nous conduit le narcissisme. Pourquoi cette organisation est-elle instable, frontalière ? Parce qu'elle est encore trop dépendante de l'« autre » qui, en l'occurrence, est la mère, dont le sujet est seulement en train de se séparer ; il s'agit d'une pseudo-identité en voie de constitution, non encore stabilisée par la triangulation œdipienne. Freud se situe donc dans une nouvelle perspective fort différente de l'optimisme linguistique antérieur ; il détaille les étapes de ce que j'appelle la *signifiance* qui, loin de séparer les pulsions et les mots, s'organise en structures intermédiaires.

En 1915, le terme de *sujet*[1], opposé à l'*objet*, apparaît sous la plume de Freud à propos de la pulsion. Le sujet,

---

1. Une certaine lecture de Lacan pourrait nous conduire à penser que la notion de sujet va de soi, y compris chez Freud, mais il n'en est rien. Certains freudiens ont cru bon, à leur tour, de le considérer comme un artefact lacanien. Pourquoi parler de sujet, puisque le terme ne se trouve pas chez Freud ? arguent-ils. Freud parle, en effet, de moi, de ça, de surmoi, mais pas de sujet. Sauf, précisément, dans sa *Métapsychologie* (1917), trad. fr. J. Laplanche et J.-B. Pontalis, Gallimard, Paris, 1968 (*op. cit.*, p. 35, coll. « Idées ») où le terme apparaît lié exclusivement à la pulsion et non pas à la construction symbolique, et encore moins au langage.

dit-il, c'est le sujet de la pulsion, et non pas le sujet du langage. J'insiste sur ce point. Trois polarités de la vie psychique sont distinguées, qui vont articuler la métapsychologie freudienne :
- sujet (moi)-objet (monde extérieur) ;
- plaisir-déplaisir ;
- actif-passif.

Faisons un pas de plus dans l'évolution des éléments de la théorie freudienne permettant de cerner ce troisième modèle du langage que j'appelle la *signifiance*. En 1917, « Deuil et Mélancolie[1] » approfondit les logiques d'*ambivalence* entre sujet et objet. Dans la mélancolie, par exemple, l'objet est à la fois extérieur et intérieur, à la fois aimé et haï, et, pour cette raison, engendre la dépression : « j'»'ai été abandonné(e) par mon amant ou ma maîtresse, un collègue de travail m'a blessé(e), il ou elle est mon ennemi(e), etc., mais les choses ne s'arrêtent pas là. Il m'est impossible de changer de partenaire ou de projet, car l'objet qui m'a causé du tort n'est pas seulement haï ; mais il est aussi aimé, et donc identifié à moi : « je » suis cet autre détestable, « je » me hais à sa place, voilà pourquoi il suscite ma dépression, jusqu'au suicide qui est un meurtre impossible, déguisé.

Quatrième et dernier mouvement : 1920 voit apparaître l'extraordinaire postulat d'une *pulsion de mort* qui serait l'onde porteuse de la pulsion de vie. La pulsion de vie en tant que *libido* avait été postulée par

---

1. In Sigmund Freud, *Métapsychologie, op. cit.*

Freud dans *L'Interprétation des rêves*, au moment de l'élaboration de ce modèle optimiste où, nous disait-il, le rêve est la réalisation d'un désir sous l'action d'une pulsion liante, d'une pulsion de liaison telle qu'elle fonde le désir, l'acte sexuel, l'amour. Mais, au fur et à mesure que se déroule l'analyse de ses patients, Freud s'aperçoit que la pulsion de liaison n'est pas seule en cause dans ce qui programme notre vie psychique, qu'il existe aussi des résistances à l'évolution optimale du sujet et à l'analyse. Il pose alors l'existence d'une autre pulsion qui va à l'encontre de la pulsion de vie et qu'il va appeler la *pulsion de mort*, la *pulsion de déliaison*[1].

On néglige souvent de définir ce qui fait la différence entre pulsion érotique et pulsion de mort, entre Éros et Thanatos. Il faut se souvenir qu'Éros est liant, alors que Thanatos est déliant, qu'il découpe. La mélancolie en offre une représentation frappante : liens avec l'autre coupés, « je » m'isole du monde, « je » me replie sur ma tristesse, « je » ne parle pas, « je » pleure, « je » me tue. Et cette déliaison qui m'a coupé(e) du monde finira par me découper moi-même, par détruire ma pensée à force de découper la continuité de la représentation. Le postulat freudien le plus radical, qu'on a souvent perçu comme un pessimisme de Freud, mais qui n'est peut-être au fond que sa lucidité, consiste à poser que la pulsion de mort est la plus pulsionnelle. Postulat énigmatique s'il en est, mais qui affirme que l'onde porteuse est la pulsion de déliaison et que la pulsion de vie n'est

---

1. *Cf.* André Green, *La Déliaison. Psychanalyse, anthropologie et littérature*, Paris, Les Belles-Lettres, 1992.

qu'une sorte de mise au calme, de mise en cohésion de
la première. Autrement dit, sous la pulsion de vie, sous
l'érotisme, il faut s'attendre à trouver l'œuvre démoniaque de la pulsion de mort.

Le langage, source d'erreurs

Que devient le langage au fil de cette construction que
nous parcourons ? Comment celle-ci nous permet-elle de
comprendre le langage ?
Un détour est encore nécessaire avant de répondre à
cette question. Entre-temps, les *résistances* à l'analyse se
manifestent, empêchant la guérison, interrompant les
cures, bloquant leur processus. Ces résistances
conduisent Freud, non pas à rejeter la règle fondamentale
de l'association libre (notez que jamais ce prétendu pessimisme ne lui a fait dire : les difficultés sont trop nombreuses, l'outil n'est pas bon ; jamais il n'a abandonné
les bases initiales de sa théorie), mais à constamment
modifier son optimisme relatif à l'efficacité de cette règle
et à procéder à la fois à une réévaluation du langage et à
la mise en place de la deuxième topique. Arrêtons-nous
un instant à son étude intitulée « Le Moi et le Ça[1] »
(1923) et à l'article sur la « Dénégation » (*Die Vernei-*

---

1. Sigmund Freud, « Le Moi et le Ça », *op. cit.*

nung[1], 1925), pour saisir ce mouvement dans son épure et dans sa phase la plus sûre.

Dans un premier temps, en ce qui concerne la place du langage, Freud maintient sa thèse selon laquelle les représentations inconscientes sont distinctes des représentations verbales, mais susceptibles d'être associées à celles-ci et, de ce fait, capables, par l'intermédiaire du langage, d'advenir à la conscience. Il n'y a pas de langage dans l'inconscient, qui est un réservoir de pulsions ; les représentations verbales sont du domaine du préconscient ; ce qui est pulsionnel est donc inconscient, mais peut parvenir à la conscience : « *La différence réelle entre une représentation inconsciente et une représentation préconsciente (idée),* écrit-il, *consisterait en ce que celle-là se rapporte à des matériaux qui* restent inconnus, *tandis que celle-ci (la préconsciente) serait associée à une représentation verbale. Première tentative de caractériser l'inconscient et le préconscient autrement que par leurs rapports avec la conscience [...], ne peut devenir conscient que ce qui a déjà existé à l'état de* perception *consciente et, en dehors des sentiments, tout ce qui,* provenant du dedans, *veut devenir conscient, doit chercher à se transformer* en une perception extérieure, *transformation qui n'est possible qu'à la*

_____

1. Sigmund Freud, « La Dénégation », trad. fr. H. Hoesli, *Revue française de psychanalyse,* 1934, VII, n° 2, pp. 174-177. Et en particulier traduction nouvelle et commentaires de Pierre Theves et Bernard This, in *Le Coq-Héron,* n° 8, 1982.

faveur des traces mnésiques (de mots entendus)[1]. » Le
préconscient – ce qui est verbal – a donc d'abord été
perçu ; une stimulation verbale est venue des autres, par
leur discours qui a été perçu, puis oublié ; ce perçu-
oublié est tombé dans l'inconscient où il est devenu une
trace mnésique ; et ce sont ces mots entendus, soudés aux
perceptions, leurs traces mnésiques oubliées que les
mots préconscients entendus aujourd'hui vont rechercher. L'appareil psychique se livre donc à un double jeu
avec les mots : d'abord, des mots m'ont ensemencé(e),
des mots que « j »'ai perçus et qui sont tombés dans
l'oubli ; ils ont formé des traces mnésiques sur lesquelles
sont venues se greffer des perceptions ainsi que des pulsions émanant du dedans du corps ; enfin, c'est ce
conglomérat inconscient, sous le régime de la trace mnésique, que je repêche par l'intermédiaire des mots tels
qu'ils fonctionnnent actuellement dans mon psychisme
adulte préconscient.

On se souvient de ce qui, dans le deuxième modèle
« optimiste », conférait aux représentations verbales pré-
conscientes le rôle majeur de levier du refoulement lui-
même (donc le pouvoir de nous transférer de la
conscience à la pulsion) : ces *représentations verbales*,
étant jadis des *perceptions*[2] (contrairement aux idées
abstraites qui, par conséquent, sont inutilisables dans la

---

1. Sigmund Freud, « Le Moi et le Ça », *op. cit.*, pp. 187-188.
Nous soulignons.
2. Perception que ni le modèle linguistique saussurien (signifiant-signifié), ni le modèle sémiotique triangulaire de Pierce ne
prennent en compte.

cure visant la levée du refoulement), pouvaient donc, comme toutes les traces mnésiques, redevenir conscientes. C'est parce qu'il y a eu des perceptions dans les mots que ces « mots-perceptions » – le signe freudien est un doublet hétérogène – peuvent se lier à la fois à la pulsion, et donc à l'investissement corporel, physique, traumatique, et à la représentation langagière, à la conscience. Les mots-doublets restent un carrefour entre la perception, la trace mnésique ancienne et la conscience, et c'est à partir de ce carrefour que les mots – tels que Freud les entend – sont susceptibles de devenir l'outil essentiel de la psychanalyse. Cela vaut pour le modèle optimiste que Freud maintient jusqu'à la fin de sa vie.

Mais un scepticisme s'installe et un changement important apparaît dans la pensée freudienne, probablement en raison de sa confrontation plus massive avec la psychose : les mots, constate-t-il, ne sont pas simplement les garants de notre possibilité de retrouver les perceptions ou les traces mnésiques réelles ; cet avantage est aussi porteur de son envers. Non seulement les mots peuvent permettre aux choses *intérieures* de devenir conscientes, mais aussi et inversement, ils peuvent être source d'*erreurs* et engendrer des *hallucinations* ; ils ne sont pas si sûrs qu'ils le paraissent pour voyager de la perception à la conscience et vice versa ; dès lors, le langage cesse d'être un terrain sûr pour conduire à la vérité. Freud reprendra ce problème dans un texte tardif, « Constructions dans l'analyse[1] »

_____

1. Sigmund Freud, « Constructions dans l'analyse », trad. fr. E.R. Hawelka, U. Huber, J. Laplanche, in *Résultats, idées, problèmes II*, Presses universitaires de France, Paris, 1985.

(1937) et dans l'*Abrégé de psychanalyse*[1] (1938). Le langage « *permet d'établir un lien étroit entre les contenus du Moi et les restes mnésiques des perceptions visuelles et surtout auditives. Dès lors, la périphérie perceptrice de la couche corticale peut être excitée* à partir de l'intérieur *et certains processus internes tels que les courants de représentations et des processus de pensée peuvent devenir conscients. L'équation perception-réalité (monde extérieur) est* périmée. *Les* erreurs, *qui désormais se produisent facilement et qui sont de règle dans le rêve, s'appellent hallucinations*[2] ».

Est-ce sous l'impact de ces deux limites apparues au pouvoir du langage (résistance-hallucination), la suite de l'étude « Le Moi et le Ça », que j'ai citée tout à l'heure, situant le langage dans le préconscient, non seulement ne reprend pas la problématique langagière, mais s'engage dans une autre voie, avec l'ébauche de la *deuxième topique*. Celle-ci est héritière du sujet des pulsions ainsi

---

1. Sigmund Freud, *Abrégé de psychanalyse* (1938), Presses universitaires de France, trad. fr. Anne Berman, Paris, 1949.
2. Je recommande, à ceux que la question du langage intéresse, un ouvrage très riche en détails sur la pensé freudienne et le langage, de John Forrester, *Le Langage aux origines de la psychanalyse,* Gallimard, Paris, 1980, où l'auteur insiste sur la découverte de Freud confronté à la psychose, et sur le problème posé par l'hallucination : des désirs, des angoisses peuvent prendre des chemins intérieurs et se cristalliser en mots qui n'ont rien à voir avec la réalité objective perçue par ailleurs (*cf.* pp. 177 sq.). *Cf.* aussi, Sigmund Freud, *Abrégé de psychanalyse, op. cit.,* p. 75, et *Moïse et le Monothéisme* (1939), trad. fr. Anne Berman, Gallimard, Paris, 1948, pp. 131-134.

que du « complexe paternel[1] » tel qu'il fut posé par l'Œdipe, mais surtout par *Totem et Tabou*, puisqu'elle a l'ambition de rechercher « l'essence supérieure de l'homme[2] » qui se révèle dans la religion, la morale et le sentiment social. Une « essence supérieure » que Freud est loin d'hypostasier pour la rendre inconnaissable, mais qu'il scrute au contraire de près dans l'évolution de ses patients, en y distinguant notamment l'*identification,* l'*idéalisation* et la *sublimation.* Je l'appellerai, quant à moi, processus de *signifiance.*

Le but que se propose Freud à partir de là consiste non pas à cerner le langage, mais à ouvrir la psychanalyse à un processus de symbolisation plus vaste dans lequel le langage prend sa place, mais où il n'est pas le dénominateur commun. En résumé, les « représentations verbales », quoique maintenues, sont provisoirement mises de côté au profit d'un processus plus global que Freud met en place dans le deuxième chapitre de son étude « Le Moi et le Ça », que nous examinerons au prochain cours.

---

1. Le terme n'est pas de Lacan qui parle pour sa part de « fonction paternelle ».
2. Sigmund Freud, *Essais de psychanalyse, op. cit.,* p. 206.

4

Mardi 3 décembre 1994

LA COPRÉSENCE SEXUALITÉ-PENSÉE

« *Fatigués* » ou « *adolescents* »

Avant de renouer avec *le processus de la signifiance* que j'ai commencé à vous présenter en abordant la *deuxième topique* freudienne à travers « Le Moi et le Ça », je vous propose une petite digression qui servira aussi de point d'orgue au thème de ce cours.

Sans doute certains d'entre vous sont-ils allés au colloque de la Société de psychanalyse de Paris, les 26 et 27 novembre dernier, car j'ai recueilli quelques échos autour du thème de la révolte, lequel suscite apparemment maintes interrogations, et c'est tant mieux. Parler de la psychanalyse comme discours-révolte signifie-t-il qu'on appelle le « divan » à « se lever pour prendre le pouvoir » ? La question ne manque pas de fraîcheur, pour ne pas dire plus, mais elle va me donner l'occasion d'effectuer deux mises au point.

Premièrement, j'ai indiqué qu'il fallait entendre le terme « révolte » dans un sens étymologique et proustien. Ajoutez aussi ces deux énoncés bien connus de Freud : « *Là où c'était je dois advenir* » et « *J'ai réussi là où le paranoïaque échoue* ». Le patient, l'analysant est supposé occuper le lieu de ce « là ». Et ce « là » est une anamnèse ; une mémoire enfouie dans l'inconscient (et que le retour du refoulé rend disponible) ou déposée dans

l'histoire de la personne, englobant l'histoire générationnelle et, au-delà, éventuellement la phylogenèse (même
si cette dernière optique est discutable, j'y reviendrai).
De manière encore plus intenable, ce lieu-là – où je dois
advenir dans ma remémoration – est un lieu où se disso-
cient le nommable et l'innommable, le pulsionnel et le
symbolique, le langage et ce qui ne l'est pas. Aussi est-ce
un lieu très risqué, un lieu d'incohérence subjective, de
mise en difficulté de la subjectivité ; j'ai pu parler à cet
égard de « sujet en procès[1] ». Il ne s'agit donc pas, vous
le voyez, d'une révolte au sens où l'on s'avancerait vers
des « lendemains qui chantent », mais, au contraire, d'un
retour et d'un *procès*.

Pourquoi, dans ce cas, ne puis-je m'en tenir au terme
de « remémoration » ? Pourquoi me suis-je sentie obligée de réinvestir le terme de « révolte », quitte à insister
sur son sens étymologique ? Précisément pour ne pas
vous donner l'impression que l'aventure analytique et,
d'une autre façon, l'expérience littéraire – nous en repar-
lerons – sont une simple remémoration, une simple répétition de ce qui a eu lieu, mais, comme dit Mallarmé,
« un futur antérieur » ; car une modification, un déplacement du passé s'y opèrent et, à force de revenir sur ces
lieux douloureux, à plus forte raison s'ils sont névral-
giques, il se produit une reformulation de notre « carte
psychique » (dans l'hypothèse optimale, bien sûr). Lacan
a eu à ce sujet une belle phrase : « La psychanalyse peut
rendre l'imbécile canaille », et il est vrai que cela se voit

---

1. *Cf.* Julia Kristeva, *Polylogue,* Le Seuil, Paris, 1977, pp. 55 à
107.

aussi ; à force de répéter et de s'approprier ses symptômes, le sujet s'y fixe ; il les répète et va jusqu'à se normaliser avec l'univers entier manipulé par ses symptômes enfin insérés, flattés, reconnus. Un certain nombre d'analystes, Winnicott, par exemple, dans une perspective pédiatrique – et j'ajouterai : avec toute la gentillesse que cela suppose –, voient dans la fin d'une analyse une « renaissance ». L'analyse pourrait permettre une renaissance. Vous entendez combien le terme est évocateur. Quant à moi, je préfère le terme de « révolte », car je veux vous parler non seulement de l'aventure analytique mais aussi de l'aventure littéraire. Et je tiens à marquer, dans les textes littéraires – ainsi que dans l'association libre du patient –, le sens coléreux, enragé, même, de cette renaissance. Tous ceux d'entre vous qui ont travaillé sur ces textes, et en particulier sur ceux du xxᵉ siècle, savent combien ils sont animés d'un désir de bouleverser le monde, soi-même, l'Autre, l'amour et la mort. C'est dans cette optique que j'associe les termes de répétition, remémoration, anamnèse avec celui de rénovation, et que je propose de réfléchir sur leur condensation dans les connotations du mot « révolte ». Voilà pour le premier développement.

Ma seconde mise au point relève de l'histoire de la psychanalyse et me permet de défendre ma propre position. Il y a quelques années, Catherine Clément a fait paraître un ouvrage intitulé *Les Fils de Freud sont fatigués*[1] pour mettre en garde contre un certain ressas-

---

1. Catherine Clément, *Les Fils de Freud sont fatigués,* Grasset, Paris, 1978.

sement des théories analytiques. Son diagnostic m'avait paru quelque peu pessimiste, mais il n'était pas dépourvu de vérité. Peut-être « les filles de Freud », pour des raisons œdipiennes que je vous exposerai bientôt, sont-elles en effet moins fatiguées que les fils. Je pense, par exemple, à Hélène Deutsch[1], une disciple de Freud, qui a introduit des notions toujours utilisées concernant les personnalités « comme si », encore appelées « faux-self ». Elle s'intéressait aux mouvements politiques, à l'art, à la littérature, et surtout prospectait, avec ses patients, ces états de la personnalité où nous nous construisons des masques ; ces procédures défensives nous rendent de grands services à certains moments, bien qu'il nous arrive de ne plus pouvoir en supporter la charge ; leurs aléas motivent alors la demande d'analyse. Eh bien, Hélène Deutsch considérait qu'on ne peut pas analyser (et je pense pour ma part qu'on ne peut pas davantage interpréter les textes littéraires) si on ne garde pas une certaine ouverture de son propre appareil psy-chique – souplesse, possibilité de modification – qui est en définitive une aptitude à la révolte. Rien ne servirait de se maintenir en position de vérité normative – encore que cette position de « sujet supposé savoir », comme l'appelait Lacan, soit un aspect nécessaire de l'analyse – si l'analyste n'était pas aussi ce qu'Hélène Deutsch dé-signe, quant à elle, comme un « éternel adolescent ». Cela peut prêter à sourire, car on sait ce que l'« éternel adolescent » comporte d'immaturité et de fragilités ver-

---

1. On se référera utilement à ce propos à mon livre *Les Nouvelles Maladies de l'âme, op. cit.*

satiles qui vont de la dépression à l'hystérie, de l'engoue-
ment amoureux à la déception. Mais cela indique aussi
justement une certaine souplesse des instances, une
adaptabilité, une capacité de se modifier en fonction de
l'environnement et de l'autre ainsi que contre eux. C'est
cet aspect-là qu'il est important de cultiver, non seulement quand on écoute les patients mais aussi quand on lit
les textes littéraires : ils nous apparaissent alors – et alors
seulement – non pas comme des fétiches ou des objets
morts correspondant à des états définis de l'histoire ou de
la rhétorique, mais comme autant d'expériences de survie psychique de la part de ceux qui s'y sont engagés, et
de nous-mêmes.

Je dirai également, pour répondre à une question qui
m'a été posée à la fin du dernier cours, quelques mots de
l'événement que constitue, dans le champ de la culture et
de la littérature, le suicide de Guy Debord[1]. C'était un
homme révolté, et c'est en homme révolté qu'il avait
diagnostiqué cette société comme une « société du spectacle », dont il démonta les rouages, à l'Est comme à
l'Ouest, dont il analysa l'évolution dans un style ultra-
classique, empruntant aux tonalités du cardinal de Retz,
de Bossuet, de Saint-Simon, enfin de Lautréamont dans ce
que ce dernier avait de formulaire, de classiquement
compact. C'était certes un acte de révolte que d'utiliser ce
style-là, et on peut considérer le suicide comme un geste
de révolte ultime. À moins qu'il ne soit – comme le
craignent et le regrettent certains amis et complices de
Debord – une affirmation involontaire de la toute-puis-

---

1. Le mercredi 30 novembre 1994, à l'âge de soixante-deux ans.

sance du spectacle, lequel est parvenu à contraindre son détracteur le plus violent à une néantisation volontaire et dramatique sur-le-champ célébrée et annulée. Toute résistance pathétique au spectacle est-elle destinée à être résorbée et zappée ? Le spectacle se nourrit-il aussi de la mort spectaculaire ? La question mérite d'être posée, ne serait-ce que pour tenter ce pas « hors du rang » où s'alignent les meurtriers, selon la formulation de Kafka : ce pas de côté, empruntant l'invisible labyrinthe d'une interrogation, parfois glissant dans la tapageuse bagarre contre la morale, ou essayant simplement la recherche d'un style. En effet, dénoncer avec emphase classique témoigne clairement d'un courage admirable ; chercher, dans le négatif, à advenir « là où c'était » est une autre voie que j'essaie de vous faire entrevoir cette année ; elle ne s'oppose pas à celle de Debord, mais s'y appose, discrètement.

Vous constatez que la révolte, fût-elle la plus insoutenable, me conduit aux actes de langage – et à leurs pièges. Nous voici donc ramenés à ce que je vous annonce depuis plusieurs cours déjà : le troisième modèle du langage qui me paraît se dessiner dans la théorie freudienne et que j'ai commencé à vous exposer comme un processus de signifiance fondé sur le négatif.

Sans analyser le langage à proprement parler, Freud l'inclut dans la capacité signifiante des êtres parlants : cette « signifiance » qui intéresse le sémioticien et que Freud appelle, dans « Le Moi et le Ça », « l'essence supérieure de l'homme ». Elle est rendue accessible à l'expérience psychanalytique à travers trois modalités que Freud y découvre et que je vais détailler aujourd'hui, avant de vous donner un exemple emprunté à la clinique pour en illustrer les impacts. Il s'agit de l'*identification*, de l'*idéa-*

lisation et de la *sublimation* ; on les rencontre aussi bien dans l'expérience analytique que dans l'expérience esthétique.

Einfühlung

La première variante de l'identification – dite par Freud « primaire » – s'opère avec un *schème imaginaire*, avec « le père de la préhistoire individuelle » qui est tout autre que la concentration pulsionnelle sur un objet[1]. Nous retrouverons ce phénomène avec l'idéalisation amoureuse dans le discours amoureux. Il s'agit d'une étape très archaïque du développement du futur être parlant, mise en œuvre avec un schème que Freud désigne comme une occurrence archaïque de la paternité. Celui-ci n'a rien à voir avec le père ultérieur qui interdit : avec le père œdipien, père de la loi. « Directe et immédiate », cette *identification primaire* – Freud parle d'une *Einfühlung* – est une sorte de fulgurance qui n'est pas sans rappeler l'hypothèse de l'irruption du langage dans l'histoire de l'humanité (hypothèse reprise par Lévi-Strauss, selon laquelle l'évolution ne se serait pas effectuée lentement, par l'acquisition de rudiments qui auraient

---

1. *Cf.* Sigmund Freud, « Le Moi et le Ça », *op. cit.*, p. 200, et Julia Kristeva, *Histoires d'amour*, Denoël, Paris, 1983, et « Folio-Essais » n° 24, 1985, pp. 38 *sq.*

amené progressivement à l'acquisition totale du langage, mais « tout d'un coup[1] »).

Bien qu'elle se produise avec « le père de la préhistoire individuelle » et, de fait, semble d'emblée connotée au masculin, l'identité primaire, précise Freud, mobilise une ambivalence, car ce père archaïque comporterait les caractéristiques des « deux parents ». S'agit-il d'une identification avec la mère phallique ? Pas vraiment. À cette étape archaïque de l'évolution psychique, le sujet se distancie déjà de la dyade mère/enfant et se transfère à un *pôle tiers* : pas encore instance symbolique, mais amorce de la « tiercité » déjà, que préfigure le désir de la mère pour un autre que l'enfant – son père à elle ? le père de l'enfant ? une instance extrafamiliale ou symbolique ? Dans l'incertitude de ce dégagement s'esquisse cependant l'espace imaginaire où se tient ce tiers aimant, « père de la préhistoire individuelle », clé de voûte de nos amours et de notre imagination.

Je mettrai en perspective avec ce « degré zéro » de l'identité, selon Freud, qu'est l'identification primaire deux propositions plus récentes concernant les archaïsmes du sujet : le « stade du miroir » selon Lacan[2] et le « moi-peau » de Didier Anzieu[3].

Le stade du miroir est supposé constituer l'étape primordiale d'une identification imaginaire, sous l'emprise

---

1. *Cf.* Claude Lévi-Strauss, « Introduction à l'œuvre de Marcel Mauss », in M. Mauss, *Sociologie et anthropologie*, Presses universitaires de France, Paris 1950, pp. XLV-XLVII.
2. Jacques Lacan, *Écrits*, Le Seuil, Paris, 1966, pp. 93-100.
3. Didier Anzieu, *Le Moi-peau*, Dunod, Paris, 1983.

de la relation maternelle, avec, déjà, la reconnaissance de
l'image du moi comme séparée de celle de la mère,
quoique dépendante de sa présence.

Autrement primordial est le contact tactile avec le
contenant maternel : la sensibilité de la peau fournit une
première délimitation du futur moi vis-à-vis du reste du
monde qu'annonce la mère. À partir de là, c'est sur cette
surface-peau que vont se jouer maintes difficultés d'individuation, qui vont de l'eczéma aux éruptions les plus
diverses et qui concernent les limites non plus seulement
de la peau, mais aussi celles de l'endurance psychique. La
peau comme surface de perception et de projection du moi
est ce substrat du miroir, ce contenant premier qui est susceptible de rassurer, d'apaiser, de donner à l'enfant une
certaine autonomie, sur laquelle pourra s'étayer l'image
narcissique ou, au contraire, sans laquelle le miroir volera
en éclats. La fragmentation psychotique du sujet laisse
entendre une peau abîmée autant qu'un miroir sans tain.

Or, pour maternelles que soient ces étapes de la « peau »
et du « miroir » dans l'identification du sujet, ce que j'essaie de vous faire comprendre, c'est qu'elles sont tributaires du « père de la préhistoire individuelle ».

S'il est vrai que la peau est le premier contenant, la
limite archaïque du moi, et que, sur cet autre vecteur sensoriel qu'est le regard, le miroir joue le rôle de premier
vecteur de l'identité représentée et représentable, quelles
sont les conditions pour que tous deux adviennent et
soient des contenants optimaux ? La réponse est à trouver
dans le « père de la préhistoire ». Cette « tiercité » primaire permet un espacement entre la mère et l'enfant ;
peut-être empêche-t-elle l'osmose autant que la guerre
sans merci où alternent autodestruction et destruction de

l'autre. Pour cette raison, le « père de la préhistoire individuelle » – bien avant l'interdit œdipien – est une barrière contre la psychose infantile.

Ultérieurement, dans l'expérience esthétique, c'est sur cette figure du père aimant – que célèbrent tant de religions, notamment la chrétienne, en oubliant la guerre d'Œdipe contre Laïos et en déniant la révolte du fils contre la loi –, c'est sur cette figure du père qui nous aime, dis-je, que s'appuie l'artiste lorsqu'il représente dans ses toiles ou ses textes la figure démoniaque ou abjecte d'une femme-mère dont il lui est vital de se séparer. L'idéalisation du père, la réparation béatifiante de son image qui soutient ces expériences-là comportent, en effet, un déni de la réalité œdipienne. Il est cependant indispensable de noter que ce déni est en quelque sorte compensé par la réhabilitation du « père de la préhistoire individuelle » grâce à quoi le sujet ne s'enlise pas dans la perversion croisée, mais trouve les ressources à proprement parler imaginaires pour continuer la révolte interne à son autonomie et à sa liberté créatrice. Dans cet ordre d'idées, on connaît la dette que l'artiste nourrit à l'égard du grand-père ou de l'oncle maternel et, bien entendu, les allégeances religieuses qui le conduisent à célébrer les figures sacrées de la paternité dans les religions de son choix.

Sublimation

À la suite de cette phase initiale de la subjectivation, deux étapes supplémentaires détaillent la signifiance que Freud précise dans la *deuxième topique*. D'abord, ce moi ainsi primitivement identifié au « père de la préhistoire » se prend *lui-même* pour objet, ou plutôt peut devenir l'objet du ça : regarde, tu peux m'aimer, « je » ressemble tellement à l'objet ! Notez bien en quoi consiste le processus sublimatoire. Préalablement identifié au père de la « préhistoire individuelle », le moi s'investit lui-même : c'est dire qu'il s'aime lui-même en tant qu'identifié au père imaginaire aimant, et cet amour est une libido non pas sexuelle, mais narcissique. « *La transposition de la libido d'objet en libido narcissique* [...] *implique évidemment le renoncement aux buts purement sexuels, une désexualisation, donc une sorte de sublimation*[1]. » Une telle transformation entraîne la dissociation ou la *démixtion* des différentes pulsions (notamment des deux principales : pulsion de vie et pulsion de mort) et libère la pulsion de mort. Nous voici devant une étrange capacité de ce moi identifié au père imaginaire, dit « de la préhistoire individuelle » : en se dégageant des pulsions pour s'hominiser et accéder à l'imaginaire qui le conduira jusqu'à la représentation langagière, le moi se désérotise et, ce faisant, il s'expose... à la pulsion de mort : « *En s'appropriant ainsi la libido attachée aux objets vers lesquels le Ça est poussé par ses tendances érotiques, en se posant* comme le seul objet d'attachement amoureux, *en désexualisant ou en sublimant la libido du Ça, le Moi travaille à l'encontre des intentions d'Éros, se met au service de tendances instinctives opposées*[2]. » N'est-ce pas exorbitant ? Narcisse se met au service de la pulsion de mort ! Si vous suivez bien Freud, il nous dit que la

1. Sigmund Freud, « Le Moi et le Ça », *op. cit.*, p.199.
2. *Ibid.*, p. 218.

pulsion de mort est *d'emblée* inscrite ainsi dans le *processus de subjectivation* ou de constitution du moi comme palier initial et indispensable dans la *mutation de la pulsion en signifiance.* Ou, pour formuler les choses encore plus paradoxalement, c'est la pulsion de mort qui vient consolider le moi narcissique et qui lui ouvre la perspective d'investir, non pas un objet érotique (un « partenaire »), mais un pseudo-objet, une production du moi lui-même, qui est tout simplement sa propre aptitude à se représenter, à signifier, à parler, à penser : le Moi investit la signifiance quand il désérotise et utilise la pulsion de mort interne à son narcissisme. Avouez que c'est pour le moins dramatique !

Où en sommes-nous ? Le langage abandonné au profit d'un processus plus large que j'ai appelé une signifiance, et que Freud nomme « travail de pensée » ou d'« intellectualisation », conduit le fondateur de la psychanalyse à mettre en relation la série idéalisation-sublimation-religion-culture avec... la pulsion de mort.

On connaît l'accomplissement de cette tendance par le Surmoi : s'il ne peut pas renier ses « origines acoustiques », si ses représentations verbales (notions et abstractions) sont de nature à le rendre accessible à la conscience, si, par ailleurs, l'énergie de fixation de ces contenus provient du ça, le surmoi accapare le sadisme et sévit contre le moi : « *C'est une sorte de culture pure de l'instinct de mort*[1]. » Les kleiniens ont, par ailleurs, remarqué que lorsque le langage se manifeste chez l'enfant, le futur sujet parlant passe par une « phase

---

1. Sigmund Freud, « Le Moi et le Ça », *op. cit.*, p. 227.

dépressive » : il ressent – et se représente par l'affect de
tristesse – sa séparation d'avec la mère ; pour être
capable, seulement à la suite de cette expérience mélancolique, de « retrouver » l'objet perdu (la mère) en
imagination : en la visionnant d'abord, en la nommant
ensuite par la transformation des écholalies en véritables
signes linguistiques[1].

Je souligne une fois de plus l'ambiguïté qui est au cœur
de la sublimation, comme de tout accès au symbolique
que la sublimation éclaire. Au cœur de ce repli narcissique, la pulsion de mort investit donc le Narcisse et
menace son intégrité. Le travail de la pensée s'enclenche
au prix de cette menace. L'appareil psychique se sert du
négatif et assume ses risques pour produire ce qu'André
Green appelle « le travail du négatif[2] », que Freud a développé dans son texte sur « La Dénégation ». La « pulsion
de mort », renvoyée sur le moi, fait un saut qualitatif pour
inscrire non pas des *relations* avec l'autre, mais des représentations avec cet autre au sein de l'excroissance du moi
que devient le psychisme. Bien qu'il ne se limite pas à la
seule sublimation, le psychisme est fondé par elle de part
en part, car c'est la capacité de signifiance (représenta-
tion-langage-pensée) basée sur la sublimation qui structure toutes les autres manifestations psychiques.

---

1. *Cf.* Hanna Segal, « Note on symbol formation », in *International Journal of Psycho-Analysis*, col. XXXVII, 1957, part. 6 ; trad.
fr. in *Revue française de psychanalyse*, t. XXXIV, n° 4, juillet 1970,
pp. 685-696.
    2. André Green, *Le Travail du négatif,* Minuit, Paris, 1993.

Il s'agit là, en somme, d'une intégration profonde, dans la pensée freudienne, de la dialectique hégélienne. La libido détachée de l'objet se tourne vers Narcisse et le menace, vous ai-je dit. Qu'est-ce qui va faire contrepoids et empêcher Narcisse d'être détruit ? C'est un nouvel objet, qui n'est ni maman ni papa, ni le sein ni quelque objet érotique externe, ni le corps propre, mais un objet artificiel, interne, que Narcisse est capable de produire : ses propres représentations, le langage, les sons, les couleurs, etc. Telle est l'alchimie de la sublimation que Freud place au cœur de la possibilité de penser et qui nous intéresse bien sûr au plus haut point pour comprendre l'œuvre des écrivains.

Le texte de Freud sur « La Dénégation[1] » (1925) revient sur ce provisoire abandon du langage pour le reconsidérer non plus à la lumière des « R. chose/ R. mot », inconscient préconscient verbal/conscient, mais à partir de ce que « Le Moi et le Ça » avait établi à propos du processus global de la signifiance, à la lumière de cette intrication entre sublimation-idéalisation-pulsion de mort, opposée à la pulsion érotique, que je viens longuement de commenter. Dans « La Dénégation », Freud postule un *rejet* pulsionnel *(Ausstossung-Verwerfung)* qui, à force de se répéter, se mue en dénégation *(Verneinung)* et pose, donc affirme, en même temps que le *déni* du contenu pulsionnel, la *représentation* symbolique de celui-ci : « je » n'aime pas ma mère = « j »'admets (sous condition de négation) que « je » l'aime (le contenu inconscient lui-même). Le langage

---

1. Sigmund Freud, « La Dénégation », *op. cit.*

s'inscrit intrinsèquement dans un processus de *négativité fort hégélien*[1] et reprend le mécanisme d'identification-sublimation que Freud avait appliqué à la pulsion du ça pour faire advenir le moi[2]. Avec l'article sur « La Dénégation », la dynamique de la *deuxième topique* est transportée au cœur même du signe linguistique et de la capacité de symbolisation.

Je vous conseille de lire « Le Moi et le Ça » en parallèle avec l'article sur la *Verneinung*, afin de bénéficier de l'éclairage réciproque des deux études. Vous comprendrez alors que Freud nous propose *autre chose qu'un modèle du langage* : à savoir un modèle de la signifiance, présupposant le langage et son substrat pulsionnel, mais saisissant le langage et la pulsion par le « travail du négatif ». Ce dernier conduit du présignifiant au signe et aux étages supérieurs d'une subjectivité stratifiée (le ça, le moi et le surmoi), qui se conditionnent l'un l'autre dans un processus circulaire ou spiralé. « *C'est ainsi que le Ça héréditaire abrite des restes d'innombrables existences individuelles, et lorsque le Moi puise dans le Ça son* Surmoi, *il ne fait peut-être que retrouver et ressusciter des aspects anciens du* Moi[3]. »

Des lacaniens m'ont souvent demandé où était « l'objet *a* » dans les travaux de Barthes, par exemple. Autrement dit, ils voulaient savoir comment repérer l'objet de

---

1. *Cf.* Appendice I, commentaire parlé sur la *Verneinung* de Freud, par Jean Hyppolite, et « Introduction » et « Réponse », de J. Lacan, pp. 369-399 et 879-887, in Jacques Lacan, *Écrits, op. cit.*
2. Sigmund Freud, *cf.* « Le Moi et le Ça », *op. cit.*
3. Sigmund Freud, *Essais de psychanalyse, op. cit.*, p. 209.

désir dans un texte ou dans la théorie du texte. Eh bien, « l'objet *a* » dans la littérature et la théorie de la littérature, c'est le langage ; non pas tel amant, tel fétiche, tel code social repérable au niveau thématique ou psychologique, mais le langage. Narcissisme outrancier ? Pas seulement, parce que c'est le langage qui ouvre vers toute extériorité, et rien d'autre. Seulement, si ce moment de la sublimation que je vous ai décrit était raté, les signes du langage ne seraient aucunement investis, et le travail de la pensée n'aurait aucun intérêt pour le sujet. L'hallucination, ou la psychose, seraient le lot de cet échec. L'écrivain, quant à lui, est celui qui assume de la manière la plus intense cette alchimie de la sublimation.

Je m'efforce de vous faire comprendre, cependant, que la sublimation n'est pas uniquement une activité esthétique. Dans l'activité esthétique, dirons-nous, cette dynamique pour le moins dangereuse est hypostasiée ; ses objets – sons, couleurs, mots, etc. – deviennent une production narcissiquement investie en même temps qu'un mode de vie avec les autres. Mais c'est chez tout être parlant que le mécanisme de la sublimation est indispensable et sous-jacent au travail de la pensée.

La phylogenèse ou l'être ?

La négativité de la signifiance n'est pas la seule caractéristique de ce troisième modèle qu'on pourrait déduire de l'état final de la pensée freudienne. Rappelez-vous que l'aspect le plus troublant de l'énigmatique « fable » de *Totem et Tabou* consiste moins à expliquer l'ontogenèse avec la phylogenèse qu'à affirmer le caractère *réel* (non fantasmatique) des *actes* présupposés à l'*Homo sapiens* de la période glaciaire. Ce n'est pas un *fantasme* de meurtre ou de dévoration du père que les frères ont eu, soutient Freud contre ses amis et disciples prudents qui essaient de lui faire abandonner cette hypothèse ; ils ont *réellement* tué et mangé.

On peut se contenter de soutenir que Freud a besoin de cette « réalité » de la phylogenèse pour tenter de lier le destin psychique d'un individu à l'histoire humaine antérieure. J'irais plus loin. Compte tenu des périodes incommensurables que Freud évoque et du fait que celles-ci supposent des mutations humaines *monumentales* (au sens de Nietzsche) plutôt que des événements réels localisables dans une suite historique, il s'agirait essentiellement, pour Freud, d'ouvrir le destin *subjectif* à *l'historial* et à l'appel *transsubjectif* d'une éclaircie dans ce que Heidegger nomme l'Être. L'embarras de cette butée (ou de cette ouverture ?) freudienne s'énonce en termes paléontologiques ou darwiniens, comme il se doit pour un médecin viennois méfiant vis-à-vis de la philosophie.

Ainsi, Freud explique la bisexualité soit ontogénétiquement par l'impuissance de la néoténie et par le devenir du complexe d'Œdipe, soit phylogénétiquement : « *Une hypothèse psychanalytique la représente comme un reste héréditaire de l'évolution vers la culture qui s'était déclenchée sous la poussée des conditions de vie inhérentes à la période glaciaire. C'est ainsi que la séparation qui s'opère entre le Surmoi et le Moi, loin de représenter un fait accidentel, constitue l'aboutissement naturel du développement de l'individu et de l'espèce, développement dont elle résume pour ainsi dire les caractéristiques les plus importantes ; et même, tout en*

apparaissant comme une expérience durable de l'influence exercée par les parents, elle perpétue l'existence des facteurs auxquels elle doit sa naissance[1]. »
Plus encore, les facteurs organisant la différenciation de l'appareil psychique en ça et moi, ou plus généralement la négativité génératrice d'un fonctionnement signifiant stratifié, ne remontent pas seulement à l'homme primitif, *« mais aussi à des êtres vivants beaucoup plus simples, car elle est l'expression nécessaire de l'influence du monde extérieur[2] ».*

Vous constatez que le phylogénisme de Freud[3] vient suppléer à la nécessité qui s'est ouverte devant lui de penser *l'extrapsychique.* Contre le panpsychisme et la négativité de la signifiance dont il raffine les couches, il fait appel à une « histoire monumentale » (nietzschéenne) ou à une « réalité extérieure » (pour rester dans sa terminologie) distincte de l'activité psychique et cependant inséparable de sa signifiance. Ce dehors historial qui *ne signifie pas* au sens linguistique du terme (puisque Freud en prend les exemples chez les primitifs, les organismes inférieurs ou la matière inorganique) *insiste* néanmoins dans le ça et dans ses conflits avec le moi et se prolonge dans l'héritier du ça : le surmoi. « *La*

---

1. Sigmund Freud, « Le Moi et le Ça », *op. cit.,* p. 205.
2. *Ibid.,* p. 208.
3. Attesté par plusieurs écrits, depuis les manuscrits récemment publiés sous le titre : *Vue d'ensemble des névroses de transfert (1915),* trad. fr. P. Lacoste, Gallimard, Paris, 1986. Et in *Œuvres complètes,* XIII, 1914-1915, pp. 281-302, Presses universitaires de France, Paris, 1988, jusqu'à *Moïse et le Monothéisme* (1939), *op. cit.*

lutte qui faisait rage dans les couches profondes, sans pouvoir se terminer par une rapide sublimation, se poursuit désormais, comme la bataille contre les Huns dans le tableau de Kaulbach, dans une région supérieure¹. » Freud multiplie les métaphores et sa pensée ne cesse d'interroger l'histoire primitive comme réalité extérieure, rebelle à la représentation psychique et plus étroitement langagière, autant que comme source de sa négativité signifiante. Je vous rappelle que Freud, ici, a abandonné le langage, pris dans le sens étroit d'un système grammatical ou rhétorique, pour en parler comme d'une dynamique inter et intrasubjective.

Les héritiers de Freud ont tendance à interpréter cette nouvelle « fable » phylogénétique soit comme une réhabilitation de l'archaïque, soit comme une invitation à inclure les générations antérieures au sujet dans le destin psychique du sujet lui-même, soit encore comme un projet visant à ouvrir l'histoire hégélienne pour une interprétation optimale de l'inconscient². Seul Lacan est allé, pour sa part, dans une direction imprévisible pour Freud et que lui a suggérée la philosophie contemporaine, soucieuse de contourner la métaphysique et d'interroger l'être présocratique. Je situerai dans le sillage de ce dernier Freud, auquel je viens de faire référence, la formulation lacanienne du sujet parlant comme *Parlêtre* : condensation en jeu de mots qui exprime l'incontournable insistance de *l'être* (hors-sujet, hors-langage) au cœur de la parole humaine déroulant sa négativité et qui

---

1. Sigmund Freud, « Le Moi et le Ça », *op. cit.,* p. 209.
2. André Green, notamment.

fait écho au *Dasein* de Heidegger. *Da* – ici, « je » parle, jeté, rejeté comme « je » suis, de l'être. Ma parole rejoignant le sens historial qui déborde la signification subjective de mon discours. Lorsque, dans « Constructions en analyse[1] » (1937), Freud compare celle-ci à un délire, rappelons-nous la phrase qu'il a écrite à Ferenczi le 6 octobre 1910 : « *Je réussis là où le paranoïaque échoue.* » Le délire prend les mots pour des choses et échoue dans la symbolisation, en même temps qu'il forclôt l'autre et projette sur lui les pulsions – notamment la pulsion de mort. En d'autres termes, les mots ne tiennent pas lieu de protection symbolique, la fonction paternelle est caduque, le pacte avec l'autre est aboli, « je » mets à la place de l'autre ma pulsion de mort que « je » crois dès lors recevoir du dehors. Dans cette logique, qui est celle du paranoïaque, celui-ci échoue à préserver le dehors, l'autre et le langage. Cependant, par sa folle vérité, la psychose dévoile l'hétérogénéité de l'appareil psychique alimenté et actionné par un dehors transmué en autre autant qu'en langage, et constamment menacé par ce même dehors. L'extrême audace qui m'apparaît aujourd'hui avoir été celle de Freud consiste à ne pas refouler cette latence délirante interne à l'appareil psychique livré à l'être rebelle. Freud ne se contente pas de s'en protéger par l'*épreuve de réalité* qu'une certaine écoute psychanalytique a retenue de ses travaux. S'il réussit là où le paranoïaque échoue, c'est qu'il ne cesse de revenir sur *l'his-*

---

1. Sigmund Freud, « Constructions en analyse », *op. cit.*

torial – l'être, le transpsychique ; le transsubjectif. Pour en faire quoi ?

L'« association libre » est-elle seulement
un langage ?

Laissant ouvert le champ du discours – ainsi que celui de l'interprétation – comme une *narration* qui se nourrit de sensations-traces mnésiques et les transpose *(métaphorein)* en signes narratifs investis pour eux-mêmes, l'être humain est un parlant habité par Éros-Thanatos et par une troisième composante qui n'est ni langage ni pulsion, mais qui surdétermine les deux premières : c'est la signifiance. Les deux scènes du conscient et de l'inconscient en jouxtent une troisième, celle de l'extrapsychique. Il existe, hors du psychique, un horizon de l'être où la subjectivité humaine s'inscrit sans s'y réduire, où la vie psychique est excédée par cette *signifiance*. Freud définit la capacité d'idéaliser et de sublimer en formant un moi à partir du ça ; Bion parle de fonction K-*knowing*, s'ajoutant à L-*love* et H-*hate* ; André Green propose une fonction *objectivante* qui transforme une activité (la sublimation) en objet-possession par le moi (« j »'aime, « je » désire *mon œuvre, ma pensée, mon langage*). Freud, l'analyste, consacre ses dernières années aux œuvres de sublimation en déchiffrant arts et religions ; parallèlement, il essaie, en interprétant au sein de la cure, d'attirer les investissements du patient sur l'*activité narrative* tournée vers l'être à la fois comme source et altérité.

Notez la différence par rapport aux débuts de la découverte de l'inconscient : il ne s'agit plus de la *structure* du langage telle quelle, mais du *récit* fantasmatique (fable, conte, mythe) construit avec le matériau de ce langage. Mais qu'est-ce d'autre, sinon la pleine valeur retrouvée de la règle fondamentale dite de l'association libre ? Racontez-moi vos fantasmes, mettez en récit le sadomasochisme de vos pulsions, de vos parents, grands-parents, histoires transgénérationnelles et primitives et, pourquoi pas, faites-vous animaux, plantes, amibes ou pierres ; faites entrer l'irreprésentable dans la représentation. Le Verbe pourra vous révéler vos vérités en vous réconciliant avec... qui ? Avec vous-même seulement ? Non, avec l'autre du psychique, voire avec l'autre du langage. Cela n'a pas de mot. C'était le *logos* pour les présocratiques. Les Grecs ont dit « être ». Lacan n'hésitera pas à reprendre cette évocation. La plupart des analystes reculent devant cette optique, parce qu'ils ne voient pas comment intégrer la notion d'être dans la clinique et qu'ils restent, à juste titre, réticents à la phénoménologie allemande – Binswanger, par exemple – qui, à force de s'interroger sur cet extrapsychique, sur cet extrasubjectif, donne à l'interrogation sur l'être humain un horizon si noble et abstrait qu'elle en oublie la sexualité et finit par dissoudre l'expérience humaine. Or, Freud nous a appris au contraire à sexuer l'être, à l'altérer, à déchiffrer l'autre en lui, au sens du conflit pulsionnel, du « tu » et du féminin-masculin.

La signifiance que j'essaie de dégager par ma lecture de Freud paraît autrement plus vaste, vous en conviendrez, que l'« esprit » des cognitivistes calqués sur la logique, quand ce n'est pas sur l'informatique. Une signifiance ouverte sur l'être et qui se présente ici et maintenant dans les structures de la narration, voilà de

quoi raviver vos intérêts que j'espère n'avoir pas trop
assoupis avec ce parcours analytique – vos intérêts d'interprètes de textes, qu'ils soient sacrés ou littéraires.

De nouveau la sublimation : resexualisée

Pourtant, arrivés à ce degré dans l'investigation de
l'« essence supérieure » de l'homme que visait Freud,
n'oublions pas l'écueil que le fondateur de la psychanalyse n'a jamais sous-estimé : laissée à elle-même, la
sublimation désintrique les pulsions mêlées, dégage la
pulsion de mort et expose le moi à la mélancolie. On a
trop souvent souligné le lien de l'art et de la mélancolie[1]
pour ne pas poser la question brutalement : comment font
ceux qui n'y succombent pas ? La réponse est simple : ils
resexualisent l'activité sublimatoire – ils sexualisent les
mots, les couleurs, les sons. Soit par l'introduction de
fantasmes érotiques dans la narration ou dans la représentation plastique (Sade, Diderot, Proust, Genet, Céline,
Joyce, etc.), qu'accompagnent ou non des activités érotiques réelles : ce faisant, les artistes mettent en acte la
conception freudienne d'un langage sous-tendu par la
dramaturgie des pulsions inconscientes, tandis que l'analyse, au contraire, se propose de les traduire ou de les
« élaborer » ; soit par une concentration plus ou moins
exclusive sur l'acte sublimatoire lui-même et son produit
(le livre, la composition musicale, le jeu instrumental)

---

1. *Cf.* Julia Kristeva, *Soleil noir. Dépression et mélancolie,*
Gallimard, Paris, 1987.

qui tiennent lieu d'auto-érotisme, d'autant qu'ils sont soutenus par des gratifications sociales ou des assurances idéalisatrices religieuses (Bach).

En dehors des grandes performances esthétiques, elles-mêmes souvent conflictuelles et menacées, l'activité sublimatoire laisse cependant le sujet parlant exposé à cette doublure de la signifiance qu'est la pulsion de mort. Freud en a magistralement relevé la puissance, non pas parce qu'il a été victime d'un dolorisme ou d'une tendance à dévaloriser les œuvres d'art qu'il tenait au contraire en haute estime, mais en raison d'une lucidité exemplaire qui a noué le sort du *sens* au destin de la *négativité.*

L'état inachevé et ouvert de cette troisième étape de la pensée freudienne au sujet du « langage », où celui-ci est pris en écharpe par des préoccupations plus vastes, est très bénéfique : il n'existe pas de dogmatique freudienne à propos du langage (comme il peut y en avoir une sur les « fantasmes originaires », les « pulsions », etc.). La complexité de l'interrogation freudienne dans ce champ propose à la psychanalyse contemporaine des domaines féconds de recherche. En voici quelques-uns :

1. L'hétérogénéité de l'aire du langage (1ᵉʳ modèle), incitant à penser *divers types* de représentation (R. mot/ R. chose), à les raffiner jusqu'aux sensations qui ont donné tant de mal aux phénoménologues et que les cognitivistes croient aujourd'hui pouvoir subsumer dans les catégories logiques.

2. La prépondérance de la verbalisation (« règle fondamentale ») devrait nous conduire à nous interroger non seulement sur la faculté du *récit* à aborder les contenus fantasmatiques, mais aussi sur ses limites à cet égard.

3. La prise au sérieux de l'acte psychique *non verbalisable* conduit à diagnostiquer des fonctionnements opératoires psychosomatiques ou des constructions fantasmatiques opératoires faites *d'images* et clivées des paroles[1].

4. Ouverture du psychisme à la dimension de l'*être* comme extériorité psychique abordable par un élargissement des capacités rhétoriques ou sublimatoires de l'analyste et de l'analysant, faute de quoi le réel fait trou dans le psychisme sous l'aspect de la psychose. L'intérêt des analystes anglais pour la Beauté dans le traitement de l'autisme ou d'autres troubles va naïvement dans ce sens[2].

La conception lacanienne du langage répond-elle à ces pistes laissées en suspens par Freud ? J'ai soutenu plus haut que sa formule « l'inconscient structuré comme un langage » est une interprétation renforcée du modèle optimiste de *L'Interprétation des rêves*. Plus tard, les mises en garde lancées par Lacan contre la « linguisterie » ainsi que son mot-valise de *lalangue* ont ouvert l'écoute analytique au translinguistique et à l'infantile. La « fonction paternelle » selon Lacan consonne pertinemment avec les préoccupations de *Totem et Tabou* et de l'étude « Le Moi et le Ça ». L'écart majeur de Lacan vis-à-vis de Freud réside dans le postulat selon lequel

---

1. Dans *Les Nouvelles Maladies de l'âme, op. cit.*, je pose la question de la traductibilité ou non de l'image dans le langage.
2. *Cf.* D. Meltzer et M. H. Williams, *The Apprehension of Beauty*, The Clunie Press, 1988.

l'hétérogénéité de la pulsion serait « impossible » à énoncer dans le champ de l'association libre. Toutefois, la pratique de la « scansion » et même de la « séance courte », qui sont des passages à l'acte conduisant aux psychodrames plutôt qu'à la psychanalyse, indique une certaine prise en compte de l'irreprésentable, de l'inverbalisable opérant au sein de l'appareil psychique et se marquant ainsi brutalement dans le contre-transfert. Celui qui semble avoir hypostasié le langage comme levier de la cure a finalement laissé le moins de possibilités au langage pour s'y exprimer. Comme si l'extralinguistique faisait ainsi retour, renvoyant transfert et contre-transfert, patients et analystes à des représentations psychiques prélangagières ou à l'*acting* sans représentation. D'autres, en Angleterre ou en France (W. R. Bion, Piera Aulagnier, moi-même) ont essayé d'en fournir les concepts, de les admettre au sein de la cure, de les interpréter.

Les trois modèles que j'ai schématiquement relevés dans le parcours complexe de la pensée freudienne à propos du langage, ou plutôt du processus signifiant qui spécifie l'être humain, nous invitent à les entendre dans leur résonance réciproque, sans en exclure aucun et en développant selon nos moyens de transfert et de contre-transfert nos divers registres de signifiance, d'écoute et d'interprétation.

Dangers et bénéfices de l'association libre

Je finirai avec une vignette clinique qui vous permettra de pénétrer la complexité de ce troisième modèle dans l'expérience d'une patiente, et qui met en évidence deux

limites de la règle fondamentale de l'association libre :
d'abord, la difficulté du symptôme à s'inscrire dans le
langage et, en corollaire, le recours au compromis de la
sublimation (à l'écriture poétique) ; ensuite, la confusion
psychique (hallucination) que provoque la traduction
verbale de la pulsion et la nécessité consécutive de
recourir au dehors culturel ou historique pour moduler la
traduction des pulsions en représentations psychiques.

Une patiente, sujette à des accès boulimiques et à des
vomissements, parvient à liquider ce symptôme après un
an de psychothérapie analytique en face à face. Elle
commence une relation sexuelle avec un homme, qu'elle
dit plus satisfaisante que celles, rares, qu'elle a connues
auparavant ; jusqu'au moment où elle s'aperçoit, à l'occasion d'une visite, des ressemblances entre son partenaire et sa mère. Les vomissements reprennent et, de surcroît, la patiente ne peut plus les apaiser par le moyen
habituel – l'écriture de textes poétiques qui, auparavant,
mettaient en scène sa violence tout en mettant en pièces
le monde, les personnes, le langage lui-même. Les
vomissements qui la « vidaient » sont évacués, « vidés »
aussi des séances ; seules quelques allusions et la
mimique d'une douleur secrète me font miroiter cet ailleurs d'une jouissance aussi pénible que privée. J'avance
que ces vomissements sont une écriture muette, tran-
chant-retranchant des matières internes et le corps même
de la patiente. Un discours associatif très riche s'ensuit,
la patiente essayant de mettre en mots les sensations
précises : olfactives, tactiles, auditives, internes à ces
crises, avec un évident plaisir exhibitionniste de séduction, mais aussi d'agression à mon endroit, auquel
s'ajoute un plaisir de mentalisation cheminant des choses

aux mots, et inversement. Notez combien la dramaturgie dans laquelle se situe ce récit de nomination sensorielle est à la fois de plaisir et d'attaque. Notez aussi que le langage est là entre les deux bords dont Freud nous parle avec les représentations de choses et les représentations de mots ; les mots ne sont pas dissociés, mais accolés aux choses que la patiente expérimente sensoriellement.

La mise en mots de ses perceptions est bientôt relayée par le souvenir, en rêve, du premier accès de boulimie-vomissement : petite fille, en voyage au bord de la mer avec ses parents, partageant la même chambre qu'eux. Le récit de cet épisode révèle le conflit érotique (désir pour la mère *et* pour le père) et conduit la patiente à une grave difficulté. Comme si les mots de cette histoire l'avaient confrontée avec une expérience maintenant pensée, mais encore aujourd'hui surtout *agie*, traumatique. À la suite de ce récit de rêve, elle est comme paralysée, plongée dans une confusion verbale et mentale, perdant ses phrases, ses mots, se taisant pour finir. Pendant quelques séances, la patiente est incapable de reprendre le fil du récit ou même sa plainte d'habitude parcimonieuse mais très logiquement construite. *La verbalisation du trauma a mis en danger la construction verbale elle-même.* Comme si l'expulsion des matières (le symptôme du vomissement) avait atteint les mots, vidant non seulement l'estomac, mais aussi la syntaxe de la jeune femme, et les signes mêmes de leur sens. Quand elle parvient à reprendre une parole, celle-ci ressemble à ses poèmes : lacunaires, obscurs. J'y discerne les mots « mer », « eau », « viscosité », « mort », « mère », « jet », « horreur », « déjection ». La patiente est une lectrice de L.-F. Céline ; elle lui a même consacré un mémoire. La première scène de vomissement de son enfance qu'elle a essayé de me raconter et qui l'avait mise dans cet état de confusion mentale et linguistique me fait penser à une scène analogue dans *Mort à crédit* où le narrateur et sa mère sont pris de violents et abjects vomissements au cours d'un voyage en mer vers l'Angleterre. Je finis par communiquer à la patiente cette association qui me paraissait pouvoir être préconsciente pour elle et qui, pour moi, était un repère linguistique, rhétorique, culturel face à sa confusion linguistique et mentale : « Votre malaise fait penser à *Mort à crédit*. » Je m'aperçois que l'expression « mort à crédit » peut s'appliquer à la situation analytique : faire crédit à l'analyste pour faire mourir l'ancien sujet. Mon intervention peut être entendue aussi comme une gratification narcissique, un secours sublimatoire. La patiente me dit qu'elle a toujours éprouvé un dégoût et une fascination pour ce texte et pour cet auteur. Elle associe sur son mémoire de maîtrise. Elle reprend une maîtrise sur sa pensée, ses mots. Dans les séances suivantes, elle fait des associations entre le texte de Céline, qu'elle vient de relire, et ses propres tentatives d'aller plus loin dans la mise en mots de ses crises. Elle abandonne la poésie et commence à écrire des nouvelles. Elle y raconte sa haine envers un homme et une femme : envers son ami, envers sa mère, discrètement mais assez clairement envers « moi et mes abstractions ». Le symptôme – boulimie, vomissements – a de nouveau disparu. Un nouveau récit, d'une cruauté violente, l'a avalé.

Je ne sais pas si c'est un progrès, car la patiente ne cesse de mener une vie difficile à son ami, à sa mère et à ses collègues de travail. Mais nous sommes pris – nous : la patiente, moi-même et les mots – dans une construction où le langage redevient récit et, très évidemment soutenu par une gratification sublimatoire (le texte de Céline), assume le conflit qui, auparavant, se jouait dans l'auto-érotisme de l'estomac, de l'œsophage, de la bouche.

L'être de la parole en situation analytique serait-il une *narration* qui met en scène le meurtre de soi mais pour l'autre (l'analyste), de l'autre mais pour soi, pour différer la mort du corps vivant ? Le symptôme sans parole était mortifère. L'écriture poétique ombiliquée sur soi, phobique et apparemment protectrice était un mausolée impuissant devant les accès destructeurs. En revanche, l'association libre pour quelqu'un – l'analyste – à avaler et à vomir a d'abord mis en danger ma patiente. Ensuite, située dans le contexte de la cure et dans celui, transsubjectif, de l'histoire culturelle, elle a permis à la parole de préserver la vie de cette femme qui s'anéantissait dans le symptôme et par la poésie.

Après une séance d'une grande violence à l'adresse de son ami et de moi-même, cette patiente a conclu que l'analyse était le seul lieu où elle pouvait se permettre d'être *tendre*. Tendre *avec* ? Ou tendre *vers* ? Le paradoxe de cet énoncé m'a fait comprendre que la violence vomie en mots lui permettait d'être tendre avec... son être pulsionnel (force muette, déchet, amibe ou hominien de la glaciation : la fable freudienne nous appelle), pour autant qu'elle était capable de donner des mots à cet être.

Le langage serait-il la tendresse du *parlêtre* ? *Tendre au parlêtre,* par l'association libre ? Je veux dire : par-

delà l'hallucination et la cruauté[1], le « langage » –
mieux, le récit – au sein de la cure ne serait-il pas une
réconciliation entre les Représentations de mots et la
Représentation de choses, qui nous fait percevoir –
inconsciemment – que le sens communiqué à quelqu'un
d'autre nous met (provisoirement) à l'abri de la mort ?
Car le « langage » tel que Freud nous invite à l'entendre est cette sublimation qui utilise signes et syntaxe
dans une narration afin de permettre le passage de l'être
extérieur au sujet à l'autre qui fait de moi un sujet. Mais
s'agit-il du « langage » seul ? Ou bien de ce que ce rationaliste de Freud nommait, non sans une certaine gêne,
dans son troisième modèle, une « essence supérieure » ?
De quoi laisser les analystes dans une écoute indéfinie
des plis infinis qui tissent un inconnu, le « langage ».
D'ailleurs, où est-il, ce « langage » ? Existe-t-il en
dehors de l'écoute spécifique de l'analyste qui l'élargit et
le rétrécit, en propose des « modèles » selon sa propre
« essence supérieure », sa « signifiance » à lui ? Que
reste-t-il du « langage » après Freud ? Un *artefact*
dépendant de l'« essence supérieure » du sujet de l'interprétation ?

En tout cas, le « langage » qu'entend l'analyste n'est
pas le langage des linguistes. Mais quelle tenue, quelle
tension, quelle tendresse, donc ! Telles sont les voies de
la révolte, au sens que je lui donne dans ce cours.

---

1. Je reviendrai sur le fait que tout récit est intrinsèquement sado-
masochiste ; et pas seulement dans le transfert ; Sade a vu là, avec la
raison du visionnaire, quelque chose d'indépassable.

IV

Encore l'Œdipe,
ou le monisme phallique

Conscient/inconscient versus *connaissance*

Avant de vous parler d'Œdipe, je conclurai sur les trois modèles du « langage » chez Freud que je vous ai exposés pendant plusieurs séances en répondant à une dernière question qui m'a été posée sur le lien susceptible de se nouer dans la solitude de la cure analytique.

Un grand analyste, Michel de M'Uzan, se demandait un jour dans son séminaire : quel est *l'organe* de l'analyste ? Est-ce son cerveau ? Est-ce son inconscient ?

Est-ce que ce sont ses zones érogènes ? Disons que nous analysons sans doute avec tout cela et l'ensemble de notre personnalité, histoire, rhétorique, culture, politique. Avec, aussi et par conséquent, notre capacité de révolte au sens où j'essaie de la cerner devant vous. La solitude devient alors une solitude ouverte, et le lien est possible entre les expériences de ceux qui tentent de parler.

Il me reste à présent à revenir sur l'association libre, qui a fourni à Freud le modèle complexe de langage sur lequel il a fondé son expérience. Pourquoi l'association libre ? Pourquoi le récit ? Voilà, au fond, ce qui nous intéresse en tant que littéraires. Que sont donc ces histoires que Freud demandait à ses patients de lui raconter ? Des récits pleins de lacunes, de silences, d'embarras... des manières de romans privés de public. L'association libre que Freud nous lègue comme opérateur essentiel de l'analyse n'est pas le langage-signe, le langage-phrase, mais le *récit*. Associer, c'est raconter, élaborer un récit sous-tendu de pulsions, de sensations, et dans lequel est impliquée la phylogenèse. En outre, ce récit est bordé d'*actes* – irreprésentables, en ce sens que leur intensité déstabilise le langage – et aussi de *féminin*, ce féminin que nous avons vu comme resté obscur, absorbé, résorbé dans le pacte entre les frères. Enfin, ce récit est *en prise sur l'être* – l'être de l'histoire monumentale dont Freud a l'intuition à travers la phylogenèse. *Récit, pulsions, sensations, actes, féminin dans l'être :* Freud nous invite à entendre tout cela dans les associations libres des patients. L'analyste est conduit à entendre la différence sexuelle située dans l'être ; cet être qui vous évoque quelque chose de l'ordre du sacré mais qui ne se dissocie ni du cosmos ni de l'histoire monumentale, pas plus que de l'histoire de l'espèce ou de l'histoire du monde. L'analyste se propose d'entendre l'acte, en particulier l'acte sexuel dont il reçoit les mots, porteurs de sensations et de pulsions, bien au-delà du système signifiant-signifié. De surcroît, il se tient disponible pour en percevoir l'aura hors langage, et jusqu'à l'extrapsychique qui modifie les codes en introduisant dans le langage des perturbations, des lapsus, des ellipses, des silences, des figures rhétoriques, voire des mythes différents pour les deux sexes.

Nous ne sommes plus dans la psychologie, encore moins dans la psychiatrie : la signifiance sereine ouvre l'écoute de l'analyste à l'être, certes, mais à un être curieusement altéré. Notre mémoire, réveillée par le récit sexué dans le transfert, constitue bel et bien un Autre inconscient – Lacan l'écrit avec une majuscule – qui nous habite. Nous sommes là au cœur de l'inquiétante étrangeté et, en même temps, cette mémoire, pour exorbitante qu'elle soit, est investie par le récit qui nous la restitue, qui la soumet à la domination de la conscience, qui déchiffre dans le langage et qui s'adresse à un Autre.

Là se situe le principal point d'achoppement avec les théories cognitivistes, incapables de concevoir l'Autre autrement que comme un destinataire qui n'est qu'un double de « moi-même » et, à ce titre, connaissable en tant qu'identique à « moi-même ». Or, ce que l'histoire de la philosophie nous apprend, notamment avec Descartes, Husserl et Heidegger, c'est qu'il existe une obligation logique (« je pense, donc je suis ») selon laquelle mon rapport à autrui implique une relation d'être à être, et non pas de connaissance à connaissance. Ce qui signifie que l'autre, en tant qu'il est lui-même, « je » ne peux pas le *connaître* en soi, mais seulement le *penser* dans son être à lui, dans son être autre. Si « j' »essaie de le penser, je fais le pari que, n'étant pas moi, il est différent de moi, qu'il existe autrement que moi. « Je » fais donc un *pari* d'*altérité*, pari au sens pascalien du terme, dont rien ne saurait me prouver la validité et qui est la transcendance absolue. Sartre, nous le verrons, a magnifiquement formulé cela dans *L'être et le néant* : pour accéder à l'autre, à « *l'immanence absolue je dois demander de me jeter dans la transcendance absolue* ». L'immanence

où je suis au fond de moi-même (« je » m'aime, « je »
me déteste, « je » m'assume ou me suicide : en définitive, « je » me pense) n'est jamais possible que par rapport à un autre ; nous l'avons assez dit. Ce qui est plus
difficile, je vous l'accorde, c'est de penser que cet autre
existe autrement que moi, qu'il n'est pas simplement un
reflet en miroir de moi-même ; c'est de me convaincre
qu'il y a de l'autre dont l'être n'est radicalement « pas
moi ». Les hommes y parviennent, d'une certaine façon,
tant il est vrai qu'ils ont imaginé un autre qui les dépasse
et qui n'est pas eux, qu'ils ont mis au-dessus d'eux et qui
règne au-dessus du monde.

La révolution freudienne propose de penser que cette
transcendance absolue est tout simplement ce qui nous
fait parler en faisant de nous des êtres-autres ; ce qui
implique que, loin de se rassembler, l'être est toujours
continûment autre. C'est là le pari post- ou anticartésien
de Freud : un moi s'adresse à un autre moi, bien sûr,
mais, en fait, c'est un sujet (« je », qui *pense* et qui *est*)
qui s'adresse à un autre sujet dans l'être. L'autre est de
l'être, l'autre n'est pas moi, l'autre est aussi un être, mais
autrement que moi. Et c'est parce que l'autre est un être
autre que moi que je ne suis pas simplement moi, mais
aussi un sujet. Et que l'être qui nous porte est pluriel,
altéré. C'est cette affaire-là que l'analyse ausculte : non
pas une communication complaisante de « moi » à
« moi » (bien que cela puisse être une nécessité lorsque
certains « moi » sont en lambeaux et qu'il est urgent de
les reconstituer un tant soit peu, de les soutenir par une
psychothérapie, par exemple), mais un rapport d'un sujet
altéré à un autre être. Pratique d'une certaine ascèse, si
vous voulez, qui n'exclut pas les échanges entre « moi »,

cependant décentrés par l'autre et débordés par leur
« propre » altérité inconsciente.

Dans l'hypothèse idéale, le récit que le patient désire
livrer est celui d'un sujet qui s'adresse à un autre sujet,
d'un sujet qui se construit dans ce rapport de récit à
l'autre sujet. Vous voyez que cette difficulté-là ne saurait
être réduite au dialogue interpsychique ou « intercogni-
tion », car elle est une affaire non pas de connaissance à
connaissance, mais de conscience à conscience. En
d'autres termes encore : « je » n'est pas une stratégie
cognitive ; « je est un autre ». « Je » transcende son
enfermement en tant que stratégie de connaissance qu'il
est aussi par ailleurs. Quand je dis qu'il transcende cet
enfermement cognitif, cela ne signifie pas seulement que
« je » est travaillé par l'autre scène de l'inconscient qui
relève d'une autre logique (pulsions, processus primaires, etc.) ; cela veut dire aussi que « je » (qui est de
l'être) se constitue comme tel par rapport à l'autre – ce
que je vous ai détaillé en m'arrêtant sur quelques étapes
clés de l'individuation. Cet autre étant non pas un redou-
blement du moi, mais une dynamique complexe qui nous
a fait passer du langage à la signifiance et à l'être.
Lequel, si on suit ma lecture de Freud, ne s'apaise pas
dans la sérénité que lui découvre Heidegger, mais se
clive pour commencer, en laissant apparaître l'être-autre
de l'inconscient. Empilement d'altérités : le destinataire
est un être-autre ; « je » est un être-autre ; ces autres-là
s'altèrent en se pensant l'un l'autre. Loin de s'absolutiser
comme le sommet d'une pyramide d'où l'autre me
regarde de son œil implacable et sévère, la problématique de l'altérité psychanalytique ouvre un espace
d'emboîtements d'altérités. Seul cet emboîtement d'al-

térités peut donner à la subjectivité une dimension infinie, une dimension de créativité. Car, en accédant à mon
être-autre, j'accède à l'être-autre de l'autre, et dans ce
décentrement pluriel j'ai une chance de pouvoir mettre
en mots-couleurs-sons – quoi ? Non pas une stratégie de
connaissance, mais comme un avènement des potentialités psychiques plurielles et hétérogènes qui font de
« ma » psyché une vie dans l'être.

Je rejoins, par ce que je viens de vous dire, quelques
critiques, naguère adressées déjà par Merleau-Ponty, à
une certaine psychanalyse qu'il voyait s'enliser dans une
« déviation objectiviste[1] » : on réifie la dépendance du
sujet envers l'objet (mère ou père) ; même la pulsion est
envisagée comme une donnée de la conscience (force
objectivable ou représentation objectivée) ; la topo-
graphie de l'appareil psychique conduit à un « réalisme
des instances » ; le processus analytique est pensé en
termes d'identité et de loi : même/autre, loi/transgres-
sion, comme si la psychanalyse était un prolongement de
l'« existence selon la loi » dans laquelle on a pu loger
l'homme, depuis saint Paul jusqu'à Nietzsche ; on réduit
la psychanalyse à une « technique » ; etc.

---

1. « La déviation idéaliste de la recherche freudienne est aujour-
d'hui aussi menaçante que la *déviation objectiviste*. On en vient à se
demander s'il n'est pas essentiel à la psychanalyse – je dis à son
existence comme *thérapeutique* et comme *savoir* vérifiable – de rester non sans doute tentative maudite et science secrète, mais du
moins un *paradoxe* et une interrogation. » Préface A. Hesnard,
L'Œuvre de Freud et son importance pour le monde moderne,
Payot, Paris, 1960, p. 8 ; nous soulignons.

Cependant, bien que, trop souvent, la psychanalyse « objectifie » et « psychologise » en effet l'analysant et le transfert lui-même, il est essentiel d'insister sur le fait que la découverte freudienne ouvre la voie, au cœur de la rationalité scientifique, à une connaissance et à une transformation du psychisme en tant que vie dans l'être, transversale à l'objectivation psychologique. C'est là que réside sa révolte la plus radicale.

Après avoir escaladé ces cimes, revenons au classique Œdipe qui, d'ailleurs, nous les fera bien vite retrouver, à sa façon.

Encore l'Œdipe, Sophocle et Freud

L'Œdipe serait-il devenu aujourd'hui un « lieu commun » de la psychanalyse ? Et, à ce titre, ne mérite-t-il plus notre attention ? Est-il encore nécessaire d'en parler ? Autant de questions qui m'ont effleurée à l'orée de ce séminaire. J'essaierai de vous convaincre qu'il est non seulement important mais indispensable de revenir à l'Œdipe.

Tout récemment, une anecdote m'aurait, s'il en avait été besoin, persuadée qu'il était encore et toujours au cœur du débat, et peut-être plus que jamais. Au cours d'une conférence que je donnais à l'École nationale des Ponts-et-Chaussées vendredi dernier, j'ai cru bon de ne pas m'attarder sur l'Œdipe. Une jeune fille s'est levée dans l'assistance pour me dire : « *Madame, pourquoi ne parlez-vous pas du père ? J'ai perdu ma mère quand j'étais très jeune. C'est mon père qui m'a élevée. Il faut toujours parler du père. Tout ce que je suis, je le lui dois.* » Inutile de vous dire qu'elle prêchait une convaincue, sans peut-être s'en douter. Moi aussi, « tout ce que je suis, je le dois au père ». D'une certaine façon. Encore qu'en analyse, et quand on écrit de surcroît, les choses sont un peu plus compliquées. Mais quand on est une jeune fille des Ponts, on ne peut pas tout savoir, même si on en sait déjà beaucoup, et beaucoup plus que beaucoup d'autres, et qu'on en arrive, par exemple, à énoncer des vérités abruptes sur le père, des vérités brutes, mais des vérités tout de même. Ainsi donc, on ne parlera jamais assez du père. Bien sûr, dans ma pratique d'analyste, j'ai continuellement affaire à la dette au père, souvent exprimée en tant que demande ou réclamation, comme au cours de la conférence que j'évoquais il y a un instant – en définitive, sous forme de revendication – rarement comme désir. Cependant, j'essaierai, en m'appuyant précisément sur cette dette envers le père, de parler d'autres dettes, notamment vis-à-vis du « continent noir », du continent maternel ; j'y reviendrai. Aujourd'hui, je tâcherai de vous introduire à l'Œdipe, puisque Freud pose la question du père avec le complexe du même nom.

« Œdipe roi »

Il faut, pour découvrir les dates les plus anciennes de la référence freudienne à l'Œdipe, se référer à la *Correspondance* de Freud. C'est dans une lettre à Fliess du 15 octobre 1897 que, pour la première fois, se trouve mentionné l'Œdipe : « *J'ai trouvé en moi, comme partout ailleurs, des sentiments d'amour envers ma mère et de jalousie envers mon père, sentiments qui sont, je pense, communs à tous les jeunes enfants [...], et, s'il en est ainsi [...] on comprend l'effet saisissant d'Œdipe roi*[1].» La légende grecque a su saisir une compulsion que chacun reconnaît parce que chacun la ressent. Nous avons tous été un jour en germe un Œdipe. C'est à *Œdipe roi* de Sophocle que Freud fait référence, mais, avant de reprendre l'articulation de ce qu'il appellera le « complexe d'Œdipe », j'aimerais m'attarder sur l'œuvre littéraire de Sophocle lui-même.

Il y a deux *Œdipe*, vous ne l'ignorez pas : *Œdipe roi* – c'est celui dont je vous parlerai – et *Œdipe à Colone*, qui est une autre histoire, celle du roi aveugle qui se retire avec sa fille pour mourir à Colone, celle donc de la mort du père. Sophocle a si bien voulu nous laisser un testament de son art qu'il a fait d'*Œdipe à Colone* la plus longue pièce du répertoire grec. Mais revenons à *Œdipe roi*. La pièce date de 320 avant J.-C. environ. Si vous relisez ce texte, vous ne manquerez pas d'être frappés par ce qu'on appelle le « miracle grec », dont un aspect majeur est la mise en évidence de ce que nous continuons à considérer comme notre « vie intérieure » : l'amour, la haine, la culpabilité, la souillure – cette souillure qui désigne le désir comme désir d'inceste et de mort – sans lesquels il n'y a ni bonheur ni malheur. Quand on pense que tant d'années nous séparent de ce texte, on ne peut qu'être saisi, en effet, par le paradoxe de cette temporalité qui relie une vérité si ancienne, si vieille, à une vérité

---

1. In Sigmund Freud, *Naissance de la psychanalyse* (1887-1902), *op. cit.*, pp. 45-305, particulièrement p. 198.

si proche de nous. Voilà vingt-trois siècles qu'*Œdipe roi* a été écrite et, depuis près d'un siècle, nous ne cessons de revenir, avec Freud, sur l'actualité de cette pièce. Pourquoi cette permanence ? Est-ce parce que cela est toujours vivant, que nous sommes tous ainsi constitués, que nous avons simplement *subjectivé* ou *psychologisé* cette même logique qui, pour les Grecs, était un *destin* infligé par les dieux ? Et si, en même temps et au contraire, la constellation entre désir, transgression, bonheur, malheur, que Sophocle met en scène sous nos yeux était désormais menacée ?

Peut-être est-ce pour penser cette menace, pour y faire face que Freud a voulu revisiter Sophocle. En tout cas, il a reconnu que le miracle d'une psyché tenant compte du désir, de la loi, de la transgression, de la souillure, de la culpabilité, que ce miracle, donc, s'était produit là. Là, et non pas en Chine ou en Inde. C'est là, en Grèce, qu'est né sinon le sujet désirant – lequel, en tant que sujet, doit attendre l'interpellation judaïque et l'incarnation christique pour se désigner et se penser –, du moins sa logique. La logique du sujet désirant qui n'est que l'autre face de celle du sujet philosophique, ce qu'on oublie souvent ; ainsi que l'autre face du sujet de la science, car le sujet philosophique et le sujet de la science, tels que nous les lèguent Platon (vers 427-347 av. J.-C.) et Aristote (384-322 av. J.-C.), apparaissent autour des mêmes dates que la tragédie, ou peu s'en faut. J'ai pris la peine de vous rappeler les dates de Platon et Aristote pour que vous ayez en tête la contemporanéité de l'événement tragique et de l'événement philosophique, puis de ses succédanés scientifiques. Évidemment, le dire de Sophocle ne tombe pas du ciel ; il est porté par les mythes et précédé par l'épopée, narration incantatoire de l'histoire grecque. Mais c'est par la tragédie de Sophocle que cette parole antérieure se cristallise, dans ce que je viens d'appeler le « sujet œdipien » (pour revenir à l'intérêt de Freud) qui est tout à la fois tragique, philosophique et scientifique. C'est ce que nous sommes, c'est ce que sont les meilleurs d'entre nous – je veux dire : ceux qui veulent le savoir, étant entendu que ceux qui ne veulent pas le savoir sont autrement tragiques –, et c'est ce qui a été formulé par Sophocle dans *Œdipe roi*.

Voici deux passages[1] du texte qui me paraissent définir la problématique de l'homme tragique, cette face cachée de l'homme désirant qui se révèle être aussi savant et connaissant. Vous vous souvenez qu'Œdipe a tué son père à un carrefour en forme de γ, le gamma grec. Notez que c'est à ce carrefour que Sophocle pense la division, la bifurcation entre le désir et le meurtre. Notez ensuite qu'à partir de là il nous décrit en termes moins géométriques ce qui va suivre : « *J'apparais aujourd'hui ce que je suis en fait...* [L'être du sujet est ainsi posé : "Je suis Œdipe", sujet désirant, sujet de la science et sujet philosophique – pensons à toutes ces facettes qui se dissimulent dans ce qui suit.] *J'apparais aujourd'hui ce que je suis en fait, un criminel, Ô double chemin !* [le désir et le crime] *Val caché ! Bois de chênes ! [...] Ô étroit carrefour où se joignent deux routes ! Vous qui avez vu le sang de mon père versé par mes mains, avez-vous oublié les crimes que j'ai*

---

1. *Cf.* Sophocle, *Œdipe roi*, Les Belles-Lettres, Paris, 1958, pp. 123 et 128.

*consommés sous vos yeux, et ceux que j'ai plus tard
commis ici encore ? Hymen, hymen à qui je dois le jour,
qui, après m'avoir enfanté, as une fois de plus fait lever
la même semence et qui, de la sorte, as montré au monde
des pères, frères, enfants, tous de même sang !* [Ici s'annonce le thème de l'inceste.] *Des épousées à la fois
femmes et mères – les pires hontes des mortels... Non,
non ! Il est des choses qu'il n'est pas moins honteux
d'évoquer que de faire.* *Vite, au nom des dieux, vite,
cachez-moi quelque part, loin d'ici ; tuez-moi, ou jetez-
moi à la mer, en un lieu où vous ne me voyiez plus
jamais. Venez, daignez toucher un malheureux.* [Lisez
bien la chaîne : bonheur, malheur, culpabilité.] *Ah !
croyez-moi, n'ayez pas peur : mes maux à moi, il n'est
point d'autre mortel qui soit fait pour les porter.* [Il
s'exclut de notre communauté et pourtant nous invite à
nous identifier à son exclusion.] *Gardons-nous,* conclut
le Coryphée, *d'appeler jamais un homme heureux avant
qu'il ait franchi le terme de sa vie sans avoir subi un chagrin !* » [Notez l'insistance sur le chagrin inhérent au
parcours humain et donc le malheur caché – le terme
revient – sous l'apparence du bonheur.]

Voilà donc ce qui a bouleversé Freud au point qu'il
exhume *Œdipe roi* dans les années 1895-1896 et en parle
dans une lettre à son ami Fliess en 1897. Il mentionne également le roi grec dans *L'Interprétation des rêves* (1900),
où il résume et explicite l'histoire d'Œdipe. Ce qui l'intéresse alors, c'est précisément ce que dit Œdipe dans le
passage que je vous ai lu. « *Comme Œdipe,* commente
Freud, *nous vivons l'inconscient des désirs qui blessent la
morale et auxquels la nature nous contraint. Quand on
nous les révèle,* nous *aimons mieux détourner les yeux des*

scènes de notre *enfance. La légende d'Œdipe est issue d'une manière de rêve archaïque* (uralt) *et a pour contenu la perturbation pénible des relations avec les parents, perturbation due aux premières impulsions sexuelles[1].* » « Nous vivons », « on nous le révèle », « nous aimons », « notre enfance » : non seulement en se fondant sur l'émotion que le texte de Sophocle suscite en lui, sur les observations qu'il fait sur lui-même, donc sur sa propre histoire, sur ses rapports personnels à son père et à ses propres enfants, mais aussi en écoutant ses patients, Freud interprète sa lecture et sa pensée sous le nom de « complexe d'Œdipe ».

La question n'est pas de savoir si les Grecs étaient ou non soumis au « complexe d'Œdipe » – nombre d'anthropologues et d'hellénistes importants en ont fait grief à Freud en alléguant les différences qui séparent la société et la mentalité contemporaines de celles des anciens Grecs. Vaine querelle, car l'analyste que Freud est en train de devenir *repère* dans la logique du texte tragique des éléments qu'il re-trouve intériorisés - cachés - rêvés au sein de l'expérience psychique contemporaine. Dans les aller et retour entre repérer/re-trouver s'est produit le travail de la pensée : l'interprétation psychanalytique, l'invention de cette nouveauté qu'est la psychanalyse. Par conséquent, la psychanalyse n'est pas la tragédie, et Freud ne dit pas la vérité de Sophocle. Le concept d'Œdipe qui se prépare ainsi dans les lectures freudiennes depuis 1897 et s'élabore notamment dans

---

1. Sigmund Freud, *L'Interprétation des rêves, op. cit.*, p. 230. *Cf.* aussi pp. 223-224 et 227-230.

Trois Essais sur la théorie de la sexualité[1] de 1905
n'apparaît qu'en 1910, donc relativement tard, dans un
des textes qui sont rassemblés sous le titre : « Contribution à la psychologie de la vie amoureuse[2] ». Freud va
mettre presque trente ans, si l'on compte depuis la lettre
à Fliess, pour lui donner sa formulation définitive. Vous
la trouverez seulement en 1923 dans deux textes sur lesquels je vais m'arrêter : « La Disparition du complexe
d'Œdipe[3] » (1923) et « L'Organisation génitale infantile[4] » (1923).
Dans « La Disparition du complexe d'Œdipe », Freud
insiste sur ce qu'il appelle « la place centrale » de ce
complexe. *« De plus en plus le complexe d'Œdipe* [c'est-
à-dire le désir incestueux pour la mère et le désir de
meurtre pour le père] *dévoile son importance comme*
phénomène central *de la période sexuelle de la première*
enfance. [Entendez : le complexe d'Œdipe organise la

---

1. Sigmund Freud, *Trois Essais sur la théorie de la sexualité*,
(1905), trad. fr. B. Reverchon, Gallimard, Paris, 1923 ; rééd. et revus
par J. Laplanche et J.-B. Pontalis, Gallimard, Paris, 1962 ; rééd. 1968.
2. Composé de trois volets : « Un type particulier de choix d'objet
chez l'homme » (1910), « Sur le plus général des rabaissements de la
vie amoureuse » (1912), « Le tabou de la virginité » (1918), in *La Vie*
sexuelle, Presses universitaires de France, Paris, 1969.
3. Sigmund Freud, « La Disparition du complexe d'Œdipe »,
1923, trad. fr. A. Berman, sous le titre : « Le Déclin du complexe
d'Œdipe », in *Revue française de psychanalyse*, 1934, VII, n° 3,
pp. 394-399 ; autre trad. D. Berger, in *La Vie sexuelle, op. cit.*,
pp. 117-122.
4. Sigmund Freud, « L'Organisation génitale infantile », 1923,
trad. fr. J. Laplanche, in *La Vie sexuelle, op. cit.*, pp. 113-116.

période sexuelle de la première enfance]. *Puis il dispa-*
raît. [C'est la période de latence]. *Il succombe au refou-*
lement, comme nous disons, et le temps de latence lui
succède[1].» Pour l'instant, notez que Freud insiste sur la
place centrale de ce complexe d'Œdipe comme organisateur de la vie psychique de la petite enfance.

Dans le second texte, « L'Organisation génitale infantile », toujours de 1923, Freud reprend des thèses qu'il
avait déjà formulées en 1905 et que vous pouvez lire
dans *Trois Essais*. Mais il modifie ses conceptions et leur
donne leur forme ultime, définitive, avec les stades libidinaux – oral, anal et phallique – sur lesquels il ne
reviendra plus. Il énumère ces stades et prend soin de
préciser que ce qu'il appellera « organisation génitale »,
après les stades oral, anal et phallique, est contemporain
et corrélatif de l'épanouissement du complexe d'Œdipe.
J'insiste sur le fait qu'il s'agit de l'organisation génitale
infantile, à différencier donc de celle de l'adulte.

C'est à ce point, me semble-t-il, qu'on rencontre un
certain nombre d'interrogations majeures. Interrogations
contre la psychanalyse, vous vous en doutez, réactivées
par le féminisme. Par quoi se caractérise cette organisation génitale infantile ? Par le primat accordé au pénis, et
cela pour les deux sexes. En même temps, Freud admet
sans réserve que les choix d'objets, homosexuels et hété-
rosexuels, même s'ils sont appelés à se préciser par la
suite, se manifestent dès l'enfance. Vous pouvez donc
constater que trois postulats de la conception freudienne

---

1. Sigmund Freud, « La Disparition du complexe d'Œdipe », *op.
cit.*, p. 117. Nous soulignons.

concernant l'organisation de la vie psychique se réunissent ici : l'Œdipe, l'organisation phallique (primat du pénis) et le complexe de castration, puisque le pénis en question va être supposé menacé, d'autant plus qu'il est manquant chez les femmes.

Ces idées, que nous voyons exposées sous leur forme définitive dans le texte de 1923 que j'ai cité, ont déjà été avancées auparavant par Freud. On en trouve la trace dans des textes comme *Le Petit Hans* (1909) ou *L'Homme aux loups* (1918)[1], où Freud insiste tout particulièrement sur l'importance accordée au pénis dans la vie psychique et les symptômes de ses patients. Par la suite, il maintient ce primat de l'organe sexuel masculin. En 1923, il l'affirme pour le garçon comme pour la fille, et c'est là le problème soulevé par les contestataires de la psychanalyse et qui continue d'être discuté aujourd'hui. Il serait sans doute nécessaire de s'arrêter brièvement sur ce débat, quitte à le reprendre plus tard, avec la question de la sexualité féminine. Mais commençons par le point de vue du garçon tel que Freud le précise et interrogeons-nous sur le primat du pénis ou du phallus dans la sexualité du garçon.

Le primat du pénis

Pourquoi le pénis est-il l'organe narcissiquement investi ? Parce qu'il est visible. Lacan valorisera du reste une variante de la visibilité dès le « stade du miroir »,

---

1. Sigmund Freud, « Analyse d'une phobie chez un petit garçon de 5 ans (Le Petit Hans) » (1909), et « Extrait de l'histoire d'une névrose infantile (L'Homme aux loups) » (1918), in *Cinq Psychanalyses, op. cit.*

comme nous l'avons évoqué. La *représentation*, en tant que capacité psychique subséquente, permet bien sûr de déplacer l'image narcissique du visage, ou de tout autre objet de besoin lié à la présence maternelle, sur ce visible érotisé qu'est l'organe sexuel mâle. Visible donc, et de surcroît érotisé. Pourquoi ? À cause de l'érection observée, subie ou éprouvée. Enfin, le pénis est un organe qui se détache, c'est le cas de le dire, au double sens du mot français : il se remarque et peut manquer. La tumescence/détumescence induit chez le garçon la menace de la privation, que confirme l'absence de l'organe chez les filles : de quoi étayer le fantasme de castration. À partir de cette absence latente, le pénis peut devenir le représentant des autres épreuves de séparation et de manque vécues antérieurement par le sujet.

Quels sont les autres événements qui s'organisent autour du caractère « détachable » du pénis ? La naissance, la privation orale, la séparation anale. Le pénis cesse d'être un organe physiologique pour devenir, dans l'expérience psychique, un phallus – et je reprends ici la terminologie lacanienne : « signifiant du manque » puisqu'il est susceptible de manquer et parce qu'il subsume les autres manques déjà éprouvés. À cela, il faut ajouter que le signifiant du manque est le paradigme du signifiant tout court, de tout ce qui signifie. Le pénis en tant que phallus devient pour ainsi dire le symbole du signifiant et de la capacité symbolique.

Je reviendrai sur la *coprésence* de l'érotisme et de la symbolisation. En attendant, il faut repérer dès à présent le trait d'union qui s'établit entre la lecture par Freud et celle faite par Lacan de ce moment de l'« organisation génitale infantile » : l'investissement du *pénis* est un investissement de *tout ce qui peut manquer* et, à partir de là, de tout *manque* comme *paradigme du signifiable et du signifiant* – manque corporel, mais également, dans le champ de la représentation, de la *pensée* qui représente ce qui manque.

Le monisme phallique

Passons à présent à une deuxième question qui se pose dans la théorie analytique autour de l'Œdipe, celle du « monisme phallique ».

Le monisme phallique consiste en ceci : tout être humain imagine inconsciemment tout autre être humain comme possédant un pénis. La théorie du monisme phallique suppose une méconnaissance du vagin pour les deux sexes. J'y reviendrai, mais nous pouvons dire d'ores et déjà que cette méconnaissance s'opère de manière différente chez l'homme et chez la femme. La théorie du monisme phallique implique non seulement que le sujet des deux sexes méconnaît l'existence d'un autre organe sexuel que le pénis, mais aussi que, corrélativement, l'absence de pénis, ou encore la castration, est considérée comme une sorte de loi du talion, de châtiment contre l'homme ou la femme : ce châtiment s'exerçant sur l'homme pour le punir et sur la femme originairement, puisque, de naissance, elle n'est pas pourvue de ce « signifiant ».

Se pose alors la question de savoir qui est responsable du châtiment ayant privé un des sexes, le féminin, de cet organe, et pouvant accomplir sur l'autre, le masculin, une ablation de ce même organe. C'est le père, vous l'avez deviné, qui est fantasmatiquement le responsable majeur, l'exécuteur de ce châtiment pour l'un et l'autre sexes. C'est en cela que réside – je ne fais ici que vous résumer la *doxa* – la théorie du monisme phallique. J'ajoute qu'il s'agit d'un fantasme ; à aucun moment Freud ne dit que c'est là ce qui doit être pensé ou ce qui est pensé définitivement par l'être humain (bien que sa fable préhistorique suppose qu'un tel châtiment ait pu avoir lieu et qu'il ait pu provoquer, comme l'appropriation des femmes par le père, la révolte des fils contre ce tyran).

Cette organisation fantasmatique dépend de *l'organisation génitale infantile*. Et je souligne, quant à moi, cette dernière idée qui n'a pas, je crois, été suffisamment retenue. Lisez le texte intitulé « L'Organisation génitale infantile », qui pose le primat du phallus, et vous verrez que son auteur précise que celui-ci concerne le développement de l'*enfant* et ne coïncide *nullement* avec l'organisation génitale adulte. Freud marque ici une nette dissociation que, par la suite, ses lecteurs ont eu tendance à négliger ; il insiste sur le fait qu'il s'agit d'une organisation phallique localisée à un certain moment de l'histoire du sujet, qui perdure en tant que fantasme inconscient, mais qui n'est pas du tout l'issue optimale de la sexualité humaine adulte. L'issue optimale devrait être la reconnaissance des deux sexes et la relation entre deux différents. Quand on parle du primat du phallus, il ne faut donc pas perdre de vue, je le répète, qu'il s'agit d'un *fantasme* lié à la sexualité génitale *infantile*. Si certains d'entre nous y demeurent fixés, c'est leur structure, mais ce n'est pas la voie que Freud envisage dans le développement du psychisme humain. Cette étape, ce contenu fantasmatique inconscient sont refoulés chez l'adulte et Freud n'identifie nullement le monisme phallique ainsi défini avec la « sexualité adulte achevée » dont il suppose l'avènement et dans laquelle s'inscrit peut-être une utopie. Peut-être aucun de nous n'accède-t-il jamais vraiment à cette génitalité supposée où nous reconnaissons notre différence sexuelle et pouvons avoir des relations entre êtres ayant des sexes différents. Peut-être est-ce là un autre fantasme, utopique, indispensable cette fois à la théorie psychanalytique, mais rarement sinon jamais atteint par les sujets réels. Gardons néanmoins l'idée freudienne d'une « phase » phallique comme *structure organisatrice*, nullement exclusive de la génitalité adulte. Structure organisatrice fondamentale, certes, mais certainement pas définitive dans le développement psychosexuel.

Je vous cite le raisonnement de Freud, toujours dans le même texte, où il émet cette intéressante réserve que je suis en train de commenter : « *Le caractère principal de cette organisation génitale infantile est* ce qui la différencie de l'organisation génitale définitive de l'adulte. *Il réside en ceci que, pour les deux sexes, un seul organe génital, l'organe mâle joue un rôle. Il n'existe donc pas de primat génital mais un primat du phallus*[1]. » Je souligne à nouveau ce point. On ne peut pas être plus clair : le monisme phallique est une particularité de la sexualité infantile.

---

1. Sigmund Freud, « L'Organisation génitale infantile », *op. cit.*, p. 114.

Pour résumer ces deux textes de 1923 de Freud : le complexe d'Œdipe serait une organisation fantasmatique, pour l'essentiel inconsciente, parce que refoulée, organisatrice de la vie psychique, et qui suppose le primat du phallus pour autant que ce phallus est, d'une part, un organe narcissiquement et érotiquement investi et, d'autre part, le signifiant du manque, ce qui le rend apte à être identifié avec l'ordre symbolique lui-même.

Plusieurs questions se posent dès à présent à partir de l'intérieur de la théorie freudienne classique : l'Œdipe est-il universel ? Est-il le même pour le garçon et pour la fille ? Y a-t-il des Œdipe réversibles, qui impliqueraient homosexualité et hétérosexualité ?

L'universalité de l'Œdipe est, en fait, l'universalité de la triangulation que Freud maintient pour toutes les civilisations. On entend par triangulation le lien enfant-mère-père – le père occupant le sommet du triangle et étant entendu que la triangulation peut connaître des variantes. Le « rôle » du père peut, par exemple, se trouver occupé par un oncle maternel dans les sociétés matrilinéaires, voire par une femme, d'où diverses configurations de l'Œdipe ; mais on ne constate jamais son « inexistence ». Preuve de cette universalité : la théorie de l'inceste. Lévi-Strauss, dont vous n'ignorez pas les réticences à l'égard de la psychanalyse, maintient néanmoins le principe de l'interdiction de l'inceste comme organisateur de toutes les sociétés. Or, que suppose la règle de l'interdit de l'inceste ? La reconnaissance de la *différence sexuelle*, l'institution du mariage sous diverses formes, avec, toujours, un contrat entre les deux sexes ; enfin, l'attribution de l'enfant à la mère et au père, c'est-à-dire en fait, aussi, la reconnaissance de la *diffé-*

rence de générations. De nombreux commentateurs se contentent d'insister sur le fait que l'Œdipe implique la différence des sexes, mais l'Œdipe pose aussi, il faut le rappeler, la *différence de générations,* marquée notamment par les rites d'initiation à la puberté. N'oubliez pas que l'interdit de l'inceste instaure non pas *une,* mais *deux* différences : celle des sexes *et* celle des générations. L'interdit structurant frappe *en même temps* l'objet maternel *et* la relation avec une autre classe d'âge. En conséquence, ses transgressions perverses se manifestent autant par le refus de l'autre sexe que par l'abolition de la différence générationnelle.

On demande souvent : l'inceste n'est-il pas plutôt la relation mère-fils pour l'homme, la relation père-fille pour la femme ? Voyons ce qu'il en est exactement.

Si l'Œdipe est une structure universelle, à l'intérieur de cet Œdipe définissant tout sujet (qu'il soit biologiquement homme ou femme importe peu, dès lors qu'il/elle devient *sujet*), l'inceste caractérise la relation avec la mère. Pour tous les individus, hommes ou femmes, l'« inceste » implique le retour à la génitrice, la mère, et ce – j'y insiste – pour le garçon comme pour la fille. Les obscurités ne manquent pas chez Freud sur ce point, mais retenez que l'inceste primaire, qu'il faut bien dire radical ou structural, en corollaire du désir phallique et du meurtre du père, c'est le désir sexuel pour la mère, *que ce désir émane de la fille ou du garçon.* Cela ne découle pas seulement du fait que le protype du sujet chez Freud est le garçon. Cela découle d'un fait capital que j'essaie de souligner aujourd'hui en insistant sur le « monisme phallique », à savoir que la référence phallique est indispensable pour *les deux sexes* dès qu'il/elle se constituent comme *sujets* du manque et/ou de la représentation qui culmine dans la capacité de *penser*. À partir de là, le sujet (homme et femme), s'il désire sa mère, accomplit un acte transgressif : tragique.

Il n'en reste pas moins que les configurations de cette transgression incestueuse ne sont pas les mêmes selon qu'on est biologiquement homme ou femme : je reviendrai sur les différences ; retenons pour le moment l'universalité. Une dernière particularité de cet Œdipe universel : il décline, nous dit Freud, il est voué à l'échec. Avons-nous médité vraiment les conséquences de ce déclin pour la vie psychique ?

L'Œdipe et l'échec

Figure de la révolte, certes, l'Œdipe freudien n'en est pas moins celle d'un *échec*. Un échec que la plupart des commentateurs de Freud passent sous silence, tant est puissant notre désir inconscient d'une figure transgressive qui défie la loi et franchit les interdits. Nous avons beau savoir qu'*Œdipe* de Sophocle est une *tragédie*, car sa révolte se paie d'une condamnation et d'une punition sévère, nous avons beau lire chez Freud et constater chez quiconque que la poussée œdipienne génitale à cinq ans se solde par un renoncement et que celle de l'adolescence s'élabore en changement d'objet : rien n'y fait. Œdipe demeure pour l'inconscient un héros ; nous refoulons l'universalité et l'inéluctabilité de l'échec œdipien. Que l'objet œdipien est un objet à jamais perdu et cherché, il importe de le répéter avec force, en relisant la formulation freudienne : « *L'épanouissement précoce de la vie sexuelle infantile devait avoir une très courte durée en raison de l'incompatibilité des désirs qu'il comportait avec la réalité et avec le degré de développement insuffisant que présente la vie infantile. Cette crise s'est accomplie dans les circonstances les plus pénibles et était accompagnée de sensations des plus douloureuses. L'amour manqué, les échecs amoureux ont infligé une mortification profonde, ont laissé au sujet une sorte de cicatrice narcissique et constituent une des causes les plus puissantes du sentiment d'infériorité*[1]. »

« *Ainsi le complexe d'Œdipe sombrerait du fait de son échec, résultat de son impossibilité interne*[2]. »

Pourquoi cet échec ? Multiples en sont les causes que nous ne voulons justement pas connaître : d'abord, le Surmoi a peur de la castration chez le garçon, peur de perdre l'amour de la mère chez la fille ; ensuite, les êtres prématurés que nous sommes ont un besoin régressif de conserver l'identification au même sexe qui précède l'Œdipe, nous rassure et nous protège ; enfin et surtout, l'enfant, de quelque sexe qu'il soit, ressent l'inadéquation intergénérationnelle entre lui-même et l'adulte désiré ou haï : une inadéquation qui magnifie son parent en même temps qu'elle renvoie une image et une perception dévalorisantes de sa propre faiblesse, de son impuissance infantile (physique, génitale, mentale).

---

1. Sigmund Freud, « Au-delà du principe de plaisir », 1920, in *Essais de psychanalyse*, trad. fr. S. Jankélévitch, Payot, Paris, 1927 ; rééd., 1951 ; rééd. et revu par A. Hesnard, Payot, Paris, 1970, p. 24.
2. Sigmund Freud, « Le Déclin du complexe d'Œdipe », in *La Vie sexuelle, op. cit.* p. 117.

L'échec de l'Œdipe est probablement cette condition intrapsychique qui accompagne et consolide l'accès à la fonction symbolique : le renoncement à la génitalité infantile inscrit l'*impossible* au cœur de l'appareil psychique, et c'est sur cet impossible-là que se déploie un autre, intrinsèque à la matrice du sens, qui est très précisément l'inadéquation du signifié au signifiant et au référent – ce que Saussure appelle l'« arbitraire du signe ». En s'appuyant sur l'impossible de l'Œdipe, l'arbitraire du signe, déjà acquis lors de la « position dépressive[1] », se développe en pensée, et l'*être parlant investit la pensée comme son objet privilégié*. Avec plus ou moins d'inhibition ou de génie, comme en témoignent l'histoire de la culture et, plus modestement, celle de l'École et de l'Université. D'ailleurs, l'homme grec nommé Œdipe est lui-même soumis à l'échec de « l'Œdipe » – ce qui explique qu'il a appris à parler et à penser pour enfin devenir roi : il lui a bien fallu renoncer à son « complexe d'Œdipe » avec les parents substitutifs qui l'ont élevé et auxquels il doit tout ou, du moins, son être conscient – à savoir avec Polybe et Mérope qui l'ont recueilli enfant et avec lesquels il s'est apparemment comporté normalement, je veux dire comme vous et moi, en renonçant à sa « poussée génitale » de la cinquième année, au risque de déclencher une « crise » des « plus pénibles » et « douloureuses », comme dit Freud.

Nous voilà à un carrefour non moins problématique que celui où se tient Œdipe au début du texte de Sophocle. La *révolte* œdipienne serait-elle absolument

---

1. *Cf.* Hanna Segal, *op. cit.*

nécessaire en même temps que serait nécessaire son *échec* ? Comment entendre le sens de cette impasse ? Un destin particulier de l'être humain est ici en cause, dont la tragédie grecque exhibe déjà avec force la logique. En abritant le désir d'inceste et de meurtre, ainsi que le renoncement, sommes-nous fatalement sur une pente qui conduit à renoncer à la révolte ou bien à la déplacer indéfiniment, à la reconduire, à la raffiner ?

On peut penser que le lien amoureux – et, avec un peu de chance, celui du couple, et pourquoi pas celui du mariage – consacre à la fois l'échec de l'Œdipe (« j'» 'abandonne la pulsion de désir et de mort pour maman-papa au profit d'un *nouvel* objet d'amour) et sa *reconduction* (ce nouvel objet non seulement traduit souvent les traits de mes parents sans en être le substitut, mais il/elle me procure des satisfactions génitales, pré-génitales et narcissiques que les désirs œdipiens d'antan auraient dû ou ont pu me procurer). Le couple amoureux réussit ainsi ce qu'on a pu appeler une « organisation œdipienne » – réussite fragile et irrémédiablement remise en cause par le « conflit œdipien » qui se déclenche à chaque fois qu'une déception ou un nouvel objet en interroge l'équilibre.

On ne voit que trop bien le double danger qui menace cette révolte œdipienne, à la fois indispensable et vouée à l'échec.

D'une part, le renoncement définitif. De l'ennui monogamique qui normalise et finit par éteindre le désir au groupe social qui imprime ses contraintes et ne veut voir qu'une tête, nombreuses sont les figures de notre socialisation qui misent sur le versant « impossible » de notre structuration œdipienne et qui vouent à l'échec le versant « révolte ».

D'autre part, le défi de celui (plus rarement de celle) qui n'a « jamais renoncé », du moins dans son fantasme. Bien qu'accédant à la langue et à la pensée et, de ce fait, constitué comme sujet, la personnalité excentrique dénie le renoncement et la castration qu'il implique, à partir desquels elle s'est pourtant organisée comme sujet d'un pacte symbolique. Favorisé par une mère complaisante qui, ô combien fréquemment, a des raisons de préférer son fils à son mari, par exemple ; flatté dans son narcissisme par un groupe familial ou social permissif ou pervers, pourquoi pas ? – le sujet excentrique ne veut rien savoir de l'échec, et de « l'échec de l'Œdipe » pour commencer. Tout-puissant, mégalomaniaque, persécuté au moindre signe de contrainte émanant de certains « autres » qui ne se laissent pas manipuler comme le font les fidèles intimes, notre « héros » est fixé à l'Œdipe et s'en sert. Il *apparaît* comme un révolté, car il rejette violemment le pacte symbolique dont la norme blesse son narcissisme ainsi que sa poussée d'emprise génitale ou plutôt anale sur la mère incestueuse. Mais son défi le maintient plutôt hors cadre et, à partir de cette excentricité – qui ne veut pas savoir que l'impossible existe, tout en s'en servant –, il ne peut construire une véritable révolte, mais seulement les signes d'une marginalité douloureuse ou amusée, définitivement perverse.

Entre ces deux impasses, la voie est étroite, vous le sentez, pour la révolte. Assumer l'échec, relever la tête, ouvrir de nouvelles voies – éternel déplacement, salubre métonymie : et toujours en s'écartant du foyer natal, indéfiniment refaire avec de nouveaux objets et des

signes insolites ce pari d'aimer-tuer qui nous rend autonomes, coupables et pensants. Heureux ? En tout cas
amoureux, car le couple amoureux réalise la précarité
aussi oblative que fatale de l'« organisation œdipienne »
(comprise à la fois comme « conflit » œdipien *et*
« échec » de l'Œdipe).

J'essaierai de vous montrer que l'expérience de
l'écriture non seulement transpose ou transcrit l'événement amoureux dans le corps de la langue, mais, bien
souvent, s'y substitue quand elle ne le surpasse pas.
L'écriture comme réalisation de l'organisation œdipienne, reconnaissance de l'échec et reconduction de la
révolte : tel est peut-être le secret de ce qu'on appelle
une « sublimation ».

Œdipe structural pour les deux sexes

Mardi 10 janvier 1995

Dans l'évolution courante, le garçon éprouve un désir
sexuel pour la mère et un désir de mort pour le rival
qu'est le père ; à l'inverse, la fille désire sexuellement le
père et éprouve une haine jalouse à l'encontre de la mère.
Compte tenu de ce retournement, ne devrait-on pas garder le terme de « complexe d'Œdipe » uniquement pour
le garçon et employer un autre terme pour le cas de la
fille : « complexe d'Électre », par exemple, comme le
propose Jung ?

Freud s'est farouchement opposé à cette proposition. Quant à Lacan, génial comme vous savez, si vous le lisez sur ce point, vous verrez qu'il ne s'embarrasse pas de détails. Dans une perspective structurale, il préserve l'universalité de l'Œdipe et de l'interdit de l'inceste *pour les deux sexes.* Cependant, la rigueur de ce structuralisme ne manque pas d'être schématique : lorsque Lacan parle d'inceste, il ne précise pas de quel sexe est le sujet dont il s'agit. J'ajouterai que les subtiles différenciations de « même », « autre » et « Autre » permettent d'évacuer la question du maternel. C'est pourquoi je préfère vous présenter les thèses de Freud qui, bien qu'imprécises à cet égard et évoluant au cours de l'œuvre, me semblent mieux à même de nous aider à comprendre comment la différence biologique et le pacte symbolique sont tous deux fondateurs de l'Œdipe comme structure universelle.

Sachez que c'est en grande partie sur la question de l'Œdipe féminin dans ses différences avec l'Œdipe masculin que portent aussi bien les controverses relatives à la théorie freudienne que différents courants de recherches internes à la psychanalyse. Pour sa part, Freud maintient que c'est le père qui, pour les deux sexes, représente la référence fondamentale ; c'est le père que l'enfant désire éliminer pour s'inscrire dans la loi et c'est l'attachement à la mère que les deux sexes ont à transgresser.

Deux versants

Cependant – j'insiste sur ce point –, quoique structural, l'Œdipe connaît deux versants décrits dès le début de la théorie freudienne. Freud les appelle respectivement l'Œdipe « direct » ou « positif » et l'Œdipe « inversé » ou « négatif ».

L'Œdipe direct ou positif est le désir incestueux pour le parent de l'autre sexe : désir du garçon pour la mère, désir de la fille pour le père. Je souligne une fois encore la position de la fille qui doit se séparer de sa mère pour désirer l'autre sexe, alors que le désir du garçon est dans la continuité de son désir primaire. Mais Freud reconnaît les implications structurales qui sont ici en jeu. Pour lui, le complexe d'Œdipe concerne de la même manière les filles et les garçons, mais avec des spécificités pour chaque sexe. Spécificités dues à ceci : le désir incestueux du garçon pour sa mère, auquel il est initialement lié par une dépendance, une demande, un besoin de support, se modulera ultérieurement comme désir pour la femme. La fille, de son côté, doit se défaire au contraire de cet attachement initial et exclusif à la mère qui vaut pour les deux sexes : elle doit se défaire d'un désir dit « inverse » pour la mère avant de pouvoir porter sur le père (et l'homme) ses désirs incestueux « directs ». C'est là une différence notable ; j'y reviendrai longuement.

Disons, pour résumer, qu'est structurante l'inscription dans la loi symbolique/phallique par assimilation de la place paternelle. Le garçon, pour ce faire, tue le père et désire la mère ; pour lui, le devenir *sujet symbolique* et le devenir *sujet désirant* ne font qu'un. Tout autre est le destin de la fille ; elle accomplit le même trajet que le garçon pour devenir sujet : elle prend la place phallique paternelle, tue Laïos et s'assimile ses attributs ; mais le choix amoureux hétérosexuel exige qu'elle accomplisse un parcours supplémentaire : il lui faut désirer le père et se détacher de la mère à laquelle elle fut initialement liée par le besoin et le désir, tendrement et sexuellement. Ce deuxième parcours, qu'on appelle un Œdipe « direct », lui garantit son individuation érotique en tant que femme amante de l'homme. Le premier mouvement, dit Œdipe « inversé » (absorber/tuer le père, désirer la mère), lui garantit sa place structurale de sujet. Vous constatez cependant que sans le doublet « direct » / « inversé », l'Œdipe inversé seul détermine ce qu'on nomme un choix amoureux homosexuel, bien qu'en soi la *structure* même de cet Œdipe inversé (et non pas sa réalisation physique) conditionne l'accès de la fille à la pensée et au symbolique. De quoi s'interroger sur certains aspects de l'homosexualité féminine dans ce qu'ils ont précisément de structural. Ajoutons à cette homosexualité structurale le lien archaïque fille/mère que l'évolution normale abandonne au profit du choix érotique fille/père : un lien qu'on appellera lien d'homosexualité primaire. Nous avons ainsi une sorte d'homosexualité féminine endémique et inéluctable, sous-jacente à l'hétérosexualité féminine, qui ne cesse pas de mobiliser les féministes de façon plus ou moins dramatique. Et, de façon beaucoup plus lucide, la grande littérature de recherche/révolte comme celle de Proust avec Albertine, par exemple.

Précoce et biphasique

Une dernière remarque nous permettra de mieux cerner la complexité de l'organisation œdipienne. L'Œdipe est-il ontogénétique ou phylogénétique ? Autrement dit, est-il hérité de l'histoire des espèces ou se constitue-t-il chez l'être humain uniquement ? Le complexe d'Œdipe apparaît tardivement dans le développement de l'enfant, puisqu'il se réfère à la phase génitale entre trois et six ans. Freud pense néanmoins que ce stade et par conséquent ce complexe s'installent progressivement depuis le début de la vie. Par ailleurs, dans ses textes sur l'ontogenèse et la phylogenèse, notamment dans *Totem et Tabou* (1912-1913), il situe le meurtre du père dans une histoire archaïque de l'humanité, et même en deçà, à l'aube de l'hominisation. Le croisement d'une causalité ontogénétique avec une causalité phylogénétique conduit de nombreux courants analytiques, de Melanie Klein à Lacan, à penser un *Œdipe précoce*, voire ce que les lacaniens appellent le « toujours-déjà-là » de l'Œdipe, bien avant l'âge de trois à six ans. Ce « toujours-déjà-là » s'explique notamment par le préalable de la fonction paternelle et du langage. J'aurai l'occasion de vous en reparler, mais, pour l'instant, je m'en tiens à vous exposer les postulats classiques et la théorie freudienne.

L'Œdipe intervient donc entre trois et six ans, après quoi s'installe la période de latence. Ensuite, à la puberté, l'Œdipe est réactivé par le développement de la sexualité génitale du sujet, c'est-à-dire qu'il culmine lorsque la maturation biophysiologique rend le sujet capable de sexualité génitale. Ces deux occurrences de l'Œdipe[1] – l'une entre trois et six ans, l'autre à la puberté – représentent ce qu'on appelle le *biphasisme* de la

1. Ceux qui s'intéressent aux détails de la pensée freudienne sur l'Œdipe se reporteront avec profit au livre de Roger Perron et Michèle Perron-Borelli intitulé *Le Complexe d'Œdipe*, Presses universitaires de France, coll. « Que sais-je ? », 1994.

sexualité humaine, lequel constitue l'organisation définitive de l'Œdipe qui, en fait, ne cesse d'accompagner la
psychosexualité humaine. J'ajouterai un dernier mot sur l'Œdipe précoce. Melanie Klein[1], par exemple, situe l'Œdipe à une phase net-
tement antérieure à celle décrite par Freud. Elle considère que l'on observe les désirs incestueux pour la mère
et les désirs de meurtre pour le père dès le second
semestre de la vie, soit à partir de six mois. Il existe,
selon elle, avant l'âge de six mois, une phase schizopa-
ranoïde d'amour-haine au cours de laquelle l'enfant aime
et rejette sa mère tout à la fois. Succède à cette phase un
moment que j'ai souvent commenté et qui est la « position dépressive ». Le sein, perçu par l'enfant comme s'il
était la personne humaine tout entière, se retire. L'enfant
perd la mère ; une période dépressive s'installe. L'amour
et l'attachement d'une part, une pulsion agressive d'autre
part, qui, auparavant, convergeaient sur le sein de la
mère, vont dès lors se porter sur les deux protagonistes
de la scène, le père et la mère. S'opère alors la reconnaissance de la différence sexuelle ; l'amour se destine à la
mère tandis que l'agressivité s'exerce à l'encontre du
père. Melanie Klein va encore plus loin, vous allez le
voir, et sa pensée paraît insoutenable à beaucoup : elle
considère que l'agressivité de l'enfant en direction du
père s'exerce tout particulièrement sur l'organe sexuel
de celui-ci, en même temps que l'enfant fantasme la pré-

---

1. Melanie Klein, *Essais de psychanalyse*, Payot, Paris, 1967 ;
M. Klein, P. Heimann, S. Isaacs, J. Pivière, *Développements de la
psychanalyse*, Presses universitaires de France, Paris, 1966.

sence de cet organe dans le corps de la mère. Il s'agirait
là d'un fantasme de coït ininterrompu qui rendrait l'enfant agressif à l'endroit de ses deux parents, et tout particulièrement à l'égard du corps maternel fantasmé
comme contenant le pénis. Cette fantasmatique kleinienne, qui suppose distincts depuis toujours les trois
protagonistes familiaux, a cependant ceci de particulier
qu'elle se réfère à un univers d'organes et de pulsions,
lequel reste néanmoins duel. D'où vient cette impression
qu'il n'y a pas de tiers ? Elle est due, à mon sens, à l'absence de langage dans le modèle kleinien de la psychogenèse. L'être humain, l'enfant dont parle Melanie Klein
est un *infans* au sens étymologique du terme : il opère
avec des *imagos* et ne semble pas sollicité par un tiers
symbolique qui, depuis toujours, et sans doute bien avant
sa naissance, inscrit sa « tiercité » dans le couple mère-
bébé et favorise le développement de la pensée. Le pénis
paternel, si présent et qui suscite à ce point l'agressivité
de l'enfant, demeure chez Melanie Klein une *imago*
maternelle, une sorte d'autre sein maternel, maléfique et
concurrentiel, mais pas un tiers. C'est en ce point, je
crois, que se situe l'apport décisif de Lacan, qu'il faudrait expliciter, car il montre comment la place du tiers –
c'est-à-dire le père qui sera mis à mort par l'Œdipe – est
la place du symbolique (pas *seulement* du symbolique,
mais *aussi* du symbolique).

Coprésence sexualité-pensée

Je vous propose donc, en dernière partie de ce cours,
une réinterprétation de l'ensemble des théories que je
vous ai présentées, qui reste au plus près du texte freu-

dien et qui en découle. Il s'agit de rien de moins que de ma conception de la psychanalyse et je vais tenter de la préciser devant vous, comme *théorie*, non pas de la sexualité exclusivement, mais *du développement de la pensée coprésente à la sexualité*. Sans doute est-ce ce qui caractérise la nouveauté de l'intervention psychanalytique dans ce qu'elle a de dérangeant depuis sa fondation. La psychanalyse ne biologise ni ne sexualise l'essence de l'homme, mais elle insiste sur *la coprésence de la sexualité et de la pensée*. C'est sur ce point que les théories cognitivistes devraient être d'un apport intéressant, car elles constituent une tentative pour construire une théorie de la pensée en rapport avec le développement biologique et sensoriel. Mais c'est là aussi leur limite, car elles prétendent faire l'économie du développement sexuel.

Je vous ai déjà indiqué que la psychanalyse freudienne était fondée sur *l'asymptote entre sexualité et langage* et que ce décalage entre les deux était lisible dans les premières observations que Freud avait faites concernant les hystériques : à savoir l'excitabilité de l'hystérique d'un côté et la non-congruence, la non-adéquation de cette excitabilité avec la pensée de l'autre, ainsi que l'absence de jonction entre les deux plans. Ayant fait ce constat, Freud paraît considérer que le langage à la fois atteste l'*abîme* entre les deux bords – excitabilité/pensée – et les *passages* possibles. Votre excitation ne correspond pas à votre pensée ; la preuve ? vous ne pouvez pas la dire. Pourtant, jeté au-dessus de cet abîme, existe le pont du langage, car par le langage les deux bords de l'excitabilité et de la pensée essaieront de se rejoindre. Vous ne pouvez pas la dire... mais, plus exactement, vous la dites, cette excitabilité traumatique, sans le savoir, vous la dites inconsciemment. C'est dans le langage que va se creuser justement cette *autre scène de l'inconscient* qui deviendra l'espace d'une *autre représentation*, translinguistique. Elle permet le transit – Freud parle de « transfert », terme qu'il emploie d'abord pour caractériser le fonctionnement de l'inconscient, puis le lien à l'analyste –, le transit, dis-je, depuis les conflits pulsionnels jusqu'aux comportements sensés ou raisonnables. Dès lors, l'inconscient offrira le modèle d'une sorte de transition entre l'excitation due au physiologique, d'une part, et la pensée consciente, de l'autre.

Je vous rappelle cela pour vous signaler que, d'emblée, dès le début de l'interrogation freudienne sur l'hystérie, la psychanalyse se donne comme une théorie de ce que j'ai appelé la *coprésence entre sexualité et pensée au sein du langage* et qu'elle n'est pas une théorie de la sexualité en soi, ni une biologisation de l'essence de l'homme, comme on le lui a souvent reproché. Si Lacan a mis en évidence cette caractéristique essentielle, souvenons-nous qu'elle est déjà inscrite dans la démarche freudienne elle-même. Quant à la théorie kleinienne, même affinée, raffinée, elle met en scène un univers muet, une dramaturgie sans mots d'énergies et d'organes. Certains avatars modernes du prélacanisme sont susceptibles des mêmes critiques. On oublie que la psychogenèse de l'enfant établie par Freud est une psychogenèse des capacités de représentation ou de pensée, pour autant que ces capacités sont liées aux conflits sexuels.

Freud nous parle en somme de la manière dont se constitue la pensée de l'enfant en relation avec ses conflits sexuels. Que se passe-t-il ? Une gamme d'éléments hétérogènes s'offre à l'*infans*, une diversité de représentations se mettent en place, notamment à travers l'Œdipe ; l'ensemble aboutit à la génitalité en même temps qu'à l'exercice actif de la fonction symbolique, c'est-à-dire à la capacité mentale de parler, de raisonner, d'être créatif dans le langage.

Je voudrais vous rappeler quelques-unes des étapes de *la genèse de la fonction symbolique*, étapes dans lesquelles l'Œdipe occupe une place charnière en même temps qu'il exerce une influence dès le début de la vie humaine avec la coprésence, encore une fois, de l'excitation et de la représentation mentale qui va cheminer jusqu'à la pensée. Quelles sont ces étapes ?

D'abord, séparation d'avec l'objet maternel. Dès cette séparation, Freud nous parle d'une identification primaire avec le « père de la préhistoire individuelle ». Pour que l'enfant se sépare de la mère, je le répète, il se produit une première identification avec ce père qui est déjà l'inscription du tiers et avec lequel l'enfant n'est pas encore dans une lutte à mort. N'est-on pas en droit de se demander ici dans quelle mesure bien des religions, justement, ne célèbrent pas ce père-là avec le miracle du Dieu Amour ? Deuxième étape : le stade du miroir, c'est-à-dire l'identification du soi visible à travers la béance qui nous sépare de notre corps et du corps maternel. Troisièmement : le narcissisme, l'investissement du moi – « je » m'aime, moi, « j »'aime mon image, mon corps. Quatrièmement : la position dépressive, à savoir la séparation d'avec l'autre et l'investissement des capacités hallucinatoires – « j »'hallucine maman et « j »'investis ces représentations ; « je » n'investis plus le sein ou le biberon ; « j »'investis ce que « je » me représente. Cette représentation hallucinatoire est une sorte de passerelle qui favorise l'accès aux « signes » et à la capacité linguistique remplaçant les « équivalents symboliques » antérieurs. Nous sommes en présence de la première *sublimation* qui devient intrinsèque à la condition humaine ; l'investissement des signes se traduit par un dépassement de la dépression, par une jubilation : « j »'investis les signes, je suis content du plaisir que me procurent les signes. L'investissement du langage nécessite donc un certain retrait de la libido par rapport à l'objet : « je » n'investis pas le sein, « je » n'investis pas maman, « j »'investis *ma* capacité de produire des signes. Nous assistons ici à l'amorce du plaisir intellectuel, moment d'une extrême importance, qui se prolonge dans la sublimation sous-jacente à toute activité créatrice – artistique, par exemple.

C'est après ces étapes que prend place le conflit œdipien. Mais vous avez noté, je pense, comment la triangulation et l'apparition de l'instance œdipienne – avec ce cortège qui les précède : les hallucinations, les représentations, la sublimation, l'investissement du signe – *s'élaborent progressivement.* Le conflit œdipien, avec l'inceste, le meurtre du père et l'épreuve de la castration, consiste à inclure le sujet – qui a déjà pu esquisser son autonomie, se percevoir comme abandonné ou séparé, s'identifier dans le miroir, se détacher de sa mère – dans la chaîne signifiante. Chaîne signifiante constituée par les trois protagonistes, le sujet se situe par rapport aux trois : « et moi, et moi, et moi ». Il signifie en tant que « tiers exclu » qui réclame ses droits en même temps qu'il s'insère dans le langage, dans la loi, dans la socialisation, et accède ainsi à la pensée – pensée au sens de capacité de formuler sa place non seulement dans la société, mais aussi et conséquemment dans le monde transsocial. C'est dans le conflit œdipien que va en somme se mesurer la capacité symbolique, et c'est là que resurgit la question du père, puisque cette capacité symbolique va précisément lui être référée. Jusqu'à l'Œdipe, la pensée n'était pas référée au père en tant que faisant obstacle, mais en tant que pôle d'identification : il « m »'aime et « me » protège pour « me » séparer du contenant maternel. À partir de l'Œdipe, la pensée lui sera référée en tant que ce père, ce tiers est instance de la loi. Loi par rapport à laquelle « je » dois *m'identifier* en même temps que « je » dois m'en *séparer* pour y creuser ma place à *moi*, le site de *mon* dire : « j »'en suis et « j »'ai une place à moi.

Vous voyez comment ce processus d'intégration de la coprésence sexualité/pensée/langage conduit l'enfant dans la triangulation œdipienne à repérer, si j'ose dire, la « séparabilité » du père, « séparabilité » au sens où le père est différent, au sens où il se sépare de la mère et de l'enfant. C'est un tiers, il est séparé, et en même temps il est séparable ; il n'est pas seulement un appui, un support, comme l'était le père de la préhistoire individuelle, celui de l'identification primaire, le père-amour ; il est aussi susceptible d'être menacé, « je » peux lui prendre sa place, « je » peux le déloger de là, « je » peux le déplacer pour lui prendre sa place, « je » peux le « différer », comme dit Derrida – je pointe sous ce terme une implication psychanalytique inconsciente, la violence du rejet sous-jacente à la « différance ». En raison de l'investissement phallique, cette « séparabilité » de la loi est référée au père, lequel est non seulement le tiers, mais aussi le porteur du pénis doté de toutes les implications imaginaires que je vous ai rappelées concernant cet organe. En même temps que le langage est fortement impliqué dans le conflit œdipien, une identification se produit imaginairement, pour le petit garçon, entre, d'une part, l'étrange fonction qu'il acquiert progressivement et qui est la *parole* et, d'autre part, l'expérience œdipienne *gratifiante et cependant menacée* qu'est le plaisir pénien ou phallique. Ce plaisir est référé à la fois à son corps propre (la dimension réelle), au corps du père pour autant que c'est lui le porteur du pénis (dimension imaginaire) et à la fonction sociale que représente ce père (dimension symbolique). Autrement dit, une *équivalence* se produit au moment de cette expérience œdipienne qui nous caractérise comme êtres humains entre, d'une part, le *plaisir phallique* et, d'autre part, l'*accès au langage*, la fonction de parole qu'acquiert l'enfant. Cette parole est une abstraction froide, étrangère au corps à corps avec la mère, à la dimension chaude des écholalies, des rythmes, des perceptions, des sensations, étrangère au sensible ; elle situe le sujet dans la frustration de l'absence d'objets, ces objets qui étaient auparavant immédiatement satisfaisants. Parole-frustration, mais compensatrice, car elle est source de nouveaux plaisirs et de nouveaux pouvoirs, lesquels sont les bénéfices apportés par l'« abstrait » – les hallucinations, les représentations, la pensée récupèrent et re-donnent autrement ce qui a été perdu. L'expérience complexe d'accès au langage que je vous décris ici, et qui se consolide à la faveur de l'Œdipe en raison de l'évolution neurophysiologique de l'enfant, met en évidence une coprésence de la pensée et du plaisir – d'autant plus gratifiant qu'il est menacé, présence et manque – que le petit garçon éprouve avec son organe génital, lequel est aussi celui du père. Vous observez, dans ce parallélisme entre l'expérience sexuelle et l'expérience de la pensée, comment s'effectue ce transit, ce transfert qui articule l'espace mental, notre « for intérieur », et cela à un moment précis de l'évolution qui sera réactivé à la puberté. Vous observez comment s'élabore cette construction refoulée, qui demeure dans notre inconscient, qu'est *le phallus symbolique* en tant que fonction du père et du langage. S'y ajoute *le phallus imaginaire* qu'est la puissance phallique assortie de la menace de castration. On connaît enfin *la puissance réelle*, c'est-à-dire l'érection, ou l'impuissance, l'impotence au niveau physiologique. À ces trois niveaux correspondent des élans aussi bien que des troubles de la pensée et du langage.

Présence-et-mort du père

Cette dynamique de simultanéité entre l'érotisme et le symbolisme est présente dès le tout début de la vie de l'être parlant. Les différentes étapes de la double maturation neuronale et psychique l'imposent tout au long de l'existence du sujet. Mais c'est au moment de l'épreuve œdipienne qu'une première *coïncidence* se produit entre, d'une part, *l'investissement du phallus* et de son manque, au niveau réel et imaginaire chez le petit garçon, et, d'autre part, *l'ordre du langage*. L'épreuve du tiers (« l'Œdipe ») accueille non seulement la coïncidence entre le phallus, son manque et le langage, mais encore, et conséquemment, une coïncidence qui se produit entre le sujet parlant-désirant et la place du père en tant qu'il est père de la loi. Que signifie, dans cette problématique complexe, le terme de manque ? Qu'est-ce qui est manquant ? Et comment est-ce manquant ? Le pénis manquant, c'est la castration. Le père manquant, c'est son absence ou sa mort. Le paradigme que nous venons d'élaborer comprend donc l'organe pénien (présent-absent, puissant-impuissant/impotent), l'ordre du langage (l'objet réel – le signifié à travers l'absence – le signifiant de ce signifié), et la place du père en tant qu'il est à la fois *présence et mort*. « Le père est le père mort et pas autre chose », lit-on dans la théorie lacanienne. Ce qui veut dire qu'il n'exerce son rôle signifiant de garant de l'autorité que dans la mesure où il est susceptible de manquer à cette autorité. Comment ? En étant mis à mort, ce qui est une autre forme, plus dramatique, je vous l'accorde, de son absence. Mais le père n'est pas « toujours déjà » mort « en soi ». Il est mort par et pour le sujet, précisément, qui doit le *mettre à mort* pour devenir sujet. Nous retrouvons ici la nécessité logique de la tragédie œdipienne que nous avons évoquée au début. En effet, si le père est toujours là pour boucher l'horizon, disons que s'il ne *devient* pas « mort », « je » n'ai aucune chance de m'inscrire dans la puissance qui est celle, corporelle, pénienne, mais aussi celle, symbolique, du langage. Homme ou femme, pour trouver ma place au soleil de l'Intelligible et de l'Autre, « je » suis obligé(e) de passer par la mise à mort du père détenteur du pouvoir phallique ou symbolique, en même temps que « je » livre une guerre contre mes pulsions pour les traduire en représentations et être ainsi non seulement un être pulsionnel, mais aussi un être qui d'abord hallucine et se représente, et enfin pense – avec un peu de chance (ce qui, après tout, peut arriver).

Ce dédoublement auquel « je » m'astreins pour devenir un être de pensée – bien que « ça » soit « toujours déjà là », il est néanmoins nécessaire que « je » devienne, que « j »'acquière la capacité symbolique, que « je » la manifeste, que « je » représente de plus en plus et de mieux en mieux au fur et à mesure de mon évolution –, ce dédoublement ou ce dépliement interne trouve son corrélat extérieur dans *la lutte – la révolte – contre l'instance paternelle* : dans sa mise à mort qui est, une fois encore, manifestée dans la tragédie. Pour advenir comme « moi-même », pour que le sujet puisse advenir comme lui-même, il faut qu'il passe par *la mort du père* et/ou par *le signifiant manquant*. Le désir pour la mère, désir incestueux, inconscient, étaie et propulse cette lutte à mort qui consolide l'accès à la pensée.

Il n'y a pas de signifiant qui ne soit manquant, de père qui ne devienne mort : tels sont les deux versants du *fantasme* de castration. Fantasme, car, bien sûr, il s'agit d'une construction imaginaire ; ce qui ne veut pas dire, loin de là, que ce soit une construction inessentielle, puisque c'est à partir de ce fantasme que tout sujet se construit comme tel, c'est-à-dire comme désirant et pensant. Peut-être êtes-vous de ceux qui pensent que nul n'est obligé d'être sujet, que nul n'est obligé de se poser comme envieux de la place de père, désireux d'occuper la place du père, en assumant une loi et en étant soi-même susceptible d'être mis à mort ; car, bien sûr, si « je » me mets à la place du père, « je » risque de subir

les mêmes aléas que ceux que « je » lui inflige. La tragédie nous appelle à occuper cette place de mort et de
désir ; elle en fait même la condition pour devenir un
sujet savant, philosophant, pensant.
Mais sommes-nous nécessairement contraints de nous
plier à cette inconfortable logique ? Sommes-nous
nécessairement soumis à ce carrefour, à cette bifurcation
en γ où s'est tenu Œdipe ? Ne pouvons-nous nous esquiver et occuper, dans l'histoire de l'humanité, d'autres
places : celle de l'anti-Œdipe ? ou bien celle à laquelle
nous invite le nouvel ordre mondial que je vous ai décrit,
normalisateur et corruptible, où nous ne serions ni coupables ni responsables ? Celui-ci ne nous incite-t-il pas à
nous abstenir de nous mesurer à la fonction paternelle, à
nous abstenir d'être des sujets au sens où je viens de vous
le décrire, c'est-à-dire au sens classique, entendez au
sens grec, tragique, savant et pensant du terme ? Mais
alors, que serions-nous ? Ni coupables ni responsables :
est-ce à dire libres ? ou plutôt mécanisés, robotisés,
décervelés, piètre et embarrassante version de l'humain ?
Cela dit, l'issue phallique, telle que nous la présente
l'Œdipe, et qui, encore une fois, est liée au destin du sujet
dans notre civilisation, même si elle est menacée par les
formes bâtardes que j'ai évoquées, n'est peut-être pas la
seule issue. Après m'être intéressée, vous le savez, au
monde chinois, ainsi qu'au continent préœdipien – dont
je vous parlerai dans une séance ultérieure à partir du
féminin et de l'Œdipe de la fille –, je dirai qu'il existe des
civilisations dans lesquelles la place des êtres parlants,
tout en étant structurée par rapport au pouvoir et à la loi,
donc référée au père, n'est pas thématisée comme telle.
Ce sont des civilisations dans lesquelles le sujet ne se

mesure pas au « phallus » mais au « vide » – le taoïsme, par exemple – ou au « maternel ». Ce sont des « religions », des « philosophies » au sens non grec du terme, mettez donc des guillemets, des organisations humaines qui mettent l'accent non pas sur l'épreuve du pouvoir, mais sur d'autres modulations de la coprésence symbolico-sexuelle.

Dans cet ordre différent, préœdipien ou transœdipien, se produisent ces articulations de la représentation que je définis comme « sémiotiques[1] », que Piera Aulagnier désigne sous le terme de pictogrammes, et qui font retour par-delà et par-dessus la barrière œdipienne, laquelle constitue le signe, le signifiant, ainsi que toute l'organisation mentale visant la communication univoque. Ces éléments antérieurs reviennent dans l'organisation symbolique, la perturbent, la modifient et constituent des manifestations signifiantes fort curieuses. Ce sont, par exemple, les pratiques symboliques qu'on trouve dans *les sociétés à écriture*, non fondées sur le phonème et le signe au sens occidental du terme, mais qui privilégient le geste, la calligraphie, le rythme. Dans nos sociétés héritières de la Grèce, de la Bible et des Évangiles, je pense aux pratiques signifiantes qui constituent des révoltes par rapport à la loi et au signifiant univoque. Telles sont, par exemple, les pratiques esthétiques, les pratiques artistiques qui redistribuent l'ordre signifiant phallique en faisant intervenir le registre préœdipien avec son cortège de sensorialité, d'écholalies,

---

1. Julia Kristeva, *La Révolution du langage poétique, op. cit.*, pp. 17-100.

d'« ambiguïsation » du sens. Quelles que soient ces pratiques ou ces manifestations – c'est en elles que nous chercherons des expériences de la révolte –, je crois indispensable de marquer le rôle structurant et néanmoins « traversable », susceptible d'être mis en cause, de l'organisation phallique.

La tradition freudienne a l'avantage d'avoir mis en évidence le rôle structurant de l'Œdipe et du phallus. Mais elle a peut-être le désavantage de l'avoir fait sans pointer les formes de modification, de transgression, de révolte – pour employer le terme qui m'intéresse cette année – vis-à-vis de cet ordre. Quoi qu'il en soit, il est impensable de parler de révolte sans redéfinir l'axe contre lequel elle s'organise et s'élabore dans l'espace psychique du sujet parlant.

Les mystères phalliques

Avant de conclure aujourd'hui, je voudrais vous donner quelques références mythologiques appartenant à l'histoire des religions et concernant l'importance de l'organisation œdipienne, ainsi que, disons, sa manifestation phallique ; manifestation qui est en réalité son essence même, puisque l'attaque de la figure paternelle revient à une épreuve vis-à-vis du phallus en tant qu'il est le représentant et de l'organe et de la fonction symbolique.

Le constat en a été fait depuis longtemps : toute forme de sacré, toute célébration rituelle peut être référée à un culte phallique. C'est un constat controversé, bien qu'il ait été soutenu par de nombreux chercheurs qui évoquent à cet égard les mystères de notre monde gréco-romain et qui en trouvent des expressions équivalentes dans d'autres civilisations. Tels sont, par exemple, les mystères d'Éleusis, les mystères orphiques, les mystères dionysiaques à Rome. Certains consistent à célébrer une cohésion sociale par un rite qui est le dévoilement et le voilement du phallus. Freud possédait dans sa bibliothèque un ouvrage de l'anthropologue du XVIIIᵉ siècle Richard Knight, *Le Culte de Priape et ses rapports avec la théologie mystique des Anciens*. L'auteur y soutient qu'à l'origine de tout mythe, et donc au fondement de chaque théologie et jusqu'au cœur du christianisme, se trouve le culte primitif du phallus. Je vous ai moi-même raconté la version freudienne d'Œdipe-phallus pour essayer de fonder la logique inconsciente sous-jacente à cet imaginaire. Un autre auteur, Jacques-Antoine Dulaure, a publié en 1805 un ouvrage intitulé *Les Divinités génératrices ou Le Culte du phallus chez les Anciens et les Modernes*. « Il serait difficile, écrit-il à propos du culte phallique, d'imaginer un signe qui exprimât mieux la chose signifiée. » Phrase intéressante pour le linguiste, n'est-il pas vrai ? J'ignore si Lacan avait connaissance de l'ouvrage. Les deux mots de *signe* et de *signifié* n'ont, pour cet auteur de 1805, aucun rapport, il va sans dire, avec le signifiant et le signifié tels que nous l'entendons après Saussure ; mais ils mettent en évidence, dans les célébrations phalliques, le fait suivant : le phallus est un signifiant, un signe par rapport à un signifié, ce dernier n'étant autre que la possibilité génératrice, la capacité génitale, la puissance de procréer qui est celle des humains sur cette planète, l'aptitude à être sexuellement créateur. Il s'agit sans doute d'une créativité cosmique qui n'est pas forcément le désir sexuel intéressant les psychanalystes, mais qui paraît comme une expansion de celui-ci, et que Jacques-Antoine Dulaure explique comme étant la chose signifiée par un signifiant ou un signe qui serait le phallus.

Les logiques binaires que symbolise le phallus sont contenues dans la dichotomie « présence »-« absence » inhérente à la menace de castration, ou dans celle « référent »-« signe », ou encore dans celle de toute articulation signifiante « marqué »-« non marqué ». L'objet phallus vient, dans ces logiques, jouer un rôle de colmatage de la dichotomie signifiante : il organise un espace sacré où s'élabore un culte de ce qui est, finalement, notre capacité de signifier. À l'origine inconsciente du culte phallique se trouve la sacralisation de cette capacité, laquelle n'a peut-être de sacré que l'aptitude signifiante de l'être humain, sa différence par rapport aux autres espèces, consistant à faire du sens.

Néanmoins, il est intéressant de se demander, eu égard à la prévalence du phallus, quelles seraient les autres logiques, différentes de la logique binaire, qu'organise le phallus. Est-ce dans cet écart qu'il est possible de penser le sémiotique, le préverbal, ainsi que toutes formes d'organisations fluides, sensorielles : des pictogrammes aux autres représentations pré- ou translinguistiques. Les recherches de *types* de représentations ou d'actes psychiques qui ne seraient pas ceux du signifiant et du langage pourraient avoir des implications anthropologiques extrêmement importantes, puisqu'il s'agirait de penser non seulement le maternel et le préœdipien, mais aussi d'autres formes du sacré qui ne serait pas exclusivement le sacré phallique.

En guise de conclusion, je vous ai rapporté de Naples, où je me trouvais pour une conférence à l'Université la semaine dernière, quelques reproductions de sculptures baroques dont je voudrais vous montrer des photographies avant de les commenter. Vous savez que, non loin de Naples, à la *Villa des mystères*[1], au nord de Pompéi, se célébraient des rites d'initiation aux mystères dionysiaques et des cultes phalliques avec, précisément, voilement et dévoilement du phallus. Le mot même de *mystère* a pour racine grecque **muo*, caché, clos ; du sanskrit *mukham*, bouche, trou, fermeture ; ce qui a donné dans les langues slaves *muka*, douleur, mystère. Les mystères sont des processions, des rites qui consistent à montrer en même temps qu'à cacher ce que notre auteur anthropologue appelait le « signe suprême », le phallus. Cette pratique accompagne le champ sacré de l'humanité dans différentes configurations qui cachent et montrent non seulement le phallus, mais encore toutes sortes d'autres objets désirables, ou qui ne le deviennent qu'en étant voilés/dévoilés. Il n'est que de penser à l'importance du voile dans des temples qui ne sont pas exclusivement voués au phallus, mais qui abritent d'autres formes cachées, temples juifs et chrétiens, par exemple. Les deux sculptures dont je fais circuler les photographies :

1. Construite dans la première moitié du IIe siècle av. J.-C. Son pavement et ses parois sont décorés de paysages de la vallée du Nil, de miniatures de figurines égyptiennes, de personnages du cycle dionysiaque et de scènes montrant des rites d'initiation aux mystères dionysiaques ou orphiques sur le modèle hellénistique du IVe ou du IIIe siècle avant J.-C.

La Pudeur et *Le Christ voilé* se trouvent à la chapelle Sansevero à Naples. *La Pudeur* (1751) est d'Antonio Corradini (1668-1752), sculpteur actif à Venise, Este et Naples, auteur par ailleurs d'une magnifique *Pureté* dont je vous ai également apporté une reproduction. *Le Christ voilé* (1753) est de Guiseppe Sammartino (1720-1793).

Nous ne pouvons qu'être frappés par la profusion des voiles qui dissimulent, comme pour mieux les mettre en valeur, les figures sacrées, bien anthropomorphes et non plus phalliques, issues des Évangiles : Jésus et Marie, bien sûr, mais aussi les allégories telles que la Pudeur, la Pureté, la Prudence, etc. Vous voyez que le sculpteur baroque ne nous présente pas des phallus, comme son prédécesseur, le peintre de la *Villa des mystères*, mais des personnages, des formes incarnées, des corps. Cependant, il les voile comme on voilait à Pompéi... le phallus. Tout l'art, toute l'innovation – au passage, je souligne que l'innovation des formes est une révolte à la fois ultime et conviviale – se traduit par un travail sur le voilement et le dévoilement de la tradition (celle célébrant la figure humaine et, auparavant, celle des cultes phalliques). Les figures sont sculptées dans un marbre que recouvre un voile aussi marmoréen qu'arachnéen, mais au travers duquel on les devine peut-être mieux que si elles étaient dénudées. Le voile exprime la présence-non-présence divine, en même temps qu'une invitation à voir l'objet tel quel, alors qu'il est caché. Et c'est ainsi que se trouve reprise sous une forme nouvelle la question de la présence et de l'absence.

Il s'agit là non pas du thème de la castration ou de la mort, mais de leur *différance* dans une économie à proprement parler infinie, comme la multitude des plis,

Le Christ voilé de Giuseppe Sammartino,
chapelle Sansevero à Naples. © Scala.

La pudeur de Antonio Corradini,
chapelle Sansevero à Naples. © Scala.

La pureté de Antonio Corradini,
musée Correr à Venise. © Scala.

qui est celle du... voilement et du dévoilement. Cette référence secrète ou discrète aux mystères phalliques devient, dès le XVIIIe siècle, source d'innovation esthétique ; ce sera l'art baroque qui se constituera, au-delà du maniérisme, en conflit interne avec l'anthropomorphisme. En effet, ces vertus voilées, ce Christ mourant voilé que je vous rapporte de Naples, dans l'art baroque d'il y a deux siècles, ne nous présentent pas seulement des signifiés théologiques ; dans ce baroque voilant-dévoilant s'annonce ce qu'on va appeler beaucoup plus tard, au-delà de ces formes mêmes, un art abstrait. Car l'essentiel de la virtuosité se porte ici sur la possibilité de construire des *plis* qui ne représentent rien d'autre que *la représentation elle-même et ce qui pourrait être son échec*, à savoir le culte de l'irreprésentable, mais qui, ici, s'inverse en une apothéose de l'art de représenter en lui-même, aux limites de lui-même.

Lorsque le phallus devient l'équivalent de la représentation, et vice versa, le questionnement de l'un implique le questionnement de l'autre. Cacher-montrer, mettre en cause la « monstration », travailler le montrable, le voiler, faire apparaître le visible à travers ce qui l'occulte, centrer l'attention sur la possibilité même de la monstration : voilà ce qui interroge les racines du sens phallique et, simultanément, du pouvoir et du sacré qui en sont l'apothéose. Le sculpteur baroque qui parvient à donner au voile de marbre la fluidité aquatique d'une transparence se situe, en effet, au cœur du « mystère » – s'il est vrai que le mystère réside dans l'émergence et l'extinction de la représentation et/ou du phallus. Sans phallus, cette fois, mais tout près de lui, en le déplaçant dans le corps entier et absolu : ce sont le corps du Christ et ceux des « femmes » - allégories qui se dérobent en se donnant à voir dans ce déplacement subtil qui est une véritable ré-volution de la pensée. Antonio Corradini et Giuseppe Sammartino me paraissent illustrer parfaitement cette problématique de la présence et de l'absence qui annonce déjà une interrogation de la représentation en elle-même. Avec eux s'amorce la conviction moderne que la culture est une résorption et un déplacement du culte : la culture sera seulement le voilement ou dévoilement, par-delà le phallus, du corps entier de la représentation elle-même ; la culture est une représentation qui déplie la représentation. En tant que telle, la culture est un *mystère*. Je préfère dire qu'en tant que voilement et dévoilement elle est une *révolte* exquise. Peut-être mystère et révolte sont-ils la même chose, si vous admettez la place capitale de la présence réelle et de son absence, qui fonde et structure nos désirs ainsi que les thèmes majeurs de notre civilisation. D'autant que, si la révolte-transgression est impossible ou saturée, le geste exquis du sculpteur baroque nous invite à chercher comment voiler-dévoiler les valeurs clés d'une culture en crise afin de les transmuer.

J'ai annoncé plus de choses que je n'ai pu en traiter dans ce seul cours concernant la place primordiale du phallus dans la construction de la pensée. Je vous promets d'y revenir lors du prochain cours et je vous parlerai de la variante féminine de l'Œdipe.

V

De l'étrangeté du phallus
ou le féminin entre illusion et désillusion

Dans la continuité de mon exposé du samedi 4 février à la Sorbonne, « Le Scandale du hors-temps », où j'ai proposé une lecture de la temporalité chez Freud ainsi qu'un certain nombre d'idées sur la conjonction pensée-sexualité, je voudrais revenir précisément sur *la psychanalyse comme théorie de la sexualité et de la pensée.* Dans cette optique, j'aborderai la question de la sexualité, ou plutôt de la bisexualité féminine, en particulier du rapport de la fille à l'Œdipe, à la loi, au phallus. Cela nous intéresse, bien sûr, dès l'instant où la question de la révolte se situe elle aussi par rapport à la loi. Pour commenter la phrase de Freud dans son étude *Sur la sexualité féminine* que je voudrais mettre en exergue à cette séance, à savoir : « *La bisexualité est bien plus accentuée chez la femme que chez l'homme* », je ferai référence à divers textes de Freud, notamment à « Quelques conséquences psychiques de la différence anatomique entre les sexes[1] », de 1925, « Sur la sexualité féminine[2] », de 1931, « La Féminité[3] », de 1933, et *Abrégé de psychanalyse*[4] de 1938, quoiqu'il ne concerne pas directement la sexualité féminine ; on y retrouve néanmoins l'état final de la pensée de Freud sur la question.

Le kairos *phallique*

Si je veux insister sur la coprésence de la sexualité et de la pensée, c'est pour me dissocier de deux courants de pensée actuels qui interrogent le psychisme : le cognitivisme, d'une part, qui ne considère l'esprit que du point de vue de la connaissance, et une psychanalyse prélacanienne, d'autre part, ou du moins une psychanalyse qui contourne l'apport lacanien, pour se dévoyer soit dans une sorte d'organicisme, soit dans une écoute qui accentue uniquement l'aspect fantasmatique de l'expérience psychique, sans tenir compte de la *pensée*. À l'écart donc de la psychanalyse comme mathème de signifiant ou théorie de « l'esprit », aussi bien que comme transaction

---

1. Sigmund Freud, « Quelques conséquences psychiques de la différence anatomique entre les sexes », trad. fr. A. Berman, in *La Vie sexuelle, op. cit.*, pp. 123-132.
2. Sigmund Freud, « Sur la sexualité féminine », trad. fr. D. Berger, *ibid.*, pp. 139-155.
3. Sigmund Freud, « La Féminité », trad. fr. A. Berman, in *Nouvelles Conférences sur la psychanalyse*, 1933, Gallimard, Paris, 1936 ; rééd. 1952, 1971, collection « Idées », pp. 147-178.
4. Publié en 1940. Notamment le chapitre VII, *op. cit.*

d'organes et de pulsions, j'essaierai, quant à moi, de soutenir que l'originalité de la découverte freudienne réside en ceci : la psychanalyse est une clinique et une théorie de la *coprésence* entre le développement de la pensée *et* de la sexualité. Cette écoute biface (pensée-sexualité) du parlêtre, que je décèle au cœur de l'expérience analytique, est une variante originale du dualisme antique et, loin de « biologiser l'essence de l'homme », elle centre l'étude de l'appareil psychique, de son déploiement ou de ses entraves dans la dépendance bi-univoque pensée-sexualité/sexualité-pensée. Le langage étant le domaine de cette interaction, on comprend que c'est en lui que Freud ait creusé l'« autre scène », celle de l'*inconscient*, avec ses composantes (représentants pulsionnels) et sa logique (processus primaires) irréductibles à la communication linguistique consciente.

Je vais donc vous présenter l'état de ma réflexion sur la bisexualité féminine en m'efforçant de cerner celle-ci sous l'angle du rapport spécifique de la femme au phallus.

Pour vous permettre d'appréhender concrètement cette question difficile, je vais vous donner dès maintenant quelques exemples paroxystiques d'une position féminine témoignant d'une adhésion au phallique qui peut être dramatique – d'une adhésion structurante, en effet, mais au prix d'une souffrance souvent traumatique.

L'« insoutenable » et le « mystère »

Armelle exerce de hautes fonctions dans une organisation internationale. Mère de famille, épouse, maîtresse, auteur – rien ne lui manque. Si ce n'est une satisfaction personnelle, «*pas sexuelle,* insiste-t-elle, *je ne suis pas frigide*», qu'accompagne le sentiment d'être une petite fille jamais prise au sérieux, toujours en retard, à côté, au-dessous de ses véritables aptitudes. Et de se charger de toutes les tâches, corvées, obligations possibles et impossibles. Armelle est fixée à cette scène charnière, que je situe *entre* son Œdipe-prime et son Œdipe-bis (retenez ces termes, j'y reviendrai) : elle s'était fabriqué une planche à clous, se couchait sur la surface hérissée de clous et y appuyait son dos ou son ventre jusqu'au sang. La martyrologie des saintes, transmise par la tradition familiale, s'ajoute ici à la jouissance structurale de « On bat un enfant[1] » : on bat Armelle, Armelle bat Armelle, Armelle troue Armelle jusqu'au sang ; tout le corps est un pénis-phallus qui jouit dans le sadomasochisme pour se punir du plaisir clitoridien et pour éviter de s'avouer corps troué-castré. Armelle aura acquis son excellence professionnelle, son phallicisme dans l'ordre symbolique, au prix du déni de sa bisexualité : elle veut être toute-phallus. Sa jouissance perverse se paie de l'épuisement physique et mental de la *superwoman*.

Dominique a le corps gracile d'un garçon et le discours allusif, lacunaire, secret. Sa maîtrise de l'informatique ne suffit pas à expliquer cette discrétion. Elle lâche,

---

1. Sigmund Freud, « On bat un enfant », 1919, trad. fr. H. Hoesli, *Revue française de psychanalyse,* 1933, VI, n° 3-4, pp. 274-297. Rééd. sous le titre « Un enfant est battu, contribution à la connaissance de la genèse des perversions sexuelles », trad. fr. D. Guérineau, in *Névrose, Psychose et Perversions,* Presses universitaires de France, Paris, 1973, pp. 219 sq.

difficilement, qu'elle a des relations érotiques avec des femmes, mais qu'elle privilégie un homme dont elle est la partenaire masochiste ; Dominique me révèlera beaucoup plus tard que cet homme est son supérieur hiérarchique et, plus tard encore, qu'il est noir. Dominique a vécu en admiration devant son frère aîné d'un an, en double-jumeau, avant l'apparition d'une petite sœur venue au monde cinq ans après elle. L'idylle de Dominique-garçon s'est achevée à l'adolescence : son frère a été fauché par une voiture. *« Je ne crois pas que les femmes ont un sexe. Je me suis aperçue à la mort de mon frère que j'étais lisse entre les jambes, comme une poupée en celluloïd.* » Sans pénis, sans clitoris, sans vagin, Dominique vit l'échec de sa bisexualité psychique en offrant son anus comme un pénis en creux à son partenaire sadique. Autre figure du « monisme phallique ».

Florence fait alterner anorexie et boulimie en essayant de vomir une mère abandonnée et abandonnique qu'elle protège, et pour laquelle elle souffre de tout son corps. Florence a remplacé trop tôt son père divorcé auprès d'une mère aimée-haïe. Ces règlements de comptes maternels nous conduisent à... la roulette russe. Rêve : *« Je joue à la roulette russe qui est en fait une roulette belge – à tous les coups on perd, c'est-à-dire on gagne la mort. Il n'y a pas de trou vide de cartouche. Vous ne me croirez pas, mais j'ai tiré et j'ai gagné une sorte de gros phallus, seulement ça voulait dire que j'étais morte. Rêve absurde, le jeu ne m'intéresse pas, c'est mon frère qui est un joueur désastreux, un cas pathologique, en train de ruiner sa famille.* » Florence avale-vomit le pénis (du frère, du père), elle gagne son gros phallus de la sorte, mais ces performances d'écrivain qui signalent son gain se paient d'une mise à mort du corps entier, devenu phallus imaginaire et qu'elle préfère ériger autant qu'abolir dans l'anorexie, plutôt que de payer le prix du manque par la reconnaissance de la bisexualité. Je reviendrai plus loin sur cet insoutenable du phallicisme chez la femme. Pour le moment, je voudrais insister de nouveau sur *l'universalité de la référence phallique* qui se manifeste dans les deux sexes, quoique de manière différente, bien avant la phase phallique et l'Œdipe qu'elle annonce. J'ai déjà évoqué ici ce que la psychanalyse appelle le « monisme phallique », qui s'impose à partir de la clinique et renvoie à l'universalité de la référence phallique chez le garçon comme chez la fille, quoique de manière différente. Il apparaît (avant la phase dite phallique, avant l'Œdipe que la phase phallique annonce, et donc avant que l'enfant ne repère l'importance du tiers) du fait du langage, du fait de la fonction paternelle et du désir maternel pour le père (le sien propre et celui de l'enfant). On appelle phallique la conjonction, la rencontre, le croisement entre l'importance du symbole – de la pensée –, d'une part, et de l'excitation génitale, d'autre part. Lacan signale cette « *trace* du phallus », et parle d'un « phallus sans incarnation[1] » qui organise toujours déjà la psychosexualité du sujet. L'identification primaire, le narcissisme, la sublimation, l'idéalisation, l'imposition de l'idéal du moi et du surmoi ne sont que quelques étapes bien connues du positionnement du futur sujet vis-à-vis de cette réfé-

---

1. Jacques Lacan, *Le Séminaire*, livre VIII. *Le Transfert*, Le Seuil, Paris, 1991.

rence phallique, en d'autres termes, de cette unité du sens et de la loi.

Le désir-et-le-sens

Revenons sur ce que Freud nomme le « stade phallique » – qu'il situe entre trois et six ans – et qui, structuralement, est l'organisateur central de ce que j'ai appelé la coprésence sexualité-pensée chez les deux sexes. C'est l'âge auquel l'enfant découvre ses organes génitaux et leur excitabilité, les investit en même temps que la pensée référée au langage et au tiers, qui se place pour ainsi dire au-dessus de la relation sensorielle mère-enfant. De nombreux auteurs ont relevé les particularités qui destinent le *pénis* à être investi par les deux sexes et à devenir le *phallus*, c'est-à-dire le signifiant de privation, de manque à être, mais aussi de désir, de désir de signifier, ce qui en fait par conséquent le signifiant de la loi symbolique. Rappelez-vous ce que je vous ai dit la dernière fois : visible et narcissiquement reconnu ; érectile et investi de sensibilité érogène ; détachable, donc « coupable », susceptible de perte, le pénis est, de ce fait, apte à devenir le support de la différence, l'acteur privilégié du binarisme 0/1 qui fonde tout système de sens (marqué/non marqué), le facteur organique (donc réel et imaginaire) de notre ordinateur psychosexuel.

Saluons au passage ce *kairos*[1], cette rencontre subtile et en ce sens miraculeuse entre *le désir et le sens*, au cours de la phase phallique, qui – bien que préparée – noue désormais le destin de l'être humain comme être désirant en même temps que parlant. *Le sujet,* qu'il soit anatomiquement homme ou femme, le sujet qui désire et qui parle est formé par ce *kairos phallique* – voilà ce que nous dévoile la psychanalyse, après les mystères, et l'essentiel de notre destin psychique consiste à porter les conséquences – dramatiques, il faut bien le dire – de ce mystère.

En effet, ainsi structuré et sous la menace de la castration (ça peut se rencontrer comme ça peut se couper), le phallicisme des deux sexes va succomber à la latence et au refoulement. Le primat du phallique ne reste qu'une « organisation génitale *infantile* », car, précisément, ce primat phallique différencie la génitalité *infantile* de la génitalité *adulte*, laquelle reconnaît en principe les *deux* sexes[2] et ne reste pas sous le primat du phallus. Un seul sexe (le pénis), une seule libido (mâle), un seul symbole pour l'activité de pensée (le phallus) : cette expérience phallique commune aux deux sexes demeurera *une donnée de base inconsciente* (pour les deux sexes). La

---

1. En grec, le terme *kairos* désigne le point juste qui touche au but, l'à-propos, la convenance, le point critique dangereux, l'avantage, le bon moment ; ce qui est à propos, convenable ; en grec moderne : temps, époque. On cherche l'étymologie dans « rencontre » ou dans « couper ». Se rencontrer est aussi se couper, avec ce que cela suppose de réunification et de perte possible.
2. Sigmund Freud, « L'Organisation génitale infantile », in *La Vie sexuelle, op. cit.,* pp. 113-116.

sexualité adulte s'en dissociera en accédant à la découverte du deuxième sexe (dans l'hypothèse optimale). Le monisme phallique serait ainsi une *illusion* infantile, mais qui demeure une *réalité* inconsciente organisatrice du psychisme. L'illusion devenue réalité inconsciente : n'est-ce pas une illusion promise à un avenir certain ? Nous sommes ici au fondement de ce que Freud appellera ailleurs l'« avenir d'une illusion », tant il est vrai que toute religion se ressource au culte phallique.

Notons au passage que de cette théorie freudienne que la clinique confirme il résulte deux conséquences insuffisamment méditées. Premièrement, le *kairos* phallique est propre à la génitalité *infantile*, ce qui veut dire que le monisme phallique est une survivance de ce phallocentrisme infantile conditionnant l'Œdipe. Deuxièmement, puisque ce phallicisme est refoulé et devient inconscient, l'inconscient est phallique. En d'autres termes, l'inconscient est dépourvu de génitalité au sens d'une reconnaissance de la différence sexuelle : l'inconscient ignore la génitalité au sens de la différence sexuelle ou, pour le dire plus brutalement, *il n'y a pas de génitalité psychique inconsciente* (il y aurait l'instinct biologique de procréation et l'advenue pubertaire d'un désir pour l'autre sexe, mais rien dans la théorie freudienne ne laisse entendre qu'il existe *un représentant psychique inconscient de l'autre sexe* comme tel).

Rappelons aussi que l'homme subit une « catastrophe du complexe d'Œdipe », lequel est conditionné par le *kairos* phallique : cette catastrophe prend l'aspect d'un détournement de l'inceste et du meurtre et s'achève par l'instauration de la conscience et de la morale que Freud interprète comme une « victoire de la race sur l'individu[1] ». Les instances de l'appareil psychique (Ça/Moi/ Surmoi) remplacent les investissements libidinaux par le biais de la désexualisation et de la sublimation, et seule la *névrose* – en ce qu'elle essaie continuellement de revenir à l'infantile et aux plaisirs œdipiens ou préœdipiens – trahit une « rébellion » du moi contre « les prétentions de la fonction sexuelle ». Que penser de cette autre forme de « rébellion » que représente pour le sujet non plus la névrose, mais la création de pensée ou de langage, la création esthétique souvent parallèle à la névrose, voire à la psychose, mais irréductible à elle ? Notre interrogation de la bisexualité (ici, féminine) nous permettra peut-être d'esquisser une réponse à cette question que Freud ne se pose pas.

On peut résumer ainsi le destin que le fondateur de la psychanalyse assigne au primat du phallique : il est l'organisateur central de l'inconscient (au même titre que l'Œdipe) ; il est illusoire (propre à l'organisation phallique *infantile*) ; il vole en éclats sous la menace de la castration et lorsque l'individu s'efface au profit de la race.

On connaît la revanche et le surinvestissement du phallique auxquels va se livrer Lacan pour réhabiliter la fonction du père et du langage dans le parlêtre : un phallique « manquant », « évanescent », lieu commun de l'angoisse et, pour cela même, symbole *princeps* qui détermine la sexuation. J'insiste sur le fait qu'il s'agit ici

---

1. Sigmund Freud, « Quelques conséquences psychiques de la différence anatomique entre les sexes », 1925, in *La vie sexuelle, op. cit.*, pp. 123-132.

non pas simplement de l'organe érigé, mais du pénis devenant *symbole* susceptible de *manquer*, de *ne pas être*. « *(L'homme) n'est pas sans l'avoir (...), la femme est sans l'avoir*[1]. » Je voudrais faire résonner cette formule avec la proposition de Winnicott d'un « maternel a-pulsionnel », qui *est*, tout simplement (le soi *est* le sein, le sein *est* le soi) et ne « fait » pas[2].

Être, avoir, faire : les différences sont-elles aussi nettes ? Je propose ce qui suit en prolongement et en contrepoint de ces deux propositions de Lacan et Winnicott.

L'Œdipe biface de la fille

Chez la petite fille aussi, une rencontre décisive soude son être de sujet pensant et désirant : la rencontre *(kairos)* entre la maîtrise des signes (abstractions froides, évanescentes frustrations, mais autant de sources de nouveaux bénéfices et pouvoirs) et l'excitation sexuelle génitale (non plus orale ou anale). Que le vagin soit ou non perçu, c'est essentiellement le clitoris qui concentre cette assomption phallique, à la fois éprouvée (réelle),

---

1. Jacques Lacan, *Le Transfert, op. cit.,* p. 274.
2. D.W. Winnicott, *Conversation ordinaire,* 1960, Gallimard, Paris, 1988. On pourrait également évoquer la « mère atoxique » ou détoxicante, la mère pare-excitation de W. R. Bion. *Cf. Aux sources de l'expérience,* 1962, Presses universitaires de France, Paris, 1979 ; *Éléments de psychanalyse,* 1963, PUF, 1973 ; *Réflexion faite,* 1967, PUF, 1983.

imaginaire (fantasmée dans le battement puissance/
impuissance) et symbolique (investissement et essor de
la pensée). Masturbation, désir incestueux pour la mère :
voilà le premier versant de l'Œdipe (je l'appellerai
Œdipe-prime) qui structuralement définit la fille autant
que le garçon avant qu'elle n'arrive à l'*Œdipe-bis* qui la
fait changer d'objet (le père au lieu de la mère). Pourtant,
dès cette structuration-là (Œdipe-prime), s'imposent
entre le phallicisme de la fille et du garçon des différences qui n'ont peut-être pas été assez soulignées.

Sensible versus *signifiant*. *L'étrangeté du phallus*. *L'illusoire*

L'insistance, pourtant si judicieuse, mise sur le langage comme organisateur de la vie psychique nous a trop
souvent empêchés d'apprécier à sa juste valeur l'*expérience sensible* (prélangagière ou translangagière). Or, la
sensorialité, fortement stimulée chez la petite fille dans
les phases préœdipiennes par le lien symbiotique à la
mère (par l'homosexualité primaire), la rend capable
d'apprécier aussi bien la différence des performances
organiques sexuelles du garçon que le surinvestissement
narcissique dont il est l'objet. Bien entendu, les variations individuelles dans l'excitation ou dans le plaisir clitoridien d'une part et, d'autre part, les variantes singu-
lières dans la valorisation de la fille par le père influent
considérablement sur les modulations du phallicisme
féminin : une petite fille peut être autant, sinon plus,
satisfaite ou valorisée qu'un petit garçon dans la phase
phallique. Il n'en reste pas moins qu'une *dissociation est*

structuralement inscrite dans le phallicisme de la fille entre le *sensible* et le *signifiant*[1]. Le phallus en tant que signifiant du manque ainsi que de la loi, supporté dans l'imaginaire par le pénis, est d'emblée perçu-pensé par la fille comme *étranger* : radicalement autre. Invisible et quasi irrepérable, le support réel et imaginaire du plaisir phallique chez la fille (j'ai nommé le clitoris) *dissocie* d'emblée le sujet femme du phallus au sens d'un *signifiant privilégié* dans cette conjonction Logos/Désir que j'ai appelée un *kairos* phallique et à laquelle la fille accède cependant avec non moins – sinon plus – d'aisance que le garçon. Une aisance symbolique (de pensée) que l'expérience sensorielle (distincte de la pulsion phallique) n'accompagne toutefois pas, déçue comme elle est de *se percevoir* moins visible et *moins remarquable* : moins appréciée, quoique pas nécessairement moins intensément éprouvée en tant que plaisir. La moindre valorisation de la fille par son père et sa mère, en comparaison de celle du garçon, qui se joue traditionnellement dans les familles ou par suite de configurations psycho-

---

1. Les récentes découvertes concernant une participation plus importante de l'*hémisphère droit* chez les femmes que chez les hommes dans l'exercice du langage peuvent être mises en résonance avec ces observations. Plus latéralisé, le cerveau masculin traiterait le langage davantage comme un système logique ; tandis que, l'hémisphère droit étant plus impliqué dans la perception-sensation, l'exercice du langage chez la femme serait plus associé à la sensorialité. Toutefois, la fragilité des découvertes biologiques ainsi que l'état de nos connaissances sur l'organisation interhémisphérique du cerveau comme sur l'interconnectivité des neurones imposent la plus grande circonspection dans l'interprétation de ces informations.

sociales spécifiques contribue à consolider cette déception à l'égard du lien symbolique. S'installe dès lors,
avec la dissociation sensible/signifiant, la *croyance* que
l'ordre phallique-symbolique est un ordre *illusoire*.

La *perception actuelle* (contemporaine de la phase
phallique), défavorable à la fille (elle n'a pas de pénis
remarquable, elle n'est pas le phallus), réactive *l'hallucination d'expériences antérieures* (satisfaction et/ou
frustration dans la reduplication fille-mère, dans la
mêmeté minoémycénienne[1]) qui furent des expériences
sensorielles précédant l'apparition du langage ou sous-
traites à celui-ci. Dès lors, depuis ce décalage entre perception actuelle dominée par le *kairos* phallique et per-
ception/hallucination antérieures, le monisme phallique
référé à l'autre (à l'homme) que « je ne suis pas » frappe
d'emblée l'être du sujet-femme d'une négation (« je ne
suis pas ce qui est », « je suis quand même, à force de *ne
pas* »). *L'étrangeté* ou *l'illusoire* du phallus peuvent être
l'autre nom de cette négativité redoublée du « quand
même » et du « ne pas ».

Ce n'est pas un délire qui cicatrise le décalage percep-
tion/hallucination chez la femme, mais, précisément, la
croyance que le phallus au même titre que le langage et
l'ordre symbolique sont illusoires et néanmoins indispensables. En revanche, on peut interpréter comme une
forme de délire le refus d'accepter la différence et l'illusoire du phallus qu'elle entraîne, ainsi que les tentatives

---

1. Par cette référence à la « civilisation minoémycénienne derrière celle des Grecs », Freud désigne le rapport archaïque mère-
fille. « Sur la sexualité féminine », in *La Vie sexuelle, op. cit.*, p. 140.

du sujet-femme de maintenir désespérément, au prix du sadomasochisme, l'égalité avec le phallicisme du garçon (*cf.* les trois exemples cités au début du cours).

J'entends par « croyance » l'adhésion consciente et inconsciente, sans preuve, à une évidence : ici, l'évidence que le phallus, du fait de la dissociation perception/signification, s'impose toujours déjà à la femme comme *illusoire*. *Illusoire*[1] voudrait dire, au fond, que cette loi, ce plaisir, cette puissance phallique, et simultanément leur manque, auquel j'accède par le phallus – celui de l'étranger –, *c'est du jeu*. Ce n'est pas que ce n'est rien, mais ce n'est pas tout non plus, fût-ce un tout voilé, comme l'avouent les mystères phalliques. Non, le phallus que « j »'investis est ce qui fait de moi un sujet du langage et de la loi ; « j »'en suis. Pourtant, il demeure autre chose, un je-ne-sais-quoi... Passons, car « j »'entre tout de même dans le jeu, « j »'en veux moi aussi, « je » joue le jeu. Ce n'est qu'un jeu, ce n'est qu'un « je », « je » fais semblant, et c'est bien ça, pour le sujet femme, la prétendue « vérité » du signifiant ou du parlêtre. Je ne veux pas dire par là que les femmes sont forcément joueuses (ludiques), encore que cela peut arriver. Mais quand elles ne sont pas illusionnées, elles sont désillusionnées. L'apparent « réalisme » des femmes se soutient de cet illusoire : les femmes ne cessent de faire – et de tout faire – *parce qu'elles n'y croient pas* ; elles croient que c'est une illusion.

Cette croyance dans l'illusoire du phallus peut comporter des bénéfices. Par exemple, je cultive une sen-

---

1. De *illudere*, « se jouer de ».

sorialité secrète, peut-être sournoise, mais qui m'épargne la dure épreuve du garçon de faire coïncider mon plaisir érotique avec ma performance symbolique. Une telle dissociation peut présenter l'avantage de soulager et de faciliter chez la fille ses compétences logiques, ainsi « étrangères » à l'érotisme, favorisant par là même les réussites intellectuelles bien connues des petites filles : des « petites génies » précoces aux petites pimbêches ou péronnelles, capables de tout bien faire parce qu'elles font bien n'importe quoi. Toutefois, et au contraire, cette expérience de l'étrangeté du phallus comporte son envers, qui est l'envers de la facilité, et peut pousser la fille dans une ambition phallique paroxystique voisine de la martyrologie, comme le montrent les exemples cliniques donnés au début. On comprend que l'étrangeté du phallus chez la femme peut alimenter un aspect de ce qu'on appelle trop sommairement le masochisme féminin, nommément la compétition phallique sadomasochique non compensée par l'Œdipe-bis ni par la réconciliation avec la féminité préœdipienne. En luttant contre l'étrangeté du phallus, la fille phallique – qui veut « l'avoir », de la même façon que le garçon, elle aussi – se fait plus catholique que le pape, sainte, martyre et militante d'un signifiant dont toutes les zones érogènes sont mobilisées pour dénier l'illusoire et auquel elle veut se persuader qu'elle croit... dur(e) comme fer.

Revenons à cette croyance du phallus comme illusoire, car elle me paraît être, d'entrée de jeu, un indice de la bisexualité psychique féminine dans la mesure où *l'illusoire* (ou l'étrangeté) s'appuie sur la déhiscence entre sensible et signifiable qui résulte d'une adhérence toujours présente, chez la fille, à l'osmose préœdipienne fille-mère et au code dans lequel se réalise cette osmose : échanges sensoriels et prélangage (modalité « sémiotique » dans ma terminologie – rythmes, allitérations antérieurs aux signes et à la syntaxe). L'abandon de cette modalité sémiotique de la signifiance au profit des signes linguistiques, lors de la position dépressive, caractérise aussi bien le garçon que la fille, là encore probablement avec des différences peu explorées entre les deux sexes. Ultérieurement, la structuration phallique du sujet s'ajoute à l'acquisition du langage et le consolide. Mais en raison de l'expérience de l'étrangeté du phallus chez la petite fille, le *kairos* phallique réactive la position dépressive et accentue de ce fait la croyance dans *l'illusoire* du phallus, en même temps que du langage, chez la femme.

Une mise au point, qui est aussi une mise en garde, s'impose : la particularité que je suis en train de mettre en évidence est une manifestation de la bisexualité psychique de la femme et ne débouche pas nécessairement sur des personnalités « comme si » ou des « faux-selfs », dont l'étiologie nécessite des clivages traumatiques. Je n'ai pas parlé de « clivage », mais de « jeu », d'« étrangeté », d'« illusoire » – l'illusoire du phallique étant en somme la trace de deux continents : le continent phallique et le continent « minoémycénien » dans l'expérience psychique féminine. Je pense que le phallique illusoire chez la femme peut la conduire à s'inscrire dans l'ordre social avec une efficacité distante : c'est ce que Hegel appelait « la femme, éternelle ironie de la communauté ». Par ailleurs, cette position illusoire du phallus peut aussi favoriser les régressions dépressives de la femme lorsque l'attraction de l'« ombre de l'objet » préœdipien (de la mère minoémycénienne) se fait inexorable et que le sujet femme abandonne l'étrangeté du symbolique au profit d'une sensorialité innommable, boudeuse, mutique, suicidaire. En revanche, on peut voir dans l'investissement maniaque de ce phallicisme illusoire la logique de la parade qui mobilise la belle séductrice, inlassablement parée, maquillée, habillée, bichonnée et provocatrice, et tout aussi inlassablement « pas dupe » et déçue. Nous sommes ici devant une figure bien connue de la femme illusionniste et qui se sait telle – de cette « *girl-phallus* » dont parlaient Fenichel et Lacan après lui : mais nous le savons toutes, et nous en jouons.

À l'inverse, alors que la bisexualité psychique, je le répète, impose chez la femme la croyance dans l'illusoire du phallus, le *déni de la bisexualité* se présente comme un *déni de l'illusoire*. Un tel déni implique l'identification au phallus tel quel, ce qui revient à une identification avec la position phallique de l'homme et à la scotomisation, l'annulation du lien sémiotique primaire avec la mère (que certains appellent l'homosexualité féminine primaire). Il en résulte la paranoïaque – la chef, la directrice, etc., ou l'homosexuelle virile –, suppôts du pouvoir sous toutes ses formes, plus ou moins dictatoriales. Vous voyez que ces différentes articulations du phallus donnent des privilèges, mais tendent aussi plus d'un piège, comme toute structuration psychique.

Œdipe-bis

Mais l'illusoire du phallus n'épuise pas la complexité de cette figure étrange qu'est la bisexualité féminine. Il a suffi à Freud de poser l'Œdipe pour s'apercevoir que la fille ne s'y conforme pas. « *Nous avons l'impression que tout ce que nous avons dit du complexe d'Œdipe se rapporte strictement à l'enfant de sexe masculin[1].* » Vous avez déjà noté que je ne suis pas de ceux qui, forts de cette remarque de Freud, rejettent le monisme phallique et donc la structuration phallique du sujet fille. J'ajoute cependant à l'Œdipe-prime (indispensable pour le garçon et pour la fille, et qu'amorce le phallicisme) un Œdipe-bis, et je propose ainsi de penser une *dyade œdipienne* chez la femme.

Je m'explique.

Sous l'effet des menaces de castration, auxquelles j'ajouterai l'épreuve de ce que je viens d'appeler *l'étrangeté du phallus*, la petite fille renonce à la masturbation clitoridienne, s'en dégoûte, la rejette et se détourne de son phallicisme tant réel (de la croyance « *J'ai* l'organe »), qu'imaginaire (de la croyance : « Je *suis* la puissance/l'impuissance mâle »). Tout en cultivant sa place de sujet du signifiant phallique, de sujet du symbolique (avec la variante d'étrangeté et d'illusoire qu'elle y imprime), la fille de l'Œdipe-bis *change d'objet*. Elle commence par haïr la mère qui fut l'objet de son désir phallique et devient hostile à cette mère responsable de la castration ainsi que de l'illusion dans ce qu'une illusion comporte de déception. La fille s'identifie cependant, par-delà cette haine, toujours à la même mère qui fut l'objet de son désir phallique du temps de l'Œdipe-prime et, mieux encore, elle s'identifie à la mère préœdipienne des « paradis parfumés », « minoémycéniens ». C'est de

---

1. Sigmund Freud, « Sur la sexualité féminine », *op. cit.*, p. 142.

ce lieu-là, d'identification par-delà la haine, qu'elle change d'objet et désire désormais non plus la mère, mais ce que cette mère désire : l'amour du père. Plus exactement, la fille désire que le père lui donne son pénis/phallus à lui, sous la forme d'enfants que la fille aura comme si elle était... la mère. La reconduction de l'aspiration phallique continue donc dans cet Œdipe-bis – autant dire interminable –, et on comprend Freud qui postule que, contrairement au garçon dont l'Œdipe *sombre* sous l'effet du complexe de castration, l'Œdipe de la fille – ce que j'appelle l'Œdipe-bis – non seulement ne sombre pas, mais ne fait que commencer, spécifiquement parlant, en tant qu'Œdipe féminin. Il est « *intro-duit* » par le complexe de castration[1].

L'intégration de cette position féminine vis-à-vis du père n'est pas exempte d'ambiguïtés. En effet, elle résulte d'une identification avec la mère castratrice/cas-trée, d'abord abhorrée, ensuite acceptée, qu'accompa-gnent « un abaissement des motions sexuelles actives », un « refoulement de la masculinité » . « Une bonne par-tie de ses tendances sexuelles en général est endomma-gée de façon permanente[2]. » À *l'illusoire* succéderait la *passivation* ? Toutefois, et parallèlement à cette passi-vation, si ce n'est à une dépression, *l'envie de pénis* per-siste comme variante du phallicisme – ce qui prouverait que les tendances sexuelles actives sont loin d'être abo-lies –, soit comme une revendication masculine compor-

---

1. Sigmund Freud, « Quelques conséquences de la différence anatomique entre les sexes », *op. cit.*, p. 130.
2. Sigmund Freud, « Sur la sexualité féminine », *op. cit.*, p. 151.

tementale ou professionnelle, soit, plus « naturellement », dans le désir d'enfant et dans la maternité.

Ici cesse peut-être le monde comme monde illusoire pour la femme, pour que s'ouvre celui de la *présence réelle*.

La maternité : complétude et vide

Présence réelle du phallus, l'enfant est alors investi par sa mère tout autrement que ne peut l'être aucun signe ou symbole, fût-il phallique. C'est ce qu'a visiblement compris la dernière religion, la chrétienne, lorsqu'elle a fait son dieu d'un enfant et qu'elle s'est attaché ainsi définitivement les femmes, pourtant toujours susceptibles de désillusion[1], autant dire si incrédules, quand on leur présente un idéal ou un surmoi désincarné, que Freud lui-même en fut frappé et se livra à des critiques fort sévères quant à l'inaptitude des femmes à la morale. Plutôt que d'incapacité, je parlerai quant à moi d'« estrangement », de capacité au second degré, de capacité critique et d'ironie.

S'il est vrai, donc, que le désir d'enfant incarne l'Œdipe féminin permanent, la dernière révolte phallique dans l'Œdipe-bis, donc interminable, de la femme (« je veux un pénis = présence réelle »), il n'est pas moins vrai que la femme y retrouve une autre variante de sa bisexualité. Pourquoi ? Parce que l'enfant est son pénis, elle ne renonce pas à la masculinité. Mais, en même

---

1. Jusqu'à l'athéisme, j'y reviendrai.

temps, et toujours par l'enfant, elle accède à la qualité
d'être l'autre de l'homme, c'est-à-dire une femme qui a
donné son enfant, s'en est *vidée*, s'en est *séparée*. Pourtant, ce n'est pas comme un *déséquilibre* de l'identité,
encore moins comme une structure ouverte qu'est le plus
souvent perçue ou vécue la maternité, mais comme une
complétude à laquelle le terme d'« androgyne » conviendrait mieux que celui de « bisexualité ». Lorsque l'ordre
symbolique s'incarne en présence réelle (l'enfant-phallus), la femme y trouve en effet la conjonction de son
essence symbolique (sujet pensant phallique) et de son
essence charnelle (sensualité préœdipienne, dualité sensuelle mère-fille, reduplication des génitrices). De ce fait,
et en accomplissant sa bisexualité en une androgynie
dans un Œdipe jamais achevé, toujours reconduit, la
femme-mère peut apparaître comme la garante et de
l'ordre social et de la continuité de l'espèce.

Ce constat, auquel Freud était arrivé, de la femme
comme être social[1] culmine dans la toute-puissance
maternelle qui, s'inscrivant dans la droite ligne de la
mère garante du social et du biologique, ambitionne
aujourd'hui, avec l'aide du gynécologue et du généticien, de *réparer* la présence réelle : la femme materne ;
servie par la science et la technique, elle a le fantasme de
pouvoir tout faire, et souvent s'épuise à tout faire, pour

---

1. Sigmund Freud, « Sur la sexualité féminine », *op. cit.*, p. 143.
« On ne se trompe probablement pas en disant que cette différence
[...] donne au caractère féminin son empreinte comme *être social.* »
Nous soulignons.

faire exister mais aussi pour améliorer, à travers son enfant, la présence réelle du phallus.

Hypersociale et vulnérable

Pourtant, ce tableau d'une féminité hypersociale, ultrabiologique et férocement réparatrice, pour ne pas être faux, me paraît ne pas tenir compte de deux fragilités. La première, c'est la permanence de l'illusion/ désillusion à l'égard de tout signifiant, loi ou désir. L'autre, c'est la vulnérabilité de celle qui *délègue sa* présence réelle à celle de *son* enfant (à un autre) et qui, à chaque atteinte de l'intégrité de celui-ci, revit les affres de la castration, quand ce n'est pas d'une brutale catastrophe identitaire. Ce qu'on appelle le sadomasochisme féminin est peut-être l'expérience de cette étrangeté structurale du phallus sous ces deux formes : quand elle est désillusion (fondée sur l'Œdipe-prime), ou quand elle est une atteinte à la présence réelle relayée par l'autre de soi – l'enfant (fondée sur l'Œdipe-bis).

Si elle ne se fixe pas dans la toute-puissance, la bisexualité féminine se prête donc aux épreuves du sadomasochisme. Alors, toujours « estrangée » dans son désir latent d'avoir le phallus ou de l'être (désir qui la soutient pourtant dans son être de sujet), la femme se détourne de l'assomption désirante et phallique ; elle renonce à sa bisexualité psychique et se complaît dans une sensorialité doloriste, laquelle est l'onde porteuse de la *dépressivité hystérique* avant que celle-ci ne bascule dans la mélancolie. À l'inverse, l'*indifférence hystérique* peut trahir une option pour le phallus seul, mais érigé en surmoi, dégoûté du plaisir clitoridien et privé de toute réminiscence éventuelle du lien à la mère préœdipienne.

Ces quelques figures (parmi d'autres) de la bisexualité psychique féminine apparaissent en somme comme des variantes de la position du sujet femme eu égard au monisme phallique. Les difficultés structurales de ce positionnement – plus que les conditions historiques qui ne manquent pas de s'y ajouter – expliquent peut-être le pénible destin des femmes tout au long de l'histoire.

Rappelons-nous maintenant l'adhésion phallique chez Armelle, Dominique et Florence, que j'ai évoquée au début de ma réflexion, et dont la souffrance nous apparaît désormais comme un déni de la bisexualité au profit d'un fantasme de totalité androgynique. Je vous ai donné ces aperçus sur quelques aspects dramatiques de la « pénible condition féminine » pour mieux faire ressortir que c'est en s'épargnant ces impasses, ô combien fréquentes, que rayonne ce qu'on appelle en contrepoint le « mystère » de la bisexualité féminine. Comme toutes les réussites, la bisexualité psychique féminine est certainement un fantasme. Elle suppose l'inscription du sujet femme dans l'ordre phallique-signifiant, avec le cortège de plaisirs et de gratifications symboliques (Œdipe-prime) que procure cet ordre étranger et illusoire ; elle suppose aussi le déplacement de la castration, de la dépression et du rabaissement sexuel dans une revalorisation du rôle maternel et en conséquence féminin, qui passe par une réconciliation avec l'homosexualité primaire ; elle implique enfin l'investissement de la présence réelle du phallus-enfant, épreuve de gloire et de castration enfin moins illusoire, encore que *toujours déjà* quelque peu « estrangée ». Dans ce véritable vortex d'adhésion et de désadhésion au phallus (au signifiant, au désir), la bisexualité féminine ne serait ni plus ni moins qu'une expérience du sens *et* de sa gestation, du langage *et* de son érosion, de l'être *et* de sa réserve. J'ai nommé là le véritable enjeu de l'expérience, ... esthétique, cette variante contemporaine et lucide du sacré. J'ouvre ainsi une porte pour vous laisser méditer sur la raison pour laquelle, en cherchant le temps perdu, c'est la bisexualité de la gomorrhéenne Albertine que Proust a placée en point de mire du fantasme du narrateur. La bisexualité féminine serait-elle l'objet par excellence de la littérature et de l'art ? C'est ce que semblent nous suggérer beaucoup d'écrivains, pris dans le tourbillon de la position et de la déposition du sens, du sens et de sa gestation, du langage et de son érosion, de l'être et de sa réserve[1].

Mais Albertine est morte d'une chute de cheval, à moins qu'elle ne se soit suicidée. Et par-delà l'inconfortable condition féminine que nous sommes nombreuses à connaître, la bisexualité psychique de la femme reste une Terre promise qu'il nous revient d'atteindre. Notamment en psychanalyse, en incurvant le plaisir que nous donnent nos réalisations professionnelles, cliniques et théoriques évidemment phalliques vers la peu dicible et fortement sensible contrée de nos mères muettes. Transphallique, et en ce sens non pas moins phallique mais plus-que-phallique, cette jouissance bisexuelle serait

---

1. Picasso affirme que l'artiste doit se faire « gouine », *in* Geneviève Laporte, *Un amour secret de Picasso,* éditions du Rocher, Paris, 1989.

alors à proprement parler mystérieuse, au sens étymologique que je vous ai déjà indiqué. Le mystère ultime serait-il la douleur ? S'il y a une résolution du masochisme féminin, elle passe peut-être par la résolution de ce que j'ai appelé l'Œdipe-bis : assomption du phallique et sa traversée dans la présence réelle de l'enfant, et réconciliation avec l'antéphallique irreprésentable du maternel préœdipien ainsi que du prélangage.

On mesure l'immense travail psychique que nécessite un tel parcours qui, bien que jamais entièrement accompli, confère souvent à certaines femmes cet air étrange, désillusionné et cependant vif, fiable.

Souffrir le fantasme androgyne ou faire le tour de l'illusion ?

J'ai la conviction que, avec cette bisexualité ainsi comprise comme résolution du masochisme féminin, nous touchons le ressort psychique de l'athéisme s'il était donné à l'être parlant d'y accéder sans contre-investissement militant antireligieux. Car, on l'aura compris, j'entrevois dans la bisexualité psychique de la femme non pas un culte du phallus, ni un au-delà, encore moins un en deçà de lui, mais un maintien et un « estrangement » de l'illusion comme illusion.

Avenir d'une illusion ? Nécessairement ! Quoi qu'on en dise, le rationaliste Freud a raison : tout le monde veut sa part d'illusion et s'obstine à ne pas savoir que c'en est une. Une femme pourtant est structuralement mieux placée que quiconque pour faire le tour de l'illusion. Et je ne suis pas sûre qu'il puisse y avoir d'autre signification à l'« athéisme » que de s'en tenir à l'autre et d'en faire le tour. Quelques lueurs laissées par des femmes françaises du xviii° siècle pourront nous guider un jour dans cette direction – vers l'athéisme et les femmes –, dont l'actualité mondiale nous persuade qu'elle risque d'être fort périlleuse. Mais ce sera pour une autre fois.

Pour aujourd'hui, je vous laisse devant l'incommensurable effort psychique que nécessite l'accès à cet être psychiquement bisexuel qu'est une femme, autant dire un être qui n'adhère jamais à l'illusion d'être, pas plus qu'à l'être de cette illusion elle-même. Et j'admets que ce que je vous ai dit n'est peut-être qu'illusion.

VI

Mardi 7 février 1995

Aragon, le défi et l'imposture : un précurseur ?

1

TROIS IMPOSSIBLES

Le nom d'Aragon est lié à deux mouvements qui ont secoué ce siècle : le surréalisme et le stalinisme. Que je vous parle de « sens et non-sens de la révolte » à cette occasion ne vous surprendra pas, disons même que cela s'impose. Je reviendrai incidemment au stalinisme. Le surréalisme attirera davantage notre attention, car c'est de la période dite surréaliste d'Aragon que je vous entretiendrai cette année.

Vous croyez tout savoir de cette affaire : provocation, scandale, rejet du conformisme bourgeois, écriture automatique, femmes adulées et refoulées, passions entre hommes plus ou moins tendres, peinture vouée au rêve et aux marchands – on ne sait trop, chefs, « papes », gourous, scissions, excommunications, épigones, dissémination internationale, contamination politique-ésotérique-sexométaphysique, etc. La légende est faite, elle

226 Sens et non-sens de la révolte

impressionne et elle se vend. Et pourtant, s'il restait
encore du non-dit dans la révolte surréaliste ? S'il était
encore possible de la prendre à la lettre, en tant que
révolte dans le sens où j'ai développé ce mot au début de
ce discours direct ? Essayons d'avancer en toute humilité
dans cette voie pourtant étroitement surveillée...
Puisqu'il faut bien simplifier, je vous propose de penser ceci : depuis un siècle, peut-être un peu plus, il s'est
produit un événement qui a marqué profondément l'expérience littéraire européenne, c'est *la rencontre de la
littérature avec l'impossible*. Amorcée par le romantisme allemand, marquée par les frères Schlegel, Schel-
ling, Hegel, Schopenhauer, Nietzsche, et jusqu'à la lucidité dramatique de Hölderlin, nettement pointée par la
revue *Athenäum* (Berlin, 1798), cette rencontre de la littérature avec l'impossible a pris sa forme la plus radicale
dans la *langue française*. La littérature renonce au rôle
de beau langage, de beauté séductrice, sœur cadette de la
religion. En se faisant exploratrice des ressources mêmes
du *verbe* : que dire ? comment dire ? que signifie
« dire » ? faire et défaire le sens ? – elle entre d'abord en
un débat radical, ou en un face-à-face (similitude, puis
dissociation) avec la religion et la philosophie ; elle
explore par là les impasses de la conscience et s'associe
à la folie ; elle se heurte enfin à la résistance de la réalité
sociale, non pas pour la désavouer mais pour ne plus en
être le reflet, et plutôt pour désavouer l'imaginaire, et
donc la littérature au profit de la réalité sociale – on
connaît le drame du poète devenu homme d'affaires,
ainsi que celui du poète « engagé ».
Cette rencontre de la littérature avec l'impossible
connaît en France trois moments : le premier est celui de

Rimbaud, Lautréamont et Mallarmé ; le deuxième, le surréalisme ; le troisième, celui de *Tel Quel*[1].

De Rimbaud, je vous rappellerai quelques vers extraits d'*Une saison en enfer*, « Délires II, Alchimie du verbe » (1870) : « *Jamais l'espérance, /Pas d'*orietur./*Science et patience, /Le supplice est sûr*[2]. » Et ces phrases, toujours d'« *Une saison en enfer* », « Adieu » (1873) : « *Moi ! moi qui me suis dit mage ou ange, dispensé de toute morale, je suis rendu au sol, avec un devoir à chercher, et la réalité rugueuse à étreindre ! Paysan !*

« *Suis-je trompé ? la charité serait-elle sœur de la mort pour moi ?*

« *Enfin, je demanderai pardon pour m'être nourri de mensonge. Et allons.*

« *Mais pas une main amie ! et où puiser le secours ?*

« *Oui, l'heure nouvelle est au moins très sévère. [...]*

« *Il faut être absolument moderne. [...]*

« *J'ai vu l'enfer des femmes là-bas*[3]*[...]* » Et enfin, dans les *Illuminations* « Matinée d'ivresse » (1871) :

« *L'élégance, la science, la violence ! [...] Nous t'affirmons, méthode ! [...] Voici le temps des* Assassins[4]. » La *méthode* est, vous l'entendez, violemment révoltée.

---

1. La revue *Tel Quel* a paru du printemps 1960 à l'hiver 1982 aux éditions du Seuil. On lira avec profit l'*Histoire de Tel Quel*, de Philippe Forest, Le Seuil, Paris, 1995.
2. Arthur Rimbaud, *Œuvres complètes*, « Bibliothèque de la Pléiade », Gallimard, Paris, 1972, p. 110.
3. *Ibid.*, pp. 116-117.
4. *Ibid.*, *Illuminations*, p. 131.

Il faut être absolument moderne, dans ce temps des
assassins, car j'ai vu l'enfer des femmes, là-bas : voilà un
montage possible des textes de Rimbaud. On pourrait en
faire d'autres. Celui-ci me semble résonner avec la lecture que je ferai des surréalistes : le constat abrupt d'une
antinomie entre la société et la poésie, et plus encore
entre une certaine spiritualité (que la famille et Claudel
ne cesseront de retrouver, ou plutôt de lui imposer sous
les formes les plus convenues) et l'affirmation d'une
« méthode » élégante et cruelle, qui n'est autre qu'une
certaine façon de penser par-delà le jugement, avec son
corps et sa langue. On sait que l'expérience de cette rupture conduira Rimbaud à l'abandon de l'écriture poétique − le voyageur retrouve en Abyssinie une activité
aussi exotique qu'apparemment insignifiante, et nous
sommes libres de penser qu'il a fini par répudier la
recherche d'une « réalité rugueuse à étreindre » ou, au
contraire, qu'il la poursuit en silence. Pourtant, avant que
le dire poétique n'affronte cet impossible-là, qui est le
renoncement à la formulation imaginaire, un autre
impossible se déploie avec magnificence dans les
Illuminations : c'est l'auscultation de cet état-limite où la
pensée se ressource aux sensations ; non pas au « bon
sens » auquel certains croient résumer le sensible, mais,
au contraire, « au dérèglement de tous les sens » qui est,
en réalité, l'indice de l'humanité pensante, si vous y
réfléchissez, et qui s'achemine vers la clarté d'un langage fulgurant, dense et insolite, qu'il faut bien nommer
une « illumination ». C'est le *pli* où une « âme » ou, en
d'autres termes, un sujet ayant touché en sens et sensations ses propres contours, s'évade dans une extériorité
qu'on peut appeler un « voyage », un « chemin » ou un

« être » – mais Rimbaud se méfie trop des « mensonges » pour se contenter de ces clichés apaisants de ce qui lui apparaît à proprement parler comme une « folie ». Écoutez-le, il n'y a pas de surréalisme sans ces vers, un extrait des *Illuminations* qui s'intitule « Vies » : « *Je suis un inventeur bien autrement méritant que tous ceux qui m'ont précédé ; un musicien même, qui ai trouvé quelque chose comme la clef de l'amour.* [La conjonction de la musique avec la clef de l'amour sera aussi dans le projet surréaliste.] *À présent, gentilhomme d'une campagne aigre au ciel sobre, j'essaie de m'émouvoir au souvenir de l'enfance mendiante, de l'apprentissage ou de l'arrivée en sabots, des polémiques, des cinq ou six veuvages, et quelques noces où ma forte tête m'empêcha de monter au diapason des camarades. Je ne regrette pas ma vieille part de gaîté divine : l'air sobre de cette aigre campagne alimente fort activement mon atroce scepticisme. Mais comme ce scepticisme ne peut désormais être mis en œuvre, et que d'ailleurs je suis dévoué à un trouble nouveau, – j'attends de devenir un très méchant fou*[1]. [Nous sommes ici à la limite du silence, mais Rimbaud ne cesse de composer avec lui.] *Ô maintenant nous si digne de ces tortures ! rassemblons fervemment cette promesse surhumaine faite à notre corps et à notre âme créés : cette promesse, cette démence*[2] *!* [La possibilité de changer de style dans une nouvelle illumination est liée, si elle existe, à une

---

1. Rimbaud, *Œuvres complètes, op. cit., Illuminations*, pp. 128-129.
2. *Ibid.*, « Matinée d'ivresse », p. 131.

démence.] *L'élégance, la science, la violence ! On nous a promis d'enterrer dans l'ombre l'arbre du bien et du mal, de déporter les honnêtetés tyranniques, afin que nous amenions notre très pur amour. Cela commença par quelques dégoûts et cela finit [...] par une débandade de parfums*[1]. [La crise du rapport à l'autre, la crise de soi, de sa finitude, de sa pureté, explose dans une pulvérisation de la sensation. Comment traduire la sensation pulvérisée dans le langage ?] *Petite veille d'ivresse, sainte ! quand ce ne serait que pour le masque dont tu nous a gratifié*[2]. [L'expérience est ici convoquée pour être à la fois conjurée et écartée, mais assumée. Cependant l'ivresse sainte est un masque.] *Nous t'affirmons, méthode ! Nous n'oublions pas que tu as glorifié hier chacun de nos âges. Nous avons foi au poison. Nous savons donner notre vie tout entière tous les jours. Voici le temps des Assassins*[3]. » L'exhortation, l'exaltation, la démence, l'élégance, la science, la violence, voilà qui devrait donner accès au nouveau style.

Le dernier extrait des *Illuminations* que je voudrais vous citer s'intitule « Guerre ». L'extrême souffrance est près de basculer dans le refus guerrier ; pourtant, la nécessité demeure d'invoquer la musique comme langue possible de l'amour à l'intérieur du langage naturel. « *Enfant, certains ciels ont affiné mon optique : tous les caractères nuancèrent ma physionomie. Les Phéno-*

---

1. Rimbaud, *Œuvres complètes, op. cit., Illuminations*, « Matinée d'ivresse », pp. 130-131.
2. *Ibid.*
3. *Ibid.*

mènes s'émurent. – À présent *l'inflexion éternelle des moments et l'infini des mathématiques me chassent par ce monde où je subis tous les succès civils, respecté de l'enfance étrange et des affections énormes. – Je songe à une Guerre, de droit ou de force, de logique bien imprévue.*

« *C'est aussi simple qu'une phrase musicale*[1]. »

Le paradoxe de cette simplicité est aveuglant : la « phrase musicale » est la seule « guerre » possible.

Et de Lautréamont, à peu près à la même époque (1868, *Les Chants de Maldoror* ; 1870, *Poésies*) :

« *Il est temps de serrer les freins de mon inspiration, et de m'arrêter, un instant, en route, comme quand on regarde le vagin d'une femme*[2] *[...]* »

« *J'écrirai mes pensées avec ordre, par un dessein sans confusion*[3]. »

La logique du corps sensible et de la musicalité ouvrirait-elle, au cœur même du jugement qui nous banalise dans nos vies sociales, une autre scène : une autre humanité, « poétique » si l'on veut, mais qui serait en réalité d'une autre logique ?

Lautréamont est l'explorateur de cette voie, autre précurseur des surréalistes. Certains d'entre vous connaissent ma réflexion sur Lautréamont dans *La Révolution du langage poétique*[4], et je vous avouerai que je

---

1. Rimbaud, *Œuvres complètes, op. cit., Illuminations,* p. 146.
2. Lautréamont, *Œuvres complètes,* Gallimard, Paris, 1970, *Les Chants de Maldoror,* chant deuxième, strophe 16, p. 129.
3. *Ibid., Poésies,* II, p. 275.
4. Julia Kristeva, *La Révolution du langage poétique, op. cit.*

Les Chants de Maldoror et les *Poésies*, dont je vous lirai d'autres extraits, datent à peu près de la même époque que les textes de Rimbaud. Ils expriment cette même nécessité de sortir de la poésie décorative, de combattre le romantisme, le Parnasse, le symbolisme, la rhétorique vide, l'embellissement béat du plaisir ou de la douleur, et de confronter l'expérience de la littérature avec la philosophie et la science. Cela va conduire, dans les *Poésies* de Lautréamont, à une écriture, disons, formulaire : par formules, en effet, qui aspirent à une rigueur scientifique et positiviste influencée par Auguste Comte – quoique dans un sens blasphématoire et ironique – et qui renvoient à la philosophie classique, puisqu'il s'agit de maximes de La Rochefoucauld, de Pascal, de Vauvenargues que le poète fait légèrement basculer pour donner un sens plus radical, plus démoniaque, plus révolté à l'énonciation classique.

La confrontation à l'autre est menée sur deux plans : réécriture du classicisme et du rationalisme pour déplier les tissus de la pensée et traversée de l'autre sexe en tant que tel. C'est non seulement la violence, l'intolérable, le dégoût, mais aussi la fascination et, à partir de là, la mobilisation de la langue pour rendre compte de ces états de passion ambivalente.

Voici donc quelques extraits des *Poésies* :

« *Les grandes pensées viennent de la raison ! [...] Vous qui entrez, laissez tout désespoir. [...] Chaque fois que j'ai lu Shakespeare, il m'a semblé que je déchiquète la cervelle d'un jaguar*[1]. » Lautréamont nous invite à

---

1. Lautréamont, *op. cit.*, *Poésies*, II, p. 275.

entrer dans le conflit, à repérer l'inconciliable, à manifester la logique de la violence et de la férocité qui est l'envers du beau langage, de la beauté littéraire dont s'affuble le nom de Shakespeare ; d'un acte violent : déchiqueter la pensée, qui est la puissance suprême, pénétrer dans cette tyrannie de l'intellect dont Kant avait indiqué la force et que Lautréamont présente sous la redoutable et dérisoire image d'une « cervelle de jaguar ».

Et ce passage dont je vous ai déjà lu quelques mots : *« J'écrirai mes pensées avec ordre par un dessein sans confusion. Si elles sont justes, la première venue sera la conséquence des autres. C'est le véritable ordre. Il marque mon objet par le désordre calligraphique.* [Une certaine pensée, donc, qui ne désavoue nullement la raison, se révolte contre le rationalisme ossifié et la « poéticité » classique sur laquelle pourtant il s'appuie parce qu'elle s'insurge contre le clair-obscur, contre « le flou artistique ».] *Je ferai trop de déshonneur à mon sujet si je ne le traitais pas avec ordre. Je veux montrer qu'il en est capable[1].* »

Cette revendication de *pensée* radicale va de pair avec une pénétration du mystère de la « norme » qu'est le tabou de la sexualité avec l'embellissement de l'acte sexuel. Et Lautréamont de conjoindre sa révolte logique à une descente, à travers le féminin et le vagin, dans l'enfer dérisoire de l'espèce, de notre animalité : *« Il est temps de serrer les freins à mon inspiration et de m'arrêter, un instant, en route, comme quand on regarde le*

---

1. Lautréamont, *Ibid.*

vagin d'une femme ; il est bon d'examiner la carrière
parcourue, et de s'élancer, ensuite, les membres reposés,
d'un bond impétueux. Fournir une traite d'une seule
haleine n'est pas facile ; et les ailes se fatiguent beau-
coup, dans un vol élevé, sans espérance et sans remords.
Non... Ne conduisons pas plus profondément la meute
hagarde des pioches et des fouilles, à travers les mines
explosibles de ce chant impie ! Le crocodile ne changera
pas un mot au vomissement sorti de dessous son crâne.
Tant pis, si quelque ombre furtive, excitée par le but
louable de venger l'humanité, injustement attaquée par
moi, ouvre subrepticement la porte de ma chambre, en
frôlant la muraille, comme l'aile d'un goéland, et
enfonce un poignard dans les côtes du pilleur d'épaves
célestes ! Autant vaut que l'argile dissolve ses atomes,
de cette manière que d'une autre[1].» Je propose aux amateurs de Courbet et autres pèlerins des *Origines du*
monde de méditer cette *« fouille impie »* qu'avait tracée
Lautréamont.

C'est une reprise de Pascal qui voulait écrire, comme
vous le savez *« (s)es pensées sans ordre, et non pas peut-*
être dans une confusion sans dessein : [car] c'est le véri-
table ordre, et qui marquera toujours mon objet par le
désordre même. Je ferais trop d'honneur à mon sujet, si
je le traitais avec ordre, puisque je veux montrer qu'il en
est incapable[2]». Si j'ai cité ces deux auteurs, c'est pour
noter deux éléments de cette rencontre de la littérature
avec l'impossible, que *Tel Quel* a repris et sur laquelle je

---

1. Lautréamont, *Les Chants de Maldoror, op. cit.,* pp. 129-130.
2. Pascal, *Pensées,* section VI, n° 373.

reviendrai dans quelques instants. D'une part, la littérature face à un dessein philosophique classique, et à la
limite classiciste ; d'autre part, la confrontation de
l'énonciation littéraire et du dire poétique avec le féminin de l'homme et avec le féminin de la femme, qui renvoient de fait à un réel transsubjectif de plus en plus
impossible à cerner. De telle sorte que nous allons le
chercher dans une optique qui paraît à certains onirique,
mais qui est peut-être le fond des choses : du côté de
l'idéogramme chinois et de sa bataille entre geste et
signe, entre réel et sens.

La deuxième rencontre de la littérature avec l'impossible fut celle du surréalisme. En reprenant le message de
Rimbaud et de Lautréamont, elle a connu aussi bien la
rage antilyrique et le souci d'un discours objectif – qui
exaspéra le bourgeois, comme vous le savez – que le
voyage vers l'impossible que j'ai nommé tout à l'heure,
avec ses deux variantes : le féminin et le réel ; voyage qui
cependant s'enlisa dans le culte de la femme providentielle (« l'avenir de l'homme est la femme » fut l'une des
impasses les plus religieuses de cette méprise) et dans
l'adhésion à une institution providentielle : le Parti
communiste, pour Aragon.

Ce qui me retient dans l'expérience de *Tel Quel*, c'est
la troisième variante – encore invisible – de cette rencontre entre littérature et impossible. Variante encore
invisible pour presque toute la planète médiatique. Pourquoi ? Parce qu'elle est peut-être autrement radicale. Et
parce qu'elle n'est pas récupérée par l'institution (religieuse, partisane, laïque, communiste, universitaire,
etc.), étant entendu que ce sont précisément les récupé-
rations qui rendent une expérience visible, qui rendent

visibles les expériences de rupture, lesquelles, sans cela, continuent d'œuvrer dans la marge. Pourquoi est-elle radicale ? Parce que nous avons assumé le legs des prédécesseurs : l'épuisement du beau langage, le désir d'irradier l'« universel reportage » (Mallarmé), le racontar, la littérature-divertissement. Mais, de surcroît, nous avons confronté cette expérience-là plus nettement encore avec l'histoire de la philosophie, de la religion, de la psychanalyse. Hegel, Husserl, Heidegger, Freud – mais aussi Augustin, saint Bernard, saint Thomas, Duns Scot et bien d'autres – sont devenus des références privilégiées au même titre que Joyce, Proust, Mallarmé, Artaud, Céline. *Tel Quel* fut perçu comme un laboratoire de lecture et d'interprétation. Universitaires ! ont crié les uns. Terroristes ! accusaient en reculant les paresseux. Il s'agissait, dans ces confrontations avec les philosophes, les théologiens ou les écrivains cités, de tester jusqu'où peut aller la littérature en tant que voyage au bout de la nuit. Au bout de la nuit comme limite de l'absolu, limite du sens, limite de l'être (conscient/inconscient), limite de la séduction et du délire. Et cela, sans l'espoir romantique de fonder à nouveau une communauté prônant le culte d'une Grèce antique, par exemple, ou le culte des cathédrales, ou celui des lendemains qui chantent. Mais, au contraire, en confrontant les hommes et les femmes d'aujourd'hui avec leur solitude et leurs désillusions – solitude et désillusions peut-être jamais atteintes à ce point auparavant dans l'histoire de l'humanité.

Le paradoxe – d'où l'accusation de terrorisme – vient de ce que cette confrontation avec l'impossible revêt non pas la forme d'une complaisance avec le désespoir, mais celle d'une ironie et d'une vitalité. Parce que, au-delà de l'impossible, l'imaginaire est réhabilité et affirmé, alors qu'il avait été mis de côté, récusé, notamment par certains courants du surréalisme et de l'existentialisme. Un livre comme *Femmes*, de Sollers[1], est la preuve de cette affirmation de l'imaginaire par-delà l'analyse de son imposture. Condensation de lucidité ironique, de souci philosophique, sans oublier le paradis de la poésie et l'affirmation d'une veine romanesque imaginaire. Crise de l'amour, des valeurs, du sens, de l'homme, de la femme, de l'histoire, certes ; mais je ne pars pas en Abyssinie, je n'adhère pas au Parti communiste, et si je vais en Chine ou en structuralisme, j'en reviens. Je poursuis le voyage au bout de la nuit. Cela s'appelle écriture-pensée. C'est peu de chose, mais, sans cela, il n'y a peut-être rien. Telle est la voie des samouraïs.

Breton : la révolte contre l'art

Je reviens à quelques points clés de l'aventure surréaliste, à la lumière de ce que je viens de dire sur la littérature comme pensée de l'impossible. Disons : la littérature comme l'*a*-pensée. Souvenez-vous de ce que je vous ai dit de la coprésence pensée-sexualité, du *kairos* phallique lors de la phase œdipienne. Vous trouverez la mise à nu de cette dynamique complexe, la mise en évidence de son hétérogénéité et de ses difficultés lorsque l'écriture dissout l'apparente cohérence du raisonnement et déploie la dynamique de la pensée : l'*a*-pensée, pour

---

1. Philippe Sollers, *Femmes,* Gallimard, Paris, 1983.

mieux montrer que cette écriture-pensée exhibe la logique refoulée, en négatif de l'accalmie de la pensée métaphysique.

Les belles-lettres françaises sont trop habituées au beau langage et ont trop peur du raisonnement pour qu'on ose sur leur terrain s'avancer impunément et suffisamment jusqu'à considérer qu'une écriture peut être – pas toujours, les librairies sont pleines du contraire, mais cela arrive aussi – un acte de pensée. La révolte surréaliste me paraît être radicale dans la mesure précisément où elle a essayé de spécifier en quoi consiste l'insoutenable de cette variante de la pensée que l'être humain accomplit en écrivant. Lorsque Aragon affirme continûment ce qu'il appelle la « volonté de roman », n'oublions pas la profession de foi du *Paysan de Paris* (1924-1926) : « *Mon affaire est la métaphysique*[1]. » La « volonté de roman » est une continuation – et, nous le verrons, une mutation – de la métaphysique lorsque celle-ci se met à l'écoute de la poésie et des sens. En faisant trop attention au « monde nouveau » prophétisé par les surréalistes en tant que monde social – et cela est, en effet, un aspect du projet, j'y reviendrai –, on a surtout sous-estimé la subversion philosophique que représente une écriture s'opposant à la fois à l'« action » et à l'« art ». Pourtant, la modernité de ce projet est incontestable et frappante. En cette fin de siècle plus encore qu'à l'époque surréaliste, nous savons qu'une rationalité d'action n'épuise pas les potentialités de l'être.

1. Louis Aragon, *Le Paysan de Paris* (1924-1926), NRF, Gallimard, Paris, 1926, « Folio » 1978, p. 246.

La révolte surréaliste s'exerça d'abord contre un monde où l'«*action n'est pas la sœur du rêve*», selon la formule de Baudelaire[1]. Du fait que toute société, la société bourgeoise de surcroît, est une société d'agissants – des nobles travailleurs aux moins nobles actionnaires –, l'*Homo faber* que nous sommes tous, nous a-t-on dit, a du mal à penser que toute pensée n'est pas une pensée-action. Toute l'histoire de la philosophie démontre au contraire, mais en vain, que philosopher – l'amour de la pensée – demande solitude, inaction, contemplation, jusqu'à cette métaphore du non-agir qu'est la mort identifiée métaphoriquement avec l'expérience de penser («philosopher, c'est apprendre à mourir»). Ce n'est cependant pas à la sage contemplation métaphysique, opposée à l'activisme pragmatique du travailleur toujours déjà en voie de robotisation, que Breton fait appel quand il désavoue un monde où l'action s'affirme contre le rêve[2]. Il s'oppose simultanément à la pensée contemplative et à la raison pragmatique pour ouvrir cette autre scène que Freud – complice aux yeux de ces poètes, mais personnellement réticent du fond de sa doctrine, et qui n'a jamais répondu aux appels insistants et naïfs des

---

1. Charles Baudelaire, *Les Fleurs du mal*, in *Œuvres complètes*, t. I, «Bibliothèque de la Pléiade», Gallimard, Paris, 1975. CXVIII, «Le reniement de saint Pierre», p. 121.
2. «Les littérateurs se sont en général formés à exploiter les ressources du rêve aux dépens de celles de l'action, ceci à l'avantage des puissances de conservation qui y découvrent à juste titre un précieux dérivatif aux idées de révolte», écrit Breton dans *Les Vases communicants* in *Œuvres complètes,* 2 vol., «Bibliothèque de la Pléiade», Gallimard, Paris 1988 et 1992, t. 2, p. 106.

Parisiens – était en train d'ouvrir depuis la fin du siècle précédent. Il existe une pensée aux limites du pensable : une pratique du langage libérée des freins de la conscience jugeante y donne accès et en impose l'évidence. Il s'agit peut-être d'un autre monde (de pensée) qui change le monde (réel).

À cette récusation du monde qui s'active au lieu d'écrire, Breton en ajoute une autre. En novembre 1922, dans une conférence à *L'Ateneo* de Barcelone, il s'adresse en ces termes aux étudiants : « *Il rôde actuellement dans le monde quelques individus pour qui l'art, par exemple, a cessé d'être une fin*[1]. » Entendons : l'incompatibilité entre la recherche d'une forme d'écriture qui serait la logique du rêve et le monde dans lequel nous vivons conduit à récuser la possibilité même de l'art. C'est une récusation des plus violentes, non seulement de l'art, ancien ou conformiste, mais de tout art quel qu'il soit. En effet, ce dont se réclameront les surréalistes n'est plus un art, mais une révolution de la pensée. Breton fait référence à Rimbaud dont l'œuvre « *a révolutionné la poésie* ». Il faut, ajoute-t-il, manifester « *la conscience de cette effroyable dualité qui est la plaie merveilleuse dont souffre notre humanité*[2] » : effroyable dualité dont Baudelaire fut le premier à explorer la fertile douleur et qui déjà rendait incompatibles la poésie et l'action sociale. En 1919, Tristan Tzara affirmait pour sa part : « *L'art s'endort pour la naissance d'un monde nou-*

---

1. « Caractères de l'évolution moderne et ce qui en participe », in André Breton, *Œuvres complètes,* 1988 et 1992, vol. I, p. 292.
2. *Ibid.,* p. 294.

veau[1]*.* » Un autre monde vient qui met à mal l'art ancien. Le mouvement dadaïste exècre les formes figées de la civilisation bourgeoise. La révolution des poètes n'a aucun rapport avec les figures anciennes de la poésie, l'incohérence du monde est son objectif, ainsi que l'« inacceptable condition de l'homme ». Pourtant, un glissement s'opère entre le constat de la difficulté à poursuivre l'expérience poétique – chercher la logique de l'impossible, la logique du rêve, la logique de la contradiction, la logique des limites du pensable – et l'utopie d'une réalisation dans le monde de cette logique extravagante et libérée des contraintes de l'action et du jugement. Une utopie progressiste vient s'adosser à cette exploration vertigineuse de l'*a*-pensée : utopie qui puise au marxisme et à l'hégélianisme prophétique, bien avant l'apocalypse actuelle d'une « fin de l'Histoire ». Le poète illuminé oublie son Rimbaud et se met à vouloir réaliser dans le « monde de l'action » cette antinomie qui ne peut en être que le contrepoids ou l'aiguillon amer.

La grande hypothèse, qui sera aussi un piège, pourrait alors se formuler en ces termes : lorsqu'on est devant la difficulté stylistique, devant la difficulté de l'« illumination poétique », lorsqu'on est confronté au silence, on peut croire qu'il est possible de « s'en sortir » en investissant l'action réelle ; en panne d'imaginaire, on ne fait plus de poésie, on opte pour la révolution ; ce ne sont pas les formes qu'on va changer, mais la société. Avouons-le, à la plupart des contemporains, cette

---

1. Tristan Tzara, *Œuvres complètes*, t. I, Flammarion, Paris, 1975, p. 368.

seconde option paraît bien sûr non seulement logique, mais éminemment préférable, en dépit des erreurs idéologiques qui n'ont pas manqué de survenir dans la voie des écrivains politisés. Pourquoi s'enfermer dans un art dont on connaît, avec le style ancien, les impasses ? Pourquoi s'enfermer dans un art dissident, par définition élitiste et isolationniste ? Pourquoi s'obstiner dans l'imaginaire quand on peut opter pour l'action – pour l'« engagement », dira Sartre ?

Dans l'intervalle, cependant, et avant que certains désavouent l'expérience littéraire comme futilité amorale, la révolte surréaliste réclame une nouvelle pensée qui bouleverse l'essence de la pensée : le refus de la poésie insignifiante, de la poésie décorative, le refus du « pohème » se confirme dans les écrits des surréalistes : « *Garde-à-vous [...] et ensuite la rime, la syntaxe, le sens grotesque[1]* », écrivent Breton et Éluard qui veulent, avec Apollinaire, « *toucher à l'essence du verbe[2]* ». Il s'agit de poursuivre l'investigation qui consiste à refuser le décoratif, la dentelle poétique, le « pohème » pour inventer, dans la perspective de l'ambition « scientifique » ou « expérimentale » des précurseurs, « le poème événement ». C'est ce qui se développera dans les années ultérieures sous forme de *happening*, avec implication du public, des participants, des lecteurs comme autant de sujets, de corps, des atomes de sens en jeu, en un lieu

---

1. André Breton, *Notes sur la poésie*, in *Œuvres complètes*, t. I, *op. cit.*, p. 1018.
2. *Cf.* « La Situation du surréalisme entre les deux guerres », 1942, in *La Clé des champs*, J.-J. Pauvert, Paris, 1967, p. 97.

donné. « *Le lyrisme est le développement d'une protestation contre le sentiment de réalité¹* », lit-on encore dans les *Notes sur la poésie*. Soyons réels et tenons compte de ce qui nous entoure, mais pour mieux tordre le cou à la réalité banalisée ! Le surréalisme ne lâchera pas le fil du rasoir entre poésie et réalité.

Le merveilleux et les femmes

La « *[...] transsubstantiation de chaque chose en miracle² [...]* », voilà l'objectif de la nouvelle poésie. Telle est la proposition d'Aragon dans *Le Traité du style* (1927), en consonance à la fois avec les *Illuminations* de Rimbaud, désireux de traverser le quotidien pour toucher au miraculeux, lui-même amalgamé au catholicisme, et avec le mot de Proust qui demande au verbe écrit de se faire chair par « transsubstantiation³ » – le roman devenant aussi une expérience physique. Il s'agit bien sûr, en un premier temps, d'atteindre à un type d'illumination ou de merveilleux à travers le culte de l'écriture : de l'écriture comme accès privilégié, sinon exclusif, à l'*a*-pensée ; puis, lorsque ce culte de l'écriture sera mis en difficulté ou en danger, un double écueil guettera les

---

1. André Breton, *Notes sur la poésie,* in *Œuvres complètes*, t. I, *op. cit.* p. 1018.
2. Louis Aragon, *Le Traité du style,* NRF, Gallimard, Paris, 1928, p. 209.
3. *Cf.* Julia Kristeva, *Le Temps sensible, op. cit.,* pp. 138-140, 262 *sq* et 301-302.

nouveaux poètes – nous le verrons avec Aragon – la tentation soit d'abandonner son œuvre, de la brûler, soit de
s'engager dans la voie politique (certains, on le sait,
ayant périlleusement tenté les deux voies).
Reste à souligner que c'est l'appât social et politique
(devenu désormais médiatique) qui constitue la dimension à proprement parler tragique de cette rencontre de la
poésie avec l'impossible, bien plus radicalement que ne
le manifestent les symptômes dépressifs ou même les
suicides de quelques-uns des meilleurs. J'y reviendrai
précisément avec Aragon et sa *Défense de l'infini*[1] , qui
jouxte l'autodafé et... l'engagement stalinien. N'oublions pas ce tragique – il se prolonge jusqu'aux rôles
spectaculaires dans lesquels certains se plaisent aujour-
d'hui – lorsque nous débusquons, sous les apparences,
tel cynisme ou telle manipulation médiatique. Ce tragique est à la mesure du culte de l'écriture comme source
radicale de l'*a*-pensée : « *J'appartenais donc, dès le plus
jeune âge, à cette espèce zoologique des écrivains pour
qui la pensée se forme en écrivant* », affirme Aragon
dans la préface tardive, de 1964, au *Libertinage*[2] (1924),
reconnaissant qu'il n'est d'autres solutions de pensée ou
de vivre hormis l'écriture ; que seule l'écriture peut vala-
blement s'insurger contre l'opinion et l'art édulcorés ;

---

1. Louis Aragon, *La Défense de l'infini*, 1923-1927, suivi de *Les Aventures de Jean-Foutre la Bite*, présentation et notes d'Édouard Ruiz, NRF, Gallimard, Paris, 1986.
2. Louis Aragon, *Le Libertinage* (1924), NRF, Gallimard, Paris, 1964 (édition modifiée), p. 13.

qu'elle seule est une révolte au profit du miraculeux et de la saisie d'une pensée sans compromis utilitaire. Mesurez bien l'ambiguïté du projet et son exhorbitante ambition : faire du merveilleux avec du logique ! Dans cet ordre d'insurrection contre la raison calculante et pragmatique, contre les arguments tout fabriqués et contre les signes ridés, le surréalisme – et Aragon avec lui – va procéder à un véritable culte des signes mystérieux : des signes qui se dérobent aux jugements, qui cachent une réalité-enchantement. Cette recherche conduira le groupe surréaliste dans deux directions opposées : les uns vers l'occultisme – ce sera le cas de Breton –, les autres dans une direction (du moins dans un premier temps) explicitement plus sexualisée, érotique ; ils chercheront l'enchantement dans la libido scandaleuse, que ce soit celle de la prostitution féminine ou, ultérieurement, de l'homosexualité masculine en tant que non conformes, non conformistes. En tout cas, d'emblée, ces deux recherches du merveilleux – de l'occulte ou de l'érotique – se donnent comme des adjuvants d'un nouveau style, des moyens de l'atteindre en déstabilisant les valeurs et leurs protagonistes, en en trouvant des signes qui se dérobent au commentaire.

Une sexualité paroxystique est appelée à soutenir le langage d'enchantement de sorte qu'il se révolte contre cette langue française – évidemment imaginaire – perçue comme rationnelle, plate, rétive à la féerie. La langue française est une « *langue de caissier, précise et inhumaine*[1] », se plaint Aragon dans *Le Traité du style*, avant

---

1. Louis Aragon, *Le Libertinage, op. cit.*, p. 13.

de proposer d'en créer une autre à l'aide de l'écriture automatique, des récits de rêves, des collages, des fragments. Heureusement, quelques-uns échappent à cette francité de caissiers précis : tel Rimbaud, « illuminé » et « assassin ». La Fontaine, en revanche, passe pour « très français » et utilitaire, bien qu'une autre lecture pourrait montrer qu'il n'est ni « caissier » ni « inhumain » ; telle est pourtant la position d'Aragon à ce moment-là. Et si vous suivez son insurrection contre la rationalité pragmatique, qui s'accompagne d'un rejet de la poétique déjà-là, déjà-faite, devenue un frein à l'imaginaire, vous comprendrez que l'érotisme soit alors mobilisé pour provoquer l'insolite et insuffler une nouvelle vie à l'imaginaire.

Telle sera l'ambition de *La Défense de l'infini* (1923-1927). Mais je pointerai également d'autres thèmes, chez Aragon et les surréalistes, qui participent de ce débat, interne à toute la culture européenne de la première moitié du siècle, contre la crise de la rationalité pragmatique. Parmi eux, le thème de *l'éphémère* – au cœur de la rencontre amoureuse, justement : une grâce sans lendemain qui dévalorise cependant la liaison bourgeoise, le mariage et tous les conformismes familiaux ; celui de *l'humour* – notamment à travers le rapport à l'inconstance du *visible* : le visible est facétieux de par ses facettes. En ce domaine encore, les surréalistes sont les précurseurs de cette confrontation que nous vivons, aujourd'hui plus nettement qu'à leur époque, entre la rhétorique du verbe et la rhétorique de l'image telle que nous l'impose la télévision. Dans *Le Paysan de Paris*, Aragon insiste sur la prégnance – qui est également une inconstance – de l'image et précise la compétition du verbe et de l'image : *« Chaque image [...] vous force à réviser tout l'Uni-*

vers[1] », écrit-il. Chaque image vous force à redéployer les moyens du verbe pour vous permettre de traduire le monde de manière plus ludique, plus rieuse. On en arrive ainsi à cette définition en cascade d'images du style verbal dont l'écrivain n'est qu'une « occasion » : « *J'appelle style l'accent que prend à l'occasion d'un homme donné le flot par lui répercuté de l'océan symbolique qui mine universellement la terre par métaphore*[2]. » Entendons : le style ouvre la langue de telle manière que chaque individu, chaque homme donné soit le représentant de l'océan symbolique, de l'infini de la langue auxquels nous sommes conduits si nous tenons vraiment compte de la confrontation avec l'éphémère, avec l'humour et avec l'image ; pour le poète, ces phénomènes ne sont que des prétextes qui ouvrent « une révolte sans fin[3] », à traduire à son tour par métaphores. Et d'insister aussi sur l'accent, sur la musique, sur ce que j'appelle le « sémiotique », donc sur l'expérience singulière qui insuffle une sensibilité irréductible dans l'usage communautaire de la langue (du « flot » universel qui mine la « terre »).

Vous le voyez, le surréaliste Aragon réhabilite la métaphore, cette métaphore dont nous connaissons la profusion transsubstantialiste chez Proust ; mais Proust reste pour les surréalistes une référence honteuse, le roman étant récusé comme genre insuffisamment miraculeux. En effet, c'est la poésie et son impact d'événement, de vio-

---

1. Louis Aragon, *Le Paysan de Paris, op. cit.*, p. 82.
2. Louis Aragon, *Le Traité du style, op. cit.*, p. 210.
3. *Ibid.*, p. 71.

lence, d'acte qui sont prisés par le groupe surréaliste, contre le roman. Cependant, Aragon réagira et revendiquera le roman contre la poésie : non pas uniquement pour rejoindre la raison utilitaire, bien qu'il l'ait également fait, mais aussi et surtout pour mieux se noyer dans l'océan symbolique (il suffira plus tard de lire *Blanche ou l'oubli*[1], par exemple, pour s'en convaincre). Pour l'instant, *Le Libertinage* (1924), révèle une vision complexe de l'art poétique qu'il me paraît important de souligner avant d'aborder d'autres textes ; outre l'implication du poète dans l'infini de la langue, l'expérience d'Aragon consiste à mener parallèlement un engagement dans la plénitude du monde et dans l'histoire réelle, que la seconde préface de 1964 définit ainsi : « *La grande histoire de ma vie aura été le mariage de cette pensée pleine, qui est de moi-même, et du monde extérieur*[2]. » Le monde extérieur, certes, mais méfiez-vous : dans cette conjonction entre l'infini de l'océan symbolique, la sollicitation du monde extérieur dans son instabilité ou sa banalité, et les promesses de changement que nous proposent la technique et les mouvements révolutionnaires, l'événement extérieur qui retiendra la poétique dadaïste mais aussi surréaliste, et tout particulièrement Aragon, sera le *scandale*. Les surréalistes, vous ne l'ignorez pas, ont toujours recherché les événements insupportables, provocateurs ou érotiques qui révulsent le bourgeois. On connaît cette obsession du

---

1. Louis Aragon, *Blanche ou l'Oubli*, NRF, Gallimard, Paris, 1967. Nous lirons ce texte au cours de l'année 1995-1996.
2. Louis Aragon, seconde préface au *Libertinage*, 1964, *op. cit.*, p. 14.

scandale dès le XIXᵉ siècle avec le dandysme, puis, par exemple, avec Mallarmé, fasciné par l'anarchie ; mais ce sont là des formes de scandale relativement apprivoisées, socialisées. À l'aurore du surréalisme, le scandale, qui nous émeut par ses enfantillages non dépourvus cependant de risque, est un terme favori et violemment revendiqué et, bien que Breton prenne dès 1922 ses distances avec le « goût (dadaïste) du scandale pour le scandale », *« Je n'ai jamais cherché autre chose que le scandale¹ »*, écrit Aragon dans la première préface de 1924 au *Libertinage*. Le scandale est à entendre dès lors comme l'association d'un style de vie avec les thèmes insolents d'une écriture dont la logique elle-même déraisonne. Le choix des personnages dans les textes surréalistes, poétiques ou en prose est lui-même dicté par la notion d'événement-scandale ; ce sont fréquemment des personnages de criminels et de prostituées ; la femme criminelle apparaît notamment comme une conjonction propice du flot d'« océan intérieur » et de l'instabilité du monde extérieur.

Le rejet de la poétique édulcorée, du décor, du fétichisme littéraire et artistique va de pair avec les deux thèmes du merveilleux et du féminin. J'ai déjà situé le merveilleux dans le sillage des *Illuminations* de Rimbaud, le for intérieur extériorisé dans l'éclat de l'être, désacralisation sacrée de l'expérience religieuse (« *pas d'*orietur »). Les surréalistes et notamment Aragon implantent cette illumination – défi, grimace ou audace ? – dans le paysage moderne de la ville : avec le jeune Ara-

---

1. Louis Aragon, *Le Libertinage, op. cit.,* p. 18.

gon, l'extase est *citadine*. On découvre la ville, le merveilleux moderne, urbain. Vous lirez, par exemple, dans *Le Paysan de Paris*, des promenades à travers la ville écrites avec une recherche vertigineuse du féérique et de l'inattendu, ce qu'Aragon appelle la « métaphysique des lieux », ou encore le « magique circonstanciel », avec le désir de découvrir dans chaque recoin de l'espace citadin un sens insolite. La réalité urbaine est appréhendée à travers le prisme de l'imaginaire ; elle est nourrie d'un imaginaire paradoxal, onirique, qui donne son sens fort au mot « surréaliste ». Circonstances inattendues, visions et rencontres irrationnelles, tels sont les hauts et bas lieux de la fascination surréaliste. D'où un autre thème récurrent dans les textes surréalistes : celui du passage, du jardin, du lieu surprenant considéré non seulement à partir de sa réalité architecturale, mais aussi et surtout à partir de son habillage signifiant, de l'expression linguistique qui le présente, de la « fiction » – au sens mallarméen du terme[1] – qu'ils sont susceptibles de revêtir.

Le monde extérieur n'est pas oublié, mais, ce qui compte, c'est le déplacement de l'accent de cette réalité circonstancielle à la réalité signifiante, au discours ; de même que le jeu ouvert, aberrant parfois, qu'on se permet avec le langage pour étoffer cette logique du merveilleux. Le paysan doit revenir à la terne réalité pour lui redonner un nouveau sens ; d'où une épiphanie de la cité et du

---

1. « À l'égal de créer : la notion d'un objet, échappant, qui fait défaut. » *Cf.* Stéphane Mallarmé, *La Musique dans les lettres, Œuvres complètes*, « Bibliothèque de la Pléiade », Gallimard, Paris, 1970, p. 647.

féminin, dont la « circonstance » est le noyau[1]. Voilà qui est ici essentiel à comprendre : la circonstance, la possibilité est donnée non pas par la réalité mais par la fluidité du langage qui se réfère à cette réalité. Une logique apparemment délirante est susceptible de se déployer dans l'imaginaire à partir d'une langue faite par ailleurs de « références » : « *vertige du moderne*[2] », « *légende moderne*[3] », « *tragique moderne*[4] ». L'écrivain est attiré par l'extérieur – paysages, villes, femmes, bordels, situations scandaleuses – et en même temps et toujours par l'« océan symbolique » : par les possibilités signifiantes de la langue qui vont le conduire, par-delà le rêve et le merveilleux, non pas à une démence, mais à une manière de revitaliser la vie. Breton définit la rencontre avec le miraculeux comme une chance accordée aux êtres de bonne volonté : cette notion de *chance* sera largement accentuée par les surréalistes. Il s'agit surtout d'en saisir la valeur rhétorique. Mallarmé figure parmi les précurseurs de cette « chance », de ce retour en chance réelle de la trouvaille rhétorique, lorsqu'il voit se lever « *l'absente de tout bouquet*[5] », ou qu'il écrit : « *Le vers ne doit pas, là,*

---

1. Pensons ici à Duchamp et à son intérêt pour la relation entre le réel et le possible. *Cf.* aussi André Breton : « La question de la réalité dans ses rapports avec la possibilité, question qui demeure la grande source d'angoisse, est ici résolue de la manière la plus hardie : "la réalité possible [s'obtient] *en distendant un peu* les lois physiques et chimiques" », *Œuvres complètes*, t. II, *op. cit.*, p. 112.
2. Louis Aragon, *Le Paysan de Paris, op. cit.*, p. 141.
3. *Ibid.*, p. 144.
4. *Ibid.*, p. 146.
5. Stéphane Mallarmé, *Œuvres complètes, op. cit.*, p. 368.

se composer de mots, mais d'intentions, et toutes les paroles s'effacer devant les sensations[1] *»* ; avant que Proust ne rêve de transsubstantiation de Madeleine en madeleine, et vice versa, à l'ombre des cathédrales... L'écriture transmuée en chance/jouissance dont cependant, et pour commencer, elle s'alimente : tel sera l'argument d'un texte détruit par Aragon et intitulé *La Défense de l'infini*. Nous n'en connaissons que quelques fragments dont l'un, *Le Con d'Irène*[2], reste très significatif. Les notions de *chance*, d'*infini* du *sens*, d'*écriture* s'y agencent à une réalité triviale et cependant scandaleuse qui est l'expérience érotique, évidemment pas si extraordinaire que cela (pour le narrateur, mais ne soyez pas prétentieux : pas si mirobolante non plus pour la plupart d'entre vous, quoi qu'on ait pu dire et quoi que prétendent encore les libertins crédules), mais à laquelle, justement, la révélation verbale accorde du merveilleux, confère du miraculeux. C'est avec le féminin, avec la traduction du féminin, je vous l'ai dit, que la révolte poétique contre l'ancien style et la rencontre avec l'impossible vont prendre tout leur sens.

Parlons-en, du féminin surréaliste, avant de le retrouver – mais sans détours, au bord du suicide et du Parti communiste – dans *Le Con d'Irène*. La date du 4 octobre 1926 est souvent soulignée, dans l'histoire du mouvement surréaliste, comme une date dérisoirement et donc

---

1. Stéphane Mallarmé, Lettre à H. Cazalis de 1864, *Correspondance*, t. I, (1862-1871) Henri Mondor et L.J. Austin, avec la collaboration de J.-P. Richard, Gallimard, 1959, p. 137.
2. Louis Aragon, *La Défense de l'infini, op. cit.*, pp. 41-95.

fondamentalement déterminante. Ce jour-là, André Breton rencontre rue Lafayette, à Paris, une jeune femme qui se fait appeler Nadja[1]. Conjonction de l'éphémère, du scandale et du féminin, cette rencontre est, en effet, capitale : le peu de réalité de cette femme va s'incorporer à la fiction du féminin que développera le poète ; c'est ce caractère somnambulique de la « vraie femme » qui permettra au poète de déployer son propre (j'y reviens) « océan symbolique » infini. Ce n'est ni une femme précise, ni les femmes en tant qu'individus sociaux qui sont ici en cause, mais ce que j'ai désigné au cours d'une séance antérieure comme une part de la vie psychique de tout sujet, comme ce qui a bien du mal à se représenter pour les deux sexes : le *féminin*. Il se trouve que pour parler du féminin – et encore mieux pour l'écrire –, on est obligé d'en passer par du visible, par du plastique, parfois même par la réalité féminine (certains s'aventurent jusque-là !), et donc de tenir compte des corps féminins tels qu'on les rencontre. Là, le féminisme crie à l'usurpation, car les femmes réelles – nous affirme-t-on avec une raison à toute épreuve – sont récupérées pour créer un mythe du féminin « universel » qui se révèle être surtout le féminin de l'homme. Soit. Mais, au-delà des aspects sociologiques, en effet, scandaleux de cette entreprise, il me semble qu'il y a ici une révé-

---

1. Vous lirez à ce propos le livre de Jean Decottignies sur la poésie surréaliste, *L'Invention de la poésie. Breton, Aragon, Duchamp,* Presses universitaires de Lille, 1994. Je vous signale aussi le travail de Xavière Gauthier sur les surréalistes et les femmes : *Surréalisme et Sexualité,* Gallimard, Paris, 1971.

lation de quelque chose d'important : quelles sont les
conditions pour qu'advienne l'alchimie du verbe ou,
comme je l'ai formulé au début de ce cours, l'*a*-pen-
sée ? Comment advient l'imaginaire ? Comment crée-t-
on la fiction, que l'on soit homme ou femme ? En s'appuyant sur une certaine exploration de la bisexualité, en
l'occurrence en créant une fiction du féminin à partir
d'une expérience érotique bien particulière, dont *Le
Con d'Irène* nous livre quelques secrets.

L'anomalie graphique – l'*a*-pensée – que je vous propose vous invite à ne pas oublier la charge négative que
cette écriture déploie à l'encontre de ce que nous appe-
lons une « pensée » et que nous assimilons trop souvent
à la *connaissance* et à l'*action*. Ni connaissance ni
action, mais avec elles et à travers elle, l'*a*-pensée
déploie dans la chair de la langue les polyvalences des
métaphores, les ressources sémantiques des sons, et jusqu'aux battements des sensations : une constellation de
significations déplie alors les secrets de l'être parlant et
l'associe aux pulsations du monde, indécidable. La
réduction de la pensée à la connaissance nous fait
oublier cette dimension de l'expérience que j'ai appelé
une *signifiance* et que l'*a*-pensée découvre avec provocation ; mais qui constitue peut-être la véritable dynamique de la pensée. L'*a*-pensée-battement, l'*a*-pensée-
dévoilement du sens : rappelez-vous les plis et les
voiles du *Christ* à Naples, de la *Pudeur* et de la *Pureté*.

En écho moderne du sculpteur baroque, l'écriture de
l'*a*-pensée couvre et dénude la substance de la langue
pour laisser imaginer non pas un symptôme personnel,
mais, au-delà de celui-ci, la germination du sens dans le
désir sensible ; ainsi que la menace de leur éclipse

mutuelle. Les phrases d'*Irène* que nous lirons dans *La Défense de l'infini*, par exemple, voilent et dévoilent dans l'*a*-pensée jusque la chair de soi et de l'autre, la chair du monde bouleversée, dérobée et cependant nommable. Au point de nous convaincre qu'il n'y a pas de chair plus troublante que la chair de l'écriture – comme les plis du voile lui-même s'imposent à nous plus mystérieux et plus vrais encore que les visages qu'ils sont supposés cacher ou révéler. Vous noterez cependant qu'avec l'*a*-pensée de l'écriture dans *Irène*, ce n'est pas la Pudeur ou la Pureté qui nous saisissent, mais la violence du désir et le merveilleux de l'anéantissement érotique. C'est que, depuis deux siècles, grâce à Freud, et à la liberté des hommes, l'*a*-pensée a poursuivi son chemin dans le langage : elle semble avoir reconnu dans la génitalité la condition qui rend possible la désacralisation du sens, son interrogation et son renouvellement. *Irène* ou la génitalité comme source et épreuve de l'*a*-pensée ? De l'autre côté du culte phallique, l'*a*-pensée scandalise notre aptitude phallique à la connaissance dont je vous ai parlé dans le cours sur l'Œdipe. Si elle désacralise la pensée-connaissance, si elle désacralise le phallus, l'*a*-pensée comporte le risque d'effondrement identitaire. En revanche, si elle sacralise la jouissance féminine, elle court le danger d'ériger une nouvelle religion : horizon de l'occultisme et des paradis politiques. Entre les deux, se maintenir dans le creuset de l'*a*-pensée fait le véritable scandale que les surréalistes ont lancé à la face de la culture.

Mais revenons à *Nadja*[1] et au culte du féminin qu'a
développé le mouvement surréaliste : l'exaltation de la
déesse-femme, de la fée et de toute une série de personnages fortement valorisés, mais souvent âprement
dénigrés dans les relations personnelles des surréalistes,
accompagne le développement de cette rhétorique du
paradoxal, du merveilleux, de l'onirique, de l'incom-
patible, qui restera un acquis de la poétique surréaliste.
Le phénomène se retrouve aussi au sein d'autres courants littéraires, en France ainsi qu'à l'étranger, tant
l'aspiration au spirituel s'alimente de l'identification
avec le féminin et de son refoulement. Toujours est-il
qu'on a pu comparer l'exaltation pour Nadja de Breton
– qui a l'avantage d'avouer cette dette de l'ésotérisme à
la dévoration d'un féminin de « peu de réalité » – à
l'extase autrement plus institutionnelle d'un Claudel, au
moment illuminé de sa conversion au catholicisme derrière un pilier de Notre-Dame, quarante ans plus tôt.
    Abordons cet étrange culte du féminin, et d'abord
chez Breton. C'est par la mise en évidence du machinal
dans le corps humain en général, et féminin en particulier, du corps comme machine à désir, que s'inaugure ce
culte. Tout Paris parle d'une pièce médiocre intitulée
Les Détraquées, au « Théâtre des Deux-Masques ».
Dans le style du Grand-Guignol, cette pièce s'inspirait
d'un crime crapuleux commis dans un pensionnat de
jeunes filles ; le meurtre était finalement imputé à une

---

1. André Breton, *Nadja,* 1928, *Œuvres complètes,* « Bibliothèque de la Pléiade », t. I, Gallimard, Paris, 1988, pp. 643-753.

femme, amie intime de la directrice. Nous sommes dans un univers de femmes – une directrice, son amie, la criminelle : Solange, nymphomane et sadique de surcroît, mais très belle et qui fascine Breton, sous les traits de l'actrice Blanche Derval, dont il brosse précisément le portrait dans *Nadja*. Le personnage féminin de Nadja, on le voit, est donc un mélange de plusieurs sources qui forment la vision démoniaque, machinale et sadique d'un féminin tout à la fois puissant et déchu.

En 1921, Breton se rend à Vienne pour rencontrer Freud, attiré par ce qu'il prend pour un intérêt identique au sien pour le caché, le sens caché du mot ou du comportement, pour le scandale, pour la sexualité détentrice de tous les secrets. Rencontre impossible, faut-il le rappeler, Freud refusant farouchement ces transactions poétiques qui lui paraissent suspectes. Pourtant, cette rencontre ratée présente l'avantage, à mes yeux, de dissocier l'érotique surréaliste de l'investigation psychanalytique à laquelle beaucoup se hâtent de l'assimiler, pour la situer au contraire dans l'obsession du féminin qui hante la décomposition du catholicisme depuis le XIXᵉ siècle et ses à-côtés ésotériques. Tant il est vrai qu'on peut rattacher le culte surréaliste de la femme puissante et déchue, dès la fin du XIXᵉ siècle, aux décadents – Huysmans, Péladan, etc. –, qui affectionnaient l'image d'une femme sanguinaire – Salomé, en particulier – en contrepoint blasphématoire de l'Homme de douleur.

« L'amour sera [...], nous réduirons l'art à sa plus simple expression qu'est l'amour », écrit Breton dans *Le*

Poisson soluble[1]. Le lieu de l'autre, en l'occurrence de la femme, est maintenu, mais le sens de l'amour s'achemine (bien que la « violence » et l'« assassinat » dont parlait Rimbaud ne nous soient pas épargnés) vers tout autre chose qu'une « illumination » ; le traitement approximatif du féminin mène tout droit au « discours moral », comme le montre bien Decottignies : « l'amour devient l'objet d'un discours moral » ; Breton ne vise pas seulement ici la moralité conventionnelle, mais affirme une intention de rechercher, sous-jacentes à l'amour, ses impulsions logiques, autrement dit de repérer, sous la couverture d'une intention « morale », les mouvements essentiels de pensée, les impératifs logiques qui régissent un individu dans une rencontre amoureuse[2]. Cependant, cette logique de l'amour insoutenable en brûlera plus d'un, et sa voie se trouvera dès lors fermée par le culte très comme il faut d'un « amour fou » qui revêtira toutes les apparences de la courtoisie nationale.

Pour ce qui est de la représentation de cette féminité « détraquée », Breton se réfère à Gustave Moreau, et non seulement au personnage de Salomé, mais aussi à Hélène, à Dalila et à d'autres chimères qui construisent l'image d'une féminité intraitable et envoûtante que nous

---

1. André Breton in *Manifeste du surréalisme*, 1924-1929, Sagittaire, Simon Kra. *Cf.* également, *Œuvres complètes*, *op. cit.* t. I, p. 359. *Poisson soluble*, II, pp. 514-599.
2. « L'amour sexuel individuel, né de cette forme supérieure des rapports sexuels qu'est la monogamie [est] le plus grand progrès moral accompli par l'homme dans les temps modernes », écrit Breton dans *L'Amour fou*, *Œuvres complètes*, t. II, p. 745.

verrons resurgir dans *Le Con d'Irène* d'Aragon. Un autre texte fort curieux et qui mérite d'être mentionné a inspiré les surréalistes dans la recherche de cet impossible représentable ou représentable impossible qu'est le féminin ; c'est « L'étonnant couple Moutonnet » de Villiers de L'Isle-Adam[1]. Il s'agit d'une histoire de guillotine autour de laquelle Villiers met en scène l'extrême violence des deux membres de ce fameux couple Moutonnet où l'homme, pour ne s'en tenir qu'à lui, imagine faire l'amour avec une femme sans tête. C'est ce double aspect – violence paroxystique contre une femme et préservation d'une excitation érotique avec ce féminin décapité, « cause (de) la réelle félicité amoureuse » – qui intéressa les surréalistes : la connotation abyssale du féminin comme envers du représentable, du visible, du phallique, que la psychanalyse éclaire, et qui reste un lieu de fascination. Nous assistons en tout cas ici à une rencontre que l'écriture en français est la seule à avoir explorée et que l'idéalisme allemand, avec ses audaces aux confins de la raison raisonnante, n'a jamais mise en évidence, à savoir : on ne saurait avancer dans l'exploration de la rencontre entre l'homme parlant et l'*a*-pensée si on n'explore pas cette version-là du féminin – féminin acéphale, meurtri, décapité, parce que révélateur d'une castration érotisée, antithèse menaçante du phallus.

Dans *Poisson soluble* de Breton, Solange est une médium dotée d'un caractère fabuleux et simultanément

---

1. 1890. Villiers de L'Isle-Adam, *Chez les passants,* in *Œuvres complètes*, t. II, « Bibliothèque de la Pléiade », Gallimard, Paris, 1986, pp. 405-409.

dévalorisé : extralucide, elle est aussi un être des bas-fonds, « *discrète comme le crime [...], sa main crispée sur un revolver*[1] ». Dans *Le Paysan de Paris* d'Aragon, la femme est aussi un fantôme théâtral et grandiloquent et elle est présentée comme la conjonction entre l'infini et l'éternité : « *s'élève un fantôme adorable [...], monte une grande femme*[2] », « *sans limite*[3] » qui nous donne « *ce goût divin que je connais bien à tout vertige*[4] ». Le féminin est à la fois l'image du divin et une profanation du sacré traditionnel, puisque, en même temps que glorifié, il se présente comme des plus ambigus.

Ainsi, courtisanes et prostituées peuplent *Le Paysan de Paris, Anicet ou le Panorama*[5] et *Le Con d'Irène*, tout en maintenant le mystère, le plaisir de l'infini et le vertige des sens et en permettant à l'écrivain d'éviter ce qu'il récuse : la généralisation, l'idéalisation, l'archétype positivé. Le type forcément généralisant de la prostituée, le mythe tout aussi généralisant de la courtisane prennent une forme précise, singulière, qui rabat l'archétype sur terre tout en l'avilissant : « *Putains terribles et charmantes, que d'autres dans leurs bras se prennent à généraliser*[6] » – quand l'écrivain, au contraire, veut donner les détails, tous les détails, nécessairement sordides, pour

---

1. André Breton, *Poisson soluble, Œuvres complètes*, t. I, *op. cit.*, p. 396.
2. Louis Aragon, *Le Paysan de Paris, op. cit.*, p. 207.
3. *Ibid.*, p. 208.
4. *Ibid.*, p. 242.
5. Louis Aragon, *Anicet ou le Panorama*, NRF, Gallimard, Paris, 1921 (« Folio », 1972).
6. Louis Aragon, *Le Paysan de Paris, op. cit.*, p. 238.

ainsi seulement rester dans un « principe hors la loi ». Les femmes sont les « *kleptomanes de la volupté*[1] », lit-on encore dans *Le Paysan*. Ce féminin fantasmatique et monstrueux ouvre au monde de l'instabilité, de la transaction et de la transgression. « *Ni le visage humain, ni les soupirs ne retrouvent le miroir ou l'écho cherché.* » Les femmes, habitées par une violence acéphale, archaïque et indomptable, ont choisi « *le vagabondage de l'incertitude* » et imposent une nouvelle version de l'amour fondée sur « *un principe hors la loi, un sens irrépréhensible du délit, le mépris de l'interdiction et le goût du saccage* ». Elles ne sont personne, rien que, encore une fois, le rimbaldien « dérèglement de tous les sens » : « *La femme est dans le feu, dans le fort, dans le faible, la femme est dans le fond des flots, dans la fuite des feuilles, dans la feinte solitaire où comme un voyageur sans guide et sans cheval j'égare ma fatigue en une féerie sans fin.* » La conclusion du *Paysan* : « *les personnes ont fini leur temps sur la terre* », répond en écho à l'héroïne de « La femme française » (1923) : « *Aimer, que veux-tu, n'est pas une question de personne*[2]. » Les notes brèves de cette femme, retrouvées comme lettres auprès de son amant suicidé, préfigurent ce que nous révèle *Irène* : c'est la femme qui *formule* l'excès de la jouissance, l'écrivain se plaçant explicitement au lieu même de cette parole féminine. Le vol de l'identité par la

---

1. Louis Aragon, *Le Paysan de Paris, op. cit.*, respectivement dans les pages 66, 135, 66, 65, 209 et 249.
2. Louis Aragon, fin du *Libertinage* (éd. 1964), *op. cit.*, p. 240.

jouissance, et notamment de la jouissance des femmes qui serait déjà un vol en soi, voilà ce que l'écrivain cherche à rendre plastique, à « présentifier », d'abord à travers un personnage, puis dans son style même, en faisant sienne cette jouissance féminine paradoxale. La poétique de *Blanche ou l'Oubli* (1967) est déjà en route. Car enfin, cette femme « *kleptomane de la volupté* » est, en dernière instance, l'écrivain lui-même, celui qui crée l'écriture, et non plus telle ou telle de ses déesses criminelles et viles. Le véritable « *kleptomane de la volupté* » serait donc le style ? Je vous laisserai, en guise de conclusion, sur cette image surréaliste entre toutes : « *L'Erreur aux doigts de radium, ma maîtresse chantante, mon ombre pathétique*[1]. » C'est signé Aragon dans *Le Paysan de Paris* : l'absolu, comme l'amour ou la femme qui vous tient dans sa main, est erreur radioactive et radiographiée – une ombre pathétique dont se sépare l'*alter ego* de celui de qui les doigts tracent le chant du style.

2

Mardi 7 mars 1995

UNE DÉFENSE D'*IRÈNE*

Je vous ai présenté, au cours de la dernière séance, quelques antécédents du surréalisme et quelques-uns de ses démêlés avec la réalité, le fantastique, le féminin,

---

1. Louis Aragon, *Le Paysan de Paris, op. cit.*, p. 135.

l'occulte, le rationnel, tous problèmes qui sollicitent l'imaginaire de l'époque et, en particulier, l'imaginaire d'Aragon. Je m'en suis tenue au cadre général, sans entrer dans le détail de la vie d'Aragon, tout en indiquant les recoupements principaux entre son expérience littéraire et l'imaginaire surréaliste.

Le « mentir-vrai[1] »

J'aborderai aujourd'hui quelques aspects de la biographie d'Aragon ainsi que le texte *La Défense de l'infini*, ou plutôt un fragment qui en reste, *Le Con d'Irène*.

« *À chaque instant je me trahis, je me démens, je me contredis. Je ne suis pas celui en qui je placerai ma confiance* », proclame l'écrivain dans « Révélations sensationnelles[2] ». Cette phrase servira d'exergue à ce que je vous dirai d'Aragon, dont vous n'ignorez pas le caractère controversé, voire fortement contesté. Elle dit assez l'aspect protéiforme, polyphonique et du personnage et de l'œuvre, ce qu'il a appelé lui-même « *le mentir-vrai* » : l'ambition de dire la vérité à travers mille déguisements, masques et théâtralité. Il y a plus qu'un dédoublement chez Aragon – soixante volumes en soixante ans, presque autant que Hugo : c'est un véritable feu

---

1. « Le mentir-vrai » est le titre d'une nouvelle de 1964 et d'un recueil, NRF, Gallimard, Paris, 1980.
2. Dans la revue *Littérature*, n° 13, p. 22. Reproduit dans *Littérature*, (mars 1919-août 1921), éditions Jean-Michel Place, Paris, 1978. La revue a paru de 1919 à 1924.

d'artifice. L'artifice, par exemple, qui s'imagine sans doute en reflet du dandysme de Baudelaire évoquant, vous vous en souvenez, « cette double postulation simultanée », clin d'œil pour nous – avant toute mascarade mondaine et médiatique – sur nos identités faussées, démultipliées, mystifiées[1].

La personnalité, la vie, l'œuvre d'Aragon imposent, en effet, ce constat d'une nécessité – dites-la subjective ou ontologique, de toute façon elle paraît indéfectible – de ne jamais être univoque, de se disperser dans le pastiche, le simulacre, l'approximation comme autant de façons détournées de dire sa vérité : la vérité d'une identité impossible, non pas d'un « être au monde », ni même d'un « désêtre », mais d'une variation continue, d'un mode d'ajustement aussi passionné que déçu, maniaco-dépressif, si vous voulez des termes techniques, que l'écrivain séducteur résume joliment en parlant des mots qui « *font l'amour avec le monde*[2] ». Ce besoin d'immersion/dissolution, prise de possession/impotence, pouvoir/passivité, virilisation/féminisation – vous pouvez varier à votre guise les couples de cette plasticité – répond sans doute à l'incohérence ou à l'impossible cohérence personnelle, et va se manifester dans l'exaltation de l'acte amoureux. Exaltation qui prendra deux formes : l'une scandaleuse – *Le Con d'Irène* –, l'autre

---

1. Daniel Bougnoux a insisté sur le « mouvement perpétuel » au cœur du siècle, autant de la personne que de l'œuvre d'Aragon, cultivant non sans complaisance l'« énigme » et la « course intellectuelle ». *Cf. Encyclopaedia Universalis,* Aragon, et *Annuel* 1983.
2. Louis Aragon, *Le Libertinage* (préface de 1964), *op. cit.,* p. 14.

institutionnelle, il faut bien le dire : l'amour conjugal d'une part, l'adhésion au Parti communiste français d'autre part.

Voici donc quelques éléments biographiques[1] qui vous permettront de mieux situer l'écrivain quelque peu oublié actuellement,qui écœura les uns, qui enflamma les autres, mais qui me paraît offrir encore aujourd'hui – peut-être plus encore aujourd'hui – un style et/ou un symptôme (l'accolade est de Lacan) toujours actuel(s). Il est né le 3 octobre 1897, mort le 24 décembre 1982. On connaît surtout sa mère, célibataire, Marguerite Toucas, et les sœurs de celle-ci, Marie et Madeleine : Aragon se réfère souvent dans ses rappels autobiographiques – fort lacunaires et surveillés, cependant – à la configuration maternelle formée par la grand-mère et les trois filles. Marguerite appartient à une famille bourgeoise d'ascendance aristocratique par sa grand-mère paternelle, issue, elle, d'une famille de nobliaux lombards, les Biglione. La grand-mère maternelle de Marguerite était « une demoiselle Massillon », descendante du célèbre prélat de Hyères. Marguerite signait du reste des noms de ses deux lignées, Toucas-Massillon : cherchez-y, déjà, si vous voulez, l'indice possible d'un dédoublement qui atteindra son acmé chez l'écrivain. Le grand-père maternel, François Toucas, était devenu sous-préfet en Algérie et avait abandonné sa famille quand Marguerite avait seize ans, en 1889, année de l'Exposition universelle. C'est un

---

1. Vous lirez avec profit la biographie d'Aragon par Pierre Daix, *Aragon, une vie à changer,* Le Seuil, Paris, 1975, rééd. 1995. Elle a l'intérêt d'être nourrie d'événements et attentive au fait littéraire.

grand-père aventurier, un personnage de légende en même temps que de pouvoir, qui refait surface à Constantinople dans les dernières années du siècle sous le nom de monsieur de Biglione, reprenant la généalogie maternelle nobiliaire. Tous ces détails ne sont pas étrangers à la construction imaginaire d'une saga féminine fascinante, ni à l'impact de la filiation et des personnages maternels que nous découvrirons dans *Le Con d'Irène*.

Voilà donc, dans la vie réelle de l'enfant Louis, une tribu de femmes, des ascendants illustres, un grand-père bourlingueur absent, et un seul homme concret, l'oncle Edmond, le frère des trois sœurs, assez peu présent. Je souligne que sans être rare, à l'époque, le fait d'être mère célibataire est tout de même notable, surtout dans une famille bourgeoise. Non seulement Marguerite a dissimulé qu'elle attendait un enfant, mais elle a même feint de ne l'avoir pas conçu. Le nourrisson disparaît pendant treize mois en Bretagne, chez une nourrice. Il est supposé ne pas être né dans la famille Toucas (ou Toucas-Massillon, si vous voulez compliquer la généalogie), de telle sorte que, quand il retrouve sa mère, il passe pour son jeune frère, et c'est la grand-mère qui est présentée comme la mère. Le « mentir-vrai », ce terme qu'Aragon utilisera pour désigner l'aventure imaginaire, est déjà inscrit dans l'histoire de sa personne. Pris dans ce système de mensonge social et de demi-vérité, ses romans et ses biographies seront eux aussi truffés de faux-semblants, d'aveux imaginaires, d'imprécisions, de décalages et de variations. En 1965, l'écrivain dira, par exemple, qu'il a été « donné comme enfant à des amis défunts » et adopté par un couple d'amis morts...

Le père du futur écrivain, vous l'avez deviné, semble totalement absent, un inconnu. Il s'agit apparemment de celui qui se présentait comme le parrain de l'enfant et qui est devenu son tuteur : Louis Andrieu, dont les initiales sont identiques à celles de Louis Aragon, nom géographique vaguement homophonique de celui d'Andrieu. Divers témoignages font état de scènes violentes entre le parrain et la mère d'Aragon à Neuilly. Louis Andrieu était par ailleurs anticlérical et ami de Clemenceau. Aragon fait allusion, dans un de ses romans[1], à un Louis Andrieu, député de la IIIe République, engagé dans la bataille lors de la séparation de l'Église et de l'État, et qui expulse les sœurs de leurs couvents : personnage, on le voit, à la fois conventionnel et rebelle au regard d'une bourgeoisie installée. Dans son premier recueil composé en 1919 – *Feu de joie*[2] –, le poète raconte sa vie comme étant celle d'un personnage imaginaire, Jean-Baptiste A., qui porte le prénom d'un lointain oncle maternel, Jean-Baptiste Massillon, et dont le nom n'est indiqué que par l'initiale « A » qui deviendra celle de son propre nom.

Dans ce contexte, la grossesse et la maternité clandestines de la mère en font une femme éprouvée dont on ne doit pourtant pas méconnaître le caractère vaillant, courageux, qu'admirera son fils. Elle se livre à des travaux manuels pour subvenir à ses besoins, peignant des éven-

---

1. Louis Aragon, *Henri Matisse,* roman, NRF, Gallimard, Paris, 1971.

2. Louis Aragon, *Le Mouvement perpétuel,* précédé de *Feu de joie* (d'abord publié en 1920, librairie Au Sans Pareil), « Poésie », Gallimard, Paris, 1980, p. 43.

tails et de la vaisselle, comme Aragon le raconte dans le premier volume des *Œuvres croisées* (« *Et comme de toute mort renaît la vie*[1] »). Elle gère aussi une pension de famille, située avenue Carnot, qui apparaît dans *Les Voyageurs de l'impériale*[2] sous le nom de « Étoile-famille », et qu'elle vendra en 1904 pour s'installer 12, rue Saint-Pierre, à Neuilly.

Voilà pour l'enfance d'Aragon, à la fois abritée et dramatique, soumise au « mentir-vrai » dès l'origine. Un poème, publié pendant la Deuxième Guerre, après la mort de sa mère, dans un recueil de textes sur la Résistance (1942), et intitulé « Le mot », évoque pour la seule et unique fois, à ma connaissance, une image lyrique et bouleversée de cette mère, immédiatement associée à la naissance incertaine de la *parole* (« le mot ») au bord du « mensonge » : « *Le mot n'a pas franchi mes lèvres/Le mot n'a pas touché mon cœur/Est-ce un lait dont la mort nous sèvre/Est-ce une drogue, une liqueur/Jamais je ne l'ai dit qu'en songe/Ce lourd secret pèse entre nous/Et tu me vouais au mensonge/À tes genoux/Nous le portions comme une honte/Quand mes yeux n'étaient pas ouverts/ [...]/Te nommer ma sœur me désarme/Que si j'ai feint c'est pour toi seule/Jusqu'à la fin fait l'innocent/Pour toi seule jusqu'au linceul/Caché mon sang/J'irai jusqu'au*

1. *Œuvres romanesques croisées* d'Elsa Triolet et Louis Aragon, 1964-1974, 42 volumes, Robert Laffont et Amis du livre progressiste, tome I, p. 14.
2. Louis Aragon (1937-1939), *Les Voyageurs de l'impériale*, première publication, censurée, 1942. Appartient au cycle du « Monde réel », NRF, Gallimard, Paris, 1947.

bout de mes torts/J'avais naissant le tort de vivre[1]. »
Notez le lyrisme, le tragique, l'émotion en même temps
que la retenue, la discrétion.

D'Anicet à *Nancy Cunard*

Première Guerre mondiale, mobilisation, désastre. En
1917-1918, Aragon est médecin auxiliaire ; il rencontre
André Breton au Val-de-Grâce, se lie d'amitié avec les
membres du futur groupe surréaliste, fonde le groupe des
dadaïstes auquel il restera fidèle pendant quatorze ans et la
revue *Littérature* avec André Breton et Philippe Soupault.
« *Mettre le pied sur la gorge de son propre chant* »,
comme l'écrira Maïakovski en 1930, fut aussi le projet du
surréalisme et de dada dès leur naissance. Projet à connotation sociale, morale, mais surtout projet poétique, rhétorique, inscrit dans et contre la tradition poétique. Il
s'agit de faire acte d'assassinat : d'assassiner la joliesse, le
lyrisme béat de la poésie antérieure, de tordre le cou à la
propension à l'embellissement, à l'incantation, et cela
dans un but qui dépasse largement, je l'ai dit, l'ambition
rhétorique, car le programme ne vise ni plus ni moins qu'à
« *aboutir à une nouvelle déclaration des droits de
l'homme[2]* ». Nihilisme radical ou... panorama du roman,

---

1. Louis Aragon, *En étrange pays dans mon pays lui-même*
(1942), in *La Diane française*, Seghers, Paris, 1979, p. 135.
2. Phrase imprimée en première page du premier numéro de *La
Révolution surréaliste,* revue fondée le 1er décembre 1924 ; rééd.
éditions Jean-Michel Place, Paris, 1975 pour la collection complète.

déjà ? En mars 1919, Aragon signe un pacte secret avec Breton dont on appréciera la rage nihiliste[1] : « *Celui qui renonce, le ruiner, le discréditer, tous les moyens sont bons. Il n'y a qu'une morale à ce niveau d'"incapabilité" : celle des bandits. Une loi qui ne tolère pas la moindre faiblesse, qui est* dans le refus de la loi écrite *[...]. Nous briserons les autres. Jusqu'au jour où il nous faudra même aller plus loin, l'un ou l'autre à son tour abandonnera l'autre ou l'un. [...]* Savoir que l'autre te happera. Savoir. Là est la condition de l'action[2]. »

Par-delà la « voyance » psychologique de ce qui sera le destin de cette amitié, la violence de ce pacte ouvre une question : lorsque le « refus de la loi écrite » est si implacable, que reste-t-il pour soutenir l'*a*-pensée, sinon le mirage des sens qu'incarneront la jouissance féminine et la tyrannie de la raison historique révélée par la Révolution du peuple ? J'y reviendrai, et assez vite, vous le verrez ; Aragon m'y oblige.

Si l'on trouve dans le premier recueil publié d'Aragon – *Feu de joie* (1919) – une tentative de reconstitution de soi à travers le personnage imaginaire de Jean-Baptiste A., les écrits suivants sont des textes de colère, et cette veine culminera dans *La Défense de l'infini* dont nous lirons *Irène*. Vous devez consulter cependant, avant ce texte largement détruit, ce qui le précède. Ainsi, en 1921,

---

1. *Cf.* le récit de cet événement dans Louis Aragon, *Lautréamont et nous,* 1967, *Les Lettres françaises,* n° 1185-1186, juin 1967, ou en volume aux éditions Sables, Paris, 1992, notamment à partir de la page 164.

2. *Ibid.,* pp. 77-78. Nous soulignons.

dans *Anicet ou le Panorama*, vous trouverez la chronique ironique d'un apprentissage de la révolte dans un groupe de conspirateurs auxquels s'oppose l'artiste. À la fois en connivence et en opposition, le héros mesure les contradictions et les pièges de cet affrontement. Notez bien que ce premier roman d'Aragon, écrit dès 1918, suite immédiate à l'expérience de la guerre par le jeune médecin auxiliaire, souvent loué par la critique pour sa « virtuosité » ou son « allégresse », est déjà un véritable et étonnant programme – un panorama ? – de tout le parcours de l'écrivain, comme le montre la récente étude de Philippe Forest[1]. En réglant ses comptes avec Rimbaud (Arthur est le personnage central, avant qu'il ne cède devant le nouveau héros de l'aventure que sera Anicet) et en empruntant à Voltaire (*Candide* semble être un intertexte privilégié), Aragon ne cesse de jouer un double jeu et de fausser compagnie à ceux mêmes qui l'inspirent. Ainsi, *B*aptiste *A*jamais (*André B*reton) « subjugue » Anicet par son « être autoritaire » ; cependant, bien que reconnaissant être « sous influence » de la part de Baptiste, la jeune victime « devine la fascination » ; il n'en reste pas moins qu'Anicet, antihéros camusien avant la lettre, sera condamné comme criminel pour un crime qu'il n'a pas commis et qui a été ourdi par Ajamais. Cet échec des stratagèmes artistiques (ceux de Breton comme ceux de Rimbaud) n'empêche pas le romancier de déployer un art vertigineux de marionnettiste et de démolisseur d'idoles qui est loin d'être de la simple virtuosité. Car la

---

1. Philippe Forest, « *Anicet, panorama du roman* » in *L'Infini*, n° 45, 1994, pp. 79-102.

gravité de la disparition de soi s'impose déjà dans ce texte, en résonance avec le suicide de Vaché, pour attribuer à *l'écriture seule* (et non pas à l'acte pathétique) la mission de faire apparaître l'être-pour-la-mort de celui qui parle. « *Ne comprenez-vous pas que j'arrache de moi tous les mots, comme des dents, pour perdre toute intelligence, toute subtilité, toute raison, tout jugement et me réduire à n'être qu'une volonté*[1] *?* » dit Anicet, guignol sans doute, mais radical. Les existences sont nulles, celle d'Anicet et plus encore celle de Baptiste qui n'a vaincu la beauté que pour sombrer dans une existence banale. Mirabelle elle-même, emblème de la Beauté fascinante, sombre dans le sordide. Mais dire l'échec est autre chose que l'échec : double jeu. La préface de 1924 au *Libertinage* le précise : « *[...] se taire semble ici une conclusion qui s'impose au moins si les uns reculent devant elle, la prenant pour la mort, tandis que les autres y trouvent avec aisance une satisfaction morale, pareille à la délectation du beau vers. Ni sacrifice, ni drame : ni fleurs, ni couronnes. L'important est de penser une minute qu'on n'écrira plus... Je ne me propose rien... J'ai répugné simplement à ce geste des chiens, qui couvrent de sable leur déjection*[2]. » Pas de tombeau romantique, donc, mais l'insolent projet de continuer la liberté en scandalisant : « *Je n'ai jamais cherché autre chose que le scandale et je l'ai cherché pour lui-même*[3]. »

---

1. Louis Aragon, *Anicet...*, *op. cit.*, p. 112.
2. Louis Aragon, *Le Libertinage* (1924), *op. cit.*, p. 23.
3. *Ibid.*, p.18.

Cesser d'écrire ou non : le dilemme se pose d'emblée et continûment jusque dans *la Défense de l'infini* où, nous le verrons, la rencontre du féminin impose une exigence insoutenable ; le renoncement à la vie et à l'œuvre devient alors d'actualité, le suicide comme l'autodafé. Si la relance advient cependant, grâce au Parti et à Elsa, s'agit-il seulement d'une sinistre compromission, d'une mascarade cynique ou, aussi, de la poursuite de ce double jeu annoncé par *Anicet* comme moyen d'esquiver le nihilisme, l'annulation de soi et de l'écrit ? Il n'est pas sûr que ceux qui méprisent le compromis d'Aragon aient pris la mesure de cet affrontement du surréalisme aux « valeurs » impossibles que l'écrivain a conduit jusqu'au goulet où s'étrangle l'histoire. *« Lequel étranglera l'autre/la main dans la main/Tirerons-nous au sort le nom de la victime/L'agression nœud coulant/Celui qui parlait trépasse/Le meurtrier se relève et dit/Suicide/Fin du monde »*, écrit Aragon dans *Feu de joie*[1].

En 1922, Aragon publie un autre roman, *Les Aventures de Télémaque*[2], qui est une réécriture du *Télémaque* de Fénelon[3]. Il s'agit de doubler la négation dadaïste de l'intérieur, au nom de sentiments imprescriptibles. Le *Télémaque* de Fénelon traite de l'éducation, des sentiments, de

---

1. Louis Aragon, « Programme », in *Le Mouvement perpétuel* précédé de *Feu de joie, op. cit.,* p. 43.
2. Louis Aragon, *Les Aventures de Télémaque,* Gallimard, Paris, 1922.
3. Fénelon, *Les Aventures de Télémaque, suite du quatrième livre de l'Odyssée d'Homère,* in *Œuvres complètes,* VI, Slatkine Reprints, Genève, 1971, pp. 398-566.

rien moins que de la défense de la vie psychique d'un jeune homme qui s'initie à la vie. Le texte d'Aragon est une sorte de dialogue entre le projet dadaïste et ce *Télémaque* classique, où apparaissent des sentiments paradoxaux, et non pas les sentiments codés de la psychologie classique. « *Si vous savez ce que c'est que l'amour, ne tenez pas compte de ce qui va suivre*[1] », prévient Aragon pour avertir que son *Télémaque* réinvente l'amour, le vrai.

En 1924, *Le Libertinage* se présente également comme un débat avec un autre texte, comme un masque, une imitation critique, avec un fort aspect mimétique et un effet de décollement subtil. Aragon cherche sa voie à travers des dédicataires ; il parle de différents auteurs auxquels il dédicace des fragments et avec lesquels il se met en compétition rhétorique ; il les singe, s'en démarque.

Puis en 1924-1926, c'est *Le Paysan de Paris,* dans lequel Aragon aborde le merveilleux de la ville, de la nuit et du féminin, dont je vous ai déjà parlé : un chef-d'œuvre de l'affirmation surréaliste qui provoque un énorme scandale et dont Drieu La Rochelle se fit le défenseur. Par la suite, les deux écrivains rompront pour des raisons politiques et sociales, mais, à l'époque, Drieu se révéla l'avocat de cette prose à l'élégance souveraine qu'il désigna comme le « *Sturm und Drang* » du XXᵉ siècle.

En 1925, la guerre du Maroc secoue la jeune génération de l'époque et, bien sûr, les écrivains. Certains, comme Naville, affirment qu'il est impératif de rompre avec l'expérience littéraire et de s'engager dans la vie sociale, notamment au Parti communiste. La revue

---

1. Louis Aragon, *Les Aventures de Télémaque, op. cit.,* p. 10.

Clarté[1] se fait l'écho des débats entre communistes et écrivains. Le surréalisme s'interroge : viser la révolution-révolte au niveau des idées, de la langue, du style, ou s'engager vers une révolution effective ? Breton insiste sur la transformation possible par l'art, sur la nécessité de poursuivre l'expérience intérieure. Aragon, quant à lui, stigmatise l'activité littéraire comme « vanité », et bien qu'il publie en 1927 *Le Pèse-Nerfs*[2] d'Artaud avec l'argent de Doucet, il cherche dans la politique une solution à la contradiction entre efficacité sociale et activité littéraire toujours récupérable.

En somme, c'est d'une crise de la confiance dans l'imaginaire qu'il s'agit, et la simultanéité de l'adhésion au Parti communiste et de l'écriture de *La Défense de l'infini* laisse penser que le choix politique a pu jouer un rôle de contrepoids inconscient par rapport aux risques de l'imaginaire. En effet, en 1927, Aragon adhère au Parti et traverse une période très importante de sa vie sentimentale. Tout se passe comme si l'adhésion politique venait équilibrer un désordre affectif et passionnel ravageur. C'est la période où prennent place une liaison tumultueuse avec Nancy Cunard dans un monde élégant et cosmopolite à Paris ainsi que des voyages dans différents pays d'Europe (Angleterre, Hollande, Allemagne, Espagne, Italie). Puis c'est la rupture. L'écrivain traverse

---

1. Fondée par Henri Barbusse, elle a paru de 1919 à 1927.
2. Antonin Artaud, *Le Pèse-Nerfs,* 1927, dans la collection « Pour vos beaux yeux ». *Cf.* aussi Antonin Artaud, *Œuvres complètes,* t. I, Gallimard, Paris, 1970, pp. 99-132.

une crise[1] de dépression, détruit le manuscrit de son
roman *La Défense de l'infini*, à Venise, en septembre
1928, et fait une tentative de suicide à l'automne 1927
(les biographes hésitent sur l'ordre chronologique entre
suicide et autodafé).

Nancy Cunard, née en 1896, est la petite-fille du fondateur de la « Cunard Line », société de transports mari-
times, et la fille de Lady Emerald, amie de la reine d'Angleterre avec laquelle on la confondait souvent dans les
réceptions. Elle appartient à un milieu fortuné et cosmopolite et s'installe en 1920 à Paris où elle fréquente de
grands noms de la littérature et de l'art, parmi lesquels
Ezra Pound, Oskar Kokoschka, qui fait son portrait en
1924, et Tristan Tzara avec lequel elle compose une pièce
intitulée *Le Mouchoir de nuages*, jouée au « Bœuf sur le
toit ». Elle est aussi l'auteur, en 1916, d'un recueil de
poèmes en anglais, *Outlaws,* et, plus tard, de deux autres
recueils, sans pourtant jamais être reconnue comme poète.
Quoique Cocteau écrive à Picabia en 1926 : « Breton prê-
che, Aragon habite au "Bœuf sur le toit" avec Nancy
Cunard », l'intéressé lui-même situe le début de sa liaison
avec la jeune femme en 1927[2]. Aragon rencontre ainsi en
elle une belle étrangère, extravagante et insolente, qui a
inspiré plus d'une passion et qui a elle-même plusieurs
passions, dont une, qui semble n'avoir pas été des
moindres, pour les statues nègres. Du vivant d'Elsa, Aragon ne parlera que fort allusivement de Nancy Cunard ;

---

1. *Cf.* Pierre Daix, *op. cit.,* pp. 189-190.
2. *Cf. Aragon parle,* avec Dominique Arban, Seghers, 1968,
p. 62.

cependant il évoque longuement cette aventure dans *Le Roman inachevé*[1]. Marquée par la dépendance financière d'Aragon vis-à-vis de la riche héritière, l'humiliation sociale et la jalousie, la liaison entre Nancy Cunard et Aragon est menacée de rupture. Subjugué par le milieu mondain et fortuné de l'Américaine, Aragon ne semble pas avoir été, auprès d'elle, cet anarchiste que nous fait connaître l'insolent *Paysan de Paris*. Nancy est violente, alcoolique, libre de mœurs, garçonne, autant d'éléments qui donnent à Aragon l'occasion de développer une rhétorique de l'antiphrase pour parler de l'amour. Je vais vous lire à ce sujet deux poèmes : le premier est intitulé « Très tard que jamais » : « *Les choses du sexe/Drôle de façon de parler/Des choses du sexe/Je m'attendais à tout/ Mais aucunement à cela.* » Le deuxième « Maladroit » dit ceci : « *Premièrement je t'aime/Deuxièmement je t'aime/ Troisièmement je t'aime/Je t'aime énormément/Je fais ce que je peux pour le dire/Avec l'élégance désirable/Je n'ai jamais su le moins du monde/Inspirer le désir/Quand j'aurais voulu l'inspirer/Un exhibitionnisme naif en matière de sentiment/Un caractère au moral comme au physique/Nom de Dieu tout ça n'est guère amusant/ Comme attraction c'est zéro*[2]. »

Vous en savez suffisamment en littérature pour ne pas réduire *Irène* à un prototype. Si je vous dis quand même que le *texte* est une expérience, l'expérience biographique

---

1. Louis Aragon, *Le Roman inachevé*, « Poésie », Gallimard, Paris, 1956, 1978, pp. 102-147.
2. Louis Aragon, *La Grande Gaîté*, deux cent quarante exemplaires, Librairie Gallimard, Paris, 1929, pp. 19 et 43-44.

s'impose pour être non pas clichée, mais interrogée. Ajoutez, dans cette perspective, d'autres rencontres féminines
qu'Aragon fait à la même époque. À Giverny, c'est Clo-
tilde Vail, une jeune Américaine (une autre !) dont le
frère, Lawrence, vient d'épouser Peggy Guggenheim
(Aragon lui dédia la pièce « Au pied du mur » dans *Le
Libertinage*) ; or Giverny se trouve près de Vernon, où le
narrateur situe *Irène*. Ajoutons encore une mystérieuse
dame des Buttes-Chaumont ; ou celle qui apparaît sous le
nom de Blanche dans le *Cahier noir*[1] (et encore son
homonyme dans *Blanche ou l'Oubli*, en 1967). « *C'est de
nous-mêmes que le roman est la clé*[2] », écrit Aragon, mais
ce « nous-mêmes » est fort protéiforme dans l'expérience
sadomasochique du lien amoureux que dévoile *Irène*.

C'est donc dans ce contexte dominé par la liaison ora-
geuse et contradictoire avec Nancy Cunard que l'écrivain
fait une tentative de suicide et qu'il détruit le grand roman
qu'il avait écrit pendant une longue période, semble-t-il,
puisqu'il aurait compté des milliers de pages. Un recueil
publié en 1986 chez Gallimard reprend les pages sauvées
de la destruction par Aragon lui-même, qu'il a intitulées
Le Con d'Irène. Ces pages, dont la première édition date
de 1928[3], republiées en 1948, 1953 et 1962 sans non
d'auteur et signées, dans l'édition de Régine Deforges de
1968, du pseudonyme Albert Routisie, ont été sauvées du

---

1. Louis Aragon, in *Le Mentir-vrai, op. cit.,* pp. 7-48 ; *cf.* aussi
La Défense de l'infini, op. cit., pp. 185-232.
2. *Les Lettres françaises,* n° 1015, 6 février 1963.
3. Publié par René Bonnel, avec cinq gravures à l'eau-forte
d'André Masson.

feu pour être vendues à un collectionneur et remédier aux
difficultés pécuniaires de l'écrivain, laissa-t-il entendre
comme pour s'excuser. Pourtant, si l'on compare leur
tonalité avec celle des romans déjà évoqués : – révoltée,
un peu goguenarde, scandaleuse, provocante –, on peut en
conclure, comme le fait Pierre Daix dont je partage l'avis,
qu'il s'agit là non seulement d'un roman qui dépasse *Le
Paysan de Paris*, mais aussi du premier roman de l'écrivain écrit sans contrainte, non programmatique, spontané.
Et qui laisse au lecteur le goût inéluctable et insolite du
chef-d'œuvre.

Deux motivations animent ce texte. La première est
explicitement rhétorique et littéraire ; elle se donne
comme un rejet de l'ennui bourgeois et de la nausée que
provoque l'habitude de raconter « *(des) histoire(s) [...]
pour les cons*¹ », comme les diagnostique sans ambages
le narrateur. Néanmoins, cette colère s'exprime encore
dans un style romanesque : l'écrivain maintient la nécessité de l'imagination romanesque comme voie d'exploration de la réalité et de la vérité, contre les proclama-
tions des surréalistes eux-mêmes considérant que c'est la
poésie, et la poésie seulement, qui peut atteindre cet
objectif. Vous noterez cependant que si *narration* il y a,
elle est subordonnée à *l'acte d'écrire* dans ce qu'il a de
singulier, solitaire et onirique, ainsi qu'à l'emprise des
mots qui, tel un succédané de l'écriture automatique,
génère les personnages et la structure fragmentaire d'un
récit fait de « collages ». « *C'était un roman où l'on
entrait par autant de portes qu'il y avait de personnages*

---

1. Louis Aragon, *Le Con d'Irène, op. cit.,* pp. 93-95.

différenciés. Je ne connaissais rien de l'histoire de chacun des personnages, chacun était déterminé à partir d'une de ces constellations de mots dont je parlais, par sa bizarrerie, son improbabilité, je veux dire le caractère improbable de son développement [...]. Toute cette foule de personnages allait se retrouver, chacun par la logique ou plutôt l'illogisme de son destin, finalement dans une sorte d'immense bordel où s'opéreraient entre eux la critique ou la confusion, je veux dire la défaite de toutes les morales dans une sorte d'immense orgie[1].»
Voilà comment Aragon décrit son projet de roman détruit et inachevé, *La Défense de l'infini*. Révolte, donc, contre une morale conventionnelle qui débouche sur une exaltation de l'orgiaque et annonce d'une rhétorique romanesque paradoxale : pluralité de voies narratives, confusion, emmêlement (on retrouvera ces éléments dans les romans d'après-guerre) comme dans *Blanche ou l'Oubli*. Le projet poétique est en ce sens surréaliste : c'est la logique des signifiants qui programme les personnages ; il n'y a pas de nécessité psychologique ou réaliste préalable à l'*a*-pensée de l'écriture. Néanmoins, le projet romanesque demeure, même s'il doit s'achever dans *« un immense bordel »* (à entendre aussi dans son sens premier, sexuel). *« Je n'ai jamais appris à écrire »*, précise Aragon pour rendre encore plus paradoxal son projet.

1. *Cf.* Louis Aragon, *Je n'ai jamais appris à écrire, ou Les Incipit*, Paris, Skira, 1969, pp. 46-48.

La seconde motivation concerne l'appropriation du féminin comme révolte contre la déchéance de l'homme (ou de l'Homme, si vous voulez).

« *Écrire est ma méthode de pensée* »

L'histoire de ce texte est, je le répète, comme un sursaut de révolte de l'imaginaire dans un processus complexe qui conduit Aragon simultanément au geste révolté qu'est l'adhésion au Parti communiste français : avant que n'apparaissent les aspects défensifs, illusionnés et illusionnistes, de cette adhésion. Et, bien qu'il n'abandonne jamais l'écriture romanesque, il en atténue – quand il n'en suspend pas – la belle rage destructrice à l'œuvre dans *La Défense de l'infini*. L'infini en question est le récit d'une jouissance exhorbitante qui, de la femme, sera transférée à l'écriture du narrateur.

Un jeune homme qui s'ennuie dans une ville de province – thème dadaïste, surréaliste, mais aussi thème de départ de maints romans d'initiation – maudit, mord et voit rouge à l'heure de son insoutenable réveil, avant d'aller noyer son ennui au bordel dans une scène orgiaque. Suivent des pages d'un érotisme à la fois exalté et défait : le jeune homme restera frustré par l'expérience érotique, peut-être à cause de sa propre impuissance. Ce qui va le sauver, c'est une « histoire » au sens rudimentaire d'histoire familiale, et, au-delà, l'aventure du langage comme seul salut possible. Cette histoire est celle d'Irène, une paysanne qui vit entre sa mère et un grand-père impotent. En contrepoint de l'image féminine virile et lesbienne de la mère patronne, Victoire, qui gouverne son monde de paysans, l'image masculine du père de Victoire, qui est donc le grand-père d'Irène, est une image dévaluée.

Laissez-moi insister sur cette forme de tragique moderne qui tend à présenter l'homme comme le contraire d'un héros. Ce sont les maladies contractées au cours d'expériences sexuelles peu glorieuses qui ont rendu le vieil homme à son état d'invalide. L'homme actif (souvenez-vous de l'attaque de Breton contre le monde de l'action), l'homme pensant-travaillant-agissant, l'homme avec « sa petite raison virile » (Mallarmé) ne peut plus être le héros : *exit* le Héros. À la place douloureuse de cette sortie demeure le goût amer d'une déception : la castration, l'impotence, signes avant-coureurs de la dépression. L'Un est annulé ; demeure l'excitabilité hystérique. De cette féerie sorcière, qui pourrait dire quoi que ce soit ? Quelqu'un ? Un poème ? Non, un récit polymorphe, le vertige nommé à la place d'une seule qui jouit sans le savoir. À la sortie impotente du Héros succède une narration en collage, consacrée à la jouissance féminine. L'équivalent en mots du miroir brisé qui reflète les spasmes magnifiques d'Irène et ses râles.

« *Rimbaud et Lautréamont d'une main, Zola de l'autre,* Le Con d'Irène *est en effet un constat d'échec de l'érotisme* », écrit Philippe Sollers, qui désigne cette posture comme une « identification féminine » et qui la décrit ainsi, abruptement : « *Ce qu'il aime, c'est être voyeur d'une femme avec ses amants. Être le chien soumis d'une femme ou bien cette femme en soi, voilà son rêve*[1]. »

---

1. *Cf.* Philippe Sollers, « Limites d'Aragon », in *La Guerre du goût*, Gallimard, Paris, 1994, p. 393.

Aragon, comme Breton et d'autres surréalistes, ont tous glorifié le féminin comme une nouvelle divinité, je vous l'ai assez dit, mais Aragon a infléchi cette perspective dans une direction particulière. Irène est un personnage ambigu, double du narrateur, une libertine, en écho magnifié de la prostituée ; cependant, et de surcroît, elle exerce un pouvoir sur les autres, et jusque sur le narrateur, grâce aux mots – un pouvoir infini, un pouvoir contre le fini de l'amour. Cet amour qui, exalté au début, se dévalorise à son tour au profit de l'infini des mots d'Irène. Crée-t-elle des mots elle-même ou les inspire-t-elle au narrateur ? L'ambiguïté demeure ; l'écrivain et la muse sont presque assimilés, il est femme ou elle est lui ; un dédoublement projette la libertine dans le rôle de créatrice et assigne l'écrivain au rôle féminin, avouant par là la nature bisexuelle du créateur. En contrepoint du narrateur que l'érotisme déçoit, Irène se tient à une place où, non pas par refoulement, mais par excès, elle constate l'échec de l'amour. Écrire s'impose quand l'amour (celui de Dieu, des troubadours, des romantiques : amour unifiant des valeurs et des moi-moi) est impuissant. Le jeune homme au bordel que nous suivons au début du roman – comme dans *Le Paysan de Paris* – s'adonne dans la seconde partie à ce « bordel » bien plus intime qu'est l'expérience stylistique : au for intérieur de la langue en feu, du récit en feu. Seul Joyce, dans *Ulysse*[1], mais par une polyphonie qui rivalise avec la *Somme théologique*, a tenté une telle appropriation orphique de la jouissance

---

1. James Joyce, *Ulysse*, février 1922, in *Œuvres complètes*, « Bibliothèque de la Pléiade », t. II, 1995.

d'une Eurydice-Molly qui transfuse ses incantations au style inouï d'un artiste hors de pair.

La dévalorisation de l'expérience érotique est assez spécifiquement aragonienne ; le « fiasco ignoble » dont parle le narrateur traduit sans doute ses propres impossibilités amoureuses ou érotiques, voire les motivations profondes de sa tentative de suicide. Mais il l'exhibe avec complaisance à travers le personnage de l'homme invalide, ou lorsqu'il écrit : « *Quelle sacrée tristesse dans toutes les réalisations de l'érotisme*[1]. » Comme le personnage de l'homme, le narrateur ne peut plus faire l'*amour*, peut-être, mais il peut *écrire* le roman par lequel l'ennui des scènes érotiques se transforme en plaisir de l'écriture. Il ne s'agit plus d'un « roman-histoire » tout juste bon « pour les cons » ; en brisant l'histoire, il s'agit de ce que l'auteur appelle ailleurs « une écriture plutôt scientifique » : une radiographie de l'identité pulvérisée, mise à nu et mise à mort dans la jouissance d'Irène. Telle est, chez Aragon, la forme que prend la confrontation de la littérature avec l'impossible : dans la difficulté biographique de ce vécu intenable, il *brûle* son roman. Au sens figuré et au sens propre du mot. Pour n'en garder que quelques pages.

« *Ce que je pense, naturellement s'exprime. Le langage de chacun avec chacun varie. Moi par exemple je ne pense pas sans écrire, je veux dire qu'écrire est ma méthode de pensée*[2] », explique Aragon. Cela ne vous évoque-t-il pas surtout le Lautréamont des *Poésies* ?

---

1. Louis Aragon, *La Défense de l'infini, op. cit.*, p. 51.
2. *Ibid.*, p. 55.

Pour Aragon non plus, il n'est pas de pensée antérieure à l'acte d'écrire : « *Le reste du temps, n'écrivant pas, je n'ai qu'un reflet de pensée, une sorte de grimace de moi-même, comme un souvenir de ce que c'est. D'autres s'en remettent à diverses démarches. C'est ainsi que j'envie beaucoup les érotiques dont l'érotisme est l'expression*[1] », poursuit-il.

Le désenchantement de l'érotisme est assez rare dans une littérature française qui, ayant placé le libertinage du XVIIIᵉ siècle au zénith de l'expérience de liberté, rivalise continûment avec la glorification de l'exploit sexuel. Cet aveu aragonien de faiblesse, d'impuissance, de dégoût n'est pas dans le style de la libération sexuelle, de l'exaltation de l'acte érotique prôné par d'autres écrivains à la même époque, et qui imprègne la littérature et l'art anarchistes jusqu'à l'époque récente (on ne commence à s'interroger sur le bien-fondé de cette « liberté » que depuis peu, depuis que l'image médiatisée a imposé le *hard sex* comme norme de la « bien-pensance »). La jouissance, chez le narrateur d'*Irène*, est comme transposée sur un autre plan ; confronté à la tristesse de l'érotisme, il valorise la magie du verbe, « *la prodigieuse valeur métaphorique que moi, je ne prête qu'aux mots*[2] ». Et encore : « *Je veux dire que les mots me font subir. Je suis probablement fermé à cette poésie particulière et immense. Je le conçois. Et par là le terrible fini de mes sensations et pire : de ma vie*[3]. » « *Érotisme, ce mot m'a bien souvent*

---

1. Louis Aragon, *La Défense de l'infini, op. cit.*
2. *Ibid.*
3. *Ibid.*, pp. 55-56.

*mené dans un champ de réflexions amères. Je passe pour
un orgueilleux. Passons.* Au temps où je parle, je me lais-
sai aller à divaguer longuement dans la solitude de ma
chambre, devant un affligeant papier à fleurs, sur les
choses de l'érotisme et leur importance à mes yeux.
L'idée érotique est le pire miroir. Ce qu'on y surprend de
soi-même est à frémir. Le premier maniaque venu, que
j'aimerais être le premier maniaque venu ! Ce souhait
m'en disait long sur ma conception profonde de toute
vérité. Je n'aime pas beaucoup à penser à l'aventure
sexuelle d'un être, cependant il faut bien que je convienne
de ce que la mienne est courue*[1].* »

Ne vous hâtez pas d'ériger en règle cette récusation de
toute sexualité ; c'est le « je » qui parle et il parle sans
doute pour le narrateur, à un moment donné de son parcours. D'autant que « *le terrible fini de mes sensations* »
sera démenti par la jouissance en ouragan sensoriel
d'Irène, et c'est précisément ce non-fini des sens féminins, cet infini d'Irène, que l'écrivain désirera transposer
en une *Défense de l'infini* toute verbale. L'attaque de la
sexualité vise par conséquent, par-delà les bordels et
autres manifestations convenues (quoique auparavant
fort prisées), à faire apparaître un état de crise de « *ma
vie* ». N'est-on pas là tout près de la dépression ? La
confrontation de l'état érotique et de l'état d'écriture
révèle un décalage mélancolique et annonce une autre
jouissance : celle des métaphores – un transport, une
extase qui transite par le recueillement dans la solitude
d'une peine, d'une nullité amèrement reconnues.

---

1. Louis Aragon, *La Défense de l'infini, op. cit.*, p. 56.

Dès lors, on retrouve Aragon, qui n'a pas abandonné les jeux surréalistes avec les mots, mais qui les travaille dans une facture romanesque : « *Poissons poissons c'est moi, je vous appelle : jolies mains agiles dans l'eau. Poissons vous ressemblez à la mythologie*[1]. » Les illogismes qui suivent se comprennent comme des allusions à la valeur mythologique des poissons, au Christ ou aux Évangiles, ainsi qu'au symbolisme pénien et masturbatoire de ces habitants aquatiques. « *Vos amours sont parfaites et vos ardeurs inexplicables. Vous ne vous approchez pas de vos femelles et vous voici l'enthousiasme à l'idée seule de la semence qui vous suit comme un fil, à l'idée du dépôt mystérieux qui fit dans l'ombre des eaux luisantes une autre exaltation muette, anonyme. Poissons vous n'échangez pas de lettres d'amour, vous trouvez vos désirs dans votre propre élégance. Souples masturbateurs des deux sexes, poissons je m'incline devant le vertige de vos sens*[2]. [Notez l'ironie par rapport à la solitude, à la froideur, à la masturbation ainsi qu'à l'image nutritive et sacrée des poissons.] *Vos transports transparents, mort du Christ ah que je les envie. Chères divinités des profondeurs, je m'étire et je me démène si je pense un instant à l'instant de votre esprit où se forme la belle plante marine de la volupté dont les branches se ramifient dans vos êtres subtils, tandis que l'eau vibre autour de vos solitudes et fait entendre un chant de rides vers les rives*[3]. » Jeux des paralogismes, des métaphores et des oppositions, des

1. Louis Aragon, *La Défense de l'infini, op. cit.*, p. 73.
2. *Ibid.*
3. *Ibid.*

connotations renvoyant au *Poisson soluble* de Breton.

Alors que Breton, dans son *Poisson* à lui, déclare vouloir réduire l'art « *à la plus simple expression qui est l'amour*¹ », l'écrit d'Aragon que vous avez sous les yeux, de style surréaliste, certes, polémique violemment avec *L'Amour fou* façon André Breton. Dans le passage en question, un concentré d'auto-érotisme apparaît comme une transition entre le moment dépressif et la nouvelle « reprise en main » – c'est le cas de le dire – du sujet par et dans une jubilation rhétorique, mêlant colère contre les normes et plaisir des instants libres.

Je voudrais revenir sur le personnage de la mère d'Irène, significativement prénommée Victoire, et qui assume le rôle de la criminelle. *« Drôle de famille où depuis deux générations les mâles ont été réduits par leurs compagnes. Le père d'Irène est mort tout de suite après son mariage. On a dit dans le pays que c'était Victoire qui s'en était débarrassée, n'aimant pas nourrir un homme qu'elle serait obligée de considérer comme un égal. Le père de Victoire est toujours là dans son fauteuil de malade qui contemple depuis quarante ans le triomphe des femmes et leur orgueilleuse santé*². » Ce vieillard impotent, cet homme castré est l'antihéros par excellence : souvenez-vous de la femme décapitée du « Couple Moutonnet » qui fascinait les surréalistes ; c'est l'homme qui est ici au sens figuré « décapité », et c'est la puissante magie des femmes qui, aux antipodes de la tragédie classique, s'apprête à envoûter le narrateur.

---

1. André Breton, *Œuvres complètes,* t. I, *op. cit.,* p. 359.
2. Louis Aragon, *Le Con d'Irène, op. cit.,* p. 87.

De telle sorte que l'*a*-pensée de l'écriture va devoir et pouvoir réaliser une nouvelle configuration du tragique : dire la jouissance féminine en bord à bord avec l'impotence de l'homme. Quoique diversifiés, les pouvoirs féminins exercent une domination absolue. Ainsi : *« Ce qui distingue assez Irène de Victoire, ce qui d'ailleurs a beaucoup éloigné celle-ci de sa fille, c'est qu'Irène n'a jamais pris le goût des femmes, que sa mère a eu très fort, et qu'elle garde à ce point qu'il n'est pas arrivé depuis qu'elle dirige la ferme qu'une seule servante s'y soit fixée sans qu'elle fût ou devînt une tribade. Cette particularité n'a pas été sans contribuer au succès de Victoire. Elle s'est attaché un peuple de filles*[1]...» Si la mère est une saphiste, sa fille *«[...] pense sans grand détour que l'amour n'est pas différent de son objet, qu'il n'y a rien à chercher ailleurs. Elle le dit au besoin d'une façon très désagréable, directe. Elle sait être grossière et précise.* Les mots ne lui font pas plus peur que les hommes, *et comme eux ils lui font parfois plaisir. Elle ne s'en prive pas au milieu de la volupté. Ils sortent d'elle alors sans effort, dans leur violence. Ah, l'ordure qu'elle peut être. Elle s'échauffe, et son amant avec elle, d'un vocabulaire brûlant et ignoble. Elle se roule dans les mots comme dans une sueur. Elle rue, elle délire. Ça ne fait rien, c'est quelque chose, l'amour d'Irène*[2].»

---

1. Louis Aragon, *Le Con d'Irène, op. cit.*, pp. 87-88.
2. *Ibid.*, p. 91. Nous soulignons.

La jouissance peut se dire, toute

Là réside, notez-le bien, le sens du *chiasme* entre la femme érotique toute-puissante dans l'exercice de sa sexualité *et* ce que l'écrivain voudrait lui dérober : la même violence, la même force sexuelle, mais déplacée dans les mots ; il ne s'agit pas, en effet, de créer une poésie au sens décoratif du terme, mais une poésie obscène, une littérature en colère dont Irène, excitée et prononçant des mots orduriers, est désormais non seulement la réalisation, mais surtout la métaphore. L'image insoutenable de la littérature qui en résulte n'est ni à sanctifier ni à vendre, c'est une littérature scandale. L'*a*-pensée qui cherche à formuler la puissance du désir et de l'excitation bute contre le fantasme de la mère phallique, qui est aussi celui de la femme « sans objet d'amour », autosatisfaisante et hautaine. Lui dérober cette indifférence est une autre jouissance, tout aussi coléreuse, « irénéenne » ; le poète l'apprend dans une osmose androgyne au corps d'Irène qui jouit et transfère son plaisir jusqu'aux mots proférés dans l'acte sexuel : mots décentrés, dé-jugés, obscènes, poétiques. L'articulation de l'érotisme scandaleux et de la littérature « scandalée » est nettement énoncée dans le passage que je viens de vous lire. L'abjection, l'horreur des états amoureux comme des états imaginaires sont présentes et assimilées. Et la jouissance féminine peut désormais être décrite dans l'une des plus belles pages de la littérature française sur ce sujet. Lisez cette belle description toute pleine de détails physiologiques, de sensations, d'émotion et de désir : « *Si petit et si grand ! C'est ici que tu es à ton aise, homme enfin digne de ton nom, c'est ici que tu te retrouves à l'échelle* de tes désirs. *Ce lieu, ne crains pas d'en approcher ta figure, et déjà ta langue, la bavarde, ne tient plus en place, ce lieu de délice et d'ombre, ce patio d'ardeur, dans ses limites nacrées, la belle image du pessimisme. Ô fente, fente humide et douce, cher abîme vertigineux. [...] Touchez ce sourire voluptueux, dessinez de vos doigts l'hiatus ravissant. Là : que vos deux paumes immobiles, vos phalanges éprises à cette courbe avancée se joignent vers le point le plus dur, le meilleur, qui soulève l'ogive sainte à son sommet, ô mon église. Ne bougez plus, restez, et maintenant avec deux pouces caresseurs, profitez de la bonne volonté de cette enfant lassée, enfoncez, avec vos deux pouces caresseurs écartez doucement, plus doucement, les belles lèvres avec vos deux pouces caresseurs, vos deux pouces. Et maintenant, salut à toi, palais rose, écrin pâle, alcôve un peu défaite par la joie grave de l'amour, vulve dans son ampleur à l'instant apparue. Sous le satin griffé de l'aurore, la couleur de l'été quand on ferme les yeux. [...] Le mirage est assis tout nu dans le vent pur. Beau mirage membré comme un marteau-pilon. Beau mirage de l'homme entrant dans la moniche. Beau mirage de source et de fruits lourds fondant. Voici les voyageurs fous à frotter leurs lèvres. Irène est comme une arche au-dessus de la mer. Je n'ai pas bu depuis cent jours, et les soupirs me désaltèrent. Han, han. Irène appelle son amant. Son amant qui bande à distance. Han, han. Irène agonise et se tord. Il bande comme un dieu au-dessus de l'abîme. Elle bouge, il la fuit, elle bouge et se tend. Han. L'oasis se penche avec ses hautes palmes. Voyageurs vos burnous tournent dans les sablons. Irène à se briser halète. Il la contemple. Le con est embué par l'attente du vit. Sur le chott illusoire, une ombre de gazelle... Enfer, que tes damnés se branlent, Irène a déchargé[1]. »*

La violence de la rhétorique surréaliste fait ici écho à la littérature libertine du XVIIIᵉ siècle et atteint un des sommets de la prose française. Défiant donc la norme et la pensée pragmatique, la littérature se mesure à l'expérience sensorielle dans ce qu'elle a de plus excessif et dont l'exemple est pris dans la jouissance féminine. Car il faudrait bien mesurer le risque de cette révolte contre la Norme-Raison : elle confronte à l'innommable, à la psychose, à l'aphasie – tel est l'envers de l'absolu qu'incarne Irène aux confins de l'humain.

Avant d'atteindre cette limite de l'anéantissement et de la mort, quelques pages d'*Irène* formulent ce défi contre le conformisme bourgeois comme une révolte contre la rhétorique narrative : l'écrivain souhaiterait que les mots – dans leur dynamique, dans leur jeu métaphorico-métonymique, dans les évocations mythologiques dont ils sont connotés, dans leurs allitérations – puissent être à l'unisson de ce qu'il perçoit comme la jouissance féminine. La difficulté ou l'impossibilité de cette transposition ne peut que le conduire à poursuivre l'expérience littéraire ou à tout brûler. Notez la composition en « collage » de ce fragment sauvé du feu. Pas de continuité stylistique : les passages narratifs alternent avec une écriture poétique, « écriture automatique » (le passage sur les poissons) ; le récit enragé cède devant la

---

1. Louis Aragon, *Le Con d'Irène*, *op. cit.*, pp. 77-79.

veine folklorique et ironique du tableau de la ferme où Victoire, Irène et le vieux père impotent se profilent, pathétiques, sur un fond de misère ; avant qu'un style de traité polémique – à une sorte de sociologie du roman confronté au journalisme – ne vienne clôturer provisoirement ce brûlot. Ce *patchwork* ne semble pas être seulement le résultat d'un texte en chantier, sauvé du désastre avant d'être poli et homogénéisé. La fragmentation stylistique reflète l'ouragan qui secoue celui qui écrit[1], cette rage qui s'empare d'un corps ductile dont l'érotisme fébrile et désabusé traverse le fiasco et transmue sa rage dans la jouissance féminine d'abord, dans l'écriture enfin, qui en deviendra la confirmation, l'accomplissement et l'apogée sans suite. Pas de foyer, aucun centre qui fixe : le regard, la plume, le style changent de lieu et de mode, l'accommodation se cherche mais ne se fait pas, toutes les images sont déstabilisées – étincelante jouissance stylistique en doublure avec la femme qui jouit.

Je ne connais pas de texte – pas même celui de Joyce, plus ironique et plus raffiné, sur Molly – qui se coule avec autant de complicité, de précision et d'admirative tendresse dans le merveilleux féminin qu'Aragon invente comme à l'intérieur de sa propre chair, puisqu'il le crée dans sa propre langue désappropriée.

---

1. Daniel Bougnoux signale l'anagramme « aragon »/« ouragan ». *Cf.* sa très belle analyse de la structure kaléidoscopique de ce texte dans « La langue ardente de l'orage », in *Pleine Marge*, n° 12, pp. 79-87.

« *C'est une manie bourgeoise de tout arranger en histoire [...]. Il y a des gens qui racontent la vie des autres,
ou la leur. Par quel bout la prennent-ils ?* [...] *Mélancolie inconnue [...], immense désespoir physique [...]. Le
même numéro de* Paris-Soir. [...] *Je m'abandonne au
découragement quand je pense à la multiplicité des
faits*[1].» On pense à Mallarmé critiquant la littérature
comme l'«universel reportage». Bref, contre la ratio-
nalisation du vécu, l'*a*-pensée de *La Défense de l'infini*
se place en situation de scandale et met le feu au manuscrit pour n'en garder qu'une publication partielle. En
clair, l'imaginaire est mis en faillite devant l'immensité
du projet que représente la traduction, non de la « multiplicité des faits », mais de la jouissance féminine : fantasmatique, certes, mais maintenue comme la variante
incarnée du divin.

L'insensé de la révolte consiste dans l'absolue ambition de traduire en langage cette *semiosis* – ce « sémiotique[2] », comme je l'ai dit ailleurs – qui excède le sujet
parlant et dont la jouissance féminine est la représentation fantasmatique. Le suicide et l'autodafé soldent cet
insensé. En contrepoint, la rencontre avec Elsa, à l'automne 1928, l'adhésion au Parti communiste en 1927
stabilisent et rassurent. L'adhésion sera effective en 1930
et consolidera, en effet, l'identité de l'écrivain. La réalisation sociale d'un avenir politique prendra le pas sur
l'impossible mission consistant à rivaliser avec la fantasmatique jouissance féminine. Cette adhésion est-elle un

---

1. Louis Aragon, *La Défense de l'infini, op. cit.*, pp. 94 et 95.
2. *Cf.* Julia Kristeva, *La Révolution du langage poétique, op. cit.*

mentir-vrai, un faux-semblant, un masque, un artefact ?
Les dernières années d'Aragon pourraient le laisser penser, puisqu'il finit alors par se débarrasser de sa respec-
tabilité. Il n'en reste pas moins qu'il tient très longtemps
ce rôle et s'attire les critiques de ceux qui, bourgeois
intégrés ou anarchistes libéraux, l'accusent de cynisme et
de conformisme. L'adhésion au Parti, comme l'« amour
fou » conjugal ont sans doute été la bouée de sauvetage
après la brûlure, le miroir nécessaire à l'assurance
identitaire : « j »'appartiens, car « je » ne sais pas qui
« je » suis et parce que « je » ne veux pas être happé par
la jouissance de l'autre, « j »'adhère, « je » me stabilise,
ne serait-ce que provisoirement, « j »'en profite pour
continuer à écrire. L'alternance entre révolte et adhésion
structure la période surréaliste elle-même, le « groupe »
assumant le rôle de support identitaire – avant que le
Parti n'en prenne la place et obture l'intransigeance de
la *révolte* en *revendication sociale*. Avec le stalinisme
Aragon abandonne la *révolte* au nom d'un *engagement*
parfois critique, parfois servile, voulant continûment
tout (« toujours tout l'arc-en-ciel », disait de lui Breton), sans appartenir tout à fait à aucune identité, à
aucune vérité précise. C'est ce que certains de ses
commentateurs ont appelé les « trahisons » successives
et permanentes d'Aragon. Des trahisons qui lui permettent de poursuivre son itinéraire d'écrivain, aussi.
Après avoir brûlé l'infini, l'écriture ne peut d'ailleurs
être qu'une permanente trahison/traduction de styles,
genres, postures, tonalités...

3

Mardi 21 mars 1995

LE STALINISME CONTRE L'INFINI SENSIBLE

« Quand je ne sais pas qui je suis, j'en suis » :
« adhérer » remplace « être »

L'adhésion au stalinisme, c'est sur ce sujet que je vous ai quittés la dernière fois : la grande affaire de ce siècle ! Et vous pensez bien que ce n'est pas aujourd'hui que je vais épuiser la question ! Il faudrait tout de même commencer un jour, de mon point de vue, j'entends, qui n'est pas celui de l'utilité sociale (défendre les « damnés de la Terre » contre les bourgeois) ni celui de la nécessité politique (contrebalancer le totalitarisme brun par un totalitarisme rouge), bien que ces deux visions se défendent, je le dis sans pudeur et tout en ayant été moi-même une victime modeste – mais victime quand même – de ceux qui promettaient des « lendemains qui chantent ».

Adhérer au stalinisme s'est révélé une passion aux racines beaucoup plus sournoises. Prenez l'homme invalide dans *Irène*. On peut imaginer qu'un bonhomme comme ça se répare en adhérant à quelque chose de fort : il n'y a plus de raison d'être, mais il existe un groupe qui incarne la raison de l'Histoire. La raison de l'Histoire est le contrepoids de la dépression, et le parti des masses populaires devient la version maniaque de la mélancolie. On oublie alors que la poésie s'insurge contre le monde de l'action, on trouve « trop con » cette révolte, on veut de l'action au nom de la raison et de l'Histoire. On voit le communisme comme une « conscience incarnée », comme l'esprit absolu « remis sur pied ». Hegel avait pourtant prévenu que la terreur, c'est Kant mis en pratique ; mais on ne se méfie plus de la terreur qu'impose la dialectique mise en pratique. Qui, « on » ? Dans le cas qui nous intéresse, « on » est d'autant plus adhérent à la dialectique incarnée dans le peuple qu'« on » a bataillé contre la loi et la norme d'une conscience opprimante, au point d'en défaire la stabilité en même temps que la sienne propre. Le désarroi identitaire se restabilise par l'érection du dogme de la raison incarnée.

J'ajouterai qu'une certaine tradition matérialiste française ne répugne pas non plus au culte de l'« incarnation » de la raison historique que représente le Parti. Qu'un groupe humain puisse matérialiser le pouvoir absolu que l'idéalisme allemand avait attribué à l'idée, voilà qui ne manque pas de séduire les descendants de ceux qui se réclament du sensualisme et qui honnissent l'obscurantisme des cathédrales. Le culte du merveilleux irrationnel substantifié par la femme frise l'inconstance et le pluriel du baroque, nous l'avons vu. Mais le culte du merveilleux rationnel que représente le matérialisme dialectique, en contrepoint du précédent, rassure, solidifie et enthousiasme à la fois.

Le fantasme d'un pouvoir populaire devient l'endroit social de cette magie sensorielle que la femme enchanteresse détient dans l'envers intime. Où la puissance imaginaire de la matrone phallique commande au sadomasochisme des mâles. Que l'homosexualité soit le secret de polichinelle de cette alchimie, certains ne tarderont

pas à le savoir, et Aragon lui-même nous l'a joué, sur le
tard, il est vrai, mais non sans dérision, ce qui, après tout,
tient le symptôme à une certaine distance.

Pourtant, dans cette logique où les motivations de
l'inconscient communiquent – décidément, les *Vases
communicants*[1] de Breton ont la vie longue ! – avec les
options politiques, les credo idéologiques revêtent une
intense versatilité qui caractérise par ailleurs le sadomasochisme des états amoureux et la polysémie du langage
poétique. Et sous l'apparence d'un chantre politique –
patriote, communiste et idéologue – on découvre la
salubre provocation d'un histrion. Mais s'agit-il vraiment et seulement d'une manipulation amorale de la part
d'un imposteur ? Ou d'un état limite de l'identité
insoutenable : celle du soi, celle des groupes ? Ou encore
d'une période critique de la conscience occidentale où le
refus de ce couple que forment la conscience et la norme
s'est figé dans une antinorme et une anti-conscience plus
contraignantes et plus meurtrières que leurs cibles tradi-
tionnelles ? La révolte échouant ainsi dans une oppres-
sion radicale, faute de pouvoir suivre dans la pensée
seule, dans la seule pensée, cette archéologie du sensible
et du sensé, ce débat dans la métaphysique, et contre elle,
qu'Aragon avait annoncé dans *Le Paysan de Paris* ?

Une chose est sûre : si nous avons dépassé cette
période critique et en voyons aujourd'hui les impasses
(qui ne concernent pas seulement les compromis d'Aragon), il n'est pas certain que nous n'en ayons pas perdu

---

1. André Breton, *Œuvres complètes*, t. II, *op. cit.*, pp. 101-209.

aussi l'inquiétante vitalité. Et qu'une ouverture de l'*a*-pensée ne se soit provisoirement fermée.

Au point où nous en sommes, en 1928, les impasses du stalinisme ne font que commencer ; j'y reviendrai dans d'autres séminaires et à propos d'autres écrits d'Aragon. Il y aura 1930 et le congrès de Kharkov avec cette redoutable adhésion au réalisme socialiste ; puis 1932 et la rupture avec le surréalisme ; *Le Monde réel* à partir de 1933 et jusqu'aux *Communistes*[1] de 1949 ; le pathos conjugal et patriotique du cycle poétique de la Résistance – mais fallait-il ne pas le faire ? qui jettera la première pierre aux alexandrins ? Puis *Aurélien*[2] en 1945 ; et enfin – je dis « enfin » pour moi, car ce fut le soulagement de retrouver une écriture reprenant son large souffle –, *La Semaine sainte*[3] en 1958. Mais personne n'entend plus parler de *La Défense de l'infini*, qui ne sera republiée, je vous l'ai dit qu'en 1986 (en 1969, dans *Je n'ai jamais appris à écrire*, bien que décrivant le style du roman brûlé, Aragon ne cite toujours pas *Irène*).

L'infini sensoriel ou l'*a*-pensée en danger

Revenons sur le sens de cet « infini brûlé ». En distinguant « penser » et « juger », intellect et raison, entendement et signification, Kant accorde au jugement et à la

---

1. Louis Aragon, *Les Communistes,* 6 volumes, Éditeurs français réunis, Paris, 1949-1951, 2ᵉ version 1967.
2. Louis Aragon, *Aurélien,* NRF, Gallimard, Paris, 1944.
3. Louis Aragon, *La Semaine sainte,* NRF, Gallimard, Paris, 1958.

quête de signification un pouvoir illimité. Cet acharne-
ment constitutif de la pensée elle-même, qui avait
conduit les Grecs à considérer l'infini comme la source
de tous les maux[1], se manifeste de manière redoutable
dans le pouvoir illimité de la raison pragmatique
moderne : je veux parler de la raison technique qui se
détourne de la recherche de vérité afin de dominer le sensible. Ce débat, que Hannah Arendt mène notamment
dans son livre *La Vie de l'esprit*[2], laisse cependant
ouverte la question de l'infini sensible : domaine de
l'âme et des passions dans la philosophie classique, cet
univers – terre de prédilection non seulement de l'art et
de la littérature, mais aussi de la psychanalyse – est loin
d'être passif et uniforme, il fourmille de singularités infinies que l'esthétique classique, parce qu'elle est classique, ne parvient pas à manifester. Cet infini sensoriel,
en doublure de la raison infinie, et bien que fondé sur et
dans le monde sensible, en pulvérise l'évidence dans une
démesure que seules les métaphores de l'infini peuvent
approcher. Ainsi qu'un langage dont la stylistique polyphonique brise tous les pièges de l'unité cependant utilisée (unité du mot, de la syllabe, du rythme, de la phrase,
du récit, du personnage, etc., convoqués et pulvérisés).
C'est cet infini sensoriel que la jouissance met en scène
et auquel l'écriture se mesure, qui « inspire » – car tel est
le mot immémorial – le mystique autant que l'écrivain.

---

1. Platon, *Philèbe ou Du plaisir*, « Bibliothèque de la Pléiade »,
Gallimard, Paris, 1981, 2e partie, pp. 21-32.
2. Hannah Arendt, *La Vie de l'esprit*, Presses universitaires de
France, Paris, 1981.

Force est de constater que la révolte apparemment formelle et passionnelle de l'écriture dans *La Défense de
l'infini*, comme en d'autres expériences d'avant-garde,
survient dans un monde dominé par l'infinie violence de
la raison technique, pour y apposer la résistance de l'infini sensible. Pour autant que celui-ci serait la réserve
d'une vérité humaine, elle-même interne au langage, à
condition de l'arracher au calcul et de la rapprocher du
battement de la pensée, de sa germination infinitésimale ;
antérieur à l'Un, au sujet et au sens. On mesure alors le
risque identitaire – mélancolique, psychotique – de cette
démesure qui est l'autre mot pour désigner la liberté.

L'impossible de la révolte

Je voudrais raccorder ces remarques concernant le
texte, la vie et l'engagement d'Aragon dans le mouvement surréaliste au thème de la révolte. Sans doute la
liaison vous est-elle apparue en filigrane et fait-elle aussi
écho, pour vous, à la partition « droite » et « gauche »
dont on entend reparler par ces temps de campagne élec-
torale. Au moment où les discours des candidats à la pré-
sidence de la République – discours de rassemblement
qui vont dans le sens des urnes – cherchent démagogi-
quement à gommer clivages et différences, le terme de
révolte fait peur. Il fait peur parce qu'il consisterait précisément à s'interroger sur les contradictions présentes et
sur les nouvelles formes de révolte dans notre société
postindustrielle. Parler de révolte n'appelle pas d'emblée
au « rassemblement » susceptible de faire gagner un can-
didat, mais incite, au contraire, à l'auscultation, au dépla-

cement, à la dissemblance, à l'analyse, à la dissolution. Parler de révolte n'appelle pas à l'intégration, à l'inclusion, à l'idylle sociale dans l'immobilité, mais souligne qu'il existe des contradictions d'ordre économique, psychique, spirituel, et, qui plus est, que ces contradictions sont permanentes : entendez bien, elles ne sont pas solvables. C'est même lorsqu'on s'aperçoit que les contradictions de la pensée et de la société sont insolubles que la révolte apparaît – avec ses risques – comme *une nécessité continue* pour le maintien en vie de la psyché, de la pensée et du lien social lui-même. Bien sûr, le paysage politique n'est pas nécessairement le lieu où la question de la révolte peut se poser ; peut-être le deviendra-t-il si certains, comme ils le proclament, parviennent à refonder la gauche. Mais cela prendra du temps – après un temps, pour ce parti nécessaire, de diète du pouvoir.

Notre question ici est plutôt celle de la révolte psychique, de la révolte personnelle et, en conséquence de la révolte en tant que forme d'expression esthétique. La révolte politique et esthétique d'Aragon, le défaut de père dans son existence, le culte du féminin sous la forme que je vous ai indiquée, l'adhésion au Parti communiste constituent-ils des éléments d'une révolte que j'ai située dans le cadre de la pensée freudienne comme une révolte contre le père et contre la loi ? En partie, oui, comme le montrent, au début d'*Irène*, le narrateur et sa rage adolescente contre le conformisme de la société de province où il s'ennuie. Mais par-delà ce conflit avec le père ou la loi, et surtout lorsque la place de ce père est vacante, lorsque le fils est bâtard, une autre variante du tragique apparaît, outre le tragique œdipien : c'est l'affrontement avec ce qu'il faut bien appeler l'*impossible*.

J'ai déjà prononcé à plusieurs reprises ce mot devant vous. C'est celui que Lacan emploie quand il parle du *réel* en affirmant qu'il est impossible[1]. L'impossible, selon *Le Con d'Irène*, se présente dans l'imaginaire d'Aragon comme une confrontation au maternel et au féminin, pour autant que ceux-ci représentent le fantasme de l'excitabilité irreprésentable : la *mater*-matière démoniaque. Nous sommes donc bien en deçà ou au-delà de la loi paternelle, de l'identité des signes que cette loi garantit : ce qui donne l'écriture surréaliste où les signes du langage – identitaires et identifiants – sont, justement, sortis de leurs gonds, sans pour autant subir une désidentification totale comme les mots-valises de Joyce ou les glossolalies d'Artaud.

Néanmoins, le surréalisme se caractérise par ces métaphores paradoxales dont je vous ai lu quelques exemples dans le passage des poissons et par ces rêveries qu'actualise l'écriture automatique et qui mettent à mal la logique. Sacralisation et fétichisme de la femme conduisent les surréalistes à une image fascinante autant qu'abjecte du féminin. Cette guerre ambivalente contre le féminin est à entendre en contrepoint de la guerre que le sujet livre à lui-même : à son identité surmoïque et paternelle. Pour se protéger de l'abjection de l'autre (à commencer par l'autre sexe) et de l'autre en soi, la femme est sacralisée, fétichisée : c'est ce que disent assez les deux versants (ambivalence-rejet, merveilleux-magie) qui constituent l'imagerie féminine surréaliste. La criminelle fascinante

---

1. *Cf.* Jacques Lacan, *Écrits, op. cit.*, pp. 388-389, 439, et RSI 1974-1976, in *Ornicar* 2, 3-4, 5.

ou la sauvage Irène sont des *alter ego* de l'écrivain, dans lesquels se distribuent à la fois des rôles féminins imaginaires et des facettes du sujet lui-même délicieusement et horriblement confondues avec ce féminin tout à la fois œdipien, parce que désirable, et préœdipien, parce que reflet narcissique de soi.

Irène est le personnage inventé par Aragon qui montre le mieux ce tissage très particulier de trois images : une femme hypostasiée, idéalisée comme mère œdipienne désirable ; une autre négativée, ordure abyssale, engloutissante ignominie ; à laquelle s'ajoute une troisième composante constituée par l'identification de ce dédoublement avec la dynamique même de la représentation, de l'*a*-pensée, que s'attribue l'écrivain, l'énonciateur, le sujet parlant. Ni Victoire ni Irène ne sont des femmes réelles, bien sûr, des femmes au sens social du terme ; j'insiste sur ce point pour souligner qu'il s'agit là de fantasme, d'une prosopopée de l'inconscient du narrateur et de l'écrivain, au sens où la prosopopée est une mise en scène des absents, des morts, des êtres surnaturels ou inanimés qui parlent et agissent, alors que le fantasme réalise cette scénographie avec les rejetons de notre propre inconscient, rejetons qui ne sont pas du tout morts.

Dans cette mise en scène d'une nouvelle forme de tragique où l'homme-narrateur est confronté à l'impossible (de l'autre, du féminin, du sensible), nous sommes conduits, par le truchement du langage poétique aragonien, au cœur d'une double tragédie féminine, cette fois, et non plus œdipienne. D'une part, le poète méconnaît l'existence réelle, psychologique et sociale de la femme – il n'est que de penser aux drames biographiques d'un certain nombre de femmes qui ont gravité dans le sillage des surréalistes, à l'écrasement de leur autonomie et à leur désir qui en a conduit certaines au suicide. D'autre part, il s'identifie à une hypostase féminine, il l'absorbe, il est elle : il est Irène et il écrit l'impossible de la féminité, il l'assimile, il la vampirise. Ce faisant, il parvient cependant à témoigner de l'impossible en même temps que de la jouissance, lesquels, sans cette ambivalence tragique, seraient sans doute restés muets.

L'engagement (politique, médiatique)
n'est-il pas toujours une imposture ?

Après cette période tragique et à partir des années 1930, l'adhésion au parti stalinien, le culte d'Elsa, enfin le passage à l'acte homosexuel se donnent à lire, avec le recul (et au-delà des utilités psychologiques, morales et politiques incontestables qu'ils peuvent avoir), comme un immense déploiement du burlesque. En effet, Aragon n'a cessé de jouer et de se ridiculiser à travers la mascarade, le maquillage et autres clowneries au cœur même de ses partis pris les plus « sérieux ». Témoin paroxystique, dans notre siècle, d'une variante pathétique et grotesque du tragique, de ce que j'appelais au début de cette introduction à Aragon le « héros impossible ». *L'Anti-Œdipe* de Deleuze et Guattari[1] a suggéré que certaines expériences « poétiques », telle celle d'Artaud, ignorent la stabilisation œdipienne et œuvrent dans la psychose. Il n'y a pas,

1. Gilles Deleuze et Félix Guattari, *L'Anti-Œdipe. Capitalisme et Schizophrénie*, Minuit, Paris, 1972.

chez les surréalistes, cette exclusion asilaire que connaît Artaud ; au contraire : pour marginale et contestataire qu'elle soit, la position des surréalistes apparaît comme séductrice et intégrée, encadrée dans l'ésotérisme pour Breton et dans l'appareil du Parti en ce qui concerne Aragon dont l'écriture reste éminemment socialisée. Pourtant, c'est dans la tonalité non œdipienne d'un héroïsme impossible que se déploie l'instabilité polymorphe du Narcisse moderne. Ce succédané de l'inconstance baroque, désormais privée de Dieu pourtant, est un barde du féminin qu'il traverse et s'approprie pour mieux jouer le rôle du subtil au cœur des « appareils politiques », avant que ceux-ci ne lèguent leur pouvoir aux écrans télévisés. S'il ne parvient pas à cette intégration qui fait de lui un héros impossible ou le héros de l'impossible, ce versatile risque l'anéantissement. Explorateur de l'irreprésentable, il se compromet en histrion.

À côté de ce tragique intime, l'histoire d'Aragon a l'avantage, si l'on peut dire, de mettre en évidence l'engagement politique comme relève et enchaînement de la révolte tragique. Pour Aragon, l'engagement a eu lieu à un moment de grand malaise subjectif. Il prend des contacts avec le Parti dès 1926 ou 1927 et, après les longues procédures d'usage, se retrouve adhérent.

Quel est le sens de cet engagement dans le contexte de ce que nous avons appris jusqu'à présent de sa vie et de son œuvre ? Eu égard à la fluidité, à l'instabilité qui prennent l'aspect d'une ambiguïté sexuelle et d'un jeu avec les signes ? Eh bien, on peut l'interpréter comme une sorte de désaveu de l'imaginaire : ce n'est plus dans l'imaginaire ou dans l'*écriture* que ma révolte s'exercera ; ce sera un *acte* qui assurera la véritable révolte en tant que celle-ci est simultanément vie psychique et engagement social. L'adoration du groupe social va prendre pour Aragon la suite de l'adoration du féminin. Je ne remets pas en cause ici toutes les bonnes raisons que l'on peut trouver pour justifier l'adhésion à un parti politique ; mais, si l'on cherche à comprendre en profondeur la signification psychique d'une « adhésion », il n'est pas rare de trouver à sa racine une volonté de réparer le père et la loi, pour lutter contre la déception de la dépression, contre l'envahissement par le féminin, contre ce chavirement dans l'*a*-pensée dont *Le Con d'Irène* est un si parfait exemple.

Je sais que certains d'entre vous restent sur leur faim, car ils n'ont pas retrouvé dans mon discours le mythe qui les avait séduit chez Aragon : le culte du couple et du peuple, d'Elsa et du Parti. Tout cela vous manque : non seulement parce que ces mythes font partie de l'histoire de France, mais aussi parce que votre imaginaire en est avide. Je dois vous dire que je n'ai pas perdu de vue cette mythologie – et votre exigence – de fidélité au cours de mes développements qui s'arrêtent aux années 1930 ; c'est même en fonction de cette mythologie que je vous ai parlé de ce qui la précède et qui, du fond d'un excès insoutenable dont *Irène* porte le témoignage, a imposé le recours à l'assurance. Une adhésion, à commencer par celle à la communauté duelle du couple, comporte une assurance identitaire qui garantit notre survie. Nous en voulons tous, et certains d'entre nous y arrivent, avec plus ou moins d'illusions. Grandeur et misère de l'illusion ? Soit. Le « Fou d'Elsa » sait, bien qu'il l'oublie, que l'amour fou qu'il chante est le contrepoids d'une autre folie ; que l'adhésion (à Elsa, au Parti) est appelée à colmater, à apaiser un autre et infini délire, d'Irène... Le sacre du couple contribue à lutter contre l'homosexualité, insinuent les malins. Mieux que cela : à lutter contre l'annulation de soi dans une confusion avec le féminin primaire, dans la génitalité menaçante. Le mythe de la fidélité et de l'adhésion sont d'autant plus nécessaires et réels – d'une réalité hypnotique pour les protagonistes comme pour le public – qu'ils se font fort de stabiliser l'orage. Le faux et le masque, dès lors, même s'ils sont perçus ainsi par les uns et par les autres, inspirent une gêne plus qu'un rejet au critique le plus intransigeant.

Car si nous entrevoyons désormais les causes historiques et sociales des totalitarismes, il n'est pas sûr que nous en ayons démonté les motivations psychiques, ni que nous soyons à l'abri du besoin identitaire qui, trop souvent et sans la monstruosité stalinienne, fait alterner nos révoltes avec nos impostures.

Sans doute sommes-nous ici au cœur de ce qui sous-tend une appartenance : « je » ne sais pas *qui* « je » suis, « je » ne sais pas *si* « je » suis (un homme ou une femme) ; mais *« j̇ »'en suis*, de l'adhésion. Le dégel après la guerre froide, le révisionnisme, la critique du totalitarisme, la chute du mur de Berlin représentent autant de mutations de l'histoire qui réactivent les événements d'une révolte plus personnelle, plus subjective, et qui montrent que les affrontements avec le maternel sacré, d'une part, et la ceinture de sécurité du langage, d'autre part, sont la véritable doublure secrète de l'engagement politique, sa mise en abîme. L'engagement politique est un repère et un masque, la vie d'Aragon en est la preuve.

La raison pratique prenant le relais de l'*a*-pensée reconduit la contestation : résistance, défense des opprimés, lutte contre la ploutocratie impérialiste ; mais la raison pratique excelle en se compromettant dans des stratégies dialectiques, avant d'échouer dans l'égotisme et la justification critique du totalitarisme. Je vous le dis d'autant plus gravement qu'ayant vécu dans un pays stalinien, je suis de ceux qui ont apprécié les attitudes d'Aragon contre le dogmatisme et comptent sa contribution au dégel dans le processus d'érosion qui conduit à la chute du mur de Berlin. L'enthousiasme de l'adhésion et ce qu'elle implique comme choix de civilisation et comme choix subjectif n'en reste pas moins problématique.

Traître, clown, opportuniste, profiteur, imposteur, menteur, toutes ces épithètes ont collé à l'écrivain en dépit du fait qu'il fut un authentique alchimiste du Verbe, un vrai joueur qui a joué à fond le spectacle de l'adhésion sans jamais se départir de cette dimension de l'insondable qu'il a affrontée sur le terrain de l'écriture, dans une expérience rhétorique et subjective que l'on peut apprécier ou non, mais qui n'en reste pas moins unique.

Est-il légitime de parler, dans ce contexte, d'une impasse de la révolte, d'une impasse de l'imaginaire, au profit de la raison pratique dont le stalinisme est la sinistre apothéose ? On pourrait poser la question autrement : l'expérience imaginaire d'Aragon est-elle audible, lisible sans le support politique, sans la « médiatisation » avant la lettre que la popularité communiste lui procurait et qui lui donnait une de ses raisons d'être ? Aragon est peu lu aujourd'hui. Cet imaginaire, s'aventurant aux limites du sensible et du féminin, que je vous ai décrit comme lui étant spécifique, est-il impossible à

sauver sous prétexte qu'il serait mort avec l'appartenance idéologique qui lui était parallèle, associée ? Il y a,
en effet, un non-sens de la révolte dans les termes où
Aragon l'a utilisée, qui la rend impossible à pratiquer
aujourd'hui. Sartre nous en offrira un autre exemple. Et
Barthes une tout autre approche.

Demeure néanmoins la question, toujours actuelle, de
la pensée qui, lorsqu'elle se déploie comme une vie psychique, lorsqu'elle a l'ambition d'être la vie psychique
au sens fort de reviviscence et de résurrection identitaire
– au sens de l'*a*-pensée –, se confronte immanquablement avec le maternel d'une part, avec les signes d'autre
part. Cette expérience est-elle inséparable de l'espèce de
ceinture de sécurité que peut procurer l'appartenance
institutionnelle ? Si oui, laquelle aujourd'hui ? Si non,
quelle solitude !

Dans les deux cas, il est à craindre que personne n'en
puisse assumer les risques au prix dont Aragon exhibe le
paroxysme, mais qui est de structure lorsque le plus fort
de l'interdit est associé au plus fort de l'archaïque ou du
sensible. Ce qui voudrait dire que, par-delà la liberté,
c'est l'*a*-pensée elle-même qui, avec cette révolte-là, est
mise en péril. À moins qu'il ne soit possible de bâtir
d'autres liens que les liens partisans de la raison pratique.
À l'heure actuelle, tout porte à croire que nous en
sommes loin.

VII

Sartre, ou « On a raison de se révolter »

1
« MOI, JE SUIS LIBRE »

Vers l'an 458 av. J.-C. – une quarantaine d'années avant *Œdipe roi* de Sophocle[1] –, Eschyle écrit son *Orestie*[2] qu'un révolté moderne, Jean-Paul Sartre, reprendra ainsi à son compte en 1943 : « *Moi, je suis libre, Dieu merci ! Ah ! comme je suis libre. Et quelle superbe absence que mon âme ! [...] Je ne reviendrai pas à la nature : mille chemins y sont tracés qui conduisent vers toi, mais je ne peux suivre que mon chemin. Car je suis un homme, Jupiter, et chaque homme doit inventer son chemin. La nature a horreur de l'homme, et toi, toi, sou-*

---

1. 420 av. J.-C.
2. Eschyle, *Orestie, Agamemnon, Les Choéphores, Les Euménides,* Les Belles-Lettres, Paris, 1972 ; *Tragédies,* Gallimard, « Folio », Paris, 1982.

verain des Dieux, toi aussi tu as les hommes en hor-reur[1]. »

Ainsi s'exprime un curieux humaniste matricide, un athée sans remords qui figure l'étranger absolu : autrement dit, l'homme libre que Sartre ne cessera de revendiquer dans une aventure intellectuelle et politique des plus mouvementées et des plus controversées.

Quand on s'interroge sur la révolte dans le monde contemporain, dans la littérature contemporaine, l'expérience de Sartre est incontournable. Je me réjouis d'autant plus de vous présenter son œuvre que, comme vous le savez, depuis quelque temps, une sorte de consensus mou règne en tout domaine, et que Sartre se trouve souvent décrié, très injustement à mon sens. Comme celle de Barthes dont je vous parlerai bientôt, il est impossible de restituer l'expérience de Sartre en trois ou quatre séances, mais je tiens néanmoins, en ces temps d'oubli, à vous donner une entrée en matière de quelque relief.

Nous n'aborderons pas cette année la question Sartre/Beauvoir – scandale pour les uns, fascination pour les autres – mais je l'évoque ici pour vous dire en passant deux choses : il n'a jamais été facile pour une femme de s'imposer dans le panthéon surveillé des lettres sans certaines complaisances et complicités convenues – ce ne l'est pas davantage aujourd'hui, c'est même de plus en plus impossible –, et Beauvoir a très bien dit dans ses différents écrits combien cela lui a coûté d'efforts et de combats ; il n'est pas évident non plus, pour un homme,

---

1. Jean-Paul Sartre, *Les Mouches* (1943), in *Théâtre I*, Gallimard, Paris, 1947, pp. 27 et 113 ; Bordas, Paris, 1974.

d'accompagner une femme de l'intelligence de Beauvoir. Je reviendrai un jour sur cette confrontation qu'on
appelle « un couple » et qui prendra son éclairage de ce
que je compte vous dire sur la trajectoire de Sartre, précisément.

Sartre est né à Paris le 21 juin 1905 et mort le 15 avril
1980. Comme pour Aragon, comme pour Barthes,
quoique différemment pour chacun, le biographe trouve
d'entrée de jeu une interrogation à l'endroit de la fonction paternelle. Aragon était bâtard, vous vous en souvenez. Rien de tel pour Sartre dont le père meurt en 1907
alors que l'enfant est âgé d'à peine deux ans. Il est élevé
par son grand-père maternel, Karl Schweitzer, sur lequel
il concentre à la fois son adoration et son désir d'autonomie. Il l'exprime dans Les Mots[1], livre autobiogra-
phique où il retrace son enfance et précise combien il a
eu besoin de se mesurer à ce grand-père pour mettre à sa
place non pas l'autorité du père, ni même le refus de cette
fonction, mais ce qu'il appelle l'« esprit » : terme qui
résume l'expérience intellectuelle ou celle de la sublimation, l'investissement dans les idées et les mots qui
caractériseront toute sa vie. Sa mère se remarie en 1916
et Sartre quitte alors le milieu familial, puisqu'il est
envoyé au lycée de La Rochelle entre 1916 et 1919.
Lycéen, il commence à affirmer son autonomie ; reçu à
l'École normale en 1924, il passe l'agrégation en 1929 et
effectue son service militaire dans les services de la
météorologie à Tours. Par la suite, il est professeur de

---

1. Jean-Paul Sartre, Les Mots, Gallimard, Paris, 1963.

philosophie au Havre, à Laon et, en 1937, au lycée Pasteur à Paris. Puis c'est la guerre dont il parlera dans ses *Carnets*[1]. Il est fait prisonnier le 21 juin 1940 en Lorraine et conduit au stalag XII D à Trèves. Libéré le 1er avril 1941, il réintègre en tant que civil le lycée Pasteur avant d'enseigner au lycée Condorcet. Il se met en congé illimité en 1945 et n'assumera plus jamais sa fonction de professeur, entièrement voué qu'il sera au travail d'écriture et à la philosophie. À la même époque, il fait son premier voyage aux États-Unis.

Si je vous raconte tout cela, ce n'est pas seulement pour vous fournir quelques repères historiques sur quelqu'un que vous ne connaissez pas, mais c'est surtout pour attirer votre attention sur un certain type d'hommes et de femmes qui ont – qui avaient – ce qu'on appelle une biographie. Il n'est pas sûr, en effet, qu'à l'heure actuelle vous en connaissiez beaucoup, qu'il en reste beaucoup, ni même que vous-mêmes en aurez une, de biographie.

Parmi les événements qui jalonnent son itinéraire après la guerre, je retiendrai seulement quelques-uns de ceux qui, à mes yeux, résument ce que je nomme le sens et le non-sens de la révolte. En 1964, Sartre refuse le prix Nobel ; en 1966, il fait partie du tribunal Russell qui s'insurge contre la guerre au Viêt-nam et l'« impérialisme américain » ; en 1968, il apparaît à la Sorbonne pour soutenir le mouvement étudiant ; de là naîtra *La Cause du peuple* dont il deviendra directeur ; entre 1970 et 1973, sa rupture avec les communistes et en particulier avec

---

1. Jean-Paul Sartre, *Les Carnets de la drôle de guerre*, novembre 1939-mars 1940, Gallimard, Paris, 1983.

l'Union soviétique s'accentue, à la suite des révélations de
l'existence du goulag et sous la pression de Soljénitsyne :
Sartre est alors gauchiste. À partir de 1973, victime d'une
fatigue due à l'intensité du travail intellectuel, à l'usage de
forts stimulants, à l'âge, Sartre est atteint d'une quasi-
cécité ; ce qui ne l'empêche pas de poursuivre sa vocation
de révolté, avec l'aide de ses amis. Sa mort, le 15 avril
1980, provoque une vive émotion parmi le peuple de
gauche, les jeunes et un grand nombre d'intellectuels, et
ce – j'y reviendrai – malgré la violence des réactions que
ses engagements n'ont jamais manqué de susciter.

L'affaire Nobel

Je m'arrête sur l'affaire Nobel, car elle me paraît
emblématique du « sens et non-sens de la révolte[1] ». Ce
refus du prix Nobel par Sartre constitue, en effet, un bon
exemple de l'ambiguïté de ses prises de position.

Dès le 4 octobre 1964, le bruit circule que le jury du
Nobel s'apprête à accorder son prix à Sartre ; il y a même
un entrefilet dans *Le Figaro littéraire* du 4 octobre
1964 ; le 14 octobre, Sartre adresse à l'académie Nobel
la lettre suivante :

Monsieur le Secrétaire,
    *D'après certaines informations dont j'ai eu
connaissance aujourd'hui, j'aurais, cette année,*

---

1. Vous trouverez plus de détails dans le récent et très actuel livre
de Jean-Jacques Brochier, *Pour Sartre, le jour où Sartre refusa le
Nobel,* Lattès, Paris, 1995.

quelque chance d'obtenir le prix Nobel. Bien qu'il soit présomptueux de décider d'un vote avant qu'il ait eu lieu, je prends à l'instant la liberté de vous écrire pour dissiper un malentendu. Je vous assure d'abord, Monsieur le Secrétaire, de ma profonde estime pour l'Académie suédoise et le prix dont elle a honoré tant d'écrivains. Toutefois, pour des raisons qui me sont personnelles et pour d'autres qui sont plus objectives, je désire ne pas figurer sur la liste des lauréats possibles et je ne peux ni ne veux, ni en 1964 ni plus tard, accepter cette distinction honorifique.

Je vous prie, Monsieur le Secrétaire, d'accepter mes excuses et de croire à ma très haute considération.

Il semble que la lettre soit arrivée à destination pendant le week-end, que le secrétaire l'ait égarée et qu'elle n'ait pas été retrouvée : le prix a donc été annoncé. Après quoi, Sartre a donné une interview dans la presse suédoise et, par voie de conséquence, internationale, dans les locaux de l'ambassade de Suède à Paris. En refusant le prix Nobel, l'écrivain refuse 260 000 francs de l'époque, ce qui n'est pas rien ; son refus, pourtant, ne saurait être réduit à une exigence de rigueur morale et d'ascèse pécuniaire ; il aurait pu accepter le prix – qui « achète » à ses yeux et d'une certaine façon l'œuvre et l'écrivain – pour l'utiliser à des causes politiques, par exemple : le Viêt-nam, le sort des enfants torturés et affamés, etc. Plus profondément, il explique son refus par le désir de montrer que l'écrivain doit rester inaliénable, rebelle à toute allégeance, fût-ce à une institution aussi prestigieuse que le Nobel. Après avoir rappelé que Sartre, dans *Les Mots*, dit mériter un seul prix, le « prix de civisme », Michel Contat précise avec humour, à la lumière récente des documents sur la vie intime de l'écrivain, que « *le seul prix qui lui serait sans doute refusé est celui de la transparence, car il s'est mis à mentir sur ses sentiments à beaucoup trop de femmes, pour ne pas se compliquer la vie, avec le résultat qu'elle s'est énormément alourdie*[1] ».

Enfin, et c'est sur ce point que les ambiguïtés s'accumulent, il estime que les écrivains déjà honorés par le jury Nobel appartiennent tous au bloc capitaliste, au bloc bourgeois, et que le prix ne revient que rarement à des écrivains du bloc de l'Est que Sartre, par-delà sa vigilance, continue à apprécier. Il regrette même que, lorsqu'un écrivain soviétique est honoré, ce ne soit pas, à ses yeux, le « bon » : le Nobel a en effet été décerné à Boris Pasternak et non à Mikhaïl Cholokhov. Ces arguments de Sartre seront bientôt rendus pour le moins caducs par des événements qui vont faire apparaître le bloc de l'Est dans toute son horreur : les révélations de Soljénitsyne conduiront Sartre à se détacher du communisme auquel il retirera toute sa sympathie critique ; il sera même démontré que Cholokhov a volé et utilisé les manuscrits d'un écrivain inconnu pour publier *Le Don paisible*, ce qui jette une lugubre lumière sur l'exigence de rigueur

---

1. Michel Contat, « Rien dans les mains, rien dans les poches », in *Quai Voltaire*, revue littéraire, n° 6, automne 1992, p. 82.

libertaire que Sartre avançait pour le préférer à Pasternak... Bien sûr, Sartre n'avait aucune raison de soupçon-
ner Cholokhov, mais il avait parfaitement les moyens de
connaître l'existence des camps et toutes les manipula-
tions auxquelles se livrait le système soviétique. Ajoutez
que tout cela vaut, beaucoup plus dramatiquement, pour
Aragon et sa longue complicité avec la réalité stalinienne
sur laquelle je n'ai pas assez insisté et qui n'est que trop
connue. Quant à Sartre son souci de se démarquer du
conformisme occidental l'aveuglait et il avait adhéré
pleinement, sans l'esprit de révolte qu'il revendiquait par
ailleurs, à une certaine propagande de gauche de
l'époque. Révolte totale contre les uns, quelques doutes
finalement gommés sur les autres : la position de Sartre à
ce moment-là, d'un moralisme tranché et dogmatique,
semblable à celle de bon nombre d'intellectuels et d'écrivains, va se complexifier et se nuancer au fur et à mesure
du développement de l'histoire mondiale et de sa propre
pensée ; mais elle frappe aujourd'hui par son sectarisme.
Je veux vous citer les arguments de Sartre tels qu'il les
développe dans l'interview que je viens de commenter :

« *Je regrette vivement que l'affaire ait pris une apparence de scandale,* dit Sartre au sujet de l'affaire Nobel.
*Un prix est distribué et quelqu'un le refuse. Cela dépend
de ce que je n'ai pas été informé suffisamment tôt de ce
qui se préparait. Lorsque j'ai vu dans* Le Figaro littéraire
*du 15 octobre, sous la plume du correspondant suédois
de ce journal, que le choix de l'Académie suédoise
n'avait pas encore été fixé, je me suis imaginé qu'en
écrivant une lettre à l'Académie suédoise, que j'ai expé-
diée le lendemain, je pouvais mettre les choses au point
et qu'on n'en parlerait plus.*

« *J'ignorais alors que le prix Nobel est distribué sans qu'on demande l'avis de l'intéressé et je pensais qu'il était important de l'empêcher. Mais je comprends très bien que, lorsque l'Académie suédoise a fait un choix, elle ne peut plus se dédire. Les raisons pour lesquelles je renonce au prix ne concernent ni l'Académie suédoise, ni le prix Nobel lui-même, comme je l'expliquais dans ma lettre à l'Académie. J'y invoquais deux sortes de raisons : des raisons personnelles et des raisons objectives. Mes raisons personnelles sont les suivantes : mon refus n'est pas un acte improvisé. J'ai toujours décliné les distinctions officielles. Lorsque, après la guerre, en 1945, on m'a proposé la Légion d'honneur, j'ai refusé bien que j'aie eu des amis au gouvernement. De même, je n'ai jamais désiré entrer au Collège de France, comme me l'ont suggéré quelques-uns de mes amis. Cette attitude est fondée sur ma conception du travail de l'écrivain. Un écrivain qui prend des positions politiques, sociales et littéraires ne doit agir qu'avec les moyens qui sont les siens, c'est-à-dire la parole écrite. Toutes les distinctions qu'il peut recevoir exposent ses lecteurs à une pression que je n'estime pas souhaitable. Ce n'est pas la même chose si je signe "Jean-Paul Sartre" ou "Jean-Paul Sartre, prix Nobel".*

« *L'écrivain qui accepte une distinction de ce genre engage également l'association ou l'institution qui l'a honoré. Ma sympathie pour le maquis vénézuélien n'engage que moi, tandis que si le prix Nobel Jean-Paul Sartre prend parti pour la résistance au Venezuela il entraîne avec lui tout le prix Nobel en tant qu'institution. L'écrivain doit donc refuser de se laisser transformer en institution, même si cela a lieu sous les formes les plus honorables, comme c'est le cas.*

« *Cette attitude est évidemment entièrement mienne ; elle ne comporte aucune critique contre ceux qui ont déjà été couronnés. J'ai beaucoup d'estime et d'admiration pour plusieurs lauréats que j'ai l'honneur de connaître.*

« *Mes raisons objectives sont les suivantes : le seul combat actuellement possible sur le front de la culture est celui pour la coexistence pacifique des deux cultures, celle de l'Est et celle de l'Ouest. Je ne veux pas dire qu'il faut qu'on s'embrasse. Je sais bien que la confrontation entre ces deux cultures doit nécessairement prendre la forme d'un conflit. Mais elle doit avoir lieu entre les hommes et entre les cultures sans l'intervention des institutions. Je ressens personnellement profondément la contradiction entre les deux cultures.* »

Retenez l'insistance sur le malaise engendré par ces contradictions, et le choix néanmoins revendiqué : « *Je suis fait de ces contradictions. Mes sympathies vont indéniablement au socialisme et à ce qu'on appelle le bloc de l'Est. Mais je suis né et j'ai été élevé dans une famille bourgeoise. Ça me permet de collaborer avec tous ceux qui veulent rapprocher les deux cultures. J'espère cependant, bien entendu, que le meilleur gagne.* »

Vous remarquez que, le meilleur étant aux yeux de Sartre le socialisme, son erreur est dénoncée actuellement avec la plus grande virulence ; ceux qui ont gagné crient que Sartre s'est toujours trompé, bien que la plupart de ces « justes » n'aient jamais risqué eux-mêmes quelque pensée ou position que ce soit ; je ne parle pas là des perspicaces qui, tel Raymond Aron, ont toujours dénoncé le totalitarisme, fût-ce au prix de cette réserve subjective qui caractérise les rationalistes libéraux, tandis que l'intellectuel-écrivain, au contraire, partage et assume les angoisses des individus et du siècle.

« C'est pourquoi je ne peux accepter aucune distinction distribuée par les hautes instances culturelles, pas plus à l'Est qu'à l'Ouest, même si je comprends fort bien leur existence. » Par parenthèse, je vous rappelle que, contrairement à Aragon, Sartre n'a jamais accepté de distinction de l'Est non plus.

« Bien que toutes mes sympathies soient du côté des socialistes, je serai donc incapable tout aussi bien d'accepter par exemple le prix Lénine si quelqu'un voulait me le donner, ce qui n'est pas le cas. Je sais bien que le prix Nobel en lui-même n'est pas un prix littéraire du bloc de l'Ouest ; mais il est ce qu'on en fait, et il peut arriver des événements dont ne décide pas l'Académie suédoise. C'est pourquoi, dans les situations actuelles, le prix Nobel se présente objectivement comme une distinction réservée aux écrivains de l'Ouest ou aux rebelles de l'Est. [Vous remarquerez que Sartre refuse ici la révolte des rebelles de l'Est ; il accepte donc des « situations » où la révolte serait limitée, interdite à certains ?] *On n'a pas couronné, par exemple, Neruda qui est un grand poète sud-américain. On n'a jamais parlé sérieusement de Louis Aragon qui le mérite pourtant bien. Il est regrettable qu'on ait donné le prix à Pasternak avant de le donner à Cholokhov et que la seule œuvre soviétique couronnée soit une œuvre éditée à l'étranger et interdite dans son pays. »*

Comme s'il n'avait pas toujours fallu passer par le
samizdat et l'étranger pour publier les œuvres dissi-
dentes ! Mais, en 1964, Sartre est sourd à cela. Il se
révolte contre la « bien-pensance » bourgeoise et lui
oppose, bon an mal an, le « socialisme » soviétique.
Écoutez, à ce propos, le commentaire de Michel Contat
dont les sympathies pour Sartre n'entament en rien la
pertinence critique : « *Il fallait être un familier de Sartre
pour entendre la vacherie sous l'hommage à Aragon, qui
aurait bien mérité ce prix. Elle ne fit rire que dans le VI*e
*arrondissement. En revanche, Sartre s'aperçut très vite
qu'il avait commis une sérieuse gaffe en mentionnant
Cholokhov, écrivain stalinien, et en blâmant l'attribution du prix à Boris Pasternak (qui fut contraint de le
refuser, en 1958) sans condamner l'interdiction du* Doc-
teur Jivago *en URSS. Et quant à affirmer qu'aucun écrivain communiste n'avait jamais reçu le prix, il se trompait, puisque Salvatore Quasimodo avait été couronné
en 1959, justement comme une manière de rétablir la
balance. Est-ce pour démentir Sartre que l'Académie
suédoise décernera le prix Nobel en 1965 à Mikhaïl
Cholokhov ? Et faut-il voir une punition dans le fait
qu'aucun écrivain français ne l'obtiendra jusqu'à
Claude Simon en 1985*[1] *?* »
Sartre revient aussitôt au contexte français et à son
rôle de trouble-fête : « *On aurait pu établir un équilibre
par un geste semblable dans l'autre sens. Pendant la
guerre d'Algérie, alors que nous avions signé la "dé-*

---

1. Michel Contat, « Rien dans les mains, rien dans les poches »,
op. cit., pp. 87-88.

claration des 121", j'aurais accepté le prix avec reconnaissance parce qu'il n'aurait pas honoré que moi, mais aussi la liberté pour laquelle nous luttions. Mais cela n'a pas eu lieu. Et ce n'est qu'après la fin des combats que l'on me décerne le prix. Dans la motivation de l'Académie suédoise, on parle de liberté : c'est un mot qui invite à de nombreuses interprétations. À l'Ouest, on n'entend qu'une liberté générale ; quant à moi, j'entends une liberté plus concrète qui consiste dans le droit d'avoir plus d'une paire de chaussures et de manger à sa faim. Il me paraît moins dangereux de décliner le prix que de l'accepter. Si je l'accepte, je me prête à ce que j'appellerai "une récupération objective". J'ai lu dans l'article du Figaro littéraire qu'on "ne me tiendrait pas rigueur d'un passé politique controversé". Je sais que cet article n'exprime pas l'opinion de l'Académie. Mais il montre clairement dans quel sens on interpréterait mon acceptation dans certains milieux de droite. »

Notez qu'en revendiquant la liberté individuelle concrète Sartre craint que ne soit effacé son passé de rebelle, notamment lors de la guerre d'Algérie : « Je considère ce "passé politique controversé" comme toujours valable, même si je suis tout prêt à reconnaître certaines erreurs passées au milieu de mes camarades. Je ne veux pas dire par là que le prix Nobel soit un "prix bourgeois", mais voilà l'interprétation bourgeoise que donneraient inévitablement les milieux que je connais bien. Finalement, j'en viens à la question de l'argent. C'est quelque chose de très lourd que l'Académie pose sur les épaules du lauréat en accompagnant son hommage d'une somme énorme. Et ce problème m'a tourmenté [...] [Vous entendez ici le ton bien protestant et moraliste de Sartre.] *Ou bien on accepte le prix et avec la somme reçue on peut appuyer des mouvements ou des organisations qu'on estime importants – pour ma part, j'ai pensé au Comité apartheid à Londres. Ou bien on décline le prix à cause de principes généraux et on prive ce mouvement d'un appui dont il aurait eu besoin. Mais je crois que c'est un faux problème. Je renonce évidemment aux 250 000 couronnes parce que je ne veux pas être institutionnalisé ni à l'Ouest ni à l'Est. Mais on ne peut pas demander non plus que l'on renonce pour 250 000 couronnes à des principes qui ne sont pas uniquement les vôtres, mais que partagent tous vos camarades. C'est ce qui m'a rendu si pénible à la fois l'attribution du prix et le refus que je suis obligé de donner. Je veux terminer ma déclaration par un message de sympathie au public suédois, etc.*[1] »

La situation de Sartre est claire. Son honnêteté le conduit à refuser le prix pour les raisons que nous venons d'évoquer. Il n'en reste pas moins que, compte tenu des événements qui ont suivi, notamment les révélations sur l'Est et la chute du mur de Berlin, une ambiguïté persiste et entache l'ensemble de sa position révoltée dans la mesure où elle n'est pas allée jusqu'à mettre en cause ce qu'il appelle le « socialisme », terme qu'on ne saurait utiliser comme un générique englobant le communisme est-européen, bien que certains ne se privent pas de le faire, dans un sens péjoratif, en faisant même remonter le totalitarisme aux Lumières ! Nous assistons ici à une

---

1. Déclaration traduite du suédois, AFP du 22 octobre 1964. Cité dans J.-J. Brochier, *Pour Sartre...*, *op. cit.*, pp. 41-45.

curieuse symétrie des partis intellectuels apparemment
opposés pendant l'époque stalinienne : les uns (avec
Sartre) revendiquent le « socialisme » qui inclut jusqu'au
communisme pour le positiver et s'insurger, en l'utilisant
comme une arme, contre les injustices des sociétés bour-
geoises ; les autres pratiquent le même amalgame mais
pour rejeter en bloc le « monstre » au profit d'une béati-
fication des démocraties libérales. Les uns – contestataires, socialistes libertaires, voire gauchistes – absoluti-
sent la révolte sans se révolter précisément contre la
révolte elle-même et limitent leur jugement critique ; les
autres – libéraux démocrates – occultent le rôle du négatif et de la révolte dans la vie psychique et sociale. Notez
toutefois que le « compagnonnage » de Sartre avec ce
qu'il appelle ici le « socialisme » a été une tentative de
voisinage critique non pas avec la gauche socialiste, dont
il ne supportait pas les louvoiements, mais avec le Parti
communiste dont il appréciait – avant sa période gauchiste, à partir de 68 – l'antiaméricanisme, la critique du
conformisme bourgeois et cet impact sur les « masses »
– les « prolétaires » – qui séduit si fort l'intellectuel
culpabilisé par ses raffinements si peu « populaires ». Il
s'explique lui-même à ce sujet dans *On a raison de se
révolter* ; ainsi, à propos des trois articles intitulés « Les
communistes et la paix », parus dans *Les Temps
modernes* pendant la guerre froide, il précise : « *Quand
j'y pense aujourd'hui, je pense que je fus poussé à les
écrire par la haine du comportement bourgeois plus que
par l'attirance qu'exerçait sur moi le Parti.*[1] »

---

1. Jean-Paul Sartre, *On a raison de se révolter*, Gallimard, Paris,
1974, p. 30.

Cela dit, et à la suite de ces positions dont l'affaire Nobel n'est qu'un emblème spectaculaire, s'est déclenchée et a perduré contre Sartre une haine tenace qui dépasse largement l'ambiguïté de sa position et ses « erreurs ». Je vous recommande ici la lecture de l'ouvrage fort actuel, que j'ai déjà cité, de Jean-Jacques Brochier, qui mentionne un certain nombre de détracteurs de Sartre parmi les plus virulents – Jacques Laurent, Jean Dutourd, etc. – qui ne cessent de dénoncer « le langage pédantesque et barbare de ce philosophe fourvoyé dans la littérature », de ce « corrupteur patenté », et j'en passe. Plus étonnantes sont les critiques émanant de personnalités comme Kostas Axelos, philosophe ex-théoricien du Parti communiste grec, qui trouvait inacceptables les positions gauchistes de Sartre.

A contrario, et pour vous permettre quand même de persister dans l'idée que la révolte définit les hommes libres, j'ai été aussi très frappée par deux voix qu'on a tendance à oublier, que Brochier rappelle et qui me paraissent très significatives : celles de deux grands intellectuels et écrivains qui ne se sont pas ajoutées au chœur des détracteurs, celles de François Mauriac et de Gilles Deleuze.

Un homme libre, en correspondance
avec nos difficultés et nos enthousiasmes

Une interrogation ironique et critique de Mauriac
parue dans *L'Express* est restée célèbre : « Ô Sartre,
pourquoi êtes-vous si triste[1] ?» Fort de la gloire et de la
résurrection catholique, Mauriac est persuadé de dispen-
ser de l'espoir bien au-delà de Billancourt et d'échapper
au ton négatif et corrosif que Sartre adopte lorsqu'il
dénonce les maux de l'époque et de la société ; il s'inscrit
donc en faux contre les positions de Sartre, mais, dans
son « Bloc-notes » hebdomadaire au *Figaro littéraire*[2], il
se révèle à son tour d'une grande honnêteté et souligne la
force morale et humaine de Sartre : « *"Il n'a eu que ce*
qu'il méritait !", se serait écrié Jean-Paul Sartre lors-
qu'Albert Camus obtint le prix Nobel. Camus, s'il était
encore au monde, ne pourrait lui répondre "Attrape !",
puisque Jean-Paul Sartre a su éviter le pavé d'or qui lui
tombait sur la tête, et qu'il n'a en fait rien attrapé. Ren-
dons-lui justice : il a donné ses raisons à la ville et au
monde sans enfler la voix, en gardant le ton le plus juste,
en bourgeois bien élevé [écrit-il, lui qui sait ce qui est dû
à d'honnêtes gens, fussent-ils académiciens, qui vous
décernent une telle couronne.] *Mais, surtout, Sartre a su*
se garder de l'ostentation : c'était le danger de son
geste. On peut penser ce qu'on voudra du philosophe, de

---

1. François Mauriac, *Le Nouveau Bloc-notes* (1958-1960),
Flammarion, 1961, p. 361.
2. Semaine du 29 octobre au 4 novembre 1964.

l'essayiste, du romancier, du dramaturge, mais enfin ce grand écrivain est un homme vrai, et c'est là sa gloire.» Je souligne, car, quand on sait combien Mauriac est avare de compliments, on apprécie l'hommage ! *« Je m'entends moi-même quand je lui donne cette louange,* poursuit-il. Un homme vrai, cela ne court pas les rues, ni les salles de rédaction, ni les antichambres des éditeurs. C'est parce qu'il est cet homme vrai que Sartre atteint ceux qui sont le plus étrangers à sa pensée *et le plus hostiles au parti qu'il a pris.*»

Même Mauriac, vous le voyez, qui se compte parmi « ceux qui sont le plus étrangers à sa pensée et le plus hostiles au parti qu'il a pris », le considère néanmoins comme « un homme vrai », « ce qui ne court pas les rues ». « Un homme vrai, tout ce qu'il dit, tout ce qu'il écrit l'engage. Cela va de soi pour lui, étonne dans un monde où les gestes et les paroles n'engagent plus personne. *[...] Pour en revenir à Jean-Paul Sartre, il a refusé ce que moi-même je fus très étonné de recevoir, mais fort heureux d'accepter – non pour faire bénéficier de tous ces millions, comme Sartre, s'il avait accepté le prix, nous confie qu'il l'eût fait, le comité « apartheid » à Londres ou quelque autre œuvre pie, mais pour refaire la salle de bains de ma maison de Seine-et-Oise et pour en relever les clôtures. L'étrange est que je ne lis rien de cet homme vrai sans rejeter le livre à un tournant de ma lecture, en criant : "Mais non ! Ce n'est pas vrai."* [Là, Mauriac reprend tout le mal qu'il pense de Sartre et exprime son désaccord avec l'œuvre :] *L'engagement de Sartre, si singulier qu'il faudrait oser cette absurdité :*

un engagement désengagé¹ [...] [J'ajoute : désengagé en ce sens qu'il est constamment critique, sauf peut-être en certains points d'ombilication, comme je l'ai signalé précédemment, vis-à-vis du bloc de l'Est – vous le voyez, nous pouvons être plus critique que Mauriac à l'égard du philosophe existentialiste, sans perdre de vue le sens profond du geste révolté] *[...] avec le prolétariat et donc avec le Parti communiste, mais sans jamais consentir sur aucun point à mettre sa pensée au pas.* Un homme vrai, pour qui écrire c'est agir, et qui est tout entier dans chacune de ses paroles, un homme libre... *Ici je m'interromps et je me loue moi-même et je m'admire d'admirer de si bon cœur ce philosophe qui, à ses débuts dans la vie des Lettres, et comme entrée de jeu, chercha à me tordre le cou².* »

Je vous laisse méditer cet hommage critique, et passe à un autre, de Gilles Deleuze cette fois, dont je ne pourrai vous lire en entier un texte paru la même année, en 1964, dans la revue *Arts*, en dépit de mon admiration pour lui. Mais je vous invite très fortement à le découvrir. Deleuze y avoue ce que l'on n'attend pas nécessairement de la part de l'auteur de *L'Anti-Œdipe* : « *Il a été mon maître »,* déclare-t-il tout simplement. Et pourtant, si : après coup, la résonance entre les deux penseurs non seulement dans l'anticonformisme mais aussi et surtout dans l'auscultation de la liberté et du mal (j'y reviendrai) est incontestable.

---

1. Cité dans J.-J. Brochier, *Pour Sartre...*, *op. cit.*, pp. 76-77. Nous soulignons.
2. *Ibid.*, p. 78. Nous soulignons.

« *Tristesse des générations sans "maîtres". Nos maîtres ne sont pas seulement les professeurs publics, bien que nous ayons grand besoin de professeurs. Au moment où nous arrivons à l'âge d'homme nos maîtres sont ceux qui nous frappent d'une radicalité nouvelle, ceux qui savent inventer une technique artistique ou littéraire et trouver les façons de penser correspondant à notre modernité, c'est-à-dire à nos difficultés comme à nos enthousiasmes diffus. Nous savons qu'il n'y a qu'une valeur d'art et même de vérité, c'est-à-dire la "première main", l'authentique nouveauté de ce qu'on dit, la "petite musique" avec laquelle on le dit. Sartre fut cela pour nous, pour la génération de vingt ans à la Libération. Qui alors sut dire quelque chose de nouveau, sinon Sartre ? Qui nous apprit de nouvelles façons de penser ? Si brillante et profonde qu'elle fût, l'œuvre de Merleau-Ponty était professorale et dépendait de celle de Sartre à beaucoup d'égards [...]. Camus, hélas, tantôt c'était le vertuisme gonflé, tantôt l'absurdité de seconde main. Camus se réclamait des penseurs maudits, mais toute sa philosophie le ramenait à Lalande et Meyerson, auteurs déjà bien connus des bacheliers. Les nouveaux thèmes, un certain nouveau style, une nouvelle façon polémique et agressive de poser les problèmes vinrent de Sartre. Dans le désordre et les espoirs de la Libération on découvrait, on redécouvrait tout, Kafka, le roman américain, Husserl et Heidegger, les mises au point sans fin avec le marxisme, l'élan vers un nouveau roman. Tout passa par Sartre, non seulement parce que, philosophe, il avait un génie de la totalisation, mais parce qu'il savait inventer le nouveau. Les premières représentations des* Mouches, *l'apparition de* L'être et le néant, *la*

conférence "L'existentialisme est-il un humanisme ?"
*furent des événements. On y apprenait après de longues
nuits l'identité de la pensée et de la liberté*[1]. »
Je voudrais à mon tour essayer de vous montrer les
correspondances que Sartre a tenté de maintenir avec
« nos difficultés et nos enthousiasmes ». Et, pour
commencer, de faire apparaître devant vous l'identité
entre pensée et liberté, telle qu'elle se révèle notamment
dans le théâtre sartrien à travers la valeur libertaire de ces
drôles de personnages que sont ceux de ses pièces. Voilà
ce qui me frappe dans le théâtre de Sartre : cet esprit de
liberté et de révolte dont on vient de voir une manifestation mineure, erronée quoique non sans pertinence au
moment du refus du prix Nobel, cet esprit de révolte et de
liberté qui ne recule ni devant l'erreur ni même devant le
mal, s'est cristallisé dans les personnages du criminel, du
bâtard, du comédien et de l'intellectuel, et compose, si
l'on suit la trajectoire qui va de *La Nausée*[2] (1938) aux
Mouches(1943) et aux autres pièces, une sorte de
déconstruction en facettes du héros révolté.

---

1. Gilles Deleuze, « Il a été mon maître » in *Arts* n° 978, du
28 octobre au 3 novembre 1964, pp. 8 et 9.
2. Jean-Paul Sartre, *La Nausée* (1938), Gallimard, Paris, 1980
(« Folio », 1978). Les citations qui suivent font référence à la première édition.

« Étranger à moi-même [...] je suis condamné à n'avoir
d'autre loi que la mienne » Les Mouches *sous*
l'Occupation et Vichy

Commençons par *Les Mouches* en bouleversant la
chronologie, car les thèmes forts de la révolte sartrienne
y sont présents sous une forme imaginaire, et vous
n'avez pas nécessairement besoin de l'appareillage philosophique de l'existentialisme pour y accéder.

Imaginez *Les Mouches* pendant l'Occupation et
Vichy : Sartre reprend la légende grecque d'Oreste, fils
d'Agamemnon et de Clytemnestre. Il a vingt ans ; il
arrive avec son précepteur à Argos d'où il a été chassé à
l'âge de trois ans à la suite de l'assassinat d'Agamemnon
par Égisthe, l'amant de Clytemnestre. C'est un exclu en
position de héros tragique, mais pas n'importe lequel :
non pas Œdipe roi, mais Oreste l'Exilé qui se révélera
être l'Homme libre. L'identification du dramaturge – et
du spectateur – avec l'exclu est déjà une position de
révolte. Oreste veut pénétrer dans l'intimité de la ville
dont il a été éloigné pour y porter la révolte parmi ceux
qui se protègent de leurs morts et du mal par la complaisance du remords : les mouches incarnent les Érinyes ;
Philèbe/Oreste introduit la violence de son geste au cœur
de l'homogène, de l'identique. D'autant plus qu'Égisthe,
le meurtrier, n'éprouve aucun remords : pendant que la
ville entière est envahie par le remords – sous forme des
mouches –, un remords diffus ou persécuteur, toujours
nauséabond, celui-ci n'est pas assumé par le souverain
criminel qui en est la cause.

Quand vous pensez que cette pièce a été écrite pendant
l'Occupation allemande, l'insinuation est nette : il s'agit

d'une mise en accusation d'un état d'esprit fétide, où une « foule » couvre le crime des dirigeants et se condamne à l'abjection dans une passivité sans doute culpabilisée, mais complice et incapable à la fois de résistance et de liberté. Comme le remarque André Green, le théâtre offrait à Sartre « la possibilité d'exhorter un public par le moyen de la parole, à la barbe des Allemands, ces Égisthes qui couchaient avec la France collaboratrice[1] ». Comment Oreste essaiera-t-il de conduire la cité d'Argos à se révolter ?

Vous vous souvenez qu'il n'y parvient pas, mais il accomplit un acte qui nous montre toute la difficulté de la révolte, et la compromission dans laquelle le héros tragique et/ou révolté s'engage : il faut commettre un autre mal pour vaincre le mal. C'est du moins la voie que suit Oreste, poussé par Électre, sa sœur qui, une fois ce forfait accompli, désavouera son frère.

En quoi consiste ce nouveau mal ? À rien de moins qu'à tuer non seulement Égisthe, mais aussi Clytemnestre, sa propre mère.

La mise en scène sartrienne est spectaculaire et significative : Oreste emprunte le chemin sur la colline, le chemin du crime, pour descendre vers cette ville « à prendre » par « un acte irréparable[2] ». Une fois le double meurtre perpétré, Oreste n'est pas un vainqueur promis à régner souverainement ; il est contraint de fuir, car la voie qu'il a choisie est insoutenable. Une obligation qui

---

1. André Green, « Des *Mouches* aux *Mots* », in *La Déliaison*, Les Belles-Lettres, Paris, 1992, p. 357.
2. Jean-Paul Sartre, *Les Mouches, op. cit.*, pp. 71 et 73.

est tout autant un choix – un deuxième choix, car Oreste prend le chemin hors de la ville et sous le soleil de son propre gré, bien avant la persécution que lui prépare la foule. À Électre qui l'appelle « voleur », récusant ainsi l'horreur que son frère a commise, Oreste proteste qu'il est libre, et quitte Argos pour toujours. La voie de la liberté est un chemin ouvert qui passe donc par cette implication, fût-elle provisoire, dans le mal et le crime. Ce qui nous conduit tout droit à ce qui constituera l'un des thèmes majeurs de Sartre et de l'existentialisme, et pour commencer de son théâtre, à savoir la liberté. « Je suis condamné à la liberté », affirme en substance Sartre à travers Oreste ; la liberté n'est pas une grâce, ni un bien, nous sommes condamnés à elle comme par une obligation morale au second degré qui récuse la morale convenue des vainqueurs, et nous devons l'assumer avec tout ce qu'elle suppose de violence pour soi et pour les autres. Plus encore, si la liberté est un chemin infini, elle ne peut se frayer qu'à travers cette limite que sont le mal et le crime : le franchissement de cette limite lui est de cette façon intrinsèquement nécessaire. La liberté est antibien, antinature, anti*physis* : puisque la nature, c'est la mère, il faut commencer par tuer la mère, incarnation de la nature. L'homme ne peut atteindre à son être libre que par la conquête de soi sur la nature, en s'arrachant à elle, en niant en soi toute nature : tel est le sens du meurtre de la mère. Nous nous affirmons comme sujet libre uniquement en nous affirmant comme antinaturel. Nous sommes loin du merveilleux féminin, vous l'avez saisi !

J'aimerais vous faire mesurer ici la démesure de cette liberté intégrant le mal. Il ne s'agit pas seulement de recourir à une métaphore mythologique pour justifier la violence des résistants ou de tel terrorisme contre le conformisme des compromis et des assis. Il s'agit, dans un écho à Nietzsche, de fonder un antéchrist, un antihéros antichristique qui s'arrache définitivement à la protection divine en même temps qu'à l'aspiration à la pureté morale et à la divinisation conséquente. « Un homme devait venir annoncer mon crépuscule[1] », avoue Jupiter à Oreste en désignant, dans ce fils meurtrier de sa mère, le déicide radical.

Contre la banalité du mal : jouer la liberté

Mardi 11 avril 1995

Arrêtons-nous quelques instants sur cette Orestie sartrienne et comparons-la à la révolte œdipienne qui fonde la découverte freudienne et que nous avons déjà commentée.

Bien que la photo de Jean-Baptiste Sartre ait toujours été accrochée au-dessus de son lit ; que l'amour pour Anne-Marie – sa mère imaginée comme une sœur – ait été avoué aussi fermement que l'animosité envers le beau-père, Joseph Mancey, et que le grand-père maternel, Karl Schweitzer, ait été une incontestable figure paternelle surmoïque – à en croire *Les Mots* notamment, Sartre, qui prétextait son statut d'orphelin, a souvent

---

1. Jean-Paul Sartre, *Les Mouches, op. cit.*, p. 114.

dénié l'importance pour lui du complexe d'Œdipe. Cette dénégation explique cependant en grande partie le choix non pas d'Œdipe, mais d'Oreste comme prototype du héros libre : dans *Les Mots*, l'écrivain précise qu'Oreste, c'est lui-même tel qu'il aurait voulu être. On sait, par ailleurs, qu'en captivité Sartre relut Sophocle, et donc son *Électre* qui ne change rien à la forme définitive qu'Eschyle donne à *L'Orestie*. Toutefois, la tragédie grecque est fortement modifiée par ses *Mouches* : Oreste ne succombe pas au destin ; il assume son acte et se libère de la tutelle divine en même temps qu'il tourne en dérision la tragédie ; par ailleurs, l'Oreste sartrien n'est pas sans amalgamer certains traits d'Œdipe (« peste » pour Œdipe, « mouches » pour Oreste ; comme Œdipe, Oreste est prêt « à se faire le plus grand mal[1] »).

Pourtant, la révolte orestienne est autrement radicale. Tuer sa mère et couper les liens avec le groupe social en s'exilant de son propre gré font de cet homme un « étranger à lui-même ». « *Étranger à moi-même, je sais. Hors nature, contre nature, sans excuse, sans autre recours qu'en moi. Mais je ne reviendrai pas sous ta loi : je suis condamné à n'avoir d'autre loi que la mienne[2]* », lance-t-il à Jupiter. Que signifie ce refus total, de la nature (mère) comme de la loi (paternelle, citadine, divine) ? Est-ce un déni de la vérité œdipienne ? Un désir de ne pas savoir qu'un amour le porte vers Clytemnestre et une rivalité vers Agamemnon, Égisthe, Jupiter ? Dans un cadre clinique, un tel déni ouvre sur la fragmentation du

1. André Green, *La Déliaison, op. cit.*, p. 358.
2. Jean-Paul Sartre, *Les Mouches, op. cit.*, p. 113.

sujet et l'étrangeté à soi échoue dans la psychose, quand elle n'est pas colmatée par la perversion. De Hitchcock à *Orange mécanique*, l'art contemporain a montré des Orestes modernes, meurtriers de leur mère et de la loi, dont l'homosexualité latente ou revendiquée se dissimule dans l'addiction au mal. Cette piste interprétative, qui n'est pas à exclure, évite cependant la cruelle nouveauté d'Oreste par rapport à Œdipe.

C'est le fondement même de l'identité – celle du groupe social et de sa législation, ainsi que celle des individus singuliers – qui se trouve ici mis en cause. État critique de la législation grecque, ou état critique des États européens durant la Deuxième Guerre mondiale, ou encore crise interne de la société technicienne et médiatique : nous sommes différemment et conjointement confrontés à une exigence. Lorsque le lien symbolique (loi politique, tel Égisthe repu ; ou loi divine, tel ce Jupiter dérisoire) défaille, la révolte œdipienne est impossible et manque sa fonction dialectique d'élaborer l'autonomie du sujet. Condamné dès lors à briser les liens plus archaïques – ceux du désir pour la mère et jusqu'à l'attachement à la survie biologique naturelle –, le sujet touche à ces zones de turbulences que sont la *discorde* ou la *guerre*. Turbulences en soi, dans la famille, dans la cité, et au-delà, au cœur de l'être. Cette *mauvaiseté* radicale – à méditer en contrepoint de la « sérénité de l'être », selon Heidegger – est ce à quoi le sujet parlant est confronté. Sa liberté passe par là, et il en prend les risques : soit en se compromettant lui-même dans le crime et ses variantes affadies que sont la corruption et les tromperies ; soit en essayant de trouver les signes polyphoniques de cette fragmentation (tel sera le destin de la poésie moderne, où l'on se souviendra que Georges Bataille cherchait la figure emblématique en Oreste ; et même celui de la peinture d'un Bacon, autre admirateur de viande nauséabonde sur fond d'Érinyes et d'Oreste) ; soit encore en pratiquant l'« engagement désengagé » (rappelez-vous l'éloge de Mauriac) dont Sartre fit une nouvelle morale : en l'appelant *liberté*, mais en lui imprimant sans hésiter les stigmates de l'erreur, pourquoi ne pas dire du mal, comme condition inévitable, sinon nécessaire.

Nous n'avons d'autre choix que celui entre le moralisme béat et cette voie d'Oreste dont les risques sont ceux de l'athéisme et de la psychose. Mais est-ce vraiment un risque, ou bien une nécessité des hommes lucides, que Sartre a affrontée avec la force des pionniers capables de conjuguer la vie contemplative du philosophe avec l'existence active du citoyen ? Là n'est pas le mal, car, avouez-le, *Les Mouches* de Sartre ont l'avantage de ne pas banaliser le mal, ni même de le résorber dans la réconciliation d'un Œdipe ayant réalisé son énigme et s'apaisant pour mourir dans la lumière de Colone, mais de l'inscrire comme inéluctable au cœur de l'homme, s'il veut encore suivre les chemins de la liberté.

Écoutez ceci, des *Carnets de la drôle de guerre* : « *Par exemple, il est certain que dès l'origine j'ai eu une morale sans Dieu – sans péché mais non sans mal*[1]*.* » Ce mal-là n'est même pas le « moindre mal » qu'on utiliserait contre le « mal absolu » : il s'agirait plutôt de la

---

1. Jean-Paul Sartre, *Les Carnets de la drôle de guerre*, op. cit., p. 92.

nécessité du mal assumé en toute lucidité, cette dernière étant la seule à pouvoir le limiter pour l'engager dans la violence de la liberté. Plus pernicieux est, au contraire, l'autre mal : celui qui s'arrête de pointer le mal, le mal qui suspend le mal qu'il est, l'arrêt du négatif. Que Sartre n'ait pas mené « jusqu'au bout » cette exigence qu'il a pourtant posée, on peut *a posteriori* le lui reprocher. Mais qui est en mesure de le faire ? Qui d'entre nous ne s'est pas arrêté un jour ou l'autre sur certains chemins, dans certains labyrinthes intimes qui rappellent aujourd'hui les voyages d'Œdipe et d'Oreste ? Qui est allé « jusqu'au bout » et que veut dire « jusqu'au bout » ?

Oreste, en tout cas, n'est pas un héros psychanalytique. Sujets œdipiens, les sujets de la psychanalyse sont des dialecticiens qui déplacent le négatif, certes, mais dans les frontières d'une identité qu'ils veulent indépendante ; d'une cité dont ils allègent les lois mais dont ils cherchent la reconnaissance. Pourtant, en explorant les états limites et les crises sociales, la psychanalyse est sollicitée désormais par Oreste : par l'étrangeté de la psychose socialisée, par l'art qui exhibe une fragmentation démesurée et par les nouvelles variantes de liens intersubjectifs de plus en plus insolites, polymorphes, libres. Et il n'est pas sûr que, négligeant de prêter écoute à Oreste, la psychanalyse, toujours attentive à Œdipe, ne laisse pas de côté ces sujets modernes que nous sommes – les plus libres d'entre nous, les plus étrangers. Oreste n'est pas un anti-Œdipe, Oreste est l'achèvement d'Œdipe – l'accomplissement de sa logique révoltée et l'annonce d'une étrangeté impensable. « Et quelle superbe absence que mon âme ! » Je le dis en mesurant mes mots et en sachant les risques personnels et politiques que comporte la destruction de l'âme, c'est-à-dire de l'espace psychique : il n'est pas sûr que les hommes puissent développer une civilisation de liberté sans traverser le danger de cette « absence d'âme » qu'Oreste annonçait et dont Sartre n'a esquivé ni les hauts lieux ni les pièges.

Électre est horrifiée et ne reconnaît plus son frère, même si c'est elle qui a suggéré la possibilité de combattre le mal par un autre mal ; elle ressent la même culpabilité qu'éprouvent « les gens », alors que son frère la traverse et opte, au-delà, pour la liberté en proclamant très haut qu'il assume la responsabilité de son acte : *« Je suis libre, Électre, la liberté a fondu sur moi comme la foudre. [...] J'ai fait* mon *acte, Électre, et cet acte était* bon. *Je le porterai sur mes épaules comme un passeur d'eau porte les voyageurs, je le ferai passer sur l'autre rive et j'en rendrai compte. Et plus il sera lourd à porter, plus je me réjouirai car ma liberté, c'est lui*[1] *».* Avant d'ajouter : *« Je suis libre. Par-delà l'angoisse et les souvenirs. Libre. Et d'accord avec moi*[2].*»* C'est cet aspect de la morale existentialiste qui va scandaliser, d'un athéisme radical qu'on a trop vite confondu avec l'amoralisme. Il traverse au contraire la culpabilité religieuse et plus spécifiquement chrétienne, et se revendique complice de la violence. *« Je ne suis pas un coupable, et tu ne saurais me faire expier ce que je ne reconnais pas pour un crime*[3].*» « Tout à coup, la liberté a fondu sur*

---

1. Jean-Paul Sartre, *Les Mouches, op. cit.,* pp. 91-92.
2. *Ibid.,* p. 103.
3. *Ibid.,* p. 105.

moi et m'a transi, la nature a sauté en arrière [...], il n'y
a plus rien eu au ciel, ni Bien ni Mal, ni personne pour
me donner des ordres[1] », affirme le héros révolté
condamné à la liberté. Vous comprenez peut-être mieux
aujourd'hui cette phrase des *Carnets de la drôle de*
guerre qui absolutise la liberté du langage débarrassé des
clichés et des stéréotypes – disons, qui loue la liberté de
la littérature – au prix du matricide : à moins que le
matricide ne soit le prix à payer pour la littérature. « *Je*
condamnerais définitivement un homme sur un tic de
langage, mais non pas pour l'avoir vu assassiner sa
mère[2]. »

On retrouve dans de nombreuses pièces de Sartre le
thème de la liberté qui doit passer par le mal, un mal qui
n'est plus éprouvé comme un mal, encore moins comme
un crime culpabilisé et culpabilisant. Et pourtant, il ne
s'agit nullement de cette « banalisation du mal » que
déplorait Hannah Arendt lorsqu'elle dénonçait l'inaptitude des nazis au jugement et à la liberté. Il s'agit d'une
reconnaissance de la nécessité de la violence, certes,
mais, plus profondément encore, d'une reconnaissance
de la pulsion de mort et de la jouissance dite désormais
sadique, que Freud nous a appris à dépister aux frontières
du psychisme et que Sartre recouvre d'une argumentation sociologique et morale.

---

1. Jean-Paul Sartre, *Les Mouches*, *op. cit.*, p. 112.
2. Jean-Paul Sartre, *Carnets...*, *op. cit*, p. 59. *Les Mouches* sont
écrites quatre ans après.

Dans *La Putain respectueuse*[1], Lizzie pousse le Noir à tuer le Blanc qui menaçe de le lyncher pour un crime qu'il n'a pas commis. Elle-même ne peut pas commettre, ne peut pas se permettre un tel acte irrespectueux ; elle reste une esclave, esclave de la morale convenue. Tandis que le Noir, contraint par la nécessité, assume cependant son crime pour obtenir sa liberté. Dans *Le Diable et le Bon Dieu*, Goetz fait le mal pour le mal et se prétend le Diable. Commettre le mal à l'état pur correspond à la tentation de l'absolu et au refus de ce monde qui ne veut pas de lui. À Heinrich qui lui demande pourquoi il trahit son frère Conrad, poussant ainsi très loin sur la voie du mal, il répond : « *Parce que j'ai le goût du définitif [...], je me suis fait moi-même : bâtard, je l'étais de naissance, mais le beau titre de fratricide, je ne le dois qu'à mes mérites*[2]. » Sa bâtardise le situe naturellement, si l'on ose dire, du côté des marginaux et des exclus ; mais c'est son acte fratricide assumé, conscient de son antinature, qui lui permet d'assumer sa liberté.

Le thème du bâtard apparaît aussi dans l'adaptation, par Sartre, d'une pièce d'Alexandre Dumas intitulée *Kean*[3], du nom de l'acteur anglais né à Londres en 1787. Bâtard, Kean devint l'un des grands acteurs de l'époque,

1. Jean-Paul Sartre, *La Putain respectueuse* (1946), in *Théâtre I, op. cit.*, pp. 269-316. Et *La Putain respectueuse* suivi de *Morts sans sépulture,* Gallimard « Folio », 1976.

2. Jean-Paul Sartre, *Le Diable et le Bon Dieu,* Gallimard, Paris, 1951, p. 56.

3. Alexandre Dumas, *Kean,* adaptation de Jean-Paul Sartre, Gallimard, Paris, 1954.

le meilleur interprète de Shakespeare. En réfléchissant sur la coprésence de la bâtardise et de l'état de comédien, Sartre construit sa conception de l'intellectuel comme celui qui refuse l'origine et la naturalité, et de la subjectivité comme une conquête permanente de la liberté : ainsi, par exemple, à travers la trahison, l'imposture et le mal dont Jean Genet sera le « saint » et le « martyr ». Bâtardise, jeu, acteur seront les jalons dans l'ascèse de l'intellectuel tel que Sartre le perçoit. « *Comprenez-vous que je veuille peser de mon vrai poids sur le monde ?* » demande Kean dans une série de monologues qui imposent sa conception du comédien comme être de synthèse, virtualité en trompe l'œil : il révèle ainsi non pas sa présumée perversion « hors la loi », mais le caractère secret et essentiel de toute conscience qui négativise les faits, les actes et les objets et qui, en les reconstruisant en imagination, s'affirme « fatalement libre ». La véritable révolte – celle du bâtard Kean et de l'autre bâtard artiste qu'est l'écrivain Genet – ne réside donc pas dans tel acte visant tel objet ; elle gît dans la représentation répétée de cet acte, qui l'extrait de sa réalité et lui confère la puissance imaginaire d'une re-création ; celle-ci, de sa nullité, de son néant impersonnel, du « paradoxe du comédien » tire sa valeur en dernière instance politique, qui consiste à mettre en échec la présentation identitaire et à ouvrir la voie aux projections et aux interprétations multiples. « *Comprenez-vous que je veuille peser de mon vrai poids sur le monde ? Que j'en aie assez d'être une image de lanterne magique ? Voilà vingt ans que je fais des gestes pour vous plaire ; comprenez-vous que je puisse vouloir faire des actes ? Mais* pourquoi *ne suis-je rien [...] ? Mon génie n'est* rien*. [...] Ne craignez rien, ce* *n'est que Kean, l'auteur, en train de jouer le rôle de Kean. [...] Il n'y a personne en scène. Personne. Ou peut-être un acteur en train de jouer Kean dans le rôle d'Othello. Je n'existe pas vraiment, je fais semblant[1]. »*

La vérité comme jeu

La possibilité de mise à mort (Oreste) qui, cette fois, est appliquée à soi (Kean), conduit ainsi à l'identité polyphonique de l'acteur : inessentielle, elle marginalise peut-être, mais c'est la seule voie de la liberté que Sartre entrevoit face aux pesanteurs politiques et idéologiques. *« On ne peut pas devenir une actrice, s'entendra dire la petite Anna. Est-ce que vous croyez qu'il faut bien jouer ? Est-ce que je joue bien, moi ? Est-ce que j'ai de la volonté ? On est acteur comme on est prince : de naissance. [La vérité est une question de jeu : ni de nature, ni de devenir.] [...] Et votre volonté ne peut rien contre cela. On ne joue pas pour gagner sa vie. On joue pour mentir, pour se mentir, pour être ce qu'on ne peut pas être et parce qu'on en a assez d'être ce qu'on est[2]. »*

Ici s'énonce, sous la forme d'un dialogue théâtral, un aspect du débat de Sartre avec la philosophie heideggérienne. Être, à l'horizon de la liberté et par rapport au sujet classique ? Mais un être à déraciner sans cesse par sa confrontation au non-être. Bâtard-comédien-intellectuel trahissant continûment l'être, et le combattant sans

1. Alexandre Dumas, *Kean, op. cit.*, pp. 65, 69 et 166.
2. *Ibid.*, pp. 80-81.

relâche, à travers la négativité, dans le non-être. Le verbe
« mentir » qu'emploie Sartre dans le passage que je vous
ai lu n'est pas à prendre comme un terme moral ; « mentir » indique le « jeu » qui s'oppose à l'identité de l'être.
C'est bien la désidentification permanente qu'appelle
Sartre, qui constitue le crime permanent et nécessaire
contre l'identité en soi.

« *On joue pour ne pas se connaître ou parce qu'on se
connaît trop ; on joue les héros parce qu'on est lâche, et
les saints parce qu'on est méchant ; on joue les assassins
parce qu'on meurt d'envie de tuer son prochain ; on joue
parce qu'on est menteur de naissance, on joue parce
qu'on aime la vérité et parce qu'on la déteste.* [Aucun
rôle unique et en soi n'est possible. L'amour de la vérité
comme sa détestation sont des pièges dans lesquels l'in-
tellectuel-bâtard-comédien ne saurait s'enfermer. L'acteur y réussit au mieux, car il les joue tous et sans trêve
les uns contre les autres ; la morale contre l'antimorale,
l'amour contre la haine, la vérité contre la haine de la
vérité.] *On joue parce qu'on deviendrait fou si on ne
jouait pas. Jouer ! Est-ce que je sais, moi, quand je
joue ? Est-ce qu'il y a un moment où je cesse de jouer ?
Regardez-moi : est-ce que je hais les femmes ou est-ce
que je joue à les haïr ? Est-ce que je joue à vous faire
peur et à vous dégoûter*[1] ? » La thématique du jeu finira
par remplacer celle du crime initialement annoncée, ou
celle du mal, comme manière optimale pour sortir du
conformisme et de la fixité de l'être. Dans le contexte de
cette apothéose du jeu – réhabilitation, que je crois sans

---

1. Alexandre Dumas, *Kean, op. cit.,* p. 81.

précédent, du ludique –, Sartre va écrire, en 1952, son
imposant *Saint Genet, comédien et martyr*[1], dans lequel
il sanctifie le mythe de l'acteur ou, si l'on veut, de l'imposteur qui s'empare du spectacle pour déjouer le spectacle.

On trouvera dans ces textes, insuffisamment lus
aujourd'hui, des résonances insolites avec ce que nous
ont révélé l'histoire, depuis la Deuxième Guerre mondiale qui fut le creuset de Sartre et de sa génération, mais
aussi avec l'investigation analytique. Par des voies tout
autres que l'argumentation philosophique sur la morale
et l'authenticité, la psychanalyse – des percées laca-
niennes à la clinique des personnalités « comme si »,
« faux-selfs » ou « *borderline* » – nous a appris que la
subjectivité est constructible : qu'elle se forme de la pro-
jection/identification dans le mimétisme et le « faire
semblant », que le semblant est *une* voie vers la vérité –
pas *la* vérité, mais l'accumulation et la déflagration obli-
gées vers la difficile, l'impossible vérité.

Et la société du spectacle ? demanderont les plus aver-
tis parmi vous, qui croient avoir lu Guy Debord. Sartre ne
fut pas homme de spectacle, bien que le spectacle l'ait utilisé et que sa pensée se soit préoccupée d'une scène idéologique et de choix politiques que la société du spectacle
a minorés, quand elle ne les a pas balayés. Mais si vous
relisez ces écrits sur le comédien et le bâtard à la lumière
de vos écrans, eh bien, vous serez surpris de trouver, chez
le vieux Sartre, un contemporain. En déjouant le piège de

---

1. Jean-Paul Sartre, *Saint Genet, comédien et martyr*, NRF, Gallimard, Paris, 1952.

l'identité, en louant l'inauthenticité de l'imposteur qui
s'affirme tel pour démasquer la bonne et la mauvaise foi
des prétendants à l'authenticité conventionnelle, Sartre
avait déjà lancé un « message » qui n'a pas fini de faire
peur. À savoir qu'il n'y a pas de sortie possible du spectacle, sauf à le traverser en connaissance de cause et ainsi
seulement à le déjouer : mais sûrement pas à le bouder, ni
à le jouer naïvement ou cyniquement.

Des caractères porte-voix au roman philosophique

La dense lignée des caractères sartriens qui se révoltent contre l'identité et contre la fixité du lien social
me semble trouver son expression la plus politique dans
la trilogie des *Chemins de la liberté*[1], avec le personnage
de Mathieu. Vous vous souvenez que celui-ci, réfugié
dans une église, est encerclé par les Allemands. Se
rendre serait pour lui la seule façon de se sauver ; pourtant, il se met à tirer avec une férocité irrépressible et
joyeuse. Nous ne sommes plus ici dans le jeu, mais dans
la doublure du jeu.

Je ne voudrais pas que vous gardiez de ce que je vous
dis du *semblant* et du *jeu* le sentiment d'une superficialité
facile, d'une légèreté factice qui n'engagerait pas vérita-

---

1. Jean-Paul Sartre, *Les Chemins de la liberté* (antérieur à *Kean*
et à *Saint Genet*) in *Œuvres romanesques*, « Bibliothèque de la
Pléiade », Gallimard, Paris, 1982 : *L'Âge de raison* (1945), *Le Sursis* (1945), *La Mort dans l'âme* (1949).

blement le sujet. Ce que nous apprend au contraire Sartre
avec *Les Chemins de la liberté, Saint Genet* ou *Kean*,
c'est que l'expérience du jeu peut être d'une extrême
violence, car l'enjeu n'est autre que la mort de l'autre et
de soi comme condition de l'indépendance, et parfois
d'une vie. Si je vous fais lire Sartre aujourd'hui, c'est
pour vous permettre d'entrevoir précisément l'imaginaire comme révolte, pour réhabiliter cette violence qui
sous-tend le jeu et qui n'a rien de décoratif ou de « spectaculaire ». Il se dégage de l'œuvre de Sartre un
voisinage, une complicité entre Mathieu et Kean, entre
l'acteur et l'écrivain Genet, entre l'imposteur et le comédien, entre le bâtard et le résistant ou le militant : tous ne
cessent de jouer des rôles pour montrer que la liberté est
une expérience imaginaire qui est expérience violente et
qu'on ne saurait dissocier ces deux aspects du héros
révolté : Oreste-Mathieu d'un côté, Kean-Genet de
l'autre.

Écoutez *Les Chemins de la liberté* : « *Il* [Mathieu]
*s'approcha du parapet et se mit à tirer debout. C'était
une énorme revanche. Chaque coup de feu le vengeait
d'un ancien scrupule. Un coup sur Lola que je n'ai pas
assez osé voler. Un coup sur Marcelle que j'aurais dû
plaquer. Un coup sur Odette que je n'ai pas voulu bai-
ser. Celui-ci pour les livres que je n'ai pas osé écrire.
Celui-là pour les voyages que je me suis refusés. Cet
autre sur tous les types en bloc que j'avais envie de
détester et que j'essayais de comprendre. Il tirait. Les
lois volaient en l'air. "Tu aimeras ton prochain comme
toi-même." Pan ! dans cette gueule de con. "Tu ne tue-
ras point." Pan ! sur le faux-jeton d'en face. Il tirait sur
l'homme, sur la vertu, sur le monde. La liberté c'est la*

terreur. Le feu brûlait dans la mairie, brûlait sur sa tête. Les balles sifflaient, libres comme l'air. Le monde sautera, moi avec. Il tira. Il regarda sa montre. Quatorze minutes, trente secondes. Il n'avait plus rien à demander, sauf un délai d'une demi-minute, juste le temps de tirer sur le bel officier si fier qui courait vers l'église. Il tira sur le bel officier, sur toute la beauté de la terre, sur la rue, sur les fleurs, sur les jardins, sur tout ce qu'il avait aimé. La beauté fit un plongeon obscène. Et Mathieu tira encore. Il tira, il était pur, il était tout-puissant, il était libre. Quinze minutes[1]. » La mise en scène paroxystique, dont l'aspect pathétique peut faire rire les amateurs de bon goût, a l'avantage de laisser affleurer le soubassement de l'acte imaginaire que j'ai appelé, dans ma lecture de Proust et en termes plus freudiens, le sadomasochisme. Ici, en termes existentialistes, Sartre parle de revanche contre les valeurs classiques – vertu, morale chrétienne, beauté –, mais, en même temps, on voit bien qu'il ne s'agit pas seulement d'une vengeance contre le moralisme ou les contraintes que les autres imposent au moi, mais qu'il s'agit aussi d'une mise à mort de soi-même en tant que conscience unitaire ou monovalente. De la libération du soi – à entendre également ainsi : comment se libérer de soi ? – qui a partie liée avec la néantisation de soi. Lisez Sartre dans cette perspective, car, à part lui et certains psychanalystes, fort rares, qui vous fera aujourd'hui rencontrer le néant préalable à

---

1. Jean-Paul Sartre, *Les Chemins...*, *op. cit.*, p. 1344.

toute rénovation ou résurrection psychique et pratique ?
Transposez cette scène de Mathieu dans *Kean* et *Genet*,
et vous comprenez que ce jeu de masques, qui est la
liberté imaginaire, est indissociable d'une violence
contre l'identité de soi et des autres et que le risque de
cette violence peut, certes, être replâtré dans le cynisme
de l'imposture, mais qu'il nous revient aussi et par-delà
ce risque comme une exigence critique sans laquelle
l'humanité perd le sens de son aventure.

Pour en revenir à la complicité entre le bâtard, l'acteur
et l'intellectuel, la tentation du bâtard consiste à conquérir, dans le langage de Sartre, son être qui lui est refusé,
puisqu'il n'a pas d'identité, mais à le conquérir dans le
mal ; c'est-à-dire qu'il faut continuer à faire du mal aux
autres et à soi pour être à la hauteur de cet être qui lui est
refusé et qu'il va cependant reconquérir mieux que quiconque par la négativité de sa conscience. Ce qui conduit
le sujet, qui est indissolublement bâtard-acteur-intellec-
tuel, à combattre la morale des autres en même temps
que la *plénitude* de l'être. La négativité sartrienne est
doublement orientée : vers les autres et vers l'être.
Mathieu fusille les Allemands, la « bien-pensance » et,
plus fondamentalement, la sérénité de l'être lui-même.
Pourtant, la morale de l'autre et de l'être le reprend sans
trêve ni merci ; on ne peut y échapper ; et c'est là que se
joue le drame existentialiste que Sartre met en évidence.
Le sujet sartrien – cet antihéros – ne peut pas ne pas
combattre l'être et l'autre, mais il ne saurait leur échapper non plus. L'autre et l'être nous ressaisissent toujours,
d'une certaine manière. Ils nous mystifient comme ils
mystifient le héros sartrien au moment même où il se
croit libre de les mépriser. L'être pur n'existe pas : per-

sonne, ne peut s'identifier à l'être et à l'autre en croyant pouvoir les maîtriser. Se vouloir pur (non bâtard, non comédien, non intellectuel) est un nouveau piège de l'être et de l'autre en tant que soi authentique, en tant qu'identité naturelle, en tant qu'entité intouchable. Il n'y a pas d'« état » ou d'entité sereins dans la pensée sartrienne ; la négativité elle-même, si elle voulait par méprise se cristalliser telle quelle ou être « elle-même », tomberait dans le piège de l'être ; il lui reste à se critiquer en permanence. Si on suit cette logique, si on considère que tout arrêt, toute sérénité, toute stase dans le procès de la négativité est déjà un piège, on comprend non seulement que l'« identité » est impossible, mais que l'« amour » est impossible : puisque la lucidité nous conduit à voir dans tout amour une comédie interminable et à jouer des tours à l'amour pour ne pas nous laisser prendre au piège d'un idyllique repos amoureux.

L'univers sartrien est clivé : d'un côté, les salauds et les lâches qui tombent à chaque fois dans le piège de l'identité, de l'autre, du regard de l'autre, et symétriquement de l'être, de l'identité en soi ; de l'autre côté, le refus et, au bout de ce refus, au bout de cette négativité répétée, la solitude. Le dernier héros dont je vous parlerai aujourd'hui en est le représentant absolu : Roquentin, le héros de *La Nausée*, un individu quelconque qui se confronte pourtant à sa propre conscience et à l'impossibilité de cette conscience. Cette juxtaposition de la conscience (pour autant qu'elle confère une existence) et de la négativation de cette conscience (en tant que lucidité permanente et corrosive) bute contre *le sentiment d'exister*. Et en le dissolvant dans le dégoût, lui appose... la beauté de la musique partagée entre l'écrivain, une

Noire et un Juif. *La certitude d'exister,* donc, qui pourrait donner à certains un sentiment de grâce, de bonheur ou simplement de joie éveille chez Roquentin la nausée – version sartrienne de la plénitude négativée. Ainsi Sartre choisit-il, en dehors de toute explication psychanalytique qu'on pourrait évidemment tenter – et qui tiendrait compte de la biographie de l'enfant Sartre, de sa « laideur », de sa sexualité –, précisément *la nausée* comme emblème de l'existence. *La nausée* et non la grâce comme métaphore de l'inaccompli et de l'ouvert, du négatif et de l'impossible, de l'être-et-de-l'autre. *La nausée* pour inscrire dans l'existence la trace du refus.

Roquentin commence par être un intellectuel qui prépare un livre sur le marquis Adhémar de Rollebon. Auteur de romans historiques, si vous voulez : un de plus parmi ceux qui aspirent modestement ou ambitieusement, toujours très moralement, à sauver la mémoire. Il va donc à la bibliothèque qui lui sert, en somme, à objectiver l'autre dans l'Histoire, dans un passé au service duquel il a l'intention de consacrer sa conscience et, bien entendu, son sens critique. Mais au fur et à mesure que se développe l'intrigue, Roquentin renonce à mettre le passé à la place de l'autre pour s'intéresser de plus en plus à ce qui l'entoure : à l'actualité quotidienne et banale, aux objets et à son propre corps, bref, à son existence personnelle. Sans oublier une critique acerbe et toujours piquante de l'homme engagé dans le socialisme humaniste, de l'Autodidacte, cet homme dérisoire que chacun de nous est plus ou moins. L'Autodidacte figure ce quelque chose d'indépassable qui est l'adhésion aux « valeurs » par définition limitées et auxquelles Sartre-Roquentin va opposer les vérités brutes de l'existence :

cette inépuisable nausée qui défie aussi bien les « valeurs » que l'entendement de l'intellectuel traditionnel qui croyait, au début du roman, devoir poursuivre son œuvre d'archéologue du passé ou de la pensée. Tout au contraire, c'est de la jonction entre l'être et la conscience négative que naît la nausée : la nausée impossible à résorber et que Roquentin vit comme étant la seule réalité de l'homme, telle que l'homme révolté dans sa solitude la perçoit et la pérennise. Dans sa solitude, il bute contre un sentiment d'existence inébranlable en constatant que le corps humain est un résidu face à l'être. Ayant cependant pris conscience jusqu'au dégoût que ces reliquats d'une pensée sensible sont les vraies racines de son isolement, il en fait une attitude de rébellion qui, dès lors, n'a rien de pathétique ni de romantique, mais qui s'énonce comme une persévérance dans l'étrangeté et le refus : « *J'ai envie de partir, de m'en aller quelque part où je serais vraiment* à ma place, *où je m'emboîterais... Mais ma place n'est nulle part ; je suis de trop* », dit Roquentin. Et à partir de *« cette vie qui m'est donnée – donnée pour* rien[1] *»*, il porte sur les « salauds » un regard corrosif, fait apparaître l'étrangeté de la comédie humaine et décrit la nausée comme un sentiment qui n'est ni d'orgueil ni de honte, mais d'exil.

---

1. Jean-Paul Sartre, *La Nausée, op. cit.,* pp. 169 et 208.

2

Roman - Philosophie

Un philosophe « mélancolique » dévoile les états-limites de La Nausée

Faire du théâtre est certainement un acte politique puisqu'il y est question d'agir sur le public, de mobiliser la présence des corps vivants, ce que ne peut faire le livre. Ne disons pas trop vite que le théâtre d'un intellectuel comme Sartre anticipe sur le désir de fonder son parti, voire sur ce que sera plus tard la popularité médiatique. À de telles intentions toujours possibles et plus ou moins inconscientes, j'ajoute, chez Sartre, le défi que représente le type même de représentation qu'il fait jouer dans son théâtre. Prenez les personnages, ces intellectuels-comédiens-traîtres-bâtards. Il faut voir là une option philosophique qui s'incarne dans une rhétorique de porte-voix, en elle-même choquante, car le public théâtral bourgeois et apparenté n'y a pas reconnu l'épaisseur psychologique des personnages réalistes qu'il a l'habitude d'applaudir. Chez Sartre, les personnages sont les porte-parole d'une *situation* qui est le véritable « sujet » ; de là à proférer une accusation de théâtre « trop intellectuel », il n'y avait qu'un pas. Sartre lui-même, attentif sans doute à cette critique, lui donne sinon une justification, du moins une explication dans *Qu'est-ce que la littérature ? « Le théâtre autrefois était de "caractères" : on faisait paraître sur la scène des personnages plus ou moins complexes, mais entiers, et la situation n'avait d'autre rôle que de mettre ces caractères aux prises, en montrant comment chacun d'eux était modifié par l'action des autres. J'ai montré ailleurs comment, depuis peu, d'importants changements s'étaient faits en ce domaine : plusieurs auteurs reviennent au théâtre de situation.* [Sartre n'est pas le seul à apporter ce changement, qui est à l'œuvre dans le théâtre moderne, celui de Pirandello ou de Brecht.] *Plus de caractères : les héros sont des libertés prises au piège, comme nous tous.* [Ils sont désincarnés pour faire apparaître l'inconsistance de la prétention identitaire, de l'Histoire et de l'être.] *Quelles sont les issues ? Chaque personnage ne sera rien que le choix d'une issue et ne vaudra pas plus que l'issue choisie.* [Aussi, l'absence d'épaisseur psychologique est en soi une révolte contre le mensonge d'une solution globale, sociale ou métaphysique.] *En un sens, chaque situation est une souricière, des murs partout.* [Et dans cette souricière se dégagera une voie nécessairement forcée, mais qui est la seule.] *Je m'exprimais mal, il n'y a pas d'issue à choisir. Une issue, ça s'invente. Et chacun, en inventant sa propre issue, s'invente soi-même. L'homme est à inventer chaque jour*[1]*.* » Cette voie, ce *forcing*, cette rage de l'invention permanente qui peut paraître schématique sont un indice – au sein de la construction dramatique elle-

---

1. Jean-Paul Sartre, *Qu'est-ce que la littérature ?* (1948), in *Situations II*, Gallimard, Paris, 1975, pp. 312-313.

même – de la nécessité philosophique et politique d'inventer sans cesse la liberté.

Les pièces de Sartre viennent chronologiquement après *La Nausée*, mais j'ai cru bon de commencer par le théâtre, car il me semble introduire de manière plus directe – plus dramatique et plus schématique au sens où je viens de le dire – à ce qui s'annonce dans ce roman dont on n'a pas encore mesuré quel coup de tonnerre il représenta dans le ciel des belles-lettres françaises : *La Nausée*. *L'être et le néant* ne peut se comprendre qu'à la lumière de cette expérience romanesque, imaginaire d'une problématique analogue que traitent différemment ces deux livres : la coprésence de l'être et du néant dans l'existence du sujet.

Sartre emprunte l'exergue de *La Nausée* à Céline dans l'œuvre duquel j'ai eu l'occasion de commenter l'importance de l'abjection[1]. La phrase que Sartre détache de cet « opéra du déluge » célinien insiste au contraire simplement sur la solitude de l'individu qui n'a plus de commune mesure avec quelque collectivité que ce soit : « *C'est un garçon sans importance collective, c'est tout juste un individu.* » Ses liens avec la collectivité sont rompus. De sa part ou de la part des autres, peu importe : le philosophe saisit le sujet dans cette absolue désolation qui est aussi bien une liberté que la médiocrité du « quiconque ». J'insiste sur cette vision du sujet que Sartre qualifiera plus tard d'« individualité », qui est la vision d'une certaine métaphysique de la liberté et dont les limitations ne sont pas moins révélatrices de vérités. En

---

1. Julia Kristeva, *Pouvoirs de l'horreur, op. cit.*

l'occurrence, c'est la vérité de la dépression pour la psychanalyse, cette coprésence de l'être et du néant que dévoile l'existence de Roquentin. Roquentin nous renvoie à la solitude dépressive de l'individu contemporain. Elle s'enracine dans l'expérience personnelle de l'impossible lien à l'autre qui est, en dernière instance, l'objet maternel, bien que de ce micro-univers découle la dissolution de tous les autres liens sociaux. Naturellement, cette dépressivité peut être aussi référée à l'histoire sociale : crise de la nation, conflits idéologiques et politiques, Deuxième Guerre mondiale. On ne s'étonne pas de trouver sur la couverture de la première édition du livre *La Mélancolie* de Dürer. Le titre initialement avancé par l'auteur ayant été « Mélancolie », Gaston Gallimard avait proposé la repoussante « Nausée ». La logique de la répulsion, sous-jacente à l'apparence mélancolique, l'a emporté : le public lui-même suit, qui n'est pas du tout dégoûté d'en savoir plus long sur ce qui le dégoûte. Quant à Sartre, il est hanté par cette négativité qu'il va développer autrement dans *L'être et le néant* : l'être habité par le néant est inaccessible autrement que dans la nausée.

La récusation de l'être comme « autre » ou « passé »

Le roman commence, je vous l'ai dit, par l'histoire de l'intellectuel Roquentin aux prises avec l'œuvre : il veut écrire l'histoire de Rollebon, un marquis qui a vécu un certain nombre d'intrigues, qui a été mêlé à l'« affaire du collier », qui a disparu en 1790 avant qu'on ne le retrouve en Russie où, nous explique Sartre, il a « *assas-*

sin(é) un peu Paul Ier. [En 1813, il revient à Paris ; en 1816, il est parvenu à la toute-puissance... En 1820, il est au faîte des honneurs.] *[...] Sept mois plus tard, accusé de trahison, il est saisi, jeté dans un cachot où il meurt après cinq ans de captivité sans qu'on ait instruit son procès*[1]. »

Dans un premier temps, l'intellectuel essaie donc d'appréhender l'être sous la forme du passé : pratique tout à fait louable, et vous êtes tous dans le même cas que le héros de Sartre puisque vous envisagez de faire votre thèse sur un personnage du *passé*, un écrivain de préférence ; bref, vous êtes tous des Roquentin à leurs débuts, et j'essaierai de vous faire accomplir sa propre évolution – ce qui n'est pas donné à tout le monde, vous vous en doutez... En effet, cette attitude de solitaire aux prises avec l'être comme passé, Sartre va la récuser. Comment ? En montrant, à travers ses expériences « existentielles » – prenons d'abord ce mot dans son sens le plus naïf : dans son existence quotidienne, dans ses aventures avec les femmes, dans la rue, face à la nature et en particulier dans sa rencontre avec l'Autodidacte –, que Roquentin se détache peu à peu de son objectif initial et renonce à vouloir écrire. Il n'appréhendera plus l'être sous la forme de l'autre ou du passé, mais il se confrontera à cette implication du néant dans l'existence cependant brute qui lui révélera la nausée. Roquentin commencera par se sentir comme « un être en trop » : « *Ma place n'est nulle part, dit-il, je suis de trop.* » Il va éprouver la solitude ontologique qui est décrite dans *L'être et le*

---

1. Jean-Paul Sartre, *La Nausée, op. cit.*, p. 27.

néant : sans lien, sans aucune commune mesure avec les autres. Cela va le conduire de manière grimaçante, caricaturale, à dévoiler l'insatisfaction et la fausseté au cœur de ses propres aventures comme dans celles des autres : au mensonge du lien amoureux. Par ailleurs, avec le personnage de l'Autodidacte – très humble devant le savoir, inscrit au Parti socialiste pour prodiguer du bien dans ce monde, d'une morale passablement affranchie d'homosexuel honteux qui approche les jeunes gens à la bibliothèque où il travaille et qui se fait pour cela rouer de coups par le surveillant corse –, le pathétique de celui qui se dit « humaniste » est à son comble. Devant cet effondrement définitif des bons sentiments, qu'il s'agisse des sentiments politiques ou des sentiments érotiques, Roquentin est confronté à la même nausée que lui renvoient les racines des marronniers : ceux-là mêmes qui lui révélaient le résidu inaccessible d'une existence impensable et cependant ressentie dans son néant ; submergé par la nausée, il trahit la société des hommes, se retranche dans sa solitude et finit par considérer sa vie, la Vie, comme un phénomène brut, injustifiable, *« une contingence [...] donnée pour rien »*. S'il est vrai qu'il fait toujours partie des hommes, *« il est étranger »*, écrit l'auteur. En définitive, la nausée n'annule pas l'être, mais nous dévoile l'étrangeté de l'être aussi bien que du soi. Comme Roquentin qui bute contre son existence radicalement intransmissible et injustifiable, l'être est radicalement étranger : la liaison, la communication ne sont d'aucun secours devant l'étrangeté inassimilable de cette existence, de cet état limite qu'expérimente celui qui, pour finir, s'est libéré des contingences. La nausée témoigne non seulement de la comédie humaine, mais aussi et en dernier ressort de l'irrémédiable de l'existence qui résiste à l'intellection et à l'échange. Écoutez ceci : « *M. de Rollebon était mon associé : il avait besoin de moi pour être et j'avais besoin de lui pour ne pas sentir mon être.* [Dans l'escapade vers l'autre, « je » me cache l'insoutenable de mon être. Mais Roquentin récuse cette fuite qui consisterait à s'occuper de Rollebon pour ne pas s'occuper de sa propre inexistence ou de sa propre difficulté d'existence.] *Moi, je fournissais la matière brute, cette matière dont j'avais à revendre, dont je ne savais que faire : l'existence,* mon *existence.* [Il continue à chercher ce reste opaque qui ne se transmet pas dans la communication à l'autre.] *Lui, sa partie, c'était de représenter. Il se tenait en face de moi et s'était emparé de ma vie pour me* représenter *la sienne[1].* »

Prenez votre propre situation d'étudiants en thèse : vous vous intéressez à certaines choses de l'existence, tout en vous préoccupant ici même de la représentation littéraire ; or, l'existence, c'est ce qui résiste à la représentation, ce qui se dérobe à elle. Il existe un reste qui échappe à la représentation ; ce reste insiste précisément en tant qu'existence. Mais rares sont ceux qui y ont accès, qui ne sont pas retenus, dupes, dans les filets de la représentation. Roquentin aussi est pris dans le simulacre de son œuvre d'archiviste qui s'enferme dans des histoires et qui rate l'existence hors représentation ; il est cependant traversé de doutes – le négatif veille ! – qui vont le conduire à la nausée. « *Il* [le marquis] *se tenait en*

---

1. Jean-Paul Sartre, *La Nausée, op. cit.,* p. 138.

face de moi et s'était emparé de ma vie pour me représenter *la sienne. Je ne m'apercevais plus que j'existais, je n'existais plus en moi, mais en lui.* [Dans ce jeu de miroir, le « je » du narrateur se délègue dans Rollebon, comme vous vous déléguez dans l'auteur qui pourrait être l'objet de votre thèse ; et vous n'existez plus, car c'est votre sujet de thèse qui existe à votre place :] *[...] c'est pour lui que je mangeais, pour lui que je respirais, chacun de mes mouvements avait son sens au-dehors, là, juste en face de moi, en lui ; je ne voyais plus ma main qui traçait les lettres sur le papier, ni même la phrase que j'avais écrite – mais, derrière, au-delà du papier, je voyais le marquis, qui avait réclamé ce geste, dont ce geste prolongeait, consolidait l'existence. Je n'étais qu'un moyen de le faire vivre*[1]*[...]* »

Sartre met ici en cause le devenir « outil » (« moyen ») de l'être humain dans une action, pour autant que toute action est fondée sur la projection et comprend l'aliénation. Dès que vous préparez votre thèse ou autre chose, vous êtes instrumentalisés, vous n'êtes là que *pour* cette action, *pour* quelqu'un ou quelque chose d'autre : que ce soit un objet, une thèse ou tel acte parfois très louable, d'ailleurs, très humaniste. Mais, dans cette bonne intention, si extraordinaire soit-elle, une impasse s'opère sur la complexité du sujet et son rapport à l'existence : « *Je n'étais qu'un moyen de le* [Rollebon] *faire vivre, il était ma raison d'être, il m'avait délivré de moi.* »

---

1. Jean-Paul Sartre, *La Nausée, op. cit.*, p. 138

Mais pour qui se prend ce moi ? me demanderez-vous. Ne se prend-il pas pour un souverain absolu en se détachant ainsi des autres et de l'être comme s'il voulait les dominer ? Vous avez raison de formuler votre objection. Cependant, avant de se rencontrer négativé dans la nausée, le moi révolté se doit de se poser précisément dans sa souveraineté démesurée. En effet, depuis l'état d'aliénation auquel on parvient au sein des échanges sociaux, on est en droit de se poser la question de la valeur de ce moi et de lui restituer des logiques irreprésentables, des logiques qui échappent à la représentation aussi bien qu'aux liens aliénants avec l'autre. Voilà ce que revendique Roquentin : « *Il* [toujours Rollebon, l'autre, le passé] *m'avait délivré de moi. Qu'est-ce que je vais faire à présent ? Surtout ne pas bouger, ne pas bouger... Ah ! Ce mouvement d'épaules, je n'ai pas pu le retenir... La chose, qui attendait, s'est alertée, elle a fondu sur moi, elle se coule en moi, j'en suis plein. Ce n'est rien*[1]. [Ainsi, tout à coup, ayant récusé ce pour quoi il était là en train de travailler (c'est-à-dire Rollebon ou tout autre objectif de travail), Roquentin commence à se sentir rempli d'une autre dynamique qui d'abord balaie son moi, mais qui, finalement, le libère et lui permet d'atteindre la « chose » qu'il *est* et qui n'est *rien* : cette plénitude inobjectivable de la nausée.] *Ce n'est rien : la Chose, c'est moi. L'existence, libérée, dégagée, reflue sur moi. J'existe*[2]. [On pourrait appeler cette extase négative un narcissisme en creux, une jouissance mélanco-

1. Jean-Paul Sartre, *La Nausée, op. cit.*, p. 138
2. *Ibid.*, pp. 138-139.

lique dans le repli sur soi vidé d'objets, aussi bien qu'un moment de rupture des liens aliénants. Il est, simultanément, un moment de revalorisation. À partir de quoi ? À partir d'une créativité ainsi déliée, désaliénée : la nausée mélancolique peut amorcer la renaissance psychique, physique et créatrice.] *J'existe. C'est doux, si doux, si lent. Et léger : on dirait que ça tient en l'air tout seul. Ça remue. Ce sont des effleurements partout qui fondent et s'évanouissent. Tout doux, tout doux. Il y a de l'eau mousseuse dans ma bouche. Je l'avale, elle glisse dans ma gorge, elle me caresse – et la voilà qui renaît dans ma bouche, j'ai dans la bouche à perpétuité une petite mare d'eau blanchâtre – discrète – qui frôle ma langue. Et cette mare, c'est encore moi. Et la langue. Et la gorge, c'est moi[1].* »

Dans la bouche qui goûte mais aussi vomit, Roquentin est – nous sommes – à la limite de la valorisation-dévalorisation : « je » s'est dégagé de l'autre, « je » a retrouvé « moi », et ce « moi » est doux mais répulsif ; « je » le saisit dans son ambiguïté même. « *Je vois ma main, qui s'épanouit sur la table. Elle vit – c'est moi. Elle s'ouvre, les doigts se déploient et pointent. Elle est sur le dos. Elle me montre son ventre gras. Elle a l'air d'une bête à la renverse. Les doigts, ce sont les pattes. Je m'amuse à les faire remuer, très vite, comme les pattes d'un crabe qui est tombé sur le dos. Le crabe est mort :* [Le thème de la répulsion se précise.] *Les pattes se recroquevillent, se ramènent sur le ventre de ma main. Je vois les ongles – la seule chose de moi qui ne vit pas. [...] Je*

---

1. Jean-Paul Sartre, *La Nausée, op. cit.,* p. 139.

retire ma main, je la mets dans ma poche. Mais je sens
tout de suite, à travers l'étoffe, la chaleur de ma cuisse.
[...] Je me lève en sursaut : si seulement je pouvais
m'arrêter de penser, ça irait déjà mieux. Les pensées
c'est ce qu'il y a de plus fade[1]. »

Il ne s'agit donc pas seulement de la bouche, ni même
seulement du corps : la pensée elle-même est pétrie de
ces ambiguïtés et de cette fadeur qui provoquent à la fois
l'adhésion et la désadhésion et qui ne sont autres que la
nausée. « *Plus fade encore que de la chair. Ça s'étire à*
n'en plus finir et ça laisse un drôle de goût. Et puis il y a
les mots, au-dedans des pensées, les mots inachevés, les
ébauches de phrases qui reviennent tout le temps : "il
faut que je fini... j'ex... Mort... M. de Roll est mort... je ne
suis pas... j'ex..." [...] Par exemple, cette espèce de rumi-
nation douloureuse : "j'existe, c'est moi qui l'entretiens.
Moi. Le corps, ça vit tout seul, une fois que ça a
commencé. Mais la pensée, c'est moi qui la continue, qui
la déroule. J'existe. Je pense que j'existe. [...] J'essaie,
je réussis : il me semble que ma tête s'emplit de fumée.
[...] C'est moi, c'est moi qui me tire du néant auquel
j'aspire : la haine, le dégoût d'exister, ce sont autant de
manières de me faire exister, de m'enfoncer dans l'exis-
tence[2]." »

---

1. Jean-Paul Sartre, *La Nausée, op. cit.*, pp. 139-140.
2. *Ibid.*, p. 140.

À la frontière entre être et non-être

La nausée comme frontière entre être et non-être colore la chair et la pensée de celui qui parle, mais tout autant le cosmos qui l'abrite : les marronniers, leur absurdité et la gratuité de l'existence tout entière. « *La racine du marronnier s'enfonçait dans la terre, juste au-dessous de mon banc. Je ne me rappelais plus que c'était une racine. Les mots s'étaient évanouis et, avec eux, la signification des choses, leurs modes d'emploi [...]. J'étais assis, un peu voûté, la tête basse, seul en face de cette masse noire et noueuse, entièrement brute et qui me faisait peur. Et puis j'ai eu cette illumination [...]. Le marronnier se pressait contre mes yeux. Une rouille verte le couvrait jusqu'à mi-hauteur ; l'écorce, noire et boursouflée, semblait de cuir bouilli. Le petit bruit d'eau de la fontaine Masqueret se coulait dans mes oreilles et s'y faisait un nid, les emplissait de soupirs ; mes narines débordaient d'une odeur verte et putride [...]. De trop, le marronnier, là en face de moi un peu sur la gauche [...]. Le mot d'Absurdité naît à présent sous ma plume ; tout à l'heure, au jardin, je ne l'ai pas trouvé, mais je ne le cherchais pas non plus, je n'en avais pas besoin : je pensais sans mots, sur les choses, avec les choses. L'absurdité, ce n'était pas une idée dans ma tête, ni un souffle de voix, mais ce long serpent mort à mes pieds, ce serpent de bois. Serpent ou griffe ou racines ou serre de vautour, peu importe. [...] J'ai fait l'expérience de l'absolu : l'absolu ou l'absurde. Cette racine, il n'y avait rien par rapport à quoi elle ne fût absurde. [...] Je n'avais pas vu le germe se développer ni l'arbre croître. Mais devant cette grosse patte rugueuse, ni l'ignorance ni le savoir n'avait d'importance : le monde des explications et des raisons n'est pas celui de l'existence. [...] Cette racine, au contraire, existait dans la mesure où je ne pouvais pas l'expliquer. Noueuse, inerte, sans nom, elle me fascinait, m'emplissait les yeux, me ramenait sans cesse à sa propre existence. J'avais beau répéter : "C'est une racine" – ça ne prenait plus. Je voyais bien qu'on ne pouvait pas passer de sa fonction de racine, de pompe aspirante, à ça, à cette peau dure et compacte de phoque, à cet aspect huileux, calleux, entêté*[1]. *[...] Ce moment fut extraordinaire. J'étais là, immobile et glacé, plongé dans une extase horrible. Mais, au sein même de cette extase, quelque chose de neuf venait d'apparaître ; je comprenais la Nausée, je la possédais. À vrai dire, je ne me formulais pas mes découvertes. Mais je crois qu'à présent, il me serait facile de les mettre en mots. L'essentiel c'est la contingence. Je veux dire que, par définition, l'existence n'est pas la nécessité. Exister, c'est être là, simplement ; les existants apparaissent, se laissent* rencontrer, *mais on ne peut jamais les* déduire. *Il y a des gens, je crois, qui ont compris ça. Seulement ils ont essayé de surmonter cette contingence en inventant un être nécessaire et cause de soi. Or, aucun être nécessaire ne peut expliquer l'existence : la contingence n'est pas un faux-semblant, une apparence qu'on peut dissiper ; c'est l'absolu, par conséquent la gratuité parfaite. Tout est gratuit, ce jardin, cette ville et moi-même. Quand il arrive qu'on s'en rende compte, ça vous tourne le cœur et tout se met à flotter, comme l'autre soir, au "Rendez-*

---

1. Jean-Paul Sartre, *La Nausée, op. cit.*, pp. 175-179.

vous des cheminots" : voilà la Nausée ; voilà ce que les salauds – ceux du Côteau vert et les autres – essaient de se cacher avec leur idée de droit[1]. »

Il faudra revenir sur les implications philosophiques et psychanalytiques de cette ambiguïté et de cette frontière qu'explore *La Nausée*. Je voudrais conclure pour aujourd'hui en insistant seulement sur le retournement à proprement parler génial que Sartre fait subir à l'état mélancolique en transformant la nausée, qui en est la perception « gustative », en position de révolte. Aristote avait diagnostiqué la mélancolie comme maladie du ou des génie(s). S'il a quelque raison d'établir une telle parenté, ce n'est pas le *spleen* des états d'âme romantiques qui la démontre, mais bien cette nausée sartrienne qui conduit la subjectivité à une mélancolie au sens freudien du terme : c'est-à-dire aux *frontières* sujet/objet, langage/affect, sens/non-sens. Je ne peux ici que vous renvoyer à mon *Soleil noir*[2], qui analyse la structure mélancolico-dépressive comme un état-limite sousjacent à la créativité. Alors, écrire un roman avec *ça*, il fallait le faire !

Je ne suis pas sûre que nous soyons encore capables de lire ce chef-d'œuvre qu'est *La Nausée* dans toutes ses implications. À cause du minimalisme qui règne sur le marché français, le roman philosophique – qui fut pourtant une prestigieuse tradition nationale – n'est plus français : il n'y a plus de roman philosophique français.

---

1. Jean-Paul Sartre, *La Nausée, op. cit.*, p. 185.
2. Julia Kristeva, *Soleil noir. Dépression et mélancolie*, Gallimard, 1987 et « Folio-Essais », 1989.

À part Sollers, qui écrit encore des romans philosophiques ; et qui peut les lire ? Vous devriez essayer, vous
m'en donnerez des nouvelles...

3

16 mai 1995

À LA RECHERCHE D'UNE PRATIQUE AUTHENTIQUE

L'être-autre

Je vous ai parlé de la situation de Sartre dans le monde
contemporain, des positions souvent fracassantes qu'il a
prises, notamment autour du prix Nobel, de ses avancées
politiques, de ses erreurs politiques aussi. J'ai évoqué
son théâtre, puis *La Nausée*. Je voudrais reprendre
aujourd'hui certains aspects de *L'être et le néant* dont je
vous rappelle la date : 1943 ; il s'agit, vous vous en doutez, d'un ouvrage difficile pour des littéraires, mais indispensable pour préciser la problématique de la révolte que
j'essaie d'« ausculter » devant vous. Nous y croisons
souvent des notions comme celles d'« être », « autre »
ou « négatif », que vous employez à tort et à travers en
croyant emprunter à Lacan, alors qu'une solide généalogie les fait remonter à Hegel ou Heidegger – au moins,
puisque c'est à eux que se réfère principalement Sartre –
et qu'on n'a pas encore pensé notamment le voisinage
Sartre/Lacan dans l'après-guerre en France. N'a-t-on pas
souvent tendance à psychologiser la notion d'autre, par

exemple ? Cela arrive même aux analystes, et à beaucoup d'entre vous qui sont dans cette affaire. Or, il ne
s'agit nullement de rabattre la dimension psychanalytique sur le fonctionnement psychologique. Il s'agit de
réhabiliter les notions d'être et d'autre dans leur dimension transmétaphysique, afin de mieux les situer ensuite
dans la cure. Mais aussi pour mieux entendre les enjeux
de l'écriture, qui nous préoccupent ici au premier chef.

De Husserl à Hegel,
ou de la « connaissance » à la « conscience »

Je vais donc vous présenter la définition par Sartre de
l'être et du négatif, dans laquelle s'inscrit le rapport à
l'autre. Mais, pour en arriver aux définitions sartriennes,
on ne peut s'épargner quelques « conversations » avec
Husserl et Hegel. Le voyage à travers Husserl et Hegel
permet à Sartre d'établir une différence entre la dimension de l'être et celle de la connaissance qui lui est cor-
rélative sans se confondre avec lui. Aussi remonte-t-il au
Cogito de Descartes, à partir duquel et dans lequel se
déploie la connaissance ; mais il distingue l'être tel qu'il
apparaît dans *ergo sum*, pour maintenir que l'être de ce
« je suis », de la *conscience*, n'est pas nécessairement
celui de la *connaissance* logique ou cogitative, bien que
toute la philosophie positiviste ait pu articuler la « pensée » et le « monde » en formules logiques (ce que fait
également aujourd'hui le cognitivisme). Sartre signale
d'abord l'échec de Husserl qui a pris, nous dit-il, l'être
pour la connaissance, qui a télescopé les deux bords de
cet énoncé fondateur de la modernité philosophique

qu'est la formule cartésienne. Plus radical encore pour le raisonnement de Sartre est son débat avec Hegel. Sartre révèle ce qui lui paraît être un échec de Hegel, bien qu'il reconnaisse que le premier a placé le débat à son véritable niveau, à savoir qu'il a d'abord différencié « conscience » et « connaissance » – c'est même l'un de ses apports magistraux. « *...la conscience est un être concret et sui generis [...] ; elle est ipséité et non siège de l'ego opaque [...], l'être même de la conscience étant indépendant de la connaissance préexiste à sa vérité [...]. La conscience était là avant d'être connue*[1]. »

Sartre s'intéresse ensuite au conflit, à la célèbre négativité hégélienne – suivez le fil de la révolte que je ne lâche jamais tout à fait, même si je vous conduis sur les sentiers fort abstraits de cette argumentation philosophique ! –, notamment à partir de la non moins célèbre dialectique du maître et de l'esclave. Sartre retient le « moment » essentiel que Hegel nomme *l'être-pour-l'autre* et qui est un stade fondamental de la conscience de soi : « *Le chemin de l'intériorité passe par l'autre*[2]. » Un autre, cependant, qui est un autre-pour-moi, c'est-à-dire assujetti au moi dans cette dialectique de la *reconnaissance* qui lie le maître à l'esclave, et vice versa[3]. « *L'autre apparaît avec moi-même, puisque la conscience de soi est identique avec elle-même par l'exclusion de tout autre [...]. ... c'est seulement en tant qu'il s'oppose à l'autre que chacun est absolument pour*

---

1. Jean-Paul Sartre, *L'être et le néant*, Gallimard, Paris, 1943, p. 284.
2. *Ibid.*, p. 281.
3. *Ibid.*, p. 282.

soi.[1] » Je n'ai de représentation-connaissance de mon intériorité que de l'autre qui me la renvoie. Cela suppose qu'au fil de ces renvois nous constatons une commune mesure entre moi et lui. Le maître s'oppose à l'esclave, l'esclave s'oppose au maître, mais ils sont l'un et l'autre liés dans un pacte qui est la commune mesure entre le même et l'autre ; ils existent l'un par l'autre ; ils *sont* dans la mesure où ils sont unis, une provocation permanente, une insoluble dialectique. On en arrive à l'idée que, par-delà cette apparente opposition entre le même et l'autre, et cela même sous des formes paroxystiques de guerre sanglante entre un maître et un esclave, on est obligé de reconnaître un lien commun pour que la confrontation puisse s'exercer, une « commune mesure » qui constitue le lien dialectique entre moi et lui. Si l'être est un être pour l'autre, il est en permanence une révolte, ce que Sartre formule ainsi : « *L'être de la conscience de soi est tel qu'en son être* il est question *de son être*[2] » : cette « pure intériorité » ne cesse de s'interroger ; « *elle est perpétuellement renvoi à un* soi *qu'elle a à être*[3] ». Quant à la conscience d'autrui, elle est opaque à la conscience de soi : la conscience d'autrui, c'est ce que je ne peux que contempler. Autrui se forge aussi en « pur donné » au lieu d'être « ce qui a à être moi ». Puisque la seule conscience qui m'apparaît dans sa propre temporalité est seulement la mienne, en quoi elle se perd comme objectivité, on dira avec Sartre que « *le* pour-soi

---

1. Jean-Paul Sartre, *L'être et le néant, op. cit.,* p. 281.
2. *Ibid.*
3. *Ibid.,* p. 287.

est inconnaissable pour autrui comme pour soi[1] ». La conscience se heurte ainsi à deux obstacles majeurs : la dispersion des consciences (leur pluralité) et la lutte des consciences.

Nous retrouvons ici la solitude essentielle dont *La Nausée* se fait l'écho romanesque et qui conduit, dans le texte philosophique, au constat d'une solitude ontologique de l'être dans le monde. Suivons un peu plus patiemment ce raisonnement.

L'autre inaccessible : le scandale de la pluralité des consciences

Pour saisir l'autre comme sujet, il faudrait que « je » l'appréhende dans son intériorité ; alors que, au contraire, le « miroir-autrui » ne me paraît jamais dans sa propre intériorité, mais seulement dans le temps du monde. La « commune mesure » envisagée par Hegel entre moi et l'autre se révèle être un « optimisme ontologique » et aboutit à un échec, selon Sartre : « *Entre objet-autrui et moi-sujet, il n'y a aucune commune mesure. Ce n'est pas par la connaissance,* mais par la *conscience transcendante* que s'opère « *le saisissement de moi par moi-même ».* Mais cette *conscience ek-statique (de) moi* saisit autrui seulement « *comme un objet indiquant vers moi.* [Pas de commune mesure, donc, mais une séparation entre « objet-autrui » et « moi-sujet ». Et Sartre de conclure :] *Aucune connaissance*

---

1. Jean-Paul Sartre, *L'être et le néant, op. cit.,* p. 287.

universelle ne peut être tirée de la relation des consciences. C'est ce que nous appellerons leur sépara-tion ontologique[1]. »

Pourtant, l'optimisme de Hegel serait plus fondamental. L'identique des consciences est établi dans le Tout : il s'agit d'un coup de force globalisant qui pose un Tout en dehors des consciences en les considérant du point de vue de ce Tout absolu devenu « médiateur » entre consciences, mais aussi entre les consciences et le monde. Pourtant, si Hegel peut « poser » ce Tout, c'est qu'il *est* déjà au départ. Ce n'est donc pas dans une conscience, mais dans l'être que je peux poser le problème d'autrui. Nous sommes renvoyés au *Cogito*. On ne saurait retrouver l'être d'autrui par la connaissance, mais uniquement comme transcendance : « *Si [...] l'être de ma conscience est rigoureusement irréductible à la connaissance, alors* je ne puis transcender mon être vers une relation réciproque et universelle *d'où je pourrais voir comme équivalents à la fois mon être et celui des autres ; je dois au contraire m'établir* dans mon être *et poser le problème d'autrui à partir de mon être*[2]. [En d'autres termes, je peux me transcender vers le Tout, mais non pas m'établir en ce Tout ; nous sommes dès lors devant la multiplicité ou la dispersion des consciences :] *La dispersion et la lutte des consciences demeureront ce qu'elles sont*[3]. »

---

1. Jean-Paul Sartre, *L'être et le néant, op. cit.*, p. 288.
2. *Ibid.*, p. 289. Nous soulignons.
3. *Ibid.*, p. 289.

Mon rapport à l'autre, désormais, est non pas un rapport de connaissance à connaissance, mais d'être à être. *« C'est que mon rapport à autrui est fondamentalement une relation d'être à être, non de connaissance à connaissance...*[1] *»* Je vous prie de méditer ceci : qui en a tiré les conséquences ? Sûrement pas les cognitivistes, qui reviennent au mieux à Husserl et qui nous assomment de stratégies de cognition qui sont des raffinements de la *cogitation*, non des analyses de la conscience. L'*analyse* de la conscience, c'est Freud qui l'a faite, en ouvrant en elle la véritable négativité qui est celle de l'inconscient et son « autre scène », ses logiques hétérogènes, jusqu'à la pulsion. Mais cela, Sartre ne voulait pas le savoir, tout en étant un des rares à se référer – fort approximativement – à la psychanalyse. Symétriquement, pourtant, les psychanalystes auraient intérêt à relire ce débat sartrien avec la « connaissance » pour la « conscience » et l'« être », quand ils essaient péniblement de circonscrire l'autre en l'enfermant dans des stratégies de connaissance et d'intersubjectivité connaissante.

S'il est vrai que Sartre s'est arrêté devant la découverte freudienne et ce qu'elle ouvre d'encore inexploré, on pourrait soutenir, en revanche, que ce qu'il appelle le scandale de la « pluralité des consciences » est précisément ce qui l'a conduit à la littérature. Très exactement au roman dont le tissu est constitué de singularités : la fragmentation, la dispersion, la lutte des consciences. Seule la littérature peut restituer « mes aubépines » ou « mes personnages » (Mme Verdurin, M. de Charlus,

---

1. Jean-Paul Sartre, *L'être et le néant, op. cit.*

etc.) qui sont des singularités émanées de la mienne, alté-
rée. L'être alors disperse sa généralité et, dans les pages
d'un Proust, par exemple – ainsi que dans celles de *La
Nausée* –, il se dissout en superpositions, en surimpres-
sions de caractères. Et de mots sensibles, tel le mot
« nausée ».

Le Mit-Sein : *Sartre lecteur de Heidegger*

Faisons un nouveau pas, toujours dans les mêmes
parages[1], toujours avec Sartre, mais du côté de Heidegger, cette fois : un Heidegger qui aurait « tiré profit » de
la philosophie de Husserl et de Hegel, notamment dans
son *Sein und Zeit*[2]. Pour rester dans la problématique
hégélienne de l'autre, Sartre s'arrête sur la notion de *Mit-
Sein* – « être-avec ». Heidegger l'intéresse ici pour autant
qu'il pense l'accessibilité ou l'inaccessibilité de l'autre.
« *être-avec, c'est l'examen de mon être* » ; notez : ni de
ma connaissance, ni même de ma conscience, mais d'un
« *être essentiel* » dont dépendent les « *réalités
humaines* », « *en tant qu'il est jeté hors de moi* », vers
des structures, précise Sartre, qui à la fois m'échappent et
me définissent, et qui dévoilent originellement autrui.
C'est donc en m'examinant dans mon être, dans ma singularité, que je me trouve originellement autre, c'est-à-
dire différent et irréductible. Pourtant, désormais et avec

1. Jean-Paul Sartre, *L'être et le néant, op. cit.*, p. 290.
2. Martin Heidegger, trad. fr. F. Vezin, *Être et Temps,* Gallimard, Paris, 1986.

la lecture que Sartre fait de Heidegger, cette solitude de l'être jeté ne s'arrête pas à ce constat. L'être vise toujours une sortie vers l'autre. *L'être-dans-le-monde* se fait sur le mode d'« être-avec ». Cette structure ensembliste ne vient pas du dehors, d'une manière totalitaire, comme chez Hegel. Bien que Heidegger ne parte pas du *Cogito*, il découvre l'être-avec en même temps qu'il constate l'être-dans : « *Je découvre la relation transcendant à autrui comme constituant mon être propre, tout juste comme j'ai découvert que l'être-dans-le-monde mesurait ma réalité humaine.* [Ou encore :] *C'est l'examen de mon être en tant qu'il me rejette hors de moi vers des structures qui, à la fois, m'échappent et me définissent, c'est cet examen qui me dévoile* originellement autrui[1]. » Il ne s'agit plus de reconnaissance ou de lutte entre *moi* et *autre*, à la manière de Hegel. L'autre n'est pas objet ; il est ce qui me fait *inter-dépendre*, sans être « englué », mais « par côté », « dans le monde ». *Dans* serait *avec* au sens de « *colo* », « *habito* », et non pas « *insum* ». Être serait, en d'autres termes et toujours dans la lecture de Heidegger par Sartre, se « faire être » « sous la forme du on ». « On » inauthentique et ustensile ; ou encore « on » authentique de relation entre personnalités uniques[2]. Pensons au « quiconque » qui reste chez Sartre inauthentique, mais qui, chez Giorgio Agamben[3], retrouve les valeurs positives d'une communauté modeste, le

---

1. Jean-Paul Sartre, *L'être et le néant*, op. cit., p. 290. Nous soulignons.

2. *Ibid.*, p. 291.

3. Giorgio Agamben, *La Communauté qui vient : théorie de la singularité quelconque*, Le Seuil, Paris, 1990.

dépouillement des « on » essentiels dans leur inessentialité et qui ne préserve de l'être-dans-avec que le lien ténu et précisément quelconque... Pour sa part, Sartre apprécie dans ce « on » du *Mit-Sein* heideggérien l'inverse de la lutte qui caractérise le lien dialectique hégélien, à savoir la connotation d'*équipe* qui ne travaille pas pour la connaissance, mais qui œuvre dans le rythme (tel le rythme de l'aviron). Bien que l'être-pour-la-mort dévoile brusquement la « solitude en commun » et le négatif incurvé en « souci », c'est la coexistence des consciences dans le *Stimmung* intraduisible qui séduit Sartre, lecteur de Heidegger. Et de suggérer une humanité de solitude dans les liens, des pluralités créatrices de liens.

« *Il s'agit de tenter pour autrui* » – nous ne faisons rien d'autre en psychanalyse, nous ne faisons rien d'autre en théorie de la littérature quand nous déchiffrons le travail d'un écrivain, car c'est l'altérité de la pensée du patient ou celle de l'écrivain qui nous interrogent – « *ce que Descartes a tenté pour Dieu, avec cette extraordinaire preuve par l'idée de parfait* ». Entendons : nous ne savons pas si Dieu existe, mais nous avons besoin de l'idée de parfait et nous la situons à la place de Dieu ; nous ne savons pas si l'autre est abordable, mais nous nous efforçons de saisir l'intériorité de notre conscience ou la possibilité du *Mit-Sein* par une « *intuition de la transcendance* » concernant autrui, par « *la négation externe* » qui fait apparaître « *autrui au* Cogito *comme n'étant pas moi* ». Là survient la notion de révolte et de rejet. Je ne peux entrer dans la spécificité de l'autre qu'en me confrontant à lui en moi : à mon étrangeté, à la nausée qui me borde.

Finalement, Œdipe ne dit pas autre chose. Et la révolte œdipienne de l'enfant, lorsqu'il s'oppose à autrui pour se poser lui-même comme tel, ne dit rien d'autre que ceci : il n'est d'« *autrui* [qu'] *appréhendé par la négation externe* », autrui apparaissant pour le *Cogito* comme n'étant pas moi. Mais ce processus s'accompagne d'une négation interne, tant il est vrai que le sujet n'*est* (*je suis* face à *je pense*) qu'à creuser l'être de ce soi en y ouvrant des altérités. Une double intériorité se pose alors par un double mouvement de négation : la mienne et celle de l'autre. Je m'oppose à l'autre et, par ce mouvement d'opposition, je m'oppose à moi dans l'être dédoublé, pluralisé. Nous sommes dans un infini de négativités, seule façon de poser l'autre et soi. Sont ainsi justifiées les notions de négation et de néant comme perpétuelles, processuelles. Dès lors, la totalité que nous avons posée au début – le même et l'autre ne peuvent être pensés, médiatisés qu'au sein de la totalité de l'être – devient une *totalité détotalisée*. L'accès à l'existence pour autrui passe par le constat de l'impossible d'autrui ainsi que par l'impossibilité de toute synthèse. Il ne me reste, pour atteindre autrui, qu'à creuser en moi-même, à me négativer et à le négativer, de sorte que nous ne parviendrons jamais à une communauté apaisée : ni mentale, ni sociale, ni idéologique.

Vous noterez que cette pensée conduit d'abord à un refus de la totalité philosophique et à la pensée de l'être en tant que totalisant ; ensuite, à un constat sociologique contre toute société totalisante, qu'elle soit totalitaire ou mollement démocratique et unitariste, pour peu qu'elle écrase la radicalité du même et de l'autre et efface le droit à la singularité, ne serait-ce que sous les apparences des droits de l'homme ; enfin, au recours à l'imaginaire et au rôle du regard grâce auquel le processus de totalité non totalisante va s'inscrire dans l'ordre du visible.

Je vous épargnerai aujourd'hui ce voyage dans l'imaginaire – nous lirons *L'Imaginaire*[1] l'année prochaine – pour lire une appréciation pour le moins ambiguë de l'imaginaire personnel sartrien qui verra le jour avec *Qu'est-ce que la littérature ?* (1948), puis avec *Les Mots* (1963).

L'écriture serait-elle une névrose ? Sans doute, mais...

Dans *Les Mots*, Sartre reprend des souvenirs sous une forme biographique et montre comment la signification littéraire se construit sur un double foyer qui est celui des mots et de l'enfance, dont la convergence est produite par la névrose. « *Depuis à peu près dix ans, je suis un homme qui s'éveille, guéri d'une longue, amère et douce folie*[2]. » En 1963, il considère donc que depuis la fin des années 1950, depuis dix ans, il s'éveille : tout ce qui s'est passé avant cette date peut être tenu pour une sorte de folie dont il a en somme à se purger par cet adieu littéraire définitif à la littérature que sont *Les Mots*.

Désormais, Sartre s'acharnera à discréditer l'imaginaire au profit de l'action, en particulier de l'action poli-

---

1. Jean-Paul Sartre, *L'Imaginaire*, Gallimard, Paris, 1940.
2. Jean-Paul Sartre, *Les Mots, op. cit.*, p. 211.

tique, dans une démarche qui paraît d'emblée salutaire, puisqu'il dénonce avec une vigoureuse et impitoyable ironie certaines erreurs psychologiques et errances politiques, de même que le solipsisme du génie littéraire tant prisé dans la tradition française. Pourtant, cette flagellation tourne vite à l'autodafé, tant les actions politiques dans lesquelles Sartre continuera de s'engager, malgré leur portée incisive dans une France qui s'installe dans le consumérisme et le spectacle, paraissent manquer de l'épaisseur et de la polyphonie qui accompagnaient auparavant les « éclats » du maître de Saint-Germain. Privé d'imaginaire, l'engagement politique se retrouve décharné, mutilé du substrat émotionnel et inconscient, châtré d'une certaine manière de sa connotation destinale.

En 1960, dans *Critique de la raison dialectique*[1], Sartre remplace l'autre en tant que passé, en tant que souvenir, et peut-être même en tant que langage, par la *praxis* et le service rendu aux autres ; ce qui le conduit au gauchisme, à l'admirable engagement physique « ici et maintenant », dans la cité. Le philosophe-militant cherche à ce moment-là à localiser – lui-même dit à « objectaliser » – l'histoire et l'intersubjectivité, la mémoire et l'intersubjectivité, le rapport même-autre, et tout ce qu'il a pensé dans *La Nausée* comme roman, dans son théâtre et dans *L'être et le néant*. Il s'efforce de les localiser dans la recherche d'un *agent de l'histoire* : quel sera l'agent de l'histoire susceptible d'incarner le néga-

---

1. Jean-Paul Sartre, *Critique de la raison dialectique*, Gallimard, Paris, 1960.

tif ? Ainsi, il renonce au négatif comme force à l'œuvre dans l'imaginaire ; il aspire à l'incorporer, au lieu de déployer l'être-autre dans le langage, par des séries de caractères ou de thèmes que nous avons vus dans son théâtre ou ses romans, ou qu'il a argumentés par une pensée critique dans les pages de *L'être et le néant*.

Bien que cette tentation de « localisation » ne l'ait jamais quitté – compagnon de route des communistes, il le fut dès avant la guerre, et le début dramatique de *On a raison de se révolter* en retrace l'histoire –, elle se fait désormais sans cette « folie » imaginaire qui ouvre un abîme infini dans chaque « prise de position », forcément erronée, et de cette façon la sauve.

« De toute façon, l'ordre social repose sur une mystification »

Pour prendre un exemple, ouvrons *Qu'est-ce que la littérature ?* (1948). L'art comme affaire de chair et d'émotion (nous sommes là presque en terrain proustien), la littérature comme tissu de significations par-delà les mots, toutes ces affirmations de Sartre, qui sont d'une grande finesse et pertinence, ont été reçues pendant les années formalistes comme autant de rejets de la technicité, de la matérialité signifiante. Il est vrai que Sartre fait souvent l'impasse sur la formalité littéraire et ne se prive pas de railler les obsessions linguistiques des futurs structuralistes. Mais on y lit aussi des avancées : un appel à saisir, par-delà le texte, ce que j'essaie personnellement de définir comme *expérience*. Je ne m'étendrai pas sur ces points cette année, ce qui ne vous empêche pas de lire le texte de Sartre, au contraire : vous y trouverez des pages passionnantes sur le destin de l'écrivain dans le monde occidental ; ainsi, la laïcisation de l'écrivain au XVIIIᵉ siècle, lorsque la notion de « goût » a remplacé celle de « foi » ; le surréalisme et les impasses de la révolte surréaliste ; l'utopie de la littérature socialiste et l'absurdité du réalisme socialiste, qu'il rejette, à l'instar de Barthes...

Je m'arrêterai sur la conclusion[1] de cet ouvrage pour évoquer deux points particulièrement intéressants pour mon propos : premièrement, le constat d'un état de choses qui ne cesse de s'aggraver, à savoir la diminution du nombre des lecteurs ; deuxièmement, le constat que l'écrivain n'écrit plus que pour le cinéma et pour les ondes : et le monde ne veut plus de l'écrivain que comme signataire (on ne peut pourtant pas dire que Sartre s'en soit abstenu, du rôle de signataire !).

C'est à partir de ce double constat qu'il maintient son utopie. La notion d'être, le tout transcendantal qui corrige le rationalisme de ceux qui croient à la connaissance et qui, chez lui, finit par apparaître comme une utopie, puisqu'il en dévoile la perpétuelle conflictualité – eh bien, elle émerge à nouveau ici sous la forme du vieux mythe kantien de la Cité des Fins. En l'occurrence, la Cité des Fins est une société utopique de communication enfin établie, constituée par les lecteurs. Par ses exigences mêmes, le lecteur s'inclut dans ce concert de bonnes volontés que Kant a nommé la Cité des Fins et que, « *en chaque coin de la Terre, à chaque instant, des*

---

1. Jean-Paul Sartre, *Situations II, op. cit.*, pp. 281-316.

milliers de lecteurs qui s'ignorent contribuent à mainte-nir[1] ». Mais, ajoute Sartre, toujours réaliste quand même, il faut corriger cette utopie : la Cité des Fins kantienne, reconstituée par les lecteurs qui ont momentanément remplacé les prolétaires, le tiers monde, les femmes et autres agents providentiels de l'Histoire, n'est pas évidente ; il n'est pas dit que ce seront les lecteurs qui réaliseront cet idéal humanitaire ; les lecteurs doivent garder leur singularité et s'historialiser, ne pas oublier leur présence concrète, leur expérience physique, ni le moment concret de l'histoire dans lequel ils se trouvent.

Plus important encore, il faudrait que le lecteur soit un démystificateur – c'est là que la notion de négatif entre de nouveau en jeu : la lecture est un déchiffrement, une démystification. C'est Barthes, et non pas Sartre, qui développera ce point capital pour envisager la sémiologie comme une sémioclastie et goûter le véritable plaisir du texte. Mais l'idée se trouve déjà chez Sartre : l'homme véritable est un lecteur qui cependant se méfie et démystifie le texte. Et de donner des exemples de grandes mystifications accomplies dans un passé tout proche par des communautés totalitaires : dans cet ordre d'idées, ceux qui adhèrent à des idéaux socialistes (une confession personnelle ?) cessent d'être suspects s'ils parviennent à rester méfiants. « *De toute façon, l'ordre social repose aujourd'hui sur la mystification des consciences, comme aussi le désordre. Le nazisme était une mystification et le gaullisme en est une autre, le catholicisme en est une troisième ; il est hors de doute, à*

---

1. Jean-Paul Sartre, *Situations II, op. cit.*, p. 293.

présent, que le communisme français en est une qua-trième[1]. »
Que faire ?

« *[...] et comme nos écrits n'auraient pas de sens si nous ne nous étions fixé pour but l'avènement lointain de la liberté par le socialisme, il importe de faire ressortir en chaque cas s'il y a eu violation des libertés formelles et personnelles ou oppressions matérielles et les deux à la fois*[2]. [Vibrant appel à s'insurger contre toute forme de mystification, de quelque côté que cela se profile, *Qu'est-ce que la littérature* ? se conclut par une défense de la littérature qui serait la dernière « chance » de l'Europe, du socialisme, de la démocratie, de la paix, bien qu'il s'agisse d'une chance menacée :] *Bien sûr, tout cela n'est pas si important : le monde peut fort bien se passer de la littérature. Mais il peut se passer de l'homme encore mieux*[3]. » Cependant, en définissant la littérature comme ce par quoi « la *collectivité* passe à la réflexion et à la médiation *[...]*, acquiert *une conscience malheureuse*[4] », Sartre semble déjà préparer le renoncement à l'acte individuel (qui préside à l'écriture avant sa visée « collective ») et à la liberté imaginaire (Oreste n'avait pas de « conscience malheureuse »).

Le Sartre des dernières années reprend ainsi sa chère idée hégélienne de négativité en tant que démystification, et on ne peut qu'aimer le révolté qu'il ne cesse

---

1. Jean-Paul Sartre, *Situations II, op. cit.*, p. 306.
2. *Ibid.*, p. 306.
3. *Ibid.*, p. 316.
4. *Ibid.*

d'être. À condition de laisser tomber l'expérience imaginaire, cette forme de démystification qu'est l'écriture,
pour privilégier ce qu'il appelle la « *praxis* sociale ». La
vie active – avec ses variantes que Hannah Arendt a sub-
tilement analysées : travail, œuvre, action[1] – s'oppose
dans notre tradition métaphysique à la *vie contemplative* ; et les philosophes les plus inquiets du désastre
moral que fut la Deuxième Guerre mondiale ont cru
devoir reculer devant cette « vie contemplative » – philosophie, littérature – notamment encline à de faciles
compromissions chez les grands penseurs ou écrivains
de ce siècle. Je reviendrai sur la valorisation sartrienne de
la *praxis* qui me semble se situer elle aussi dans cette
perspective. Mais puisque nous voici à la fin du cours,
laissez-moi formuler une simple question : dans la
mesure où elle fait fi du long travail de démystification
par l'écriture, la *praxis* sociale, loin de s'épargner la folie
qui alimente la littérature, ne risque-t-elle pas, plus que
jamais, de se cloisonner dans de nouvelles impasses, de
retomber dans les vieilles erreurs de l'optimisme pro-
méthéen ?

Je conclurai par une dernière remarque au sujet de *Critique de la raison dialectique* (1960), qui me semble se
résumer en une intention de se consacrer à un travail
d'humanisation du monde. Sartre, le non-humaniste
d'antan, affirme qu'il faut « arracher les hommes à leur
inertie naturelle » en les aidant à « totaliser » eux-mêmes
leurs *praxis* respectives au lieu de subir « la totalisation

---

1. Hannah Arendt, *La Condition de l'homme moderne*, Calmann-Lévy, 1961 et 1983.

réifiée », « aliénée » sous les espèces inhumaines de ce qu'il appelle le « pratico-inerte ». Réfléchir, démystifier et réunir, totaliser à un niveau supérieur, retrouver le *Mit-Sein* sur le plan de pratiques sociales équivalentes à une mise en cause permanente. Le projet est grandiose, mais Sartre le poursuivra avec cette étrange mise en suspens de l'expérience imaginaire dont *Les Mots* signent à la fois l'apogée et la fin. Et qui indique un certain rétrécissement de ce destin du sens et du sensible qu'il avait déchiffré, d'Eschyle à Heidegger, pour l'insuffler à l'existentialisme français.

Le développement de la technique ne tardera pas à marginaliser les groupes politiques qui s'étaient eux-mêmes imposé la discipline de la *praxis* politique pure de tout imaginaire – croyaient-ils. Avant de rejeter la politique dans le spectacle. Et de réactualiser la question du *sens de l'imaginaire.*

C'est l'œuvre de Barthes qui nous attend en ce point précis.

VIII

Mardi 12 décembre 1995

Roland Barthes et l'écriture comme démystification

1
UNE THÉORIE
DE LA SUBLIMATION

Degré zéro

Bien que la haine de soi persiste comme une spécialité très française – seraient-ce les retombées aigries du doute cartésien ? – et qu'elle continue à dévaloriser les œuvres insoumises ; bien que les écrits de Barthes, dans ce climat, subissent attaques ou dénigrements, j'essaierai de vous démontrer qu'il n'a rien d'un nihiliste qui aurait contribué, avec les autres « structuralistes » ou « théoricistes », à tuer le roman français (rien de moins, et entre autres !). Pas un « nihiliste » donc, mais un *tragique sobre*, et cela parce que, dès le début des années 1950, il consacra sa réflexion aux mésaventures du sens.

La banqueroute des idéologies et la misère de la philosophie s'amorçaient déjà pour les plus inquiets. Il existe du sens, et il est analysable : telle fut non pas la

« position », car il était trop fin pour se « positionner », mais l'intuition de Barthes, qu'il transforma en saveur, musique, sens de la mode (eh oui !) et plaisir du texte, en se faufilant à travers la rigidité des concepts et en les fascinant dans une écriture sensible à la maladie, à l'absence et à l'ironie.

Commencer en avançant que l'écriture a touché son « degré zéro » n'est pas vraiment une entrée en matière qui éveille des sympathies consensuelles. À la conscience unifiée de la bourgeoisie (« non déchirée », suggère Barthes en y incluant classiques et romantiques) succède la « conscience malheureuse » (vers 1850) : elle se manifeste dans cet éclatement de la littérature dont Flaubert est la réalisation majeure, la littérature devenant tout entière souci de sa forme, « problématique du langage ». À la fois « apprivoisement » et « répulsion » face à cette Forme-Objet, ce mouvement atteint une « concrétion » qui conduit l'écriture au statut d'une « poterie » ou d'un « joyau », selon les goûts ; mais, du « regard » objectivant, et en passant par le « faire » chosifiant, l'itinéraire aboutit désormais au « meurtre ». « Elle [l'écriture] atteint aujourd'hui un dernier avatar, *l'absence* » (nous soulignons). « Écriture neutre », « absence de tout signe » – Barthes repère là un rapport au sens qui, par le biais d'un délestage des fantasmes littéraires et des messages philosophiques, lui paraît réaliser le « rêve orphéen » : un écrivain « sans littérature », l'écriture blanche, celle de Camus, Blanchot, Cayrol. Symptôme de ce qui deviendra le « minimalisme » bien connu – et regrettable – du roman français actuel, ce degré zéro de l'écriture est cependant *pensé* par Barthes comme un

signe, et qui plus est tragique[1]. Il y déchiffre une
« morale du langage », laquelle, par ses aventures néga-
tives de soustraction, voire d'abolition du sens, se donne
cependant à lire doublement : une « passion » pour
l'écriture ainsi qu'un « déchirement de la conscience
bourgeoise ». Il s'agit ni plus ni moins d'une jouissance
du sens et par le sens, au travers d'une ré-volte contre ce
qui apparaît désormais comme une étape ou une structure monovalente de l'esprit, qu'on pourrait nommer
« conscience », dont la « bourgeoisie » se veut le dépositaire et le défenseur. Tous les ingrédients du parcours
ultérieur de Roland Barthes sont déjà en place : le souci
historique, la mise en valeur de la forme-langage comme
morale et, pour cela même, comme plaisir.

Je ne vous résumerai pas la biographie de Barthes (né
le 12 novembre 1915 et mort le 26 mars 1980) – il l'a
écrite lui-même sous une forme nouvelle, dans *Roland
Barthes par Roland Barthes*[2], et cela mérite que j'y
revienne, car c'est un genre unique, mais plus tard.
Orphelin, paternité manquante, n'est-ce pas ce que
d'autres révoltés ont connu et subi ? Barthes résout cette
incertitude en s'enracinant dans le langage, mais il n'y
cherche ni l'autorité paternelle d'une norme ni la révolte
filiale d'un fils qui « casse la gueule » à la loi : non, rien
que les règles secrètes de ce qui se donne comme normal,
mais qui n'est que faux. Sans être un quêteur de vérité –

---

1. Roland Barthes, *Le Degré zéro de l'écriture*, Le Seuil, Paris,
1953, « Points-Essais », 1972, pp. 9 et 10.
2. *Roland Barthes par Roland Barthes*, Le Seuil, collection
« Écrivains de toujours », Paris, 1975.

pareille tâche l'aurait fatigué ou dégoûté –, il ne cesse de
traquer le *faux* pour découvrir les réseaux multiples que
le faux censure. Barthes n'est pas un révélateur de
vérité ; il est un détracteur de la censure, et si une certaine vérité éphémère, provisoire, donc ironique, se faisait jour dans ce dévoilement, eh bien, ce ne serait qu'un
plus, un plaisir en plus, qu'il ne faudrait surtout pas trop
glorifier, mais laisser résonner, prendre en écharpe : le
goût est une satisfaction infinie, moqueuse.

Aussi, quitte à vous surprendre, je vous propose de
réfléchir, dans ce séminaire, sur le sens et le non-sens de
la révolte dans l'aventure critique de Roland Barthes et,
pour commencer, de se pencher sur son premier livre, *Le
Degré zéro de l'écriture* (1953). En effet – comme j'essaierai de le montrer –, cette expérience de l'interprétation se comprend, me semble-t-il, comme une expérience
de révolte.

De fait, la personnalité élégante et timide de Barthes
n'évoque pas précisément la figure du révolté ; sa discrétion quelque peu surannée ou apparemment désuète se
refuse à toute assimilation avec la tonalité hystérique que
peut évoquer le thème de la révolte. Cependant, la
démarche interprétative de cet écrivain est une démystification qui consiste en la création de nouveaux objets de
sens et de déchiffrement, parmi lesquels et au premier
plan l'*écriture*. C'est la notion d'écriture, élaborée
notamment par Barthes, et dont votre génération a beaucoup entendu parler, qui constituait, en effet, une nouveauté totalement désemparante et peut-être aujourd'hui
encore obscure. Elle l'était encore bien davantage
lorsque Barthes la proposa en 1953 ! Et si la création de
nouveaux objets d'interprétation était la variante de

révolte la plus discrète, la plus invisible ? Elle est peut-être aussi, pour cela même, la plus radicale qui nous reste dans un univers spéculaire, saturé de visibilité. Il est temps, je vous l'ai déjà répété plusieurs fois tout au long de ce séminaire, de s'interroger : quel est le sens de ce qui s'impose comme évident, visible, et qui se substitue à la pensée ? Eh bien, c'est cette question apparemment anodine que pose déjà Barthes lorsqu'il commence à se méfier du sens que ses contemporains considèrent comme « naturel » et qu'il se plaît, au contraire, à défaire et à déplacer.

Sous le sens « naturel » :
impossibilité ou profusion du sens

On imagine mal aujourd'hui, dans ce monde dominé par la culture populaire – ou plutôt par la *popular culture*, car l'anglais fait entendre, me semble-t-il, moins le mot « peuple » qu'une certaine complaisance américaine envers la bêtise –, dans ce monde d'écrans et de *zapping*, de *sex hard* ou siliconé, où les seules sensations fortes se repaissent de meurtres et de procès théâtralisés jusqu'à la dissolution, on imagine mal, donc, la délicatesse que revêt la force d'esprit d'un homme prenant la parole dans – pour et contre – la culture, pour affirmer que la culture existe et nous fait vivre, certes, mais à la seule condition qu'on ne cesse de la déchiffrer, c'est-à-dire de la critiquer pour la déplacer sans fin. Barthes s'est engagé dans cette voie avec une angoisse absolue et sereine. Il a su se tenir à ce rôle modeste d'interprète non seulement de grands textes littéraires, mais aussi des

mythes, des comportements, de la bêtise justement, de
l'amour, sans jamais s'identifier avec « le grand écrivain ». Son respect et son admiration pour l'écriture était
immense, mais réglé, à partir d'une distance subtile que
seuls certains malades savent préserver vis-à-vis du
commun comme d'eux-mêmes, il n'a cessé de soulever
l'épaisseur des évidences et de faire parler le non-dit.

Barthes s'était donc donné un rôle en apparence
secondaire qui l'a néanmoins conduit à apercevoir ce que
la plupart de ses contemporains s'obstinaient à ignorer :
le fait que les êtres humains de cette seconde moitié du
xxᵉ siècle en étaient arrivés à une expérience du sens qui
bouleversait non seulement les croyances en Dieu ou en
quelque autre valeur, mais encore *la possibilité même
qu'il y eût un sens*. Existe-t-il une unité – un « je » un
« nous » –, qui puisse avoir un sens ou chercher du sens ?
Telle est à peu près la question que pose Barthes, ouvrant
sous le sens « naturel » l'abîme d'une polyvalence de
sens aussi bien que d'une polyphonie interne aux sujets
qui interrogent le sens. Polyvalence pour le meilleur et
pour le pire : pour le meilleur, il s'agit d'un sur-sens,
d'une sur-signification, d'une multitude de significations ; pour le pire, il y va de la fragmentation de la certitude, que ce soit celle de l'existence d'un Soi ou de
l'existence d'une signification. Barthes était convaincu
que la modernité en était arrivée là : à cette mise en
abîme de la possibilité de signifier. Pour lui, la crise de
Dieu, la crise des valeurs n'était autre, fondamentalement, que cette impossibilité du sens unitaire qui préfigure en même temps la germination du sens, sa relance et
son renouvellement. À ce constat, Barthes ajoutait la
conviction qu'une certaine pensée critique, d'inspiration

à la fois sémiologique et littéraire – je reviendrai sur la conjonction entre la littérarité comme pratique et la sémiologie comme métalangage –, était capable d'accompagner ou, mieux, de révéler cette mutation radicale du rapport de l'homme au sens[1].

Tel est, en effet, le mot qu'emploie Barthes : « *Il s'agit d'une mutation,* écrit-il dans *Critique et Vérité* (1966), *aussi importante peut-être que celle qui a marqué, relativement au même problème, le passage du Moyen Âge à la Renaissance[2].* » Vous voyez qu'il n'est nullement question ici de censurer l'importance de l'histoire, comme on en a souvent fait le procès aux « structuralistes » dont Barthes est supposé être la figure emblématique, mais qu'il s'agit, au contraire, d'enraciner la critique dans une réflexion historique. Barthes travailla la question avec toute la minutie du protestant du Sud-Ouest qu'il était – il lui arrivait même d'en revendiquer l'appartenance –, un protestant qui avait lu non seulement Flaubert, écrivain méticuleux lui aussi et rebelle à toute emphase, Michelet le sensitif, Loyola et ses rituels d'homme d'ordre et de pouvoir, mais aussi des écrivains qui font toujours trembler les conventions de tous bords, tel Sade. Ainsi armé, Barthes se lança dans l'écriture interprétative comme d'autres se lancent dans la

---

1. Je vous conseille, pour en approfondir le cheminement, la lecture de mon essai « Comment parler à la littérature ? », in Julia Kristeva, *Polylogue, op. cit.*, pp. 23-54.

2. Roland Barthes, *Critique et Vérité,* Le Seuil, collection « Tel Quel », Paris, 1966, p. 48.

musique, c'est-à-dire avec le sentiment d'aller contre le naturel ; contre la langue naturelle qui lui paraissait fausse ou, en tout cas, recelant du non-dit sournois : tout cela pour mieux faire siennes les *lois* – ultra ou infralinguistiques – qu'il considérait comme indispensables à la condition humaine, règles linguistiques traduisant non seulement les lois du sens, mais jusqu'au corps sous le sens. Ce mirage du corps est toujours resté à l'horizon de la théorie de Barthes, tel un secret inapparent mais audible, signifiable, et que l'interprète se doit de suggérer dans son voyage à travers les lois du langage, doublées de celles de l'écriture.

La sémiologie comme déception

Ainsi, *déchiffrer* au moment précis où le sens se perd apparaissait à Barthes comme la dernière révolte qui nous reste quand les idéologies dévoilent leur bêtise mortifère et ce, bien avant la chute du mur de Berlin. Il faut bien comprendre, en effet, que cette aventure interprétative qu'est la sémiologie avait déjà pris en compte l'effondrement des idéologies. La plupart de ceux qui s'y engagèrent alors étaient des dubitatifs, des critiques, sinon des déçus des grandes idéologies – notamment du marxisme. Cette affirmation paraît peut-être paradoxale à certains d'entre vous qui entendent des assimilations faciles entre « structuralisme » et « désengagement », quand ce n'est pas entre « structuralisme » et « dogmatisme ». En réalité, nous avons essayé – Barthes avant d'autres – non pas d'adhérer à la *doxa* marxiste, mais de voisiner avec des mouvements de gauche – hégélo-marxisme, brechtisme, gauchisme, maoïsme – comme autant de façons critiques de détourner la bureaucratie et de chercher un renouveau national de la générosité socialiste...

À cette occasion, il est bon de rappeler rapidement le destin – curieusement ignoré par les détracteurs médiatiques du prétendu « terrorisme structuraliste », comme ils disent – de ceux qui s'intéressaient à la sémiologie et à l'interprétation dans les pays totalitaires de l'Est : c'étaient des dissidents du marxisme, des penseurs qui n'acceptaient pas la *doxa* marxiste du sens comme superstructure subordonnée à l'économie, qui dissolvaient les certitudes communistes à l'aide de l'analyse structurale. Le régime stalinien en place ne s'y trompait pas qui les saisissait, les empêchait d'étudier et d'enseigner, les persécutait. Je ne souhaite pas faire aujourd'hui l'histoire politique et sociale de cette période, mais je tiens à souligner que l'aventure sémiologique constituait bel et bien une révolte contre l'effondrement du discours prétendument « révolté » issu de la révolution communiste et contre sa doublure symétrique, le moralisme bourgeois dont l'Occident subissait l'hypocrisie.

Pourquoi cette « crise exquise » à Paris ?

Pourquoi cette révolte interprétative a-t-elle été possible en France ? Que s'est-il passé autour de Roland Barthes, de la revue *Communications* et des Hautes Études ? Que s'est-il joué autour de *Tel Quel*, lieu d'effervescence qui a rayonné au-delà de l'Hexagone, séduit jusqu'aux universités américaines, et qui continue aujourd'hui encore à mobiliser les esprits ?

Il fallait sans doute la fin de la guerre d'Algérie : la France pansait ses plaies et ses intellectuels cherchaient une renaissance du côté des révoltes morales et philosophiques – l'existentialisme, l'hégélo-marxisme – tout en en repérant déjà les impasses. Il fallait aussi une tradition culturelle – unique en Europe – du culte du Verbe, depuis la tradition médiévale de la Sorbonne et de ses *disputationes* jusqu'à la place centrale des intellectuels au XVIIIe siècle, ces Encyclopédistes qui portaient l'analyse au cœur le plus insaisissable du sens et de l'émotion, sans jamais céder sur le rôle surdéterminant du Verbe formateur, de l'Idée, ni sur la présence de la philosophie au cœur de la Cité. Sans doute est-ce là un héritage qu'on ne trouve nulle part ailleurs. Et sans doute fallait-il aussi que la « grandeur » revendiquée par le gaullisme hissât Paris au carrefour où se rencontrent – hors temps – Freud, Marx, Hegel, Heidegger, sans oublier saint Thomas et saint Augustin, et j'en passe. Ainsi, compte tenu de cet héritage, et dans la période d'ébullition culturelle de la « grandeur gaullienne » que j'ai rapidement brossée, il y eut quelques lieux privilégiés de rencontres : l'École des Hautes Études notamment, des maisons d'édition comme Le Seuil, qui ont su réunir, mélanger, composer des pensées qui, ailleurs, restaient cloisonnées. Dans ce climat d'un Paris capitale de l'art et de la littérature depuis des siècles, des espaces propices se sont en conséquence ouverts, dans lesquels un individu avait la chance, dans ces années 1960-1970, de se livrer à cette « crise exquise » dont parle Mallarmé, qui conduit aux frontières de la folie sans qu'on s'y abîme, mais dont on revient, au contraire, porteur d'un « trophée imaginaire » (toujours Mallarmé) qui n'est autre que l'aptitude à formuler la dispersion et presque la perte de soi.

Des samouraïs

Dans ce qu'elle a d'excessif, j'ai appelé cette aventure sémiologique une aventure de samouraïs[1]. Bien qu'elle trouve sa justification dans l'hyperbole de la fiction, j'aimerais reprendre encore ici cette image. Car sa violence entre en consonance avec l'iconoclastie inséparable du travail interprétatif tel que j'essaie de vous le faire comprendre. Sous l'apparente technicité du discours s'est menée une véritable guerre contre l'opacité de l'identique, de la norme sociale, de la norme bourgeoise, de la norme individuelle, du sens pris comme un et indivisible que nul n'aurait le droit de questionner. Cette guerre contre *l'opacité de l'identité* avait lieu aussi bien au-dedans qu'au-dehors de chacun à ce moment-là. Au-dehors : dans le travail, les discussions, les comportements, la vie sociale. Au-dedans : parce que chacun – c'est le message des samouraïs – a porté cet état de crise au vif de son existence personnelle, dans des excès susceptibles d'affecter sa santé, sa sexualité, sa vie même, parfois au risque de la mort.

Je vous parais peut-être trop grave, mais j'essaie de vous donner une description fidèle de mon expérience de

---

1. Julia Kristeva, *Les Samouraïs,* roman, Fayard, Paris, 1990.

cette période. Et qui est sans doute difficilement audible
aujourd'hui, bien que nous soyons, en cet hiver 1995,
pris dans une crise sociale grave qui n'a, certes, rien à
voir avec Mai-68, en dépit de certains points communs
qui me frappent et que je voudrais partager avec vous en
passant. Au-delà des revendications économiques et
politiques, de la nécessité des réformes et de l'assainis-
sement des finances publiques, ou de l'avenir de la
Communauté européenne, cette grève de décembre 1995
exprime – non seulement pour ceux qui la faisaient, mais
aussi pour ceux qui la subissaient – le souci de repenser
la dignité de la personne. En nous confrontant à nos
diverses façons de vivre et de mourir, de travailler ou
non, de jouer et de nous lier aux autres, la grève fait
apparaître la difficulté qu'il y a à maintenir cette dignité ;
autant de questions dont surgit brusquement la gravité, et
qui fit passer un souffle de solidarité très rare, même si, je
le crains, il risque de se dissiper bien vite. Une patiente,
qui me confiait hier son bonheur de participer à une
manifestation, regrettait cependant qu'elle n'eût été
« une manifestation sans mots ». Si cette plainte devient
une question, à savoir qu'une fois les problèmes économiques posés et peut-être réglés, il faudra continuer à
chercher des mots pour ce malaise plus profond, eh bien,
dans ce cas, nous serons, en effet, dans la continuité de la
crise de Mai-68. Il ne s'agira pas seulement d'une crise
larvaire retombant d'elle-même, mais d'une étape dans
la reconquête de la vie psychique. Cette grève, dont on
ne peut prévoir la durée, manifeste que les Français sont
loin d'avoir perdu le goût de la liberté, laquelle
commence par la sauvegarde de la vie psychique, et
qu'ils se demandent comment continuer à vivre psychi-

quement dans le monde moderne, comment échapper à la robotisation, comment exprimer et faire éclore le besoin d'intimité, de respect de soi et de l'autre. Nul doute que c'est là un travail de longue haleine.

Cela pour vous dire que les formes ingénieuses de révolte représentées par l'*interprétation* (en tant que critique et théorie littéraire, ou psychanalyse) rejoignent rien de moins que cette exigence de creuser le sens dans tout ce qui se dit – de la « Sécu » aux retraites – et se manifeste aujourd'hui dans la rue. Peut-être – permettez-moi ce raccourci – parce que chercher le sens, c'est la vie.

Pour en revenir aux textes, notamment au *Degré zéro de l'écriture* dans lequel Barthes cerne sa notion d'*écriture*, je commencerai par une mise en garde : cela n'a rien d'un texte facile. Qu'est-ce que l'écriture ? La réflexion de Barthes opère une coupe dans le texte littéraire qui est une réinterprétation de l'objet « littérature » à partir du langage, vous vous y attendiez. Mais celui-ci n'est pas abordé en termes de catégories linguistiques, grammaticales ou stylistiques. La réinterprétation proposée par Roland Barthes met en jeu une *écoute* qui s'efforce de sortir le langage des *substances* que représentent les idéalités ou catégories linguistiques et stylistiques – sujet, verbe, objet, métaphore, métonymie, etc. – pour se rapprocher de ce que j'ai désigné comme le secret qui a hanté Barthes, à savoir le corps, qui est toujours corps dans l'histoire.

Négativité et liberté : contre le subjectivisme

Reprenons : entre la substance des catégories linguistiques, d'une part, et le corps et l'histoire, d'autre part, Barthes s'efforce de cerner l'*écriture* comme une *négativité* : un mouvement qui met en cause toute « identité » (qu'elle soit linguistique, corporelle ou historique) ; « prise en écharpe », « nœud », « coupe », « refonte » – les métaphores sont de Barthes lui-même –, qui jouent entre les trois niveaux que sont le langage, le sujet avec son corps et l'histoire. De telle sorte que la dimension de l'*écriture en tant que négativité* apparaît comme l'intermédiaire entre les pulsions du sujet d'une part, la pratique sociale dans le langage d'autre part.

Toutefois, pour subjective qu'elle soit, cette investigation n'a, pour Barthes, que très peu à voir avec la psychanalyse. Cette dernière lui a toujours paru comme une science de la pathologie – névrose et psychose ; l'écriture, qui voisine pourtant avec ces pathologies, et qui a partie liée avec les pulsions, est irréductible, selon Barthes, à l'approche psychanalytique. Car « pulsions », « biologie », « corps » – là encore, ce sont ses termes – sont toujours, par la littérature, déjà objectivés et transmués dans une écriture, dans une communication qui est historique. L'écriture est historique à double titre : d'une part, parce que celui qui écrit s'insère dans une tradition rhétorique pour se mesurer aux lois du langage, du genre, de la stylistique, etc. ; d'autre part, parce que l'écriture est une pratique sociale qui vise la communication ici et maintenant. L'écriture telle que Barthes la conçoit est donc en partie une puissance destinale tributaire des passions ; elle se ressource dès lors aux abîmes de la pathologie, elle est dépendante des aléas du signifiant ou des pulsions qui en sont le substrat. Mais, en même temps, elle est un *lieu de liberté* et, plus encore, elle est peut-être cette charnière où le signifiant destinal se transforme en liberté. Gardez à l'esprit que nous ne sommes pas, avec Barthes, dans une perspective psychanalytique. Quand elle ne rate pas, c'est l'expérience analytique qui est supposée donner au sujet son accès à la liberté ; mais, pour Barthes, vous le verrez clairement à la lecture de son texte, ce qui transforme la dépendance du sujet vis-à-vis du signifiant en une liberté, ce n'est nullement l'analyse : c'est l'écriture comme épreuve de liberté. En d'autres termes, l'écriture serait l'entre-deux qui inclut les tensions du moi dans l'histoire, dans la mesure où elle désubjective son sujet. L'écriture apparaît comme une sorte de « hors-moi » objectivé : à la fois *infra*-langage parce que liée au corps, à la biologie et aux passions, et *ultra*-langage du fait de sa visée, la *praxis*, incluant l'histoire, les idées présentes et l'avenir. Si l'écriture est un translangage, le sujet de l'écriture, s'il y en a un, ne saurait donc être confondu avec le sujet psychiatrique ni même psychanalytique. Il ne peut s'agir que d'un sujet a-psychologique, voire a-subjectif, à rapprocher de la notion que j'ai proposée d'un « sujet-en-procès » qui me paraît n'être autre que celui de la sublimation[1].

Pour illustrer la notion d'écriture comme « refonte » ou « nœud » entre pulsion signifiante d'un côté, liberté

---

1. *Cf.* « Le sujet en procès », in Julia Kristeva, *Polylogue, op. cit.*, pp. 55-106.

dans l'histoire de l'autre, j'aimerais souligner deux propositions des *Essais critiques* :

« *L'art est une certaine conquête du hasard*[1]. » La dimension sujet-histoire est sous-jacente à l'insistance sur l'arrachement au hasard : arracher au hasard de la naissance, au hasard biologique, au hasard de la dépendance, quoi ? un don que l'écriture destine en tant que nécessité-forme-coup-de-dés-lois aux autres hommes et qui caractérise cette préméditation spécieuse qu'est l'œuvre.

Maintenant, à cette soumission du hasard aux règles d'une logique spéciale, ajoutez la proposition suivante : l'écriture « *dit le lieu du sens mais ne le nomme pas*[2] ». Vous entendez Barthes dissocier la logique de l'œuvre – le lieu du sens « dit » – de toute récupération linguistique qui « nomme » : l'œuvre ne nomme pas le sens, affirme en somme le sémiologue ; l'écriture suggère un sens translinguistique qui n'est jamais verbalisé dans les catégories de la langue ; bref, ne cherchez pas l'écriture dans la substance linguistique de la langue. Ce n'est pas dans l'immédiat verbal que se donne l'écriture ; elle est à interpréter au travers de l'immédiat, à côté de l'apparence des signes, en plus du nommé ; elle est l'inépuisable du sens, accessible uniquement à une infinie interprétation. Vous le voyez, c'est bien un nouvel objet que recherche Barthes et qui se dégage difficilement, pour le profane, de ses premiers textes.

---

1. Roland Barthes, *Essais critiques,* Le Seuil, collection « Tel Quel », Paris, 1964, « Points-Essais », 1981, p. 218.
2. *Ibid.,* p. 219.

Ni style ni langue

Reprenons les premières pages du *Degré zéro* où
Roland Barthes s'efforce de dissocier l'écriture de deux
notions qui se superposent et brouillent notre compréhension de sa spécificité : l'écriture n'est ni la langue ni
le style. « *La langue est donc en deçà de la Littérature.
Le style est presque au-delà [...], le style a toujours
quelque chose de brut : il est une forme sans destination,
il est le produit d'une poussée, non d'une intention, il est
comme une dimension verticale et solitaire de la pensée.*
[Impersonnel, archaïque et innommable,] *le style est proprement un phénomène d'ordre germinatif, il est la
transmutation d'une Humeur.* [Sous-entendu, il ne s'agit
pas là encore de l'écriture telle que Barthes la pressent.]
Le style est [...] toujours un secret[1]. » Quant à la langue,
elle est une dimension plus plate, celle des catégories linguistiques qui organisent la linéarité de la chaîne signifiante, ce que nous savons depuis le signifiant de Saussure, et autrement depuis celui de Lacan.

Il s'agit donc de trouver une place pour l'écriture qui
n'est ni « *l'horizon de la langue, ni la verticalité du style.*
[La langue, c'est l'horizon, alors que le style renvoie à
une verticalité biologique. Entre la langue et le style, il y
a place pour une autre réalité formelle : l'écriture.]
*Langue et style sont des forces aveugles ; l'écriture est
un acte de solidarité historique*[2]. » Vous voyez que nous

---

1. Roland Barthes, *Le Degré zéro de l'écriture, op. cit.*, pp. 12
et 13.
3. *Ibid.*, p. 14.

sommes bien loin de ceux qui ont prétendu que le « théoricisme structuraliste » et ses supposées extravagances interprétatives étaient anhistoriques. À cette différence près – et elle est fondamentale – qu'il s'agit ici de penser non pas une histoire cursive alignant des événements sociopolitiques, mais une histoire que Nietzsche appelait l'histoire monumentale : l'histoire des mentalités, des mutations dans le rapport de l'homme au sens. « *Langue et style sont des objets ; l'écriture est une fonction*[1]. » L'écriture au sens de « fonction » permet au sujet de trouver sa liberté, car fonction est ici à entendre comme action, dynamique, relation, corrélation, faculté, aptitude, conséquence ; elle n'est autre que la réalisation de cette liberté qui ne devient telle que lorsque le trauma est *traversé*, inscrit dans une certaine loi. Ce que Barthes nous demande de penser est complexe : il ne s'agit pas de fuir le secret, pas plus que d'obéir à la légalité universelle d'une *praxis* inerte et de se soumettre à l'impératif collectif ; il s'agit de réaliser une traversée qu'il faut bien qualifier de dialectique et qui conduit du secret à la liberté. Plusieurs paramètres sont mobilisés, que l'on peut décrire sur les registres du pathologique ou de la contrainte sociale, mais que Barthes récuse pour trouver, au contraire, leur diagonale ; d'où le véritable vertige que procure sa notion d'écriture. Et je ne vois toujours pas d'autre façon de saisir cette dynamique de l'écriture-liberté selon Barthes, que de la penser à la lumière de la

---

1. Roland Barthes, *Le Degré zéro de l'écriture*, op. cit., p. 14.

dialectique hégélienne, au croisement de la Force et de la Loi, comme je l'ai proposé en 1971[1].

La morale de la forme

Voici à présent quelques exemples tirés de textes littéraires, pour vous permettre de mieux comprendre comment des styles différents peuvent faire partie d'une même écriture : « *Mérimée et Fénelon sont séparés par des phénomènes de langue et par des accidents de style ; et pourtant ils pratiquent un langage chargé d'une même intentionnalité [...]* [C'est dire que la volonté, le désir des deux écrivains sont identiques à l'endroit du langage :] *[...] ils se réfèrent à une même idée de la forme et du fond, ils acceptent un même ordre de conventions, ils sont le lieu des mêmes réflexes techniques ; ils emploient avec les mêmes* gestes, *à un siècle et demi de distance, un instrument identique sans doute un peu modifié dans son aspect, nullement dans sa situation ni son usage : en bref, ils ont la même écriture*[2]. [Mérimée et Fénelon n'ont donc pas forcément le même style, ni la même biologie, ni la même subjectivité, ni la même pratique sociale ; mais ils ont *le même rapport au sens*, et par conséquent la même écriture.] *[...] Au contraire, presque contemporains, Mérimée et Lautréamont, Mallarmé et Céline, Gide et Queneau, Claudel et Camus, qui ont parlé ou parlent le même état historique de notre*

---

1. *Cf.* Julia Kristeva, « Comment parler à la littérature ? », in *Polylogue, op. cit.*
2. Roland Barthes, *Le Degré zéro de l'écriture, op. cit.*, p. 15.

langue, usent d'écritures profondément différentes[1].
[En effet, si vous comparez Mérimée (évoqué dans le
raisonnement antérieur) et Lautréamont (homme du
XIXe siècle, mais d'une écriture toujours insolite, scandaleuse), vous notez tout de suite la différence entre leurs
rapports au sens : Mérimée se conforme aux exigences
d'une compréhension convenue, d'une immédiateté,
dans une imagerie de transparence et de régularité syntaxique ; Lautréamont, au contraire, joue avec le paradoxe, avec ces hiéroglyphes oniriques dans lesquels se
sont reconnus les surréalistes. Barthes précise :] *[...] tout
les sépare, le ton, le débit, la fin, la morale, le naturel de
leur parole, en sorte que la communauté d'époque et de
langue est bien peu de chose au prix d'écritures si opposées et si bien définies par leurs oppositions mêmes. Ces
écritures sont en effet différentes mais comparables,
parce qu'elles sont produites par un mouvement identique qui est la réflexion de l'écrivain sur l'usage social
de sa forme et le choix qu'il en assume*[2]. [Il y aurait ainsi
un « usage de la forme » qui, bien que personnel, a une
destination sociale : entendons par « social » le manie-
ment des règles de la langue comme lien social fondamental ainsi que la modification du lien communautaire
qui s'ensuit. Voilà pourquoi Barthes ne cherche pas dans
cet usage de la forme, qui est pour lui le lieu de la liberté
de l'écrivain, une portée psychanalytique, mais lui
devine une valeur morale ; ce qui confère une dimension

---

1. Roland Barthes, *Le Degré zéro de l'écriture*, *op. cit.*, p. 15.
2. *Ibid.*

historiale à sa notion d'écriture :] *[...] l'écriture est donc
essentiellement la morale de la forme*[1]. »
En somme, il s'agit donc, dans l'écriture, de traduire
un certain secret : stylistique, personnel et, en dernière
instance, pathologique, mais en l'inscrivant dans une loi
(société, tradition, manière). Cette « morale » n'est pas à
subir comme une obéissance à un groupe ou à un code
d'impératifs moraux : la *position* dans le sens et dans le
lien qu'elle implique dépasse la question du *choix*, car
elle laisse libre cours à la négativité ou à la révolte. *« Il
ne s'agit pas pour l'écrivain de choisir le groupe social
pour lequel il écrit*[2] *[...]* [La « morale de la forme » n'a
rien à voir avec la « littérature engagée » marxiste ou sartrienne, et j'ai déjà souligné que la pensée interprétative
de Barthes, qui le conduira à la sémiologie, était une
réaction aux impasses des idéologies dominantes, y
compris celles de la gauche.] *[...]* il [l'écrivain] *sait bien
que, sauf à escompter une Révolution, ce ne peut être
jamais que pour la même société. Son choix est un choix
de conscience, non d'efficacité. Son écriture est une
façon de penser la Littérature, non de l'étendre*[3]. » Ce
qui signifie ceci : l'écrivain est là non pas pour alphabé-
tiser les masses, les éduquer, influencer la répartition du
pouvoir dans la société, encore moins pour dominer en
tant que « maître à penser » ; mais pour moduler le rapport à la littérature, lequel n'est autre que le lien profond
qui unit le sujet au sens : la littérature manifestant les

1. Roland Barthes, *Le Degré zéro de l'écriture, op. cit.*, p. 15.
2. *Ibid.*
3. *Ibid.*

logiques multiples de l'esprit, du sensible à l'intelligible, dans l'*organisation* complexe de la chair linguistique (le mot de « structure » viendra plus tard). Cette valeur « historiale » et non historique de l'écriture s'exprime encore mieux ainsi : « *[...] c'est parce que l'écrivain ne peut rien modifier aux données objectives de la consommation littéraire [...] qu'il transporte volontairement l'exigence d'un langage libre aux sources de ce langage et non au terme de sa consommation*[1]. » L'écrivain se consacre à l'« exigence de langage » et non aux modalités qui le rendront apte à la « consommation ». Cette exigence le conduit aux sources du langage et à l'architectonique du sens, à son hétérogénéité.

Entre Blanchot et Sartre

La pensée de Barthes à la recherche de l'écriture, entre l'intime et le social, est une sorte de tâtonnement : il pense devant nous, il est surpris par la nouveauté de ce qu'il découvre, il cherche à nous faire partager la dynamique du corps pensant dans l'histoire. Pour mieux approcher le lieu où il se place, je vous invite à comprendre qu'il se situe, de manière très personnelle, entre deux autres grands auteurs auxquels il doit beaucoup, qui ont mis l'expérience de l'écriture au centre de leurs préoccupations : Blanchot et Sartre.

---

1. Roland Barthes, *Le Degré zéro de l'écriture, op. cit.*, p. 15.

Dans *L'Espace littéraire*[1] (publié en 1955, mais dont les textes parus antérieurement ont nourri l'auteur du *Degré zéro*), Maurice Blanchot se livre à une véritable contemplation de l'écrire. Acte paradoxal par excellence, « livré à l'absence du temps », traversée du négatif *et* de l'affirmatif, écrire se définit comme « une perte de l'être quand l'être manque », ce qui n'est pas sans évoquer le pôle intime de la réflexion de Barthes lorsque la « dessaisie » du dire antérieur ouvre la promesse de liberté. De manière plus psychologique, la formulation d'inspiration phénoménologique chez Blanchot évoque ces états de solitude, de dépression, voire de déréliction qui se dissimulent dans l'acte d'écriture. Depuis ce lieu de manque ou de perte de l'être, l'écriture, selon Blanchot, conduit à « une lumière éblouissante » qui est « sans figure et infigurable ». On peut y déchiffrer la métaphore de Dieu, du Dieu juif en particulier, le Dieu le plus exigeant en vérité. Parallèlement, il s'agit d'une tentative pour aménager le territoire du sublime en tant qu'il serait le tout Autre, extrait et différent du cheminement psychosexuel : l'espace de l'Absolu, de l'« On » majuscule, de l'impersonnel.

Voilà qui « consonne » avec la recherche, par Barthes, d'une dérivation, par l'écriture, conduisant le désarroi individuel vers la *formule* impersonnelle et partageable : « vérité formelle », « équation », « nécessité », voire « loi ». « *[...] L'homme est offert, livré par son langage, trahi par une* vérité formelle *qui échappe à ses men-*

_____

1. Maurice Blanchot, *L'Espace littéraire,* Gallimard, Paris, 1955.

songes intéressés ou généreux[1] *; si l'écriture est vraiment* neutre, *si le langage, au lieu d'être un acte encombrant et indomptable, parvient à l'état d'une* équation pure, *n'ayant pas plus d'épaisseur qu'une* algèbre *en face du creux de l'homme, alors la Littérature est vaincue*[2] *[...] ; [...] les caractères sociaux mythiques d'un langage s'abolissent au profit d'un état* neutre *et inerte de la forme*[3] *; si l'écriture de Flaubert contient une loi, si celle de Mallarmé postule un silence, si d'autres, celles de Proust, de Céline, de Queneau, de Prévert, chacune à sa manière, se fondent sur l'existence d'une nature sociale, si toutes ces écritures* impliquent une opacité de la forme, *supposent une problématique du langage et de la société, établissent la parole comme un objet* qui doit être traité *par un artisan, un magicien ou un scripteur*[4] *[...]* »

Cependant, ce qui nous retiendra dans la réflexion de Blanchot, et bien qu'il se situe sur un plan phénoménologique plutôt que psychanalytique, c'est le développement suivant : « On » impersonnel, préfigurant la Loi sublime, finit par revêtir très rapidement... une connotation maternelle. D'abord éblouissement et brisure des miroirs où « l'espace est le vertige de l'espacement », le lieu de l'écriture se révèle tributaire du rayonnement maternel qui soutient le sujet dans sa voie vers la lumière à retrouver à l'horizon. Lisons ceci : « *Peut-être la puis-*

---

1. Roland Barthes, *Le Degré zéro de l'écriture, op. cit.*, p. 59. Nous soulignons.
2. *Ibid.*, p. 57. Nous soulignons.
3. *Ibid.*, p. 56. Nous soulignons.
4. *Ibid.* Nous soulignons.

sance de la figure maternelle emprunte-t-elle son éclat à la puissance même de la fascination, et l'on pourrait dire que si la Mère exerce son attrait fascinant, c'est qu'apparaissant quand l'enfant vit tout entier sous le regard de la fascination, elle concentre en elle tous les pouvoirs de l'enchantement[1]. [C'est parce que la mère a été fascinée, nous dit Blanchot, que l'écrivain peut être fasciné en retour. Il répond en miroir à la fascination maternelle ; et cet échange de regards, plus archaïque et fondamental que le stade du miroir déjà stabilisateur, viendra soutenir le sujet au cours de ses épreuves lorsqu'il ressentira plus tard la perte de l'être dans son chemin vers la lumière.] *La fascination est fondamentalement liée à la présence neutre, impersonnelle, le On indéterminé, l'immense Quelqu'un sans figure*[2]. [Encore une fois, prototype du Dieu invisible, cette non-figure est très explicitement renvoyée ici à la figure maternelle.] *Écrire c'est entrer dans l'affirmation de la solitude où menace la fascination*[3]. » La solitude et la fascination marquent une expérience intra et extrareligieuse du sujet dans le sens. Subjectivement, elles sont la trace de la fascination réciproque mère-enfant, qui organise nos relations préobjectales, préfigurables et présignifiantes, et dont la mémoire refait surface dans nos dérélictions ultérieures. La fascination du « On » indéterminé chez Blanchot est une fascination (du) maternel(le) : au-delà s'ouvre le continent du lien amoureux et de l'écriture comme « *discours amou-*

---

1. Maurice Blanchot, *L'Espace littéraire, op. cit.,* « Idées », pp. 26-27.
2. *Ibid.,* p. 27.
3. *Ibid.*

reux[1] » (1977). Ceux qui ont lu Barthes savent combien ce thème deviendra progressivement explicite chez lui, notamment dans *La Chambre claire*[2] (1980).

Toutefois, après avoir relevé sa proximité avec Blanchot, je voudrais l'en démarquer. L'écriture, pour Barthes, est moins l'éblouissement où le sujet s'évanouit dans la mère que *l'opération logique* accompagnant-précédant-excédant cet éblouissement. Et c'est bien *l'opération de l'éblouissement* dont il suivra le trajet dans l'épaisseur sémantique de la langue, dans les réseaux des personnages et des thèmes de *S/Z*[3], en 1970 (par exemple, la voix du castrat condensant la « perte » et la « fascination »), et qu'il exposera dans la rigueur de ses formalismes. Ce programme de mise-en-loi de la fascination est énoncé dès *Le Degré zéro* : l'écriture serait l'enregistrement, à travers l'ordre symbolique du langage, de cette dialectique de déplacement, frayage, décharge, investissement de pulsions (jusqu'à l'onde porteuse de la pulsion de mort) qui agit - constitue le signifiant, mais aussi l'excède ; elle se surajoute à l'ordre linéaire de la langue en utilisant les lois les plus fondamentales de la signifiance (déplacement, condensation, répétition, inversion), dispose d'autres constellations supplémentaires, produit un sur-sens. Barthes écrit en

1. Roland Barthes, *Fragments d'un discours amoureux*, Le Seuil, collection « Tel Quel », Paris, 1977.
2. Roland Barthes, *La Chambre claire*, collection « Cahiers du cinéma », Gallimard/Le Seuil, Paris, 1980.
3. Roland Barthes, *S/Z*, Le Seuil, collection « Tel Quel », Paris, 1970, « Points-Essais », 1976.

1953 : « *[...] l'écriture, au contraire, est toujours enracinée dans un au-delà du langage, elle se développe comme un germe et* non comme une ligne, *elle manifeste une essence et menace d'un secret, elle est une* contrecommunication, *elle intimide. On trouvera donc dans toute écriture l'ambiguïté d'un objet qui est à la fois langage et coercition : il y a dans l'écriture une "circonstance" étrangère au langage, il y a comme le regard d'une intention qui n'est déjà plus celui du langage. Ce regard peut très bien être une passion du langage, comme dans l'écriture littéraire ; il peut être aussi la menace d'une pénalité, comme dans les écritures politiques ; [...] écritures littéraires où* l'unité des signes est sans cesse fascinée par des zones d'infra ou d'ultralangage[1] [...]* » Écrites en 1953, j'y insiste, ces lignes deviendront une méthode d'analyse qui sera appliquée en 1969 dans *S/Z*.

L'écriture-*praxis*, en revanche, devrait être mise en rapport avec la vision qu'en a proposée Sartre. Quoique très réticent à l'emphase et à l'épaisseur philosophique sartriennes, Barthes témoignait d'une grande estime pour la pensée de Sartre, et ce, pas seulement dans le souci de s'en démarquer. Rappelons-nous la conception dialectique de l'écriture chez Sartre, en tant que *praxis* objective : « *L'œuvre pose des questions à la vie. Mais il faut comprendre en quel sens : l'œuvre comme objectivation de la personne* est en effet plus complète, plus totale que la vie. » Repensez à la « morale de la forme »

---

1. Roland Barthes, *Le Degré zéro de l'écriture, op. cit.*, pp. 8-19. Nous soulignons.

barthésienne et au dépassement du secret biologique-
biographique vers une formulation qui serait de l'ordre
d'une loi objective ; rappelez-vous ce que je vous ai dit
du désir de Barthes de ne pas « pathologiser » ni « psychologiser » l'écriture. Sartre s'exprime en termes beaucoup plus sociologiques et philosophiques, pour indiquer
des préoccupations analogues : que le texte excède de
loin la réalisation biographique, fût-elle sociale et historique. La raison de l'œuvre, pour Sartre, se trouve dans
l'œuvre elle-même ; de même, l'écriture, pour Barthes,
déplace le biographique dans une universalité d'un autre
ordre, translinguistique. « *Elle* [l'œuvre] *s'y enracine*
certes, poursuit Sartre, *elle l'éclaire* [la vie], *mais elle ne*
trouve son explication totale qu'en elle-même. [On ne
saurait réduire le texte de Proust à son homosexualité ou
à sa relation à sa mère : c'est plutôt le contraire que
l'œuvre impose, comme j'ai essayé de le montrer dans
Le Temps sensible[1].] *Seulement, il est trop tôt encore*
pour que cette explication nous apparaisse, dit encore
Sartre. *La vie est éclairée par l'œuvre comme une réalité*
dont la détermination totale se trouve hors d'elle[2]. »
Nous verrons aussi que ce « hors d'elle » qui est, pour
Sartre, de l'ordre de l'idée, de l'option philosophique, du
message, se situera pour Barthes, au contraire, dans *le*
jeu des formes et dans *le placement du sujet vis-à-vis du*
sens. Ce qui le conduira à chercher une structuration plus

---

1. Julia Kristeva, *Le Temps sensible, op. cit.*
2. Jean-Paul Sartre « Questions de méthode », in *Critique de la*
raison dialectique, Gallimard, Paris, 1960, pp. 108-109.

fine de la facture littéraire en tant qu'elle témoigne des logiques complexes et hétéronomes du sens.

Je tiens néanmoins à souligner les ressemblances entre les deux auteurs : « *La vie est éclairée par l'œuvre comme une réalité dont la détermination totale se trouve hors d'elle, à la fois dans les conditions qui la produisent et dans la création artistique qui l'achève et la complète en l'exprimant. Ainsi l'œuvre – quand on l'a fouillée – devient hypothèse et méthode de recherche pour éclairer la biographie [...] Mais il faut savoir aussi que l'œuvre ne révèle jamais les secrets de la biographie*[1]. [Entendez : l'œuvre a ses secrets qui ne sont pas ceux de la biographie. Et enfin, à propos du langage :] *Le langage est* praxis [Barthes : *"l'écriture est la morale de la forme"*], *comme relation pratique d'un homme à un autre, et la* praxis *est toujours langage (qu'elle mente ou qu'elle dise vrai) parce qu'elle ne peut se dire sans se signifier [...]*. [L'attention que Sartre portait aux théories ou aux philosophies d'inspiration linguistique n'a jamais été suffisamment soulignée, me semble-t-il, bien que *Les Mots* nous donnent une représentation romanesque accessible.] *[...] Les "relations humaines" sont des structures interindividuelles dont le langage est le lien commun et qui existent* en acte *à tout moment de l'Histoire*[2]. » Que la langue soit la structure ou la forme de la *praxis* humaine et le terreau de l'Histoire, voilà ce que Sartre a posé dans une systématisation phénoménologico-dialectique, mais qu'il a aussi mis en pratique dans

---

1. Jean-Paul Sartre, « Questions de méthode », *op. cit.*
2. *Ibid.*, p. 212.

son expérience d'écrivain, de tribun, de militant. De façon plus intime et plus positive à la fois, c'est l'écriture-*praxis* que Barthes ausculte aussi lorsqu'il la définit comme une « morale de la forme ». Un dernier mot pour conclure, aujourd'hui, sur l'histoire dans laquelle Barthes tenait à situer ce qu'il appelle l'écriture. Il évoque dans son *Michelet*[1] une « histoire cordiale » : entendez ce « cordiale » non pas au sens romantique sentimental, mais au sens d'un appel à la subjectivité dans ce qu'elle a de plus « savoureux » (autre mot clé de Barthes), de plus informulable. L'écriture qui vise l'Histoire n'ignore pas la *praxis* à laquelle pense Sartre, mais elle s'y loge en essayant de formuler cette « histoire cordiale » dont nous verrons bientôt des exemples pas toujours très tendres.

2

19 décembre 1995

LA SÉMIOLOGIE ET LE NÉGATIF

L'écriture polymorphe : une coercition

Que signifie l'accusation de « technicité » ? Est-ce une façon de récuser un désintérêt des « problèmes de fond » : idéologiques, métaphysiques, vitaux, humains ?

---

1. Roland Barthes, *Michelet par lui-même,* Le Seuil, collection « Écrivains de toujours », Paris, 1954, « Points-Essais », 1988, p. 47.

Est-ce une critique d'un éventuel ritualisme obsessionnel, féru de détails au détriment de « grands sujets » ? Roland Barthes trouva dans le langage un objet privilégié de l'universel et de l'intime, au croisement d'une contrainte (la norme linguistique, la tradition rhétorique) et d'une liberté (l'invention imaginaire). Son pointillisme méticuleux, son souci d'ausculter les signes infinitésimaux du corps malade ou des corps qui jouissent l'ont conduit d'abord à inventer la notion d'écriture, ensuite à s'avancer vers son éclaircissement par la sémiologie, enfin à l'écrire à son tour, dans une attitude ample, fragmentaire, savoureuse. Sans jamais se départir de ce qu'il pose dès *le Degré zéro* à travers la notion d'écriture : l'attention à la matérialité du langage dont les catégories apparemment plates et unidimensionnelles – si frustrantes pour la métaphysique comme pour l'enthousiasme « littéraire » – recueillent une expérience polymorphe ; et la conviction que c'est uniquement dans celle-ci qu'il reste encore une place, aujourd'hui, pour la dignité et la liberté qu'il pratiquait, lui, de manière secrète, pudique, amicale.

Reprenons la réflexion de Barthes sur cette étrange expérience qu'est l'écriture, et essayons d'en donner quelques exemples concrets.

Plus de quarante ans après la publication du *Degré zéro*, il est encore difficile de faire comprendre que l'écriture n'est pas une communication. « À qui vous adressez-vous ? Que voulez-vous dire ? » demande le journaliste de base à l'écrivain chanceux qu'on a tiré du lot des invisibles pour le lancer dans le circuit médiatique. Et on s'étonne toujours que la réponse semble malaisée. Barthes le révolté ne cesse cependant d'insister

sur le fait que, tout en travaillant le langage-outil universel de la communication, l'écriture y imprime une autre
économie. Laquelle ? « Clôture », « étrangeté », « intro-
version », voilà les mots jalons qui nous permettront de
saisir de quoi il s'agit.

« *Toutes les écritures présentent un caractère de clôture qui est étranger au langage parlé*[1] », précise
Barthes d'emblée, mais ne croyez pas qu'il s'agit de la
différence entre écrit et oral. Ce qui est décrit ici, c'est
une *position* du sujet qui n'est pas celle de la communication. « *Ce qui oppose l'écriture à la parole, c'est que
la première paraît toujours symbolique, introversée [...]*
[Le sens de l'écriture est à déchiffrer *en plus*, au-delà ou
au-dedans du message immédiat de communication.]
*[...] tandis que la seconde n'est qu'une durée de signes
vides dont le mouvement seul est significatif*[2].» Les
signes du langage parlé prennent une valeur dans le mouvement de la communication, mais, en eux-mêmes, ils
sont vides ; au contraire, dans l'écriture, chaque signe
agit déjà plein de son passé dans l'histoire de la langue et
la mémoire de l'écrivain (« symbolique, introversée »).
L'écriture opère avec des éléments pleins, elle explore
une « clôture » ; cette énigmatique pratique est *autoré-
férentielle* ; elle ne renvoie qu'à elle-même. Ce dernier
trait sera indéfiniment repris, au point de devenir une
sorte de gadget de la pensée « structuraliste » ou
« moderne », un cliché lassant : tout le monde a entendu
dire que « Godard fait des images d'images », « Sollers

---

1. Roland Barthes, *Le Degré zéro de l'écriture, op. cit.*, p. 18.
2. *Ibid.*

de l'écriture d'écriture », etc. Essayez de dépasser votre lassitude et, en relisant le texte inaugural de Barthes, d'apprécier la fraîcheur de sa définition. Cette introspection, cette avancée se nourrit notamment de Flaubert et de Mallarmé et tient compte de ce fait capital que l'écriture s'auto-analyse, se met en scène, se sature et s'épuise de ce comble même. « *On trouvera donc dans toute écriture l'ambiguïté d'un objet qui est à la fois langage et coercition*[1]. »

Cette condensation extrême qui évoque la clôture, l'intimité, l'autoréférentialité, Barthes la désigne ici d'une autre métaphore : « coercition » (« basalte », avait dit Lautréamont) ; il précise qu'elle est, de ce fait, une « *circonstance étrangère au langage* ». Voilà qui est tout à fait intéressant et qui préfigure la sémiologie : dans la mesure où la sémiologie barthésienne n'analyse pas la littérature en copiant le langage, mais en cherchant des modèles translinguistiques.

Des linguistes, et non des moindres, se sont employés à faire de la sémiologie en exportant des modèles linguistiques pour les plaquer sur des textes : ce fut la voie initiale de la sémiologie ; mais, dans la conception de Barthes – où l'écriture est étrangère au langage –, la sémiologie consistera à trouver d'autres modèles, issus, certes, de la linguistique, mais modifiés, tant il est vrai que l'écriture est un *autre* langage. Il s'agit donc non pas de calquer le cinéma, la peinture, la littérature sur la langue telle que les linguistes l'étudient et la découpent, mais de forger, en s'inspirant de ce modèle, d'autres

---

1. Roland Barthes, *Le Degré zéro de l'écriture, op. cit.,* p. 19.

modèles, de faire *des* langages, une typologie de langages. « *Il y a* [dans l'écriture] *comme le regard d'une intention qui n'est déjà plus celle du langage. Ce regard peut très bien être une passion du langage comme dans l'écriture littéraire, il peut être aussi la menace d'une pénalité, comme dans les écritures politiques : l'écriture est alors chargée de joindre d'un seul trait la réalité des actes et l'idéalité des fins*[1]. » Nous sommes là dans une dimension translinguistique : « *la réalité des actes et l'idéalité des fins* », jointes par un *biais*, qui provient du langage en tant que celui-ci est l'indice intrinsèque de l'être parlant, mais qui, *à travers lui,* intéresse des réalités de l'esprit *infra* ou *ultra*linguistiques (ses motivations psychologiques aussi bien que morales et historiques). L'écriture est ici une sorte de diagonale qui, à travers le langage, insère l'intime dans l'historique. C'est ce que j'ai évoqué la dernière fois en faisant référence, d'une part, à Blanchot, pour qui l'écriture comme exploration de l'intime est tributaire de la fascination pour les états archaïques de la subjectivité – fascination mère/enfant où l'être parlant est en train de se dégager de l'autre et de trouver son autonomie –, d'autre part, à Sartre, pour qui l'écriture est *praxis* où s'accomplit la négativité dialectique du sujet dans l'autre et le groupe. Barthes, pour sa part, cherche à opérer la refonte entre ces deux pôles, à la situer dans une nouvelle dimension du sens qui se dégage à travers le langage et qu'il appelle une écriture.

---

1. Roland Barthes, *Le Degré zéro de l'écriture, op. cit.,* pp. 18-19.

Comment écrire la Révolution ?

Prenons un exemple d'écriture analysée par Barthes, qui s'inscrit nécessairement dans notre questionnement de la révolte, l'écriture politique dont il commente deux spécimens : l'écriture de la Révolution française et celle du marxisme. Chacun connaît le style classique des révolutionnaires de 1789 : lisez quelques pages de Saint-Just pour apprécier la superbe et la clarté de la phrase, de la rhétorique, de l'argumentation. « *[...] L'écriture classique manifestait cérémonialement l'implantation de l'écrivain dans une société particulière [...]. Parler comme Vaugelas, ce fut, d'abord, se rattacher à l'exercice du pouvoir*[1]. » Barthes rattache d'emblée l'écriture classique à l'exercice du pouvoir qu'elle sous-tend, qu'elle dépasse, mais qui, en même temps, la consolide. En revanche, au sein de cette grande forme classique, nous dit Barthes, l'écriture proprement révolutionnaire s'est creusée, « *non pas par sa structure[...]* [Barthes emploie ici le terme de structure au sens de style.] *[...] qui est plus académique que jamais [...]* [Il est vrai que pas un des écrivains de la Révolution n'échappe au style académique.] *[...] mais par sa clôture et son double, l'exercice du langage étant alors lié, comme jamais encore dans l'Histoire, au Sang répandu*[2] ». Qui parle d'un « formalisme » de Barthes ? Au contraire, son coup de génie est dans ce saut immédiat qui le conduit du style classique (donc d'un raisonne-

---

1. Roland Barthes, *Le Degré zéro de l'écriture, op. cit.*, p. 19.
2. *Ibid.*

ment appliqué à l'exercice du langage révolutionnaire) à
la réalité historique. Qui est celle de la Terreur. Tout de
suite, l'analyste s'offre le luxe d'évoquer la guillotine et
les piques par une image qui se donne aux sens : sans être
une appréciation politique, en tant qu'image elle véhi-
cule l'agressivité, la violence, la passion de mort, toutes
d'emblée sous-jacentes aux pétitions politiques et
morales de l'écriture en question. Sans aucun développement à proprement parler social ou historique, par une
simple attention portée au jeu des métaphores, Barthes
suggère : l'écriture aurait ceci de particulier que, sous la
rhétorique, elle tient compte du « sang répandu ».
Comment ? S'agit-il d'une présence du signifié ou du
signifiant « sang » ? Pas vraiment. Dynamique transversale aux mots – dont la sémiologie, plus tard, essaiera de
préciser les figures ou modèles *exacts* –, l'écriture révolutionnaire signifie le « sang répandu », cette singularité
historique, par l'amplification théâtrale : si elle ne parle
explicitement que de droits de l'homme, en revanche,
l'emphase oratoire, tel un geste pathétique accompli par
un corps, renvoie hors discours à un autre geste, passionnel et politique, celui de répandre le sang. Ce corps révolutionnaire qui aurait pu se produire dans le théâtre classique excède cependant le registre de ce dernier et l'enfle
en pressentant le romantisme. Barthes déchiffre la présence de ce « geste » emphatique à l'intérieur même du
style classique des révolutionnaires – de même que le
geste du calligraphe chinois est inséparable de l'écriture
chinoise et inhérente à son sens –, car c'est ce geste-là
qui confère sa véritable portée à l'écriture révolutionnaire, et non son style académique. J'emploie ici le mot
« geste » non pas seulement pour anticiper sur l'intérêt

de Barthes pour la Chine et le Japon ; ni pour vous faire apprécier la pose héroïque – le « drapé », dit-il – des guillotinés ; mais, surtout, pour attirer votre attention sur cette *dimension* de l'écriture qui – comme le geste ou les anaclitiques, autrement dit les pronoms démonstratifs (« ceci », « cela ») – mobilise le *hiatus* entre *signes* et *réalité*, *discours* et *histoire*. Bien que d'une grammaire et d'une stylistique classiques, l'écriture révolutionnaire est emphatique, pathétique, soufflée par une inflation ; et pourtant cette démesure est sa seule et unique exactitude, parce qu'elle est à l'unisson de la démesure de l'histoire réelle. Et voilà le « référent », apparemment banni de l'écriture, qui lui confère sa valeur définitive. Le « geste » de l'écriture est son aptitude à faire allusion, par-delà les signes de la langue, à la réalité historique. En un paragraphe, Barthes construit sous nos yeux une figure à trois composantes en adéquation : le style classique, l'emphase rhétorique et la terreur à la fois sensorielle et historique. C'est dans la diagonale entre ces trois composantes que se cristallise la singularité de l'écriture révolutionnaire.

Relisons ce court extrait révolutionnaire pour apprécier que, en effet, il s'agit – au travers du langage – de la synthèse entre une scène, un acte et une morale : la scène où le sujet de l'énonciation, Guadet, désigne sa personne, sa tête et son bourreau ; l'acte de bravoure contre les tyrans ; la morale d'un message historique où l'homme se sacrifie au nom d'un idéal non plus transcendantal, mais démocratique. Condensation de ces trois registres, l'écriture sollicite une approche plurielle (pluridisciplinaire, dira-t-on plus tard) : ce sera la sémiologie qui

s'appliquera à détailler les diverses logiques translinguistiques internes à cette « coercition ».

Mais, en 1953, il s'agit d'abord de mettre en évidence
l'étrangeté et la complexité de l'opération, non de l'expliciter. Écoutez donc la belle définition de Barthes :

« *Cette écriture, qui a tous les signes de l'inflation, fut
une écriture exacte : jamais langage ne fut plus invrai-
semblable et moins imposteur. Cette emphase n'était pas
seulement la forme moulée sur le drame ; elle en était
aussi la conscience. Sans ce drapé extravagant, propre à
tous les grands révolutionnaires, qui permettait au
Girondin Guadet arrêté à Saint-Émilion de déclarer
sans ridicule, parce qu'il allait mourir : "Oui, je suis
Guadet. Bourreau, fais ton office. Va porter ma tête aux
tyrans de la patrie. Elle les a toujours fait pâlir : abattue,
elle les fera pâlir encore davantage." [...], sans ce drapé
extravagant, la Révolution n'aurait pu être cet événement mythique qui a fécondé l'Histoire et toute idée
future de la Révolution. L'écriture révolutionnaire fut
comme l'entéléchie de la légende révolutionnaire : elle
intimidait et imposait une consécration civique du
sang*[1]. »

Jusqu'à Barthes, l'écriture révolutionnaire était justi-
fiée de l'extérieur par son contenu : les révolutionnaires
sont des idéologues favorables au tiers état, aux droits de
l'homme, etc. Nul ne s'était avisé de la polysémie de
cette écriture avant que Barthes n'aborde l'énonciation
de 1789 à l'aide de la notion qu'il est alors en train de
forger.

---

1. Roland Barthes, *Le Degré zéro de l'écriture, op. cit.*, p. 20.

Je vous précise que je ne suis pas en train de vous parler de la notion d'écriture telle que vous la trouverez plus tard chez Derrida et qui renvoie à un fonctionnement intrapsychique : à l'architrace, sous-jacente à toute trace au sens graphique du terme, parce que articulant le registre de l'inconscient. Je vous décris la *pratique* dite « écriture » qui nous permet, au moyen d'une coupe dans les textes, le langage et le style, de déchiffrer le décentrement du sujet et de l'histoire. Parce qu'il est une écriture, le style drapé des révolutionnaires et leur grammaire classique ne sont ni ridicules ni désuets, mais *exacts*.

Tout autre est l'écrivain marxiste que n'épargne pas la lucidité de ce révolté subtil qu'est Barthes. Même si le sang continue de couler, « on » ne le voit pas. Ce n'est ni le sang ni la violence qui servent de référence ; c'est le fonctionnel, le technique : nous sommes – déjà – dans la sphère de la robotisation qui constitue désormais le moderne. Il ne s'agit plus de donner une justification morale au droit sanglant, ni de le hisser jusqu'à une formulation scripturale et éthique : il s'agit d'énoncer la rupture comme si elle consacrait un savoir, sinon une science. Après Marx, les « révolutionnaires » en Russie affirment le changement scientifique de la société et, à partir de ce présupposé scientifique, leur écriture échoue dans la réduction, le cliché : c'est une écriture « litotique », dit Barthes. La litote est une figure rhétorique d'omission : on peut omettre, suggérer énigmatiquement, pour frapper les esprits, attiser les sens et la signification ; mais telle n'est pas l'intention de l'écriture marxiste. La litote marxiste est une censure : elle sert à cacher, à ne pas dire, à s'abstenir de la vérité. Ainsi, des pages entières de l'*Encyclopédie soviétique* seront détruites parce que, tel personnage étant tombé en disgrâce, l'« écriture » impose qu'elles disparaissent purement et simplement de l'Histoire. La « litote » devient ici un acte de mise à mort délibéré, à la fois symbolique et réel. Parallèlement, et sous prétexte de scientificité, on impose silence au discours. L'écriture « marxiste » apparaît dès lors comme une série de signes algébriques desséchés, susceptibles de conduire à une mort du langage par extinction de la signification polyvalente. Cependant, ce sens « scientifique » est loin d'être neutre : exsangue (contrairement à celle de la Révolution française) pour commencer, l'écriture stalinienne charge chaque mot d'une valeur, pour finir, et impose ainsi une *doxa* qui est à la fois connaissance-*et*-idéologie. Il en résulte cette situation étrange que, dans l'écriture en question, le langage ne *construit* pas les valeurs, il les *porte* en lui, toutes faites : il se châtre de sa fonction de produire des valeurs et se contente de les véhiculer. Ainsi, « cosmopolitisme » comporte en soi une valeur négative : le locuteur est donc dispensé de développer quand, comment, pourquoi, en quelles circonstances « cosmopolitisme » est mauvais. Toujours-déjà, le signe « cosmopolitisme » signifie « complot des juifs, des étrangers, du capitalisme contre le système ». Le mot se suffit à lui-même, sa valeur le décharge du souci de manifester sa signification en syntaxe, figures, etc. : elle est en lui. « Internationalisme », en revanche, est positif, etc. Le langage de l'écriture communiste se vide de son *sens* parce qu'il est alourdi de « valeurs ». Et Barthes de conclure que cette écriture est une parfaite tautologie : elle se définit elle-même, il n'existe aucun ailleurs au sens qu'elle indique, elle interdit tout « ailleurs ». Telle est la clôture dogmatique du langage dans lequel ne se glisse aucun écart, aucun espace entre « dénomination » et « jugement » ; le dénommé est déjà jugé : inutile de développer.

Une fois de plus, nous sommes en présence d'une analyse qui prend son point de départ dans les faits linguistiques, mais qui est ancrée d'emblée dans l'expérience sociale et idéologique. Toutefois, cette dernière, en s'éclairant dans les menus détails de l'*énonciation* (terme qui, dans la terminologie linguistique et sémiologique, reprendra la portée subjective de cet objet polymorphe qu'est l'écriture), nous rend attentifs tout simplement aux blessures les plus intimes que nous infligent les totalitarismes.

Enfin, Barthes prend plaisir à moquer l'écriture intellectuelle. Ironique et corrosif, mais non sans sympathie, il trace le portrait d'un « *nouveau type de scripteur* » (un nouveau genre d'utilisateur de l'écriture) « *qui se situe à mi-chemin entre le militant et l'écrivain*[1] » (notez au passage qu'il ne s'agit de rien de moins que de la différence entre « écrivains » et « intellectuels »). L'intellectuel, qui n'est pas un écrivain mais un scripteur, a des idées à défendre – généralement de gauche, tendance *Esprit* ou *Temps modernes* ; elles reflètent une idéologie particulière dont le scripteur est le porteur. En second lieu vient le fait qu'il écrit : des romans, des pamphlets, des procurations, des manifestes. Cependant, ce qui rassemble ces diverses activités, c'est que, dans tous les cas, y compris par sa fiction, un intellectuel « prend position », il « signe ». Ce qui conduit Barthes à définir cette écri-

---

1. Roland Barthes, *Le Degré zéro de l'écriture, op. cit.,* p. 23.

428   Sens et non-sens de la révolte

ture intellectuelle comme étant en elle-même, avant tout, un « signe » de signataires : « *le signe suffisant de l'engagement*[1] ».

Que signifie cette petite histoire de scripteurs signataires ? Que l'écriture en question et par conséquent l'intellectuel-scripteur sont des institutions, constituent un État dans l'État, un pouvoir. Cette écriture est à l'opposé de l'écriture-risque qui, roman ou essai, se perd à la recherche du temps perdu. Au contraire, « *la forme devient ainsi plus que jamais un objet autonome, destiné à signifier une propriété collective et défendue*[2]. [En effet, si je signe avec cinquante personnes, ou si j'écris un livre supposé exprimer l'opinion du groupe dont je partage le pouvoir, alors ma forme n'est pas ma forme, elle est propriété collective. Sous une affirmation apparente de singularité, je me dilue dans le collectif, je suis la propriété de l'institution au nom de laquelle je parle. Et Barthes, visant Sartre, d'affirmer que certains écrivains n'hésitent pas, ce faisant, à « saborder » l'écriture elle-même, à renoncer à l'écriture et à propager des modèles archaïques : pensez aux intellectuels de gauche et à leur goût pour le XIXe siècle, par exemple.] *L'intellectuel n'est encore qu'un écrivain mal transformé, et à moins de se saborder et de devenir à jamais un militant qui n'écrit plus, il ne peut que revenir à la fascination d'écritures antérieures*[3]. » Les écritures intellectuelles sont des écritures instables, situées entre le littéraire et le

---

1. Roland Barthes, *Le Degré zéro de l'écriture, op. cit.*, p. 23.
2. *Ibid.*
3. *Ibid.*, p. 24.

politique, mais le scripteur trouve en elles un avantage dans la mesure où cette « écrivance » lui procure une image rassurante appartenant au collectif.

Vous voyez que nous sommes ici, encore une fois, dans un raisonnement qui peut paraître abstrait, qui n'est véritablement ni d'ordre rhétorique ni d'ordre politique. Mais il « prend en écharpe » (autre expression que Barthes affectionne) l'exercice du langage à proprement parler et la position sociale. Et de rire de ces « écritures intellectuelles » comme autant d'impasses situées entre la complicité et l'impuissance.

Là, Barthes oublie d'être prudent et prend des accents caustiques...

Le roman : une mise en ordre euphorique

L'écriture du roman sera notre dernier exemple – à scruter de près, n'est-ce pas, puisqu'il s'agit de votre objet d'étude et de prédilection à tous, ici. Comment va se déplacer, dans ce type d'écriture, cette diagonale entre langue, intimité et histoire qu'examine Barthes ?

Là encore, il part de critères formels tels que le temps verbal ou le pronom personnel et il les agence à des questions politiques. Chacun sait ou se souvient, j'espère, que le temps favori du roman réaliste est le *passé simple* ; Barthes appelle « *[...] ce temps factice des cosmogonies, des mythes, des histoires et des romans,* » « *un rituel des belles-lettres*[1] ». Quel est le sens de ce rituel ? se

---

1. Roland Barthes, *Le Degré zéro de l'écriture, op. cit.,* p. 25.

demande-t-il dans un raisonnement qui apparaîtra à la fois comme linguistique et déjà sémiologique. D'abord, le roman s'en sert parce que le passé simple articule une distance à travers laquelle peut se disposer un passé. Un démiurge, extrait de la mêlée, parle par la voix de ce passé simple et construit un monde d'ordre. Barthes tient compte, à cet endroit, du mécanisme psychique qui sous-tend le temps verbal du roman et décrit la dramaturgie du temps et de l'espace qui s'y déploie. Ce monde ordonné, explique-t-il, appelle l'euphorie.

J'attire votre attention sur le fait que l'interprète qui se manifeste ici nous propose en réalité une analyse psychologique ; mais peut-être devrait-on dire une analyse romanesque, car c'est en romancier que procède Barthes ; je reviendrai sur l'idée qu'il développera plus tard à propos du rapport entre la *critique* et la *vérité* : la critique ne peut dévoiler la vérité que si elle se fait l'expression subjective du critique, si elle devient une écriture romanesque non limitée par la reconstitution prétendûment objective des faits et des significations. Retenez pour le moment que vous rencontrez déjà, dans *Le Degré zéro*, cette part d'intimité de l'écrivain Roland Barthes, interne à l'interprétation qu'élabore le théoricien.

Revenons donc au passé simple comme « *expression d'un ordre, et par conséquent d'une euphorie*[1] ». Le lien entre « ordre » et « euphorie » n'est pas immédiat, il s'inscrit de par l'insistance de Barthes, il est dû à sa touche d'écrivain : « *Grâce à lui* [au passé simple], *la réalité n'est ni mystérieuse, ni absurde ; elle est claire,*

---

1. Roland Barthes, *Le Degré zéro de l'écriture, op. cit.*, p. 26.

presque familière, à chaque moment rassemblée et contenue dans la main d'un créateur ; elle subit la pression ingénieuse de sa liberté[1]. » *L'ordre* établi par le passé simple peut évoluer vers une sorte d'apaisement qui ne se donne pas d'emblée, mais que module discrètement ce sujet particulier qu'est l'écrivain romancier. Parce que le passé simple, construit et ordonné, procure plaisir et euphorie, il devient *passé narratif* : le roman bourgeois en a besoin pour donner une image du monde qui est une image de sécurité et de création. Barthes suppose que notre perception du monde bourgeois est en consonance avec cette image-là, et avec celle du romancier, tous aspirant à un monde de sécurité et de création. Le passé simple de l'écriture romanesque a cessé d'être, sous la plume de Barthes, une catégorie linguistique, pour devenir, *via* la psychologie et la sociologie, mais aussi hors de leurs limites, une véritable catégorie interne à l'appareil psychique. « *La finalité commune du roman* [et de cette mentalité bourgeoise qu'il met en scène, poursuit Barthes, consiste à *aliéner les faits* :] *[...] le passé simple est l'acte même de possession de la société sur son passé et son possible*[2]. » Il a fallu toute la liberté de Barthes et tout son dilettantisme, qui le place au carrefour de plusieurs disciplines, pour que se dessine peu à peu la notion si polymorphe d'*écriture* et pour que celle-ci nous permette de lire le passé simple de cette façon surprenante : ce passé si nécessairement français et pourtant tout prêt à tomber dans l'escarcelle de la

---

1. Roland Barthes, *Le Degré zéro de l'écriture, op. cit.*, p. 26.
2. *Ibid.*, p. 27.

bourgeoisie : « *C'est par un procédé de ce genre que la bourgeoisie triomphante du siècle dernier a pu considérer ses propres valeurs comme universelles*[1]. »
Voyons à présent ce qu'il en est du pronom « il ».

« *Il* » consistant, « *il* » émietté » : *Balzac ou Flaubert*

À la différence du pronom « je », « *moins ambigu et, par là même, moins romanesque* », nous dit Barthes, le pronom « il » est une « *convention type du roman, à l'égal du temps narratif* », un conglomérat de plusieurs « il », une construction faite pour débarrasser « je » de « *ses humeurs* » et de « *ses mouvements*[2] », et qui permet de condenser les traits intéressant l'écrivain sans pour autant constituer une personne « complexe » ; ainsi, même les personnages de Balzac apparaissent au critique comme des « *personnes minces par le volume de leur corps* » ; mais cette « minceur » dissimule un avantage qui consiste à économiser au « je » du narrateur sa propre épaisseur morale et ses propres mouvements. Plus tard, la sémiologie réfléchira à son tour sur ce « il » romanesque à partir de la définition linguistique des pronoms personnels. Benveniste a défini le « il » comme la « non-personne », celle qui est extérieure au circuit de la communication établie entre « je » et « tu », d'où sa

---

1. Roland Barthes, *Le Degré zéro de l'écriture, op. cit.*, p. 28.
2. *Ibid.*, pp. 29-30-31.

charge « objective » d'abstraction, de distance[1]. Le « il »
sera, pour le sémioticien, un *shifter*, une cheville grâce à
laquelle l'écrivain peut, d'une part, s'extraire de la plénitude du « je » afin de coller ensemble les éléments
hétérogènes qui constitueront ses personnages et, d'autre
part, construire les archétypes de la société bourgeoise.
Barthes l'avait suggéré dès *Le Degré zéro* : « *[...] L'apparition du "il" n'est pas le départ de l'Histoire, elle est
le terme d'un effort qui a pu dégager d'un monde personnel d'humeurs et de mouvements une forme pure,
significative, donc aussitôt évanouie, grâce au décor
parfaitement conventionnel et mince de la troisième personne[2] [...]* » Et quand l'univers bourgeois se trouvera en
crise, c'est le personnage de roman qui, lui aussi, perdra
la compacité, l'homogénéité que lui conférait le « il ».

Barthes annonce néanmoins l'ébauche d'une typologie des « il » romanesques : « *Entre la troisième personne de Balzac et celle de Flaubert, il y a tout un
monde*[3] [suggère-t-il avant de pointer de nouveau la
réflexion historique, la préoccupation politique (laquelle,
quoique toujours présente, n'arbore jamais le drapeau
rouge, comme chez Sartre) ; ce monde qui sépare le « il »

1. *Cf.* Emile Benveniste, « La nature des pronoms » (1956), « De
la subjectivité dans le langage » (1958), in *Problèmes de linguistique générale*, Gallimard, Paris, 1966, pp. 251-257 et pp. 258-266.
Cf. aussi, sur le personnage romanesque et les pronoms personnels,
Julia Kristeva, *Le Texte du roman, Approche sémiologique d'une
structure discursive transformationnelle,* Mouton, La Haye, 1970,
pp. 98 *sq.*
2. Roland Barthes, *Le Degré zéro de l'écriture, op. cit.,* p. 30.
3. *Ibid.,* p. 31.

de Balzac de celui de Flaubert, c'est « *celui de 1848* »] :
Là [chez Balzac] *une Histoire âpre dans son spectacle,*
mais cohérente et sûre, le triomphe d'un ordre ; ici un
art qui, pour échapper à sa mauvaise conscience, charge
la convention ou tente de la détruire avec emportement[1].
[D'un côté, consistance, homogénéité de ces « il » ; de
l'autre, émiettement, mise en évidence de leur statut de
« convention ». Et Barthes de conclure :] *La modernité*
commence avec la recherche d'une Littérature impos-
sible[2]. » C'est avec Flaubert qu'éclatera cette impossibilité que Barthes analyse chez Jean Cayrol sous la forme
d'une crise.

« Désubstantifier » les idéalités linguistiques

Essayons maintenant de dégager les traits essentiels de
ce qui caractérise l'écriture selon Barthes, pensée *avec*,
mais surtout *au-delà* du langage qui est l'objet de la linguistique.

L'écriture, de même que les autres systèmes signifiants qu'il va aborder (cinéma, peinture, photographie,
mode, etc.) *sont et ne sont pas* d'ordre linguistique : la
profonde unité qui caractérise des livres apparemment
très différents comme *Le Degré zéro de l'écriture*
(1953), *Éléments de sémiologie* 1964), *Le Système de la*
mode (1967) met en évidence cette tension contradictoire
et toujours à l'œuvre dans la pensée de Barthes.

---

1. Roland Barthes, *Le Degré zéro de l'écriture, op. cit.,* p. 31.
2. *Ibid.*

D'une part, puisque le langage est le premier des systèmes signifiants et le mieux cerné, Barthes en vient à proposer de modifier la position de Saussure comme suit : « *La linguistique n'est pas une partie, même privilégiée, de la science en général des signes, c'est la sémiologie qui est une partie de la linguistique*[1]. » On reconnaît là une nécessité visiblement dictée par un souci de rigueur, de positivité.

D'autre part, et *en même temps*, les systèmes signifiants sont *translinguistiques* : ils s'articulent en grandes unités qui traversent l'ordre phonétique , sémantique et syntaxique, ainsi que stylistique, et organisent une *autre* combinatoire à l'aide de ces mêmes catégories linguistiques fonctionnant pourtant à une puissance seconde, dans un autre système agi par un autre sujet.

Vous le voyez, la boucle est bouclée : le passage par les formalistes russes n'a servi qu'à revenir plus solidement sur les positions translinguistiques ou même anti-linguistiques du *Degré zéro* (« *[...] il y a dans l'écriture une "circonstance" étrangère au langage*[2] »), et simultanément à les fonder.

Réduction de la complexité de la pratique signifiante à un intelligible neutre et universel ? Cette supposée « idéologie » de la procédure de Barthes a pu être critiquée. Mais il ne faut pas négliger sa volonté de spécifier une typologie (la « communication » n'est pas l'« écriture »), et son obstination à confronter la systé-

---

1. Roland Barthes, *Éléments de sémiologie* (1964), précédé du *Degré zéro de l'écriture* (1953), « Bibliothèque Médiations », Le Seuil, Paris, 1965.
2. *Le Degré zéro de l'écriture, op. cit.*, p. 18.

matisation sémiologique à une écriture critique qui rompt avec le statut « neutre et universel » de la métalangue. Les textes sémiologiques de Barthes – et ils le sont tous, si l'on veut garder le terme pour désigner non pas une formalisation, mais une recherche des lois dialectiques de la signifiance – imposent avant tout une désubstantification de l'idéalité signifiante. C'est dire que la portée de ces textes est d'abord négative (« *[...] pas de sémiologie qui finalement ne s'assume comme une sémioclastie*[1] »). D'une négativité qui opère contre la transparence de la langue et de la fonction symbolique en général. Les idéalités phénoménologiques que la linguistique trouve dans le langage sont, pour Barthes, une façade voilant *un autre ordre* qui reste précisément à établir. Derrière les catégories et structures linguistiques substantifiées, opaques, fonctionne la scène sur laquelle le sujet, défini dans le *topos* de sa communication avec l'autre, commence par nier cette communication pour pouvoir formuler un autre dispositif. Négatif du premier langage dit « naturel », ce nouveau « langage » est par conséquent non plus communicatif, mais, dirons-nous, *transformatif*, quand il n'est pas *mortel* aussi bien pour le « je » que pour l'« autre ». Il aboutira, dans des expériences-limites que vous connaissez, à une antilangue (Joyce) sacrificielle (Bataille) qui témoigne, par ailleurs et en même temps, d'un état bouleversé de la structure sociale. Quoique toujours entendue comme signifiante,

---

1. Roland Barthes, *Mythologies*, Le Seuil, Paris, 1957, « Points-Essais », 1970, p. 8.

cette autre scène de l'écriture n'est que *partiellement linguistique* : elle ne relève qu'en partie des idéalités établies par la science linguistique, puisqu'elle n'est que *partiellement communicative*. Au contraire, elle accède au procès de formation de ses idéalités linguistiques en dépliant leur substance phénoménale : ce ne sont plus des unités et des structures de rang linguistique qui déterminent l'écriture, puisqu'elle n'est pas seulement − ou pas spécifiquement − un discours adressé à quelqu'un. Des déplacements et des frayages d'énergie, des décharges et des investissements quantitatifs, logiquement antérieurs aux entités linguistiques et à leur sujet, marquent la constitution et les mouvements du moi et se manifestent en transformant l'ordre symbolique linguistique.

Une désubstantification analogue frappe les idéalités mythiques, reconstruites comme des cristaux de la pratique des sujets dans l'histoire : « *Le mythe ne se définit pas par l'*objet *de son* message, *mais par la* façon *dont il le profère : il y a des limites formelles au mythe, il n'y en a pas de* substantielles[1]. »

Si cette position a une affinité marquée avec la procédure structuraliste dans laquelle Barthes a pu se ranger volontiers, son projet en diffère radicalement : pour être une structure, le mythe n'est intelligible qu'en tant que *production historique* ; ses lois seront donc à trouver dans l'histoire et non pas dans la phonologie : « *[...] on peut concevoir des mythes très anciens, il n'y en a pas d'éternels ; car* c'est l'histoire humaine qui fait passer le réel à l'état de parole, *c'est elle et elle seule qui règle la*

---

1. Roland Barthes, *Mythologies, op. cit.,* p. 193. Nous soulignons.

vie et la mort du langage mythique. Lointaine ou non, la mythologie ne peut avoir qu'un fondement historique, car le mythe est une parole choisie par l'histoire[1]. » À l'opposé d'un structuralisme qui cherchait dans le mythe les « structures permanentes de l'esprit humain », c'est la surdétermination sociale et historique que Barthes vise à travers le phénomène discursif.

J'espère vous avoir fait ainsi comprendre combien sa position diffère du structuralisme, et surtout combien l'expérience dont il part en est éloignée : l'histoire, pour Barthes, est *indissociable d'un dépliement en profondeur du sujet signifiant* à travers lequel, précisément, elle est lisible : « *L'histoire est alors devant l'écrivain comme l'avènement d'une option nécessaire entre plusieurs morales de langage : elle oblige à* signifier *la littérature selon des possibles dont il n'est pas le maître*[2]. »

Cette nécessité obligatoire, mais non maîtrisable, qui commande *le signifier*, une expérience privilégiée nous la livre : c'est l'« esthétique ». « *Le structuralisme ne retire pas au monde l'histoire : il cherche à lier à l'histoire non seulement des contenus (cela a été fait mille fois), mais* aussi des formes*, non seulement le matériel, mais* aussi l'intelligible*, non seulement l'idéologique, mais* aussi l'esthétique[3]. »

---

1. Roland Barthes, *Mythologies, op. cit.,* p. 194. Nous soulignons.
2. Roland Barthes, *Le Degré zéro de l'écriture, op. cit.,* p. 8. Nous soulignons.
3. Roland Barthes, *Essais critiques, op. cit.,* p. 219. Nous soulignons.

Le langage comme négativité : la mort, l'ironie

Ainsi désubstantifié, ou plutôt désidéalisé, le langage devient la frontière du subjectif et de l'objectif, du symbolique et du réel ; il devient la limite matérielle sur laquelle s'opère la constitution dialectique de l'un et de l'autre : « *Le langage fonctionne comme une négativité, la limite initiale du possible[1].* »

Barthes a probablement été l'un des premiers à considérer – de l'intérieur du structuralisme – *le langage comme négativité*. Non pas en raison d'une option philosophique (déconstruction, antimétaphysique, etc.), mais en raison de l'objet même de son enquête, la littérature étant pour lui à la fois expérience et preuve de la négativité propre à l'opération linguistique. « *Est écrivain celui pour qui le langage fait problème, qui en éprouve la profondeur, non l'instrumentalité ou la beauté[2].* »

Éprouvant le trajet de cette négativité, l'écriture est contestation, brisure, vol, ironie. La négativité agit, dans l'écriture, sur l'unité de la langue et sur l'agent de cette unité : elle pulvérise littéralement le sujet en même temps que ses représentations individuelles, contingentes et superficielles, pour en faire une nuée[3], des saveurs de significations, un poudroiement d'éléments, de frag-

---

1. Roland Barthes, *Le Degré zéro de l'écriture, op. cit.,* p. 14.
2. Roland Barthes, *Critique et Vérité,* Le Seuil, Paris, 1966, p. 46.
3. Hegel, *La Phénoménologie de l'esprit,* t. II, Aubier, Paris, 1947, p. 256.

ments : « *[...] Il n'y a aujourd'hui aucun lieu du langage extérieur à l'idéologie bourgeoise [...]. La seule riposte possible n'est ni l'affrontement ni la destruction, mais seulement le vol : fragmenter le texte ancien de la culture, de la science, de la littérature, et en disséminer les traits selon des formules méconnaissables*[1]. [L'écriture] *excède les lois qu'une société, une idéologie, une philosophie se donnent ou s'accordent à elles-mêmes dans un beau mouvement d'intelligible historique*[2]. »

Or, du fait même qu'elle opère dans le langage du sujet, cette négativité est bord à bord avec une positivité. La matérialité du langage qui obéit à des règles strictes, porteuses du corps et de l'histoire concrets, bloque le mouvement de la négativité absolue qui ne pourrait se soutenir comme telle que dans l'excès des idées et par une théologie négative. Retenez ceci : *l'écriture formule le négatif.* Au sein de la langue nationale, la négativité s'organise comme une signifiance nouvelle : le langage est remodelé dans une écriture dont la nouveauté, accueillie d'abord comme scandaleuse, finit par s'imposer comme révélatrice d'une logique universelle, internationale et transhistorique. Barthes choisit des auteurs qui sont des classificateurs, des inventeurs de codes et de langues, des topologues, des logothètes ; des architectes de langages nouveaux qui énumèrent, dénombrent, synthétisent, articulent, formulent. Et nous y lisons nos aberrations comme si c'étaient des lois, des écritures. Du

---

1. Roland Barthes, préface à *Sade, Fourier, Loyola,* Le Seuil, collection « Tel Quel », Paris, 1971, p. 15 et « Points-Essais », 1980.
2. *Ibid.*

moins est-ce l'axe que Barthes recherche chez eux – du *Degré zéro* à *Sade, Fourier, Loyola,* en passant par *S/Z* – en se faufilant à travers la « chair » de leurs écrits pour trouver les nouvelles synthèses de nouvelles langues.

Le critique, pour sa part, croise aussi cet éclatement du sens dans le langage, interne à l'écriture et qui n'a d'autre pôle de transfert que linguistique ou référentiel. Mais l'opération formulatrice de l'écriture *critique* se distingue de celle de *l'écrivain* : chez le critique, la néga-tivité opérante de l'écriture est fortement saisie par une *affirmation* ; elle est bloquée en dernière instance par le souci de trouver un sens ; ce qui dévoile en définitive que l'écrit (du) critique est entièrement déclenché, soutenu, déterminé par le discours de l'autre : dans la dialectique de la relation transférentielle. « *Alors qu'on ne sait comment le lecteur* parle *à un livre, le critique, lui, est obligé de produire un certain "ton", et ce ton, tout compte fait, ne peut être qu'affirmatif*[1] ; *[le discours* cri-tique littéraire] *assume ouvertement, à ses risques, l'in-tention de donner un sens particulier à l'œuvre*[2]. [Inca-pable de dissoudre son soi dans cette nuée tourbillonnante et réglée sur elle-même qui produit les écrivains créateurs d'écritures que Barthes appelle des logothètes, le critique reste rivé à son « je » qui accapare les polyvalences et les signes sans pour autant s'avouer ouvertement :] *Le critique serait celui qui ne peut pro-duire le* Il *du roman, mais qui ne peut non plus rejeter le* Je *dans la pure vie privée, c'est-à-dire renoncer à*

---

1. Roland Barthes, *Critique et Vérité, op. cit.,* p. 78.
2. *Ibid.,* p. 56.

écrire : c'est un aphasique du Je, *tandis que le reste de son langage subsiste, intact, marqué cependant par les infinis détours qu'impose à la parole (comme dans le cas de l'aphasique) le blocage constant d'un certain signe*[1]. [Dans un parcours parfaitement *homonymique*, parti de son « je » opaque pour s'intéresser à l'écrit d'un autre, le critique retourne en fait à son même « je », devenu en cours de route non plus une personne, mais objectivement le *langage* : il] *affronte [...] son propre langage ; ce n'est pas l'objet qu'il faut opposer au sujet, en critique, mais son prédicat*[2] *; il faut que le symbole aille chercher le symbole*[3] *»*.

En s'impliquant donc dans l'opération négative qu'est le langage, par l'intermédiaire de l'autre (l'auteur), le critique garde de la négativité de l'écriture un effet affaibli, mais persistant : la *pulsion de mort* de l'écrivain devient *ironie* chez le critique ; parce qu'il y a ironie chaque fois que cristallise, pour tel destinataire, un sens éphémère. Freud démontre cette économie du rire dans *Le Mot d'esprit et ses rapports avec l'inconscient*[4] : décharge à double sens entre le sens et le non-sens. Pour cela, il est nécessaire qu'à un moment fugitif un semblant de sens s'esquisse. C'est la tâche du critique, comique entre toutes, de cristalliser un îlot de sens sur une mer de néga-

---

1. Roland Barthes, *Critique et Vérité, op. cit.*, p. 17.
2. *Ibid.*, p. 69.
3. *Ibid.*, p. 73.
4. Sigmund Freud, *Le Mot d'esprit et ses rapports avec l'inconscient* (1905), trad. fr. M. Bonaparte et M. Nathan, Gallimard, Paris, 1969.

tivité. C'est ainsi que, pour Barthes, le critique peut
« *développer ce qui manque précisément à la science et
que l'on pourrait appeler d'un mot : l'ironie [...] L'ironie n'est rien d'autre que la question posée au langage
par le langage*[1] ». Cette ironie par laquelle le critique,
sûr de son « je » et sans le mettre en jeu, participe à
l'opération d'écriture ne se retrouve que comme un
moment (parmi d'autres) de l'opération en question : car
Rabelais, Swift, Lautréamont, Joyce ne sont ironiques
que lorsqu'on les pose (ou lorsqu'ils se posent) en sujets
captant un sens toujours-déjà ancien, toujours-déjà
dépassé, aussi drôle qu'éphémère. Sans cette position
critique, laissée à son propre mouvement qu'on appelait
jadis une « inspiration », leur écriture n'est pas vraiment
une ironie mais un infini qui cherche ses lois. Quant au
critique, pris entre un « je » opaque, la visée d'« un »
sens et l'ironie, nul n'en a mieux déjoué les pièges que
Barthes lui-même : par cette écriture qui a su joindre le
savoir à la singularité, la vérité à la virtuosité.

Je vous en parlerai une autre fois, toujours à partir de
Critique et Vérité.

L'athéisme comme plaisir des textes

Le moment est venu d'apprécier à sa juste mesure
cette sémioclastie qui dissout le sens apparent et appréhende l'écriture comme une négativité : mise en abîme et
reformulation du système de langue, de l'unité du sujet

---

1. Roland Barthes, *Critique et Vérité, op. cit.,* p. 74.

parlant et de la transparence du lien social lui-même. Si la notion d'athéisme avait un sens, elle ne pourrait se réaliser autrement que dans cette pratique qui déstabilise jusqu'au support élémentaire de la signification que sont les unités et les règles du langage. Vous interrogez la foi et Dieu ? Sachez au préalable que c'est votre aptitude au sens elle-même qui est en cause : le sens naturel, le sens « unaire » et leur sujet dépositaire et détenteur existent-ils au moins ou ne sont-ils qu'une fiction ? Mieux ou pis : une inconsistance qui s'effrite en versions, plus ou moins refoulées et honteuses, avant qu'elles ne s'achèvent en mutisme ? Barthes n'a pas hésité à souligner la portée a-théiste de son expérience d'interprète et de sémioticien, dissolvant l'une après l'autre les couches apparentes des significations lorsque, lisant les *Exercices spirituels* de saint Ignace de Loyola et insistant aussi bien sur le vide saturé de sensations que sur le ritualiste balisage du « développement de la pensée » au bénéfice du langage, il conclut à la « suspension » du signe (divin) chez Loyola : silence de Dieu, le signe de la réponse est immanquablement retardé, la divinité parle mais ne marque pas, le dialogue respectueux est renvoyé au « vide » dans lequel se bouclent la question sans réponse aussi bien que l'écoute recueillie qui est sa propre réponse. Ainsi, « *retournant la carence du signe en signe* », la mantique – celle de Loyola ou celle de Barthes ? – parvient à « *inclure dans son système cette place vide et cependant signifiante que l'on appelle le degré zéro du signe*[1] ».

---

1. Roland Barthes, préface à *Sade, Fourier, Loyola, op. cit.,* p. 80.

Cependant, écoutez bien la conclusion de Barthes qui réalise en même temps qu'elle retourne son a-théisme. Car, en interprétant jusqu'à l'absence ou la perte du sens, le sémioticien donne sens au non-sens : ce qui revient à dire qu'il remplace la « menace divine », de même que sa menaçante absence, par... le plaisir d'une écriture nourrie à la « plénitude d'une langue fermée » : « *Rendu à la signification, le vide divin ne peut plus menacer, altérer ou décentrer la plénitude attachée à toute langue fermée*[1]. » Ayant fait apparaître le degré zéro des signes – leur stratification plurielle et jusqu'à leur non-sens –, Barthes redonne à son a-théisme la plénitude savoureuse d'une jouissance dans l'immanence, qui est tout simplement la langue. Dès lors, cet a-théisme évite les pièges du nihilisme et ouvre – dans *« la plénitude attachée à toute langue fermée »* – l'infini plaisir des textes.

---

1. Roland Barthes, préface à *Sade, Fourier, Loyola, op. cit.,* p. 80.

Bibliographie des principaux ouvrages cités

AGAMBEN, Giorgio, *La Communauté qui vient : théorie de la singularié quelconque,* Le Seuil, Paris, 1990.

ANZIEU, Didier, *Le Moi-peau,* Dunod, Paris, 1983.

ARAGON, Louis, *Anicet ou le Panorama,* NRF, Gallimard, Paris, 1921.

—, *Les Aventures de Télémaque,* Gallimard, Paris, 1922.

—, *La Défense de l'infini,* suivi de *Les Aventures de Jean-Foutre la Bite,* présentation et notes d'Édouard Ruiz 1923-1927, NRF, Gallimard, Paris, 1986.

—, *Le Libertinage* (1924), NRF, Gallimard, Paris, 1964 (éd. augmentée).

—, *Le Paysan de Paris,* (1924-1926), NRF, Gallimard, Paris, 1926.

—, *Le Traité du style,* NRF, Gallimard, Paris, 1928.

—, *La Grande Gaîté,* Librairie Gallimard, Paris, 1929.

—, *Les Voyageurs de l'impériale,* (1937-1939), NRF, Gallimard, Paris, 1947.

—, *Aurélien,* NRF, Gallimard, Paris, 1944.

—, *Les Communistes,* 6 vol., Editeurs français réunis, Paris, 1949-1951, 2ᵉ version, 1967.

—, *Le Roman inachevé,* Gallimard, Paris, 1956. Collection Poésie, 1978.

—, *La Semaine sainte,* NRF, Gallimard, Paris, 1958.

—, *Le Mentir-vrai* (1964), NRF, Gallimard, Paris, 1980.

—, *Blanche ou l'Oubli,* NRF, Gallimard, Paris, 1967.

—, *Lautréamont et nous* (1967). *Les Lettres françaises,* n° 1185-86, juin 1967, ou en volume, éditions Sables, Paris, 1992.

—, *Je n'ai jamais appris à écrire,* ou *Les Incipit,* Skira, 1969.

—, *Henri Matisse, roman*, NRF, Gallimard, Paris, 1971.

—, *La Diane française*, suivi de *En étrange pays dans mon pays lui-même*, Seghers, Paris, 1979.

—, *Le Mouvement perpétuel*, précédé de *Feu de joie*, Poésie, Gallimard, Paris, 1980.

ARAGON, Louis et TRIOLET, Elsa, *Œuvres romanesques croisées*, Robert Laffont et Amis du livre progressiste, 42 volumes, Paris, 1964-1974.

ARBAN, Dominique, *Aragon parle*, Seghers, Paris, 1968.

ARENDT, Hannah, *La Condition de l'homme moderne*, Calmann-Lévy, 1961 et 1983.

—, *La Vie de l'Esprit*, Presses universitaires de France, Paris, 1981.

ARTAUD, Antonin, *Le Pèse-Nerfs* (1927), in *Œuvres complètes*, t. I, Gallimard, Paris, 1970.

AULAGNIER, Piera, *La Violence de l'interprétation*, Presses universitaires de France, Paris, 1975.

BARTHES, Roland, *Le Degré zéro de l'écriture*, Le Seuil, Paris, 1953. Points Essais, 1972.

—, *Michelet*, Le Seuil, Paris, 1954.

—, *Mythologies*, Le Seuil, Paris, 1957.

—, *Essais critiques*, Le Seuil, Collection Tel Quel, Paris, 1964.

—, *Éléments de sémiologie* (1964), précédé du *Degré zéro de l'écriture* (1953), Bibliothèque Médiations, Le Seuil, Paris, 1953.

—, *Éléments de sémiologie*, Le Seuil, Paris, 1965.

—, *Critique et vérité*, Le Seuil, Collection Tel Quel, Paris, 1966.

—, *S/Z*, Le Seuil, Collection Tel Quel, Paris, 1970.

—, *Sade, Fourier, Loyola*, Le Seuil, Paris, 1971.

—, *Roland Barthes par Roland Barthes*, Le Seuil, Paris, 1975.

—, *La Chambre claire,* collection Cahiers du cinéma, Gallimard/Le Seuil, Paris, 1980.

BATAILLE, Georges, *Œuvres complètes,* t. III, Gallimard, Paris, 1971.

BAUDELAIRE, Charles, *Œuvres complètes,* t. 1, Bibliothèque de la Pléiade, Gallimard, Paris, 1975.

BENVENISTE, Emile, *Problèmes de linguistique générale,* Gallimard, Paris, 1966.

BION, Wilfred Ruprecht, *Réflexion faite,* 1967, Presses universitaires de France, Paris, 1983.

—, *Aux sources de l'expérience,* 1962, Presses universitaires de France, Paris, 1979.

—, *L'Attention et l'Interprétation,* Payot, Paris, 1974.

—, *Éléments de psychanalyse,* 1963, Presses universitaires de France, Paris, 1973.

BLANCHOT, Maurice, *L'Espace littéraire,* Gallimard, Paris, 1955.

BOUGNOUX, Daniel, « La Langue ardente de l'orage », in *Pleine marge,* n° 12.

—, « Aragon », in *Encyclopaedia Universalis* et Annuel 1983.

BRETON, André, *Œuvres complètes,* 2 volumes, Bibliothèque de la Pléiade, Gallimard, Paris, 1988 et 1992.

—, *Manifeste du surréalisme,* (1924-1929), Sagittaire, Simon Kra.

BROCHIER, Jean-Jacques, *Pour Sartre, le jour où Sartre refusa le Nobel,* Lattès, Paris, 1995.

CLÉMENT, Catherine, *Les Fils de Freud sont fatigués,* Grasset, Paris, 1978.

CONTAT, Michel, « Rien dans les mains, rien dans les poches », in *Quai Voltaire,* Revue littéraire, n° 6, automne 1992.

DAIX, Pierre, *Aragon, une vie à changer,* Le Seuil, Paris, 1975 ; rééd. 1995.

DECOTTIGNIES, Jean, *L'Invention de la poésie. Breton, Aragon, Duchamp,* Presses universitaires de Lille, 1994.

DELEUZE, Gilles, et GUATTARI, Félix, *L'Anti-Œdipe. Capitalisme et schizophrénie,* Minuit, Paris, 1972.

DELMAS-MARTY, Mireille, *Pour un droit commun,* Le Seuil, Paris, 1994.

DUMAS, Alexandre, *Kean,* adaptation de Jean-Paul Sartre, Gallimard, Paris, 1954.

DUMÉZIL, Georges, *Mitra et Varuna, Essai sur deux représentations indo-européennes de la souveraineté,* Gallimard, Paris, 1948.

ESCHYLE, *Orestie, Agamemnon. Les Choéphores. Les Euménides,* Les Belles-Lettres, Paris, 1972 ; *Tragédies,* Folio Gallimard, Paris, 1982.

FÉNELON, *Les Aventures de Télémaque, suite du quatrième livre de l'Odyssée d'Homère,* in *Œuvres complètes* VI, Slatkine Reprints, Genève, 1971.

FOREST Philippe, *Histoire de Tel Quel,* Le Seuil, Paris, 1995.
—, « Anicet, panorama du roman » in *L'Infini,* n° 45, 1994.

FORRESTER, John, *Le Langage aux origines de la psychanalyse,* Gallimard, Paris, 1980.

FREUD, Sigmund,
—, *Essais de psychanalyse appliquée,* tr. fr. E. Marty et M. Bonaparte, Gallimard, Paris, 1971, rééd. 1993.
—, *Résultats, idées, problèmes II,* Presses universitaires de France, Paris, 1985.
—, *Cinq psychanalyses,* tr. fr. Marie Bonaparte et Rudolph M. Loewenstein, Presses universitaires de France, Paris, 1954, rééd. 1970.

—, *La Vie sexuelle,* Presses universitaires de France, Paris, 1969.

—, *Naissance de la psychanalyse.* Presses universitaires de France, Paris, 1956.

—, *Nouvelles Conférences sur la psychanalyse* (1933), tr. fr. Anne Berman, Gallimard, Paris, 1936 ; rééd. 1952 ; rééd., 1971, Collection Idées.

—, *Moïse et le monothéisme* (1939), tr. fr. Anne Berman, Gallimard, Paris, 1948.

—, *Abrégé de psychanalyse* (1938), Presses universitaires de France, tr. fr. Anne Berman, Paris, 1949.

—, « Constructions dans l'analyse » (1937), tr. fr. E.R. Hawelka, U. Huber, J. Laplanche, in *Résultats, idées, problèmes II,* Presses universitaires de France, Paris, 1985.

—, « La Féminité » (1933), tr. fr. A. Berman, in *Nouvelles Conférences sur la psychanalyse,,* Gallimard, Paris, 1936.

—, « Sur la sexualité féminine » (1931), tr. fr. D. Berger, in *La Vie sexuelle,* Presses universitaires de France, Paris, 1969.

—, « La Dénégation » (1925), tr. fr. H. Hoesli, *Revue française de psychanalyse,* 1934, VII, n° 2. Et traduction et commentaires de Pierre Theves et Bernard This, Le Coq-Héron, n° 8, 1982.

—, « Quelques conséquences psychiques de la différence anatomique entre les sexes » (1925), tr. fr. D. Berger, in *La Vie sexuelle,* Presses universitaires de France, Paris, 1969

—, « L'organisation génitale infantile » (1923), tr. fr. J. Laplanche, in *La Vie sexuelle,* Presses universitaires de France, Paris, 1969.

—, « Le Moi et le Ça » (1923), in *Essais de psychanalyse,* tr. fr. S. Jankélévitch, revu par A. Hesnard, Payot, Paris, 1927, nouvelle traduction sous la direction de André Bourguignon, Paris, Payot, 1981.

—, « La disparition du complexe d'Œdipe » (1923), tr. fr. Anne Berman, sous le titre : « Le Déclin du complexe d'Œdipe », in *Revue française de psychanalyse,* 1934, VII, n° 3 ; autre tr. D. Berger, in *La Vie sexuelle,* Presses universitaires de France, Paris, 1969.

—, « Au-delà du principe de plaisir » (1920), in *Essais de psychanalyse,* tr. fr. S. Jankélévitch, revu par A. Hesnard, Payot, Paris, 1927 ; nouvelle traduction sous la direction de André Bourguignon, Paris, Payot, 1981.

—, « On bat un enfant » (1919), tr. fr. H. Hoesli, Revue française de psychalanyse, 1933, VI, n° 3-4 ; rééd. sous le titre « Un enfant est battu, contribution à la connaissance de la genèse des perversions sexuelles », tr. fr. D. Guérineau, in *Névrose, Psychose et Perversions,* Presses universitaires de France, Paris, 1973.

— « Extrait de l'histoire d'une névrose infantile (L'Homme aux loups) » (1918), in *Cinq Psychanalyses,* tr. fr. Marie Bonaparte et Rudolph M. Loewenstein, Presses universitaires de France, Paris, 1954.

—, *Métapsychologie* (1917), tr. fr. J. Laplanche et J.-B. Pontalis, Gallimard, Paris, 1968.

—, *Deuil et mélancolie,* (1915-1917), in *Métapsychologie,* Gallimard, Paris, 1968.

—, *Vue d'ensemble des névroses de transfert* (1915), tr. fr. P. Lacoste, Gallimard, Paris, 1986. Et in *Œuvres complètes,* XIII, 1914-1915, Presses universitaires de France, Paris, 1988.

—, « Appendix C, Words and Things » Papers on Meta-psychology, The Standard Edition, vol. XIV (1914-1916), tr. fr. « Les Mots et les choses », extraits de la monographie sur l'aphasie parue en 1891, in Le Coq Héron, n° 54, 1975.

—, « Pour introduire le narcissisme » (1914), tr. fr. J. Laplanche, in *La Vie sexuelle,* Presses universitaires de France, Paris, 1969.

—, *Totem et tabou, Quelques concordances entre la vie psychique des sauvages et celle des névrosés* (1913) tr. fr. Marianne Weber, préface de François Gantheret, Gallimard, Paris, 1993.

—, « Sur les sens opposés des mots primitifs » (1910), in *Essais de psychanalyse appliquée,* tr. fr. E. Marty et M. Bonaparte, Gallimard, 1993, rééd. 1971.

—, « Contribution à la psychologie de la vie amoureuse » (1910, 1912 et 1918), tr. fr. J. Laplanche, in *La Vie sexuelle,* Presses universitaires de France, Paris, 1969.

—, « Analyse d'une phobie chez un petit garçon de 5 ans (Le Petit Hans) » (1909), in *Cinq Psychanalyses,* tr. fr. Marie Bonaparte et Rudolph M. Loewenstein, Presses universitaires de France, Paris, 1954.

—, *Trois Essais sur la théorie de la sexualité* (1905), tr. fr. B. Reverchon, Gallimard, Paris, 1923 ; rééd. et revus par J. Laplanche et J.-B. Pontalis, Gallimard, Paris, 1962.

—, *Le Mot d'esprit et ses rapports avec l'inconscient,* (1905), tr. fr. M. Bonaparte et M. Nathan, Gallimard, Paris, 1969.

—, *L'Interprétation des rêves* (1900), tr. fr. I. Meyerson révisée par Denise Berger, Presses universitaires de France, Paris, 1926 et 1967.

—, « Esquisse d'une psychologie scientifique » (1895), in *Naissance de la psychanalyse,* tr. fr. A. Berman, Presses universitaires de France, Paris, 1956.

—, « Lettres à Wilhelm Fliess » (1887-1902), in *Naissance de la psychanalyse.* ed. par M.Bonaparte, A. Freud et E. Kris, tr. fr. Anne Berman, Presses universitaires de France, Paris, 1956.

—, *Contribution à la conception des aphasies,* (1881), tr. fr. Claude Van Reeth, Presses universitaires de France, Paris, 1983.

FREUD, Sigmund et ABRAHAM, Karl, *Correspondance,* 1907-1926, tr. fr. F. Cambon et J.-F. Grossein, Gallimard, Paris, 1969.

FREUD, Sigmund et BINSWANGER, Ludwig, *Correspondance* (1908-1938), Calmann-Lévy, Paris, 1995.

GAUTHIER, Xavière, *Surréalisme et Sexualité,* Gallimard, Paris, 1971.

GREEN, André, *Le Travail du négatif,* Minuit, Paris, 1993.
    —, *La Déliaison. Psychanalyse, anthropologie et littérature,* Les Belles-Lettres, Paris, 1992.
    —, *Narcissisme de vie, narcissisme de mort,* Minuit, Paris, 1983.

HEGEL, Friedrich (1947), *La Phénoménologie de l'esprit,* Aubier, Paris.

HEIDEGGER, Martin, *Être et Temps,* tr. fr. F. Vezin, Gallimard, Paris, 1986.

HESNARD, A., *L'Œuvre de Freud et son importance pour le monde moderne,* Payot, Paris, 1960.

JEANSON, Francis, *Jean-Paul Sartre,* « Les écrivains devant Dieu », Desclée de Brouwer, Paris, 1966.

JONES, Ernest, *La Vie et l'œuvre de Sigmund Freud,* t. III, Presses universitaires de France, Paris, 1969.

JOYCE, James, *Ulysse,* février 1922, tr. fr. 1929, in *Œuvres complètes,* Bibliothèque de La Pléiade, t. II, Paris, Gallimard, 1995.

KLEIN, Melanie, *Essais de psychanalyse,* Payot, Paris, 1967.

KLEIN, Melanie, P. HEIMAN, S. ISSACS, J. PIVIÈRE, *Développements de la psychanalyse,* Presses universitaires de France, Paris, 1966.

KRISTEVA, Julia, *Le Temps sensible, Proust et l'expérience littéraire,* Gallimard, Paris, 1994.
—, *Les Nouvelles Maladies de l'âme,* Fayard, Paris, 1993.
—, *Le Vieil Homme et les Loups,* Fayard, Paris, 1990.
—, *Les Samouraïs,* roman, Fayard, Paris, 1990.
—, *Soleil noir. Dépression et mélancolie,* Gallimard, Paris, 1987.
—, *Histoires d'amour,* Denoël, 1983 ; et Gallimard, Paris 1983, Folio Essais n° 24, 1985.
—, *Pouvoirs de l'horreur,* Seuil, Paris, 1980.
—, *Polylogue,* Le Seuil, Paris, 1977.
—, *La Révolution du langage poétique,* Le Seuil, Paris, 1974.
—, *Le Texte du roman. « Approche sémiologique d'une structure discursive transformationnelle,* Mouton, La Haye, 1970.

LACAN, Jacques *Le Séminaire, livre VIII, Le Transfert,* Le Seuil, Paris, 1991.
—, *Écrits,* Le Seuil, Paris, 1966.
—, *R.S.I.,* année 1974-1975, in *Ornicar,* n° 2-3-5.

LAPORTE, Geneviève, *Un amour secret de Picasso,* éditions du Rocher, Paris, 1989.

LAUTRÉAMONT, *Œuvres complètes,* Bibliothèque de la Pléiade, Gallimard, Paris, 1970.

LÉVI-STRAUSS, Claude, « Introduction à l'œuvre de Marcel Mauss » in M. Mauss, *Sociologie et anthropologie,* Presses universitaires de France, Paris, 1950.

LÉVY, Bernard-Henri, *La Pureté dangereuse,* Grasset, Paris, 1994.

MALLARMÉ, Stéphane, *Œuvres complètes,* Bibliothèque de la Pléiade, Gallimard, Paris, 1970.
—, *Correspondance,* t. I (1862-1871), Henri Mondor et L.J. Austin, avec la collaboration de J.-P. Richard, Gallimard, 1959.

MAURIAC, François, *Le Nouveau Bloc-notes,* (1958-1960), Flammarion, 1961.

MELTZER, D., et WILLIAMS, M.H., *The Apprehension of Beauty,* The Clunie Press, 1988.

PERRON, Roger et PERRON-BORELLI, Michèle, *Le Complexe d'Œdipe,* Que Sais-je ?, 1994.

PLATON, *Philèbe ou Du plaisir,* Bibliothèque de la Pléiade, Gallimard, Paris, 1981.

REY, Alain, *Révolution, histoire d'un mot,* Gallimard, 1989.

RIMBAUD, Arthur, *Œuvres complètes,* Bibliothèque de la Pléiade, Gallimard, Paris, 1972.

SARTRE, Jean-Paul, *La Nausée* (1938), Gallimard, Paris, 1980 ; Folio, 1978.
—, *Les Carnets de la drôle de guerre,* novembre1939-mars 1940, Gallimard, Paris, 1983.
—, *L'Imaginaire,* Gallimard, Paris, 1940.
—, *L'être et le néant. Essai d'ontologie phénoménologique* (1943), Gallimard, Paris, 1980.
—, *Les Mouches* (1943), in *Théâtre I,* Gallimard, Paris, 1947 ; *Les Mouches,* Bordas, Paris, 1974.
—, *Les Chemins de la liberté* (1945) in *Œuvres romanesques,* Bibliothèque de la Pléiade, Gallimard,

Paris, 1982. *L'Âge de raison, Le Sursis, La Mort dans l'âme,* Folio.

—, *La Putain respectueuse,* (1946), in *Théâtre I,* p.269-316. *La P... respectueuse. Morts sans sépulture,* Folio, 1976.

—, *L'Existentialisme est-il un humanisme ?* (1946), Nagel, Paris, 1970.

—, *Qu'est-ce que la littérature ?* (1948) in *Situations II,* Gallimard, Paris, 1975. Folio Essais, 1985.

—, *Le Diable et le Bon Dieu,* Gallimard, Paris, 1951. Folio, 1976.

—, *Critique de la raison dialectique,* Gallimard, Paris, 1960.

—, *Les Mots,* Gallimard, Paris, 1963 ; Folio, Paris, 1977.

—, *On a raison de se révolter,* Gallimard, Paris, 1974.

SAUSSURE, Ferdinand de, *Cours de linguistique générale,* Payot, Paris, 1960.

SEGAL Hanna, « Note on symbol formation », in *International Journal of Psycho-analysis,* col.XXXVII, 1957, part.6 ; tr. fr. in *Revue française de psychanalyse,* t. XXXIV, n° 4, juillet 1970.

SOLLERS, Philippe, « Limites d'Aragon », in *La Guerre du goût,* Gallimard, Paris, 1994.

—, *Femmes,* Gallimard, Paris, 1983.

SOPHOCLE, *Œdipe roi,* Les Belles-Lettres, Paris, 1958.

Tel quel (revue), Le Seuil, printemps 1960-hiver 1982, Paris.

TZARA, Tristan, *Œuvres complètes,* t. 1, Flammarion, Paris, 1975.

VILLIERS DE L'ISLE ADAM, « Chez les passants » (1890), in *Œuvres complètes,* Bibliothèque de la Pléiade, Gallimard, Paris, 1986.

WINNICOTT, D.W., *Conversation ordinaire* (1960), Gallimard, Paris, 1988.

Index des thèmes

Complexe d'Électre, 168

Complexe d'Œdipe, œdipien, 30, 47, 58, 109, 119, 126, 141, 147-148, 153-163, 166, 168, 169, 174, 178, 180, 181-182, 186, 187, 195, 202, 205, 206, 207-208, 214, 305, 336
déni de la vérité —ne, 336
échec du —, 163-168
objet —, 163
— direct, positif, 170, 171
— inversé, négatif, 170, 171
— pour les deux sexes, 162, 168
— précoce, 172-173
— Œdipe-prime, 200, 208, 215, 219, 220
— Œdipe-bis, 200, 208, 212, 214-217, 219, 222
phase —ne, 100
révolte —ne, 30, 39, 163, 165, 166, 335, 337, 378
rôle structurant de l'— et/ou du phallus, 186
tragique —, affrontement avec l'impossible, 302
triangulation de l'Œdipe, 100-101, 178, 179
voir monisme phallique

Compromission, 41

Conflit, 12, 370

Connaissance, 78, 143, 145, 371
voir conscience, être

Conscience, 19, 42, 44, 87, 105, 107, 121, 130, 143, 145, 146, 205, 226, 296, 298, 349, 351, 353, 369, 370, 373, 374, 388, 389
— /connaissance, 370
— ek-statique (de) moi, 372
dispersion, pluralité, des —, 372–375
intériorité de la —, 377
— négative, voir autre

voir autre, pulsion

Conscient, 105
— /inconscient, 86, 87 ; — *vs* connaissance, 141 ; voir être
discours —, 90
perception —e, voir perception
sens —, 38
voir inconscient

Conservatisme, 45

Contexte historique, 13

Contradiction, 89, 90

Contre-transfert, voir transfert

Coprésence
— érotisme et symbolisation, 157, 181
— être et néant/sujet, voir être
— pensée et plaisir, 181
— sexualité-pensée, 110, 174-181, 198-199, 203, 237 ; — sexualité/pensée/langage, 176, 179
— symbolico-sexuelle, 185

Corps, 19, 27, 41, 194, 200, 202, 228, 256, 293, 353, 401, 417, 422
— dans l'histoire (Barthes), 399

Couleurs, 123, 125, 132, 146

Critique,
le — selon Barthes, 441-443
— d'art, 23, 24
— et vérité, 430
— littéraire, 21, 399

Culpabilité, 16, 32, 33, 37, 58, 149, 340
bonheur, malheur, —, 152
— /dangerosité, 15
sentiment de —, contrition, repentir, 31, 51, 52

Culture, culturel, 20, 22, 24, 58, 65, 96 n. 1, 98, 99, 114, 121, 126, 138, 139, 141, 195, 255, 320, 391

Index des noms et des œuvres

BAUDELAIRE, Charles, 240, 264
Les Fleurs du mal, « Le reniement de saint Pierre », 239
n. 1
Bauhaus, 19
BEAUVOIR, Simone de, 312-313
BENVENISTE, Émile, 88, 91, 432
*Problèmes de linguistique
générale* : « La nature des
pronoms », 433 n. 1 ; « De la
subjectivité dans le lan-
gage », 433 n. 1 ; « Remar-
ques sur la fonction du lan-
gage dans la découverte
freudienne », 89 n. 1
BERGER, Denise, 71 n. 3, 154 n. 3,
198 n. 2
BERGSON, Henri, 23
Berlin (chute du mur de —), 308,
324
BERMAN, Anne, 71 n. 2, 108 n. 1
et 2, 154 n. 3, 198 n. 1 et 3
BERNARD, saint, 236
BÈZE, Théodore de, 10
Bible, *Psaume* 98, 26
BINSWANGER, Ludwig, 131
voir FREUD (Sigmund)
BION, W.R., 130, 135
L'Attention et l'interprétation,
83 et 83 n. 2
Aux sources de l'expérience,
207 n. 2
Éléments de psychanalyse, 207
n. 2
Réflexion faite, 207 n. 2
Blanche, 278
BLANCHOT, Maurice, 388, 408,
409-413
L'Espace littéraire, 409, 411 et
411 n. 1
Bloc de l'Est, Est, 114, 317, 321,
324, 329

Bloc de l'Ouest, capitaliste, Ouest,
114, 321, 323, 324
BONAPARTE, Marie, 72 n. 1, 89
n. 1
BONNEL, René, 278 n. 3
Bœuf sur le toit (le), 276
BOSSUET, Jacques Bénigne, 114
Les Oraisons funèbres, 7, 12 et
12 n. 3
BOUGNOUX, Daniel
« Aragon », 264 n. 1
« La Lettre ardente de l'orage »,
293 n. 1
BOURGEOIS, Louise, 25
BRECHT, Bertolt, 355
BRETON, André, 237, 245, 251,
253, 256, 263 n. 2, 269, 271,
275, 282, 283, 295, 306 ; —
et FREUD, 257
L'Amour fou, 258 n. 2, 288 et
288 n. 1
« Caractères de l'évolution
moderne et ce qui en parti-
cipe », 240 et 240 n. 1 et 2
*Manifeste du surréalisme : Le
Poisson soluble,* 258 et 258
n. 1, 259-260 et 260 n. 1, 288
et 288 n. 2
Nadja, 256 et 256 n. 1, 257
« Notes sur la poésie », 242 et
242 n. 1, 243 et 243 n. 1
Œuvres complètes, 251 n. 1
Les Vases communicants, 239
n. 2, 298 et 298 n. 1
BROCHIER, Jean-Jacques, 326
*Pour Sartre, le jour où Sartre
refuse le Nobel,* 315 n. 1, 329
n. 1 et 2

CALVIN, Jean, 10
CAMBON, F., 37 n. 1, 86 n. 3
CAMUS, Albert, 327, 330, 388 405
L'Étranger, 40

42   Sens et non-sens de la révolte

PÉLADAN, Joseph, 257
PERRON, Roger, PERRON-BORELLI, Michèle, *Le Complexe d'Œdipe*, 172 et 172 n. 1
PICABIA, Francis, 276
PICASSO, Pablo, 19, 221 n. 1
PIERCE, C.S., 106 n. 1
PIRANDELLO, Luigi, 355
PLATON, 150
Philèbe ou Du plaisir, 300 n. 1
Polybe, 165
POLLOCK, Jackson, 19
Pompéi (Villa des mystères à —), 189 et 189 n. 1, 190
PONTALIS, J.-B., 101 n. 1, 154 n. 1
POUND, Ezra, 276
PRÉVERT, Jacques, 410
PROUST, Marcel, 23, 26, 39, 66, 79, 132, 171, 221, 236, 243, 247, 252, 342, 375, 410
À la recherche du temps perdu, 38, 39

QUASIMODO, Salvatore 322
QUENEAU, Raymond, 405, 410

RABELAIS, François, 443
RETZ, Jean-François Paul de GONDI, cardinal de, 12, 114
REVERCHON, B., 154 n. 1
La Révolution surréaliste, n° 1, 269 n. 2
REY, Alain
Révolution, histoire d'un mot, 8 et 8 n. 1, 9, 12 n. 1, 2 et 4, 13 n. 1 et 2
REYNAUD, Jean-Pierre, 25
RICHARD, J.-P., 252 n. 1
RIMBAUD, Arthur, 41, 227-231, 240, 241, 246, 258, 271, 282

Les Illuminations, 228, 243, 249 ; « Guerre », 230 et 230 n. 4, 231 et 231 n. 1 ; « Matinée d'ivresse », 229 et 229 n. 2, 230 n. 1 à 3 ; « Vies », 229 et 229 n. 1
Une saison en enfer, « Adieu », 227 et 227 n. 3 ; « Délices II. Alchimie du verbe », 227 et 227 n. 2
RIVIÈRE, J., voir KLEIN, Melanie
Rollebon, Adhémar de, 352, 357-364
Rome, 187
Roquentin, 351-353, 357
ROUTISIE, Albert, pseudonyme d'ARAGON, 278
RUIZ, Édouard, 244 n. 1
RUSHDIE, Salman, 63
Russie, 28, 357, 425

SADE, Marquis de, 132, 140 n. 1, 393
SAINT-SIMON, Claude Henri de ROUVROY, comte de, 114
Salomé, 257, 258
SAMMARTINO, Giuseppe, *Le Christ voilé*, 190, 254
SARTRE, Anne-Marie, 335
SARTRE, Jean-Baptiste, 335
SARTRE, Jean-Paul, 7, 23, 40, 41, 43, 66, 67, 309, 311-386, 428 ; —/BEAUVOIR, 311-312 ; biographie, 313-315 ; affaire Nobel, 315-326 ; —/ HEIDEGGER, 344-345, 375-377 ; —/HUSSERL, 369-370, 375 ; —/HEGEL, 369-370, 372-374 ; — et la politique, 379, 381-386
Les Carnets de la drôle de guerre, 314 et 314 n. 1, 338, 341 et 341 n. 2

Index réalisé par Catherine Joubaud

Table des matières

I

Quelle révolte aujourd'hui ?

II

Le sacré et la révolte : quelques logiques

III

Les métamorphoses du « langage » dans la découverte freudienne (Les modèles freudiens du langage)

1

L'aire du langage : séries hétérogènes sans sujet

2
Le modèle optimiste du langage justifie l'« association libre »

3
Le « pacte symbolique » et la phylogenèse : de la signifiance à l'être

4
La coprésence sexualité-pensée

2
La sémiologie et le négatif

Cet ouvrage a été réalisé par la
SOCIÉTÉ NOUVELLE FIRMIN-DIDOT
Mesnil-sur-l'Estrée
pour le compte des Éditions Fayard
en avril 1996

Imprimé en France
Dépôt légal : avril 1996
N° d'édition : 5254 - N° d'impression : 34481
ISBN : 2-213-59558-5
35-10-9558-01/4

SENS ET NON-SENS DE LA RÉVOLTE

DU MÊME AUTEUR

Aux éditions Fayard

Étrangers à nous-mêmes, 1988 (Folio « Essais » n° 156).
Les Samouraïs, roman, 1990 (Folio n° 2351).
Le Vieil Homme et les loups, roman, 1991 (Livre de Poche à paraître).
Les Nouvelles Maladies de l'âme, 1993 (Livre de Poche à paraître).
Possessions, roman, 1996.

Aux éditions Gallimard, NRF

Soleil noir. Dépression et mélancolie, 1987 (Folio « Essais » n° 123, 1989).
Le Temps sensible. Proust et l'expérience littéraire, 1994.

Aux éditions Denoël, collection « L'Infini »

Histoires d'amour, (Folio « Essais »/Gallimard n° 24, 1985).

Aux éditions du Seuil, collection « Tel Quel »

Semeiotikè, Recherches pour une sémanalyse, 1969 (« Points » n° 96, 1978).
La Révolution du langage poétique. L'avant-garde à la fin du XIX siècle, Lautréamont et Mallarmé*, 1974 (« Points » n° 174, 1985).
La Traversée des signes (ouvrage collectif), 1975.
Polylogue, 1977.
Folle Vérité (ouvrage collectif), 1979.
Pouvoirs de l'horreur. Essai sur l'abjection, 1980 (« Points » n° 152, 1983).
Le Langage, cet inconnu. Une initiation à la linguistique, 1969 (« Points » n° 125, 1981).

Chez d'autres éditeurs

Le Texte du roman. Approche sémiologique d'une structure discursive transformationnelle, La Haye, Mouton, 1970.
Des Chinoises, éditions Des femmes, 1974.
Au commencement était l'amour. Psychanalyse et foi, Hachette, « Textes du XX* siècle », 1985.